La technique en psychanalyse d'enfant

Études Psychanalytiques

COLLECTION DIRIGEE PAR ALAIN BRUN ET JOËL BERNAT

La collection *Etudes Psychanalytiques* veut proposer un pas de côté et non de plus, en invitant tous ceux que la praxis (théorie et pratique) pousse à écrire, ce, « hors chapelle », « hors école », dans la psychanalyse.

Dernières parutions

Franca MADIONI (dir.), *Figures du vide. Psychopathologie et hypermodernité*, 2017.
Vladimir MARINOV, *Le démiurge et le funambule. Brancusi & Giacometti,* 2017.
Michelle MORIN, *De la création en art et littérature*, 2017.
Christiane CHARVET-BERNARD, *Une voix s'est tue. Parlons. Le déclin d'une civilisation n'est pas une fatalité*, 2017.
Pierre DELMAS, *Wilhelm Reich ou le complexe de Prométhée*, 2017.
Anne Vernet SEVENIER, *Etude d'un Syndrome de relance originaire en cours de coma*, 2016.
Jacques LIS, *L'homme à l'envers*, 2016.
Christophe SOLIOZ, *Paul Parin, Voyage au bout de l'utopie,* 2016.
Celso GUTFREIND, *Narrer, être mère, être père et autres essais sur la parentalité*, 2016.
Alessandra GALLI, *Comment sortir d'une psychose et terminer sa psychanalyse*, 2016.
Stoïan STOÏANOFF-NENOFF, *Quatuor d'hommes de désir. Ludwig Wittgenstein, Sigmund Freud, Alain Badiou et Alain de Libéra,* 2016.
Raymond ARON, *Traces du désir, Proximité de l'abîme*, 2016.
Elisabeth LECLERC-RAZAVET, *L'inconscient sort de la bouche des enfants*, 2016.
Jean-Marie BOYER, *Psychanalyse et architecture. Un regard insolite sur Louis Kahn et Le Corbusier*, 2016.
Claude BRUERE-DAWSON et Marie-Laure ROMAN, *Le psychodrame psychanalytique. Une méthode et une praxis aux confins de l'acte analytique*, 2016
Philippe COLLINET, *Je est un autre*, 2016.
Joseph ROUZEL (dir.), *Psychanalyse et écriture, Rencontre avec Pascal Quignard*, 2015.
Élisabeth LECLERC-RAZAVET, Georges HABERBERG, Dominique WINTREBERT, *L'enfant et la féminité de sa mère*, 2015.
Laurent SOULAYROL, *Les* Mémoires d'une aliénée *d'Hersilie Rouy. Vers de nouvelles perspectives*, 2015.
Peggy DAVAIN-BERGEOT, *La question de Dieu en psychanalyse. Naissance et mort de Dieu*, 2015.

Cléopâtre Athanassiou-Popesco

La technique en psychanalyse d'enfant

L'Harmattan

Du même auteur

- *Ulysse, une Odyssée psychanalytique*, Césura Edition, Lyon, 1986.
- *L'enfant et la crèche*, Césura Edition, Lyon, 1987.
- *Aux sources de la vie psychique*, Césura Edition, Lyon, 1989.
- *Introduction à l'étude du Surmoi*, Césura Edition, Lyon, 1995.
- *Le Surmoi*, PUF, Paris, 1995.
- *La Défense maniaque*, PUF, Paris, 1996.
- *Penser le Mythe*, Delachaux et Niestlé, Lausanne, 1996.
- *Mythes et psychanalyse*, Direction du Colloque de Cerisy, juin 1995, (en collaboration avec Anne Clancier), In Press, Paris, 1997.
- *Bion et la naissance de l'espace psychique*, Popesco Edition, Paris, 1997.
- *Le concept de lien en psychanalyse*, PUF, Paris, 1998.
- *Un étrange itinéraire psychanalytique – Œdipe Roi*, Editions du Hublot, Larmor Plage, 1999.
- *La petite sirène : de l'objet combiné à la scène primitive*, PUF, Paris, 1999.
- *Le Narcissisme : de soi à l'autre*, Delachaux et Niestlé, Lausanne, 2002.
- *Représentation et miroir: Essai psychanalytique sur la naissance de la représentation et son rapport avec l'image observé dans le miroir*, Popesco Edition, 2006.
- *L'envie : essai psychanalytique* illustré par une étude de l'*Othello* de Shakespeare, Popesco Edition, 2007
- *La manie chez l'enfant*, Popesco Edition 2013
- *Quatre œuvres de Shakespeare , une étude psychanalytique* Popesco Edition, 2014
- *L'acquisition de la troisième dimension psychique* Popesco Edition, 2015

Traduction :

- *Le langage de Winnicott*, par Jan Abram, trad. C.Athanassiou-Popesco, Popesco Edition, 2001.

5-7, rue de l'École-Polytechnique, 75005 Paris
http://www.editions-harmattan.fr
ISBN : 978-2-343-12560-2
EAN : 9782343125602

Ce livre est dédicacé à Liviu

J'adresse
tous mes remerciements chaleureux
à Mesdames
Annick Simon
et
Dorinda Otéro

AVANT PROPOS

Ecrire un livre sur la technique en psychanalyse d'enfant n'est pas une entreprise aisée. En effet, pouvons-nous éviter de réfléchir continûment à la signification de ce que nous faisons et, en conséquence, réajuster notre travail de psychanalyste en fonction de cette signification ? Il me semble que non. C'est pour cela que la méthode est un guide, un « garde fou » qui nous permet de côtoyer la folie de l'omnipotence infantile sans y succomber, à condition toutefois que nous sachions examiner si notre technique sert ou dessert la compréhension que nous avons du patient et la progression de sa thérapie.

Je crois que nous avons tous besoin dans le travail psychanalytique avec nos patients, enfants ou adultes, d'un cadre, d'une méthode, d'une technique enfin, qui nous permettent d'aborder ce travail. Il n'est évidemment pas dans mon intention de proposer une technique monolithique, connotée de dictats surmoïques. Cela ne pourrait que desservir le travail du psychanalyste qui doit se sentir libre de penser et d'associer le fonctionnement de sa psyché avec celle de son patient.

Ecrire un ouvrage sur la technique en psychanalyse est une sorte de défi qui a été très peu relevé. L'ensemble des réflexions que je proposerai dans ce livre n'ont, de ce fait, aucune valeur définitive et demeurent plutôt des invitations au remaniement. La science n'avance pas autrement. C'est la remise en cause régulière de ses fondements qui engendre ses découvertes. Les maîtres que nous avons eus n'ont guère procédé autrement. Je rends ici hommage à ceux que j'ai connus, avec qui j'ai travaillé et qui m'ont tant appris. Il s'agit tout d'abord d'E.Bick à qui je dois l'ouverture vers le monde de la bi-dimensionnalité psychique, lequel est, selon moi, destiné à nous permettre de comprendre nombre de phénomènes inexplicables jusqu'alors. Cette découverte est susceptible d'entraîner le remaniement après-coup du corpus théorique qui l'a précédée. Il s'agit ensuite de D.Meltzer et de M.Harris qui ont su l'un et l'autre s'engager dans l'approfondissement des travaux de M.Klein sur l'identification projective. Il s'agit enfin de I.Brenman, S.Isaac Elmhirst, J.Gammill et I.Wittenberg, qui m'ont tous enrichis du fruit de leur expérience.

Au fil de ce livre je citerai ceux que je n'ai fréquentés que par l'intermédiaire de leurs écrits – S.Freud, M.Klein et W.R.Bion – pour souligner les fondements techniques qu'ils ont posés. Mais leur exemple nous pousse à considérer que toute technique est sujette à évoluer en fonction des effets qu'elle produit. Si cela est le propre de toutes les techniques, c'est plus particulièrement le cas de la technique psychanalytique, étant donné le sujet traité qui ne se prête à aucune standardisation puisqu'il s'agit du rapport le plus intime que l'être humain entretient avec lui-même.

Comment avoir des règles immuables pour pénétrer le monde interne d'un homme ou d'un enfant ? Hamlet[1] le disait bien lui-même en s'adressant à Guildenstern : « *Croyez-vous qu'il soit plus aisé de jouer de moi que d'une flûte ? Donnez à l'instrument que je suis le nom que vous voudrez, vous pouvez le retourner dans tous les sens ; mais le faire chanter, non pas.* ».

La technique n'est pas au service de la manipulation du patient mais, au contraire, de l'instauration d'un cadre permettant à sa pensée de se développer librement. Il s'agit bien d'une technique nourrie de science et d'art car elle doit s'adapter à la personnalité et à la pathologie de chacun. Nous sommes en face d'un paradoxe puisque, d'un côté, nous avons besoin de ce reliquat de l'expérience constitué par la technique et que, d'un autre côté, nous avons besoin d'une liberté totale, ainsi que l'exige toute entreprise créatrice. Nous sommes, pour reprendre l'expression de Freud[2] dans ses écrits sur la technique, devant un sujet qui défie toute description : « *Celui qui tente d'apprendre dans les livres le noble jeu des échecs ne tarde pas à découvrir que, seules, les manœuvres du début et de la fin permettent de donner de ce jeu une description schématique complète, tandis que son immense complexité, dès après le début de la partie, s'oppose à toute description* ».

La technique nous est cependant indispensable tout au long d'un traitement psychanalytique. Nous pourrions la comparer aux moyens qui nous permettent de nous doter d'outils de plus en plus perfectionnés grâce auxquels, en retour, la clinique s'approfondit avec, pour conséquence, un remaniement de la théorie. En psychanalyse, la théorie nourrit la clinique qui en retour, via la technique utilisée, permet aux praticiens de développer la théorie. Nous conservons l'espoir que ce développement se poursuivra au fur et à mesure que les rencontres se multiplieront entre les patients – adultes ou enfants – et leurs analystes. Car ce sont les patients qui nous guident quant aux bien-fondés de la technique que nous utilisons avec eux. Particulièrement les enfants qui ne sont jamais dupes et qui ne s'en laissent pas conter. Ils savent bien où se trouve leur souffrance, bien qu'ils ne sachent pas toujours la dire ; et quelle est l'exacte rencontre qui permet de la soulager.

Toute technique est le fruit d'une expérience, ce dont ce livre, je l'espère, rendra compte. Il ne s'agit d'ailleurs que de la « photographie » de l'état des lieux actuel de mon expérience, que je veux approfondir encore grâce à la continuité de ma pratique.

Les allers-retours incessants entre les règles techniques et les exemples cliniques qui les illustrent et tentent de justifier leur bien fondé, feront de ce livre, je l'espère, une base de réflexion pour tous ceux qui s'occupent à soulager la souffrance de l'enfant par la méthode psychanalytique. Il n'existe pas, en effet, de méthode sans technique. Mais nous avons jusqu'à présent beaucoup hésité à parler de la technique en psychanalyse d'enfant et, quoiqu'il y paraisse, en psychanalyse d'adulte également.

La théorie psychanalytique a, depuis Freud, fait l'objet de publications extrêmement nombreuses ; la clinique également, quoique de façon moindre. Mais la technique est rarement abordée. Craindrions-nous de remettre en cause le chemin que nous avons emprunté pour parvenir à tel ou tel résultat ? Tout se passerait comme si, à travers les discussions techniques, c'était moins les règles qui étaient pensées que notre fonctionnement qui apparaîtrait au grand jour à travers notre maniement de ces règles. Pourquoi, à tel point du traitement de l'enfant, avons-nous jugé bon d'interpréter le transfert, le narcissisme ...etc. du petit patient ? Pourquoi avoir tardé à recevoir les parents ? Pourquoi avoir supporté telle ou telle situation dans laquelle l'enfant nous a plongés, sans pouvoir y réagir ? Pourquoi l'avoir laissé manipuler notre cadre (cadre interne aussi bien qu'externe) ? De nombreuses autres questions se posent à l'analyste, qu'il ait ou non une longue expérience derrière lui.

Ce livre est destiné à tous les analystes d'enfant ou d'adultes. L'analyste d'adulte – qui doit toujours reconnaître l'enfant dans l'adulte – ne tirera-t-il pas un bénéfice à examiner de plus près ce qui permet de communiquer avec l'enfant ? Quant aux analystes d'enfants, ils trouveront dans ce livre matière à réfléchir et à critiquer, au bon sens du terme, leur pratique tout autant que celle que ce livre propose.

Les premiers lecteurs de ce livre, cependant, sont les analystes qui débutent une pratique auprès des enfants. C'est à eux que je m'adresse tout d'abord, à la suite non seulement de mon expérience d'analyste d'enfant, mais également de superviseur d'analystes d'enfants. Ayant dirigé un séminaire technique au sein d'une école de formation de thérapeutes d'enfants (l'AFPPEA), l'idée m'est venue de mettre par écrit un enseignement qui a été largement demandé par les élèves. Ainsi le bénéfice de ces réflexions sur la technique n'est pas issu de ma seule activité clinique, mais également de celle de mes supervisés : nombre d'entre eux m'ont fait part des avantages qu'ils ont ressentis à suivre les indications proposées quant au respect du cadre, à la gestion des rapports avec les parents, aux méthodes d'intervention et d'interprétation... etc.

Il est difficile de trouver aisément cet enseignement de base, qui ne constitue pas en soi la formation d'un analyste d'enfant – puisque cette dernière passe par une longue analyse personnelle – mais qui permet aux jeunes analystes de ne pas se fourvoyer dans les méandres où nous mène l'absence de règles techniques.

Cela ne veut pas dire que la pratique de l'analyse d'enfant peut se passer en ses débuts de supervision. Si le jeune analyste se fie en général aux conseils de son superviseur, il peut considérer ce livre comme un arrière-plan ouvrant à discussion aussi bien avec son superviseur qu'avec ses collègues. Rien de ce qui concerne la pratique analytique ne s'instaure en règle absolue, et j'ai tenté dans ce livre de mettre en évidence les raisons de l'adoption de telle ou telle règle concernant l'établissement du cadre, par exemple. Aussi m'a-t-il semblé fort utile d'en proposer un à travers ce livre, même si ce cadre peut être remanié en fonction de la réflexion de chacun. L'important est que ce remaniement, le cas échéant, se justifie par des arguments qui sont en mesure de s'articuler ou de s'opposer à ceux qui ont servi mes propres thèses. N'en est-il pas de même avec les règles techniques imposées dans l'analyse de l'enfant ? Ce dernier doit saisir qu'elles ne sont pas là pour elles-mêmes, mais uniquement au service du développement de sa pensée.

Etant donné la nature du sujet traité, il n'est pas indispensable d'effectuer une lecture de ce livre dans l'ordre de ses chapitres. Il est possible de s'y référer de manière séquentielle, selon que le lecteur voudra reprendre le problème du cadre, des premiers entretiens, de la relation avec les parents, de l'interprétation…etc.

Sans que ce livre prenne la forme d'un dictionnaire, il permet cependant une consultation directe du sujet désiré.

J'espère que cette première approche du problème épineux de la technique – épineux dans la mesure où nous entrons avec précision dans les détails de nos interventions – sera reprise, complétée et approfondie. J'espère qu'elle sera critiquée pour être améliorée car en ce qui concerne particulièrement le problème de la technique, il ne sert à rien d'empêcher une technique d'en remplacer une autre. Le tout est de parvenir à celle qui permet le développement le plus favorable de l'analyse : c'est-à-dire à celle qui permet la transformation des éléments psychiques inconscients et non symbolisés en éléments conscients, symbolisables et symbolisés.

Je veux pour finir remercier l'ensemble de mes petits patients, l'ensemble de mes élèves et de mes collègues, sans lesquels la mise à l'épreuve des réflexions techniques de ce livre n'auraient pu avoir lieu.

Notes :

1 Shakespeare, W. : *Hamlet*, Acte III, scène 2, trad. A.Gide, in Shakespeare *Œuvres complètes*, tome 2, Bibliothèque de La Pléiade, Paris, Gallimard, 1959.

2 Freud, S. (1913) : *De la technique psychanalytique*, trad. A.Berman, Paris PUF, 1970.

PREMIERE PARTIE

HISTORIQUE ET SPÉCIFICITÉ DE L'ANALYSE D'ENFANT

A. La question de la technique

Je voudrais commencer cette étude par une réflexion sur la nature de la technique dans son rapport à la psyché, puisque le titre de ce livre a inclut à la fois le terme de « technique » et celui de « psychanalyse ». Cette étude comprend donc celle de la psyché dans l'intégralité de son fonctionnement.

Il est courant de parler des sciences et des techniques, des acquis de la sagesse humaine, séparant les deux termes et impliquant également que les secondes découlent des premières. Dans cette perspective, le savoir précède son application. Sans remonter à la question d'un commencement impossible à trouver tel qu'il est illustré dans l'exemple de l'œuf et de la poule, nous pouvons affirmer que c'est bien parce que l'homme a des mains qu'il peut tailler des pierres. Mais, d'un autre côté, c'est parce qu'il a adopté une position érigée qu'il a pu éloigner ses mains d'un rapport proximal à son visage et qu'il a dégagé sa vue. Avec la vision binoculaire est ainsi apparu un savoir à distance lui permettant de considérer les transformations de la matière qu'il travaille au niveau de ses mains. La rencontre de conditions de vie permettant également la descente des arbres, n'explique cependant pas l'adoption d'une position verticale en tant que base permanente de sustentation.

Le moteur d'une évolution qui fait passer d'une position animale, dans laquelle l'instinct prend le pas sur la réflexion, vers une position où la réflexion prend le pas sur l'instinct, n'est pas à trouver dans l'unique réalité externe. Ce moteur est né de la rencontre entre la réalité externe et une dynamique interne : l'ancêtre de l'homme a commencé à vivre en s'appuyant sur des techniques instrumentales au moment même où il a commencé à enterrer ses morts et à se construire un monde de représentations par lequel la vie externe se « réfléchit » dans la vie interne. Le dehors et le dedans ont commencé de se répondre non pas seulement par une adaptation corporelle de survie au monde externe, mais par une différenciation progressive entre l'univers qui se situe au-dehors et celui qui se situe au-dedans de soi. Il est difficile de savoir si cette différenciation existe chez l'animal. En effet, s'il est possible d'explorer le monde interne de l'homme – cette caverne dont les grottes préhistoriques nous offrent un bel exemple dans le monde externe – que dire du monde interne d'un animal ? Que les parois des grottes nous renvoient à des rites magiques par lesquels l'homme croit influencer le monde, ou qu'elles nous offrent une représentation du monde externe, leurs inscriptions portent déjà témoignage du lien profond qui existe entre l'émergence d'une technique et celle d'une représentation.

Il faut, en effet, qu'une certaine distance spatio-temporelle soit acceptée entre un projet, une idée et son exécution, pour qu'une technique soit pensée qui permette qu'un lien soit élaboré entre les deux. Si nous pensons aux techniques de la chasse chez les animaux, nous pouvons considérer qu'il existe une distance spatio-temporelle entre la perception de la faim et celle d'une proie, afin qu'une technique se met en place pour s'emparer de cette proie. Mais l'animal naît avec cette technique, ou avec une programmation lui permettant de mettre spontanément en œuvre cette technique. Pourtant, il y a des espèces qui apprennent à leurs petits les techniques du vol et de la chasse. Est-on alors autorisé à parler de la transmission d'une technique ? Il semble que les éléments permettant de définir ce qu'est l'apprentissage d'une technique chez l'être humain, sont alors présents : le passage par un certain nombre de moyens pour arriver à une fin.

Reprenons à ce propos le sens du terme *technè* (**τέχνη**). Ce terme renvoie chez les Grecs à l'habileté à faire quelque chose ; il s'agit d'une habileté manuelle : l'art de traiter les métaux, de construire un navire. La *technè* est un métier, une profession. Pour mieux cerner le sens de la *technè*, essayons de mieux comprendre à quoi il s'oppose : *autophuès* (**αὐτοφυής**). En parlant d'une production, *autophuès* signifie qu'elle s'origine dans le pays même dont on parle. De là, ce terme renvoie à ce qui croît ou se forme par soi-même, comme le poil des animaux, par un processus naturel, par opposition à ce qui est issu de la main de l'homme ou d'un travail produisant un résultat dit « artificiel ». Ainsi le port naturel d'une personne, l'or vierge, les plantes sauvages participent de l'*autophuès*. Le dictionnaire Bailly donne l'exemple d'une « colline non éventrée par les travaux des mines » ; *auto-phutos* (**αὐτο-φυτος**) renvoie à une production qui se fait de soi-même par opposition à une production qui se fait par les échanges ou le commerce.

Ces oppositions sont déjà suffisantes pour nous permettre de mieux cerner le sens de la *technè*. L'*autophuès* est un engendrement naturel qui n'a pas besoin de la *technè* pour exister. Nous ne pouvons penser qu'aux formes naturelles prises par des morceaux de bois, telles qu'en produit le hasard de la nature, et auxquelles nous attribuons secondairement la valeur d'œuvre d'art. Winnicott[1] aime prendre ces exemples – dont sa technique du ***squiggle*** est un dérivé – pour souligner l'envie que peut susciter le génie artistique qui, dans cette perspective, n'aurait pas eu besoin de travailler pour arriver à créer une œuvre de qualité supérieure à celle qui a nécessité beaucoup d'efforts, mais demeure malgré tout de qualité inférieure. Une réflexion sur la technique doit passer, à mon avis, par une considération de l'écart qu'il y a entre l'inspiration et la réalisation : entre ces deux temps se situe la prise en compte de la réalité externe et des moyens qu'il faut mettre en œuvre pour parvenir à nous approcher de ce que notre esprit a appréhendé. Les enfants qui présentent une fragilité narcissique ont parfois du mal à dessiner, car tout ce qu'ils réalisent tombe sous la condamnation d'un idéal du moi très exigeant et n'est jamais à la hauteur de l'image qu'ils ont d'eux-mêmes. Ils se prennent pour des génies et, s'ils dessinent, ils voient qu'ils n'ont sous leurs yeux que le brouillon du génie.

Tout brouillon suppose un travail de recommencement qui s'inscrit dans l'apprentissage d'une technique. Cet apprentissage passe par la relation aux autres, c'est pourquoi la *technè* s'oppose au caractère *autophutos* de l'auto-production. Nous ne sommes pas loin alors de pouvoir penser que la *technè* inclut, dans son concept, l'identification à la personne qui transmet sa technique. Par opposition, l'*autophuès* est un auto-engendrement correspondant au fantasme de ne dépendre de personne.

Pour atteindre au « mérite » - *arétè* (**αρετή**) chez les Grecs – il faut se « mettre en sueur », disent-ils. Il ne suffit pas d'avoir des dons, il faut les « mettre en œuvre » en faisant un « effort », *ponos* (**πόνος**). Xénophon[2] oppose les techniques apprises à la maïeutique socratique, et nous retrouvons ici l'opposition précédemment signalée entre ce qui naît de soi-même et ce qui s'apprend avec art. En ce qui concerne l'agriculture, dit-il, il n'y a pas de *technè*. Il suffit de faire attention et de faire un effort car la terre « n'use pas de prestige, mais avec simplicité, elle montre sans déguiser et sans mentir ce dont elle est capable ». Elle nous livre ses secrets. L'artifice, la ruse même, qui ont pu être associés par Eschyle[3] dans *Prométhée enchaîné* à la *technè*, n'entrent pas en ligne de compte ici. Des forces « divines » participent à la réussite de l'agriculteur, alors que l'artisan ne doit compter que sur l'aspect technique et instrumental de son travail.

Nous voyons se dessiner dans cette opposition une ligne de partage entre ce qui relève du « divin » et ce qui relève de l'instrument, dans sa connotation dégradante par rapport au « divin ». L'analyse de cette question nous conduit à penser que cette opposition est seulement l'effet d'une apparence. Que ce qui apparaît soit l'effet d'une révélation divine – dans le sens où la nature se révèle à nous dans l'agriculture – ou l'effet d'une construction instrumentale, nous n'avons pas la conception d'un rapport créateur. Nous n'assistons dans un cas ni dans l'autre, à la rencontre entre l'homme et l'objet de sa technique, de telle sorte que surgisse de cette rencontre une production comparable à celle d'une vie nouvelle. Au contraire : soit, dans le cas de la force divine, la production est antérieure au travail de l'homme ; soit, dans le cas de l'instrumentalisation de l'action humaine, la production, si elle est postérieure à cette action, n'en demeure pas moins dépourvue de toute inspiration divine.

Le mythe de Prométhée qui se situe au cœur d'une réflexion sur la technique, nous permet d'approfondir cette conception. Dans son *Prométhée enchaîné*, Eschyle nous fait assister à la terrible vengeance de Zeus contre celui qui, selon lui, l'a trompé. Mais qui est Zeus, et que représente Prométhée, ce titan ? Zeus est celui qui s'est installé dans l'absence totale de finitude. Il est immortel et il ne se soucie pas de la condition des hommes, alors que le titan Prométhée qui est mortel, lui, veut aider les hommes à supporter leur finitude. Aider les hommes à supporter la finitude de leur condition, c'est déjà les aider à l'accepter. Du côté des immortels, tout se passe comme si les limites imposées par l'espace et le temps, et donc les techniques permettant de s'adapter à l'existence de ces limites, étaient hors du champ de leur appréhension. C'est en prenant en compte ces remarques, que je me permets de voir en Zeus le représentant, face à Prométhée, d'un *Moi-narcissique* confronté à un *moi-réalité* dont l'existence le blesse.

Zeus est une divinité issue d'une lignée évolutive qui a permis, par une première castration, de se dégager d'Ouranos, le dieu qui ne savait pas se décoller de son épouse Gaia, puis, par une seconde castration, orale, de se dégager de Cronos, le dieu dévoreur de ses enfants. En quoi Zeus, porteur à priori d'une puissance paternelle qui instaure le maintien d'une distance entre les mondes, serait-il en même temps le représentant d'une toute-puissance narcissique dont l'intolérance se manifeste d'emblée par la condamnation de l'homme au sort d'un être sans valeur ? Tel est l'arrière-plan du problème posé par le *Prométhée enchaîné.*

Selon le mythe, Prométhée a voulu tromper Zeus en lui présentant, lors d'un banquet, des mets dont l'apparence masque la réalité de leur substance sous-jacente. Zeus voudra punir Prométhée pour cette intention même car, malgré les apparences, il ne s'est pas laissé tromper et il s'est comporté durant cette épreuve comme s'il connaissait la face cachée des choses, et comme si la matière devait pour lui, dans sa transparence, n'offrir aucune résistance à son omniscience, non plus que le temps à son éternité. Prométhée découpe la bête en recouvrant les parties destinées à nourrir les hommes d'une enveloppe de viscères dont l'aspect répugne à la vue, est désagréable au goût, alors que les parties immangeables constituées par les os, sont recouvertes de graisse alléchante. L'homme a besoin de se nourrir de viande, et les os ne lui servent à rien. Or Zeus a pris le rôle de celui qui n'a pas besoin de manger, abandonnant ce besoin subalterne aux faibles humains. Le besoin a parti lié avec la technique visant à le satisfaire. Zeus se comporte ici comme un *moi-narcissique* sans corps qui se nourrit de virtualité. Il choisit sciemment la fumée issue de la cuisson des graisses et des os réduits en cendres. De telles agapes ne nourrissent pas les hommes mais servent au repas des dieux. Dans ces conditions, pourquoi Zeus voudrait-il se venger d'un désir de tromperie qui n'a pas abouti ? Il s'agit à mon sens d'un récit manifeste dont la signification latente est toute autre. En tant qu'incarnation d'un espace-temps sans limite, tel le *moi-narcissique* au cœur de chaque être humain, non seulement Zeus ne conçoit pas qu'il puisse être touché par un être mortel, mais également qu'un tel être puisse se détourner de lui et lui préférer une vie dans l'espace et le temps. Le *moi-narcissique* ne peut supporter de se percevoir en rivalité ou même en balance avec le *moi-réalité*. C'est bien, en effet, la nécessité de s'adapter à la réalité du monde, à ses limites et à notre condition mortelle qui nous pousse à nous détourner, momentanément du moins, du monde idéal au centre duquel trônerait notre moi-idéal.

Lorsque le moi est tenaillé par la faim, une double voie s'offre à lui : soit il évacue cette perception, la dissout dans un état de non-existence ou d'absence de corporéité ; soit il accepte cette perception et s'adapte aux objets lui permettant de la soulager. Ou bien il se replie dans un état de non-réalité, celui du *moi-narcissique* ; ou bien il se lie aux objets et développe de la sorte son *moi-réalité*.

Si Zeus veut se venger, c'est que Zeus a été blessé. Un mortel – puisque Prométhée est mortel et prend la défense des mortels – a donc pu frapper la toute puissance du dieu. Je fais l'hypothèse qu'au sein du remaniement qui prend place chez les dieux et les titans, tout comme au sein d'un équilibre psychique en cours de reconstitution, la prise en compte d'un parti a bouleversé l'autre parti. Cronos et ses frères les titans ont détrôné Ouranos, leur père. La génération suivante constituée par les Olympiens détrône la précédente : Zeus détrône Cronos, son père, et Prométhée, le fils du titan Japet, lui prête main forte. Ce n'est que secondairement à cette lutte que Prométhée se tourne contre Zeus pour faire valoir les droits des simples mortels dont Zeus ne veut pas se soucier. Ainsi, avec Prométhée, cette lutte lancée pour la défense des mortels, cette lutte dont le but est non seulement de parvenir à rendre la vie possible, bien qu'elle soit limitée, mais également d'attribuer une valeur à ce qui n'est pas infini, cette lutte même va heurter la susceptibilité de celui qui ne reconnaît de valeur qu'à ce qui est immortel et sans limite. Dans le mythe de Prométhée, cette aristocratie divine qui ne touche pas aux appétits terrestres, se trouve blessée dans ses convictions. Lorsqu'un titan se détourne des dieux pour venir en aide aux mortels, Zeus reçoit un message selon lequel il n'est pas tout, et ne possède pas tout : il a été frôlé par la perception d'un manque, celui qui a poussé Prométhée à soulager la souffrance des mortels. Si la position de Zeus avait été enviable au-delà de tout, Prométhée aurait abandonné ces mortels à leur triste sort, suivant en cela l'exemple de Zeus. Ils n'auraient été que poussière. C'est cette détermination de Prométhée, comme du *moi-réalité*, à se tourner vers l'objet et les limites qu'il impose à la toute puissance du *moi-narcissique*, qui entraîne la fureur de Zeus et la blessure du *moi-narcissique*.

Si nous reprenons les éléments du mythe, nous voyons qu'ils corroborent cette hypothèse.

Zeus en veut à Prométhée d'avoir eu l'intention de le tromper en dérobant un pan de son espace, lui qui prétend à la transparence de toute chose traversée par son omniscience et son omnipotence. La valeur attribuée à ce qui, dans un espace en trois dimensions, a la capacité de se dérober à la vue, blesse un *moi-narcissique* qui se sent à la fois trompé et volé. L'assurance selon laquelle il serait le seul à être désirable, a été trompée. Par ailleurs, celui qui possède toute la puissance a la conviction qu'il a été volé par celui qui n'en possède qu'une partie, même infime. Si, dans le mythe, Prométhée est présenté comme un voleur, il n'est voleur que du point de vue de celui qui croit tout avoir et règne sans partage. C'est le point de vue de celui qui croit tenir entre ses mains le destin des humains. De la même façon le *moi-narcissique* ne reconnaît pas l'existence d'un objet indépendant de lui et croit, dans son illusion, qu'il est en son pouvoir d'anéantir l'existence de ce dernier. Celui qui rogne cette omnipotence est qualifié de voleur. Celui qui échappe à cette omniscience est qualifié de trompeur.

C'est dans ces conditions que le mythe présente Prométhée comme celui qui a trompé Zeus en aménageant un espace caché – repris dans le rituel du sacrifice – et comme celui qui l'a volé en s'emparant du feu pour le donner aux humains. La découverte du feu qui promeut l'aube de l'humanité et de ses techniques, est ainsi conçue comme la perte d'un état dans lequel le besoin n'existe pas, non plus que la technique visant à le satisfaire. Le mythe du paradis terrestre est conjoint à celui de Prométhée, ce dernier étant rendu responsable de son exclusion. Pour se venger du vol du feu, Zeus fait don à Prométhée de la première femme, Pandora. Epiméthée, le double de Prométhée, celui qui a aussi peu d'esprit que Prométhée a d'intelligence, va épouser Pandora. Elle dissimule dans son coffre l'ensemble des maux terrestres et elle va l'ouvrir en n'y laissant au fond que l'espoir. La découverte de la femme dans sa sexualité, et la découverte ainsi de la mère qui ne se consacre pas entièrement aux désirs de sa « Majesté le bébé », entraîne la fureur de ce dernier qui punit, et la femme et celui qui accepte la dépendance dans laquelle il se trouve vis-à-vis d'elle. Le moi-idéal – autrement dit, le *moi-narcissique* – va clouer au pilori celui qui se permet de croire davantage à la réalité de la dépendance humaine qu'à la toute puissance divine. A l'intériorisation des bienfaits de l'objet, plutôt qu'à l'appui sur des ressources innées qui ne devraient rien à ce qui se noue dans la construction des liens. Prométhée est ainsi enchaîné sur un roc aride, un aigle lui dévorant le foie, afin de l'empêcher de nuire à nouveau à l'éclat de l'astre narcissique.

Je n'approfondirai pas ici l'ensemble des détails de la légende prométhéenne car mon but est de ne citer cet exemple que pour montrer à quel point le problème de la technique se situe au cœur du lien, dans le *moi-réalité*, entre le moi et son objet, et comment l'affirmation de ce lien doit se heurter d'emblée à l'existence d'un fond narcissique originaire.

Le dernier mot n'est pas donné à Zeus. Les qualités de prévision de Prométhée, tout comme celles du *moi-réalité*, s'adaptant à la réalité du temps et de sa finitude, font qu'il sait prévoir l'avenir – non pas par des moyens magiques mais par l'expérience du lien avec ses objets – afin de se préparer aux problèmes qu'il nous pose. Ces qualités entraînent la supériorité du titan sur celle du dieu, du *moi-réalité* sur le *moi-narcissique.* Zeus veut que Prométhée lui révèle l'identité de celle avec qui il ne doit pas s'unir, car de cette union naîtra celui qui le détrônera. Or Prométhée sait très bien qui le détrônera, mais il en taira le nom à Zeus.

Le règne de la technique, celui d'un monde scientifique et industrieux, plante ses origines dans l'acceptation à la fois de ses propres besoins et de leur soulagement dans un lien émotionnel à l'objet capable de les satisfaire. Le tout petit bébé apprend ainsi ce qu'il doit faire pour susciter l'amour de sa mère. Il apprend à s'adapter à la nature du monde interne de cette dernière. Il apprend à prévoir ce qu'elle supportera et ce qu'elle ne supportera pas. Il apprend en somme à adapter son comportement à ce qu'elle accepte de lui. Tel un petit Prométhée, il doit faire face à l'énorme puissance de son narcissisme primaire qui se laisse vivre, ainsi que Zeus, hors du temps et de l'espace. Hors de toute limite.

Nous savons que les bébés sont de petits « scientifiques » qui explorent le monde ; ils sont également en ce sens de petits techniciens : ils cherchent et ils apprennent à connaître et à reconnaître leur objet maternel. Dans la zone qui n'est pas au service de leur *moi-narcissique*, ils s'adaptent à la réalité de cet objet. La technique qu'ils adoptent, par exemple, pour tenir leur biberon, dépend de la manière dont leur mère le tient. La technique qu'ils développent afin d'attirer le regard de leur mère, s'adapte à ce qui, dans la psyché de cette dernière, est touché par tel comportement. Mais le bébé peut aussi adopter une technique afin de satisfaire son désir tout en laissant croire à sa mère qu'il a satisfait le sien. Il peut très bien sourire pour faire sourire sa mère. Le nombre des techniques infantiles est infini, mais leur point commun est qu'elles sont toujours – quand le *moi-réalité* est en cause – branchées sur un rapport émotionnel avec l'objet du besoin et avec l'objet du désir. Lorsque cela n'est pas le cas, ainsi que nous le verrons, c'est qu'il s'agit d'une dégradation de la nature de la technique elle-même.

Les Grecs ont fait cette distinction. Cependant, ainsi que cela apparaît dans le mythe de Prométhée, tout se passe comme si ceux qui avaient pu conceptualiser la problématique de l'émergence des techniques s'étaient, dans une certaine mesure, identifiés à Zeus. Tel serait le point de vue des sophistes sur la question. Ce point de vue entraîne, d'une manière générale selon Jean-Pierre Vernant[4], un blocage de la pensée technique chez les Grecs. La technique, par opposition à la science, est réduite à n'être qu'un ensemble de recettes coupées de la connaissance de l'objet dans sa profondeur. La perspective est mécaniciste : l'outil ne fait que prolonger l'organe. L'organon, l'instrument, n'a pas de structure interne qui lui soit propre : il n'agit que parce qu'il transmet et amplifie la force que l'organe lui impose. L'outil peut être considéré dans cette perspective comme un objet utilisé par le moi, qu'il s'agisse de la mère ou du sein maternel appréhendé par le bébé comme une chose qui le prolonge lui-même. La perception selon laquelle l'outil ne fait que prolonger l'organe est à mettre en correspondance avec ce premier vécu du bébé : sa mère n'est pas perçue comme séparée de lui. Il est même dans la nature de son *moi-narcissique* de considérer qu'elle n'est qu'un épiphénomène qu'il fait apparaître et disparaître selon son gré, alors que dans son *moi-réalité*, il commence d'apprendre qu'il n'en est pas ainsi : il doit s'adapter à sa réalité et à l'espace-temps qui la conditionne. Je me souviens d'un petit patient dont les apprentissages étaient parasités par le poids d'un *moi-narcissique* qui lui interdisait de concevoir que son objet n'était pas le prolongement de lui-même. Le dernier de la famille, il conduisait cette dernière à la baguette et piquait des crises lorsqu'il s'apercevait que le monde ne tournait pas autour de lui. Cette illusion narcissique était visible dans ses dessins : étant un petit violoniste, il était incapable de se dessiner avec son violon. Le dessin de son instrument était mêlé à celui de son bras. Ses leçons de violon n'ont porté leurs fruits qu'à partir du moment où il a commencé de distinguer son bras de son violon. Alors seulement ce petit garçon a pu se plier à l'acquisition d'une technique. Accompagnant cette incapacité première à se soumettre aux conditions de tous « les mortels » d'apprendre avant de savoir, ce petit garçon se prenait pour un génie. L'épreuve de la réalité était vécue comme attaquant cette image idéalisée de lui-même. Tel Zeus dans son omnipotence, il avait le sentiment alors qu'on le volait de son « feu » sacré. Qu'il était réduit à la condition humaine et n'était plus le roi de la famille. Aussi se sentait-il en droit de se venger contre celui – quel qu'il soit – qui lui imposait l'existence d'un monde qui ne s'offrait pas à lui dans sa transparence. Toute dépendance était vécue par lui comme dégradante et il ne se pliait pas à la première de toutes les dépendances : celle de l'espace-temps, dont témoigne l'existence de l'autre. C'est ainsi qu'il prenait la parole quand cela lui plaisait ; tous devaient alors se taire pour l'écouter, sinon il brisait leur discours par un parasitage bruyant.

Je n'évoque les différentes directions prises par la conceptualisation de la *technè* chez les Grecs, qu'afin de souligner comment elles se ramènent à ce que nous permet de comprendre la recherche psychanalytique dans la partition du moi en *moi-narcissique*, idéal et « divin », et *moi-réalité*. L'agriculteur ne fait un effort que pour révéler la forme qui se tient cachée dans la matière sans qu'il lui ait été nécessaire de la créer lui-même. Cet *eidos* (*ειδος*) « naît de soi-même », et n'a pas été le fruit d'une rencontre comme l'est toute véritable création. Par opposition à cette forme révélée – que je comparerai à la forme toute faite que j'évoquais précédemment à propos des trouvailles de Winnicott[5] dans ses ***squiggles***, dans les dessins résultant de la coupe du bois au cœur de son aubier… etc. – il y a la forme construite avec art. Elle n'est pas seulement le fruit d'un effort, elle est aussi l'aboutissement d'une technique par laquelle se révèle, non pas ce qui préexiste à tout effort, mais ce qui naît à la suite d'un travail créateur. L'œuvre qui vient ainsi au jour est le fruit d'une rencontre, tout comme l'enfant est le fruit de la rencontre entre deux êtres, deux « mortels » qui se lient dans leur différence. Le rapport de dépendance qui a présidé à l'apprentissage d'une technique, se retrouve dans le rapport noué entre des êtres différents : le bébé et sa mère, l'enfant et son maître, l'homme et la femme.

En passant de la technique de l'agriculteur à la technique de l'artisan, les Grecs rompent avec un passé légendaire, comme en témoigne le mythe de Prométhée : il faut rompre avec l'omnipotence divine pour entrer dans le règne de la technique.

Et pourtant au sein même de la technique, et donc de la construction et de l'utilisation des instruments permettant de satisfaire nos besoins, nous retrouvons une dichotomie comparable à celle qui sépare le passé légendaire du prosaïsme de l'artisan. Les techniques peuvent être mises au service de la satisfaction des besoins et composer ainsi avec l'existence de la limite car les besoins, comme le corps, ont des limites. Mais elles peuvent aussi être mises au service de ce qui n'a pas de limite : le plaisir pour lui-même, qui se dissocie du besoin. Les techniques peuvent être mises au service de l'illusion et de l'artifice. Aristote[6] nomme ce mouvement de détournement « chrématistique » : l'objet n'est plus créé pour satisfaire un besoin. C'est dans le processus qui va de la création de cet objet à son utilisation que se situe ce détournement. La chaussure est bien créée puis fabriquée afin de satisfaire le besoin d'être chaussé. Mais cette nécessité peut être pervertie et la fabrication de la chaussure, tout comme la satisfaction d'un besoin, peut servir de prétexte à la production d'un bénéfice financier. C'est l'argent qui est ensuite recherché et qui se substitue au premier objet. Nous pouvons noter que ce détournement de la fonction naturelle associée d'abord à l'émergence d'une technique, fait également perdre le caractère limité de la satisfaction des besoins. Le désir de posséder de l'argent peut souvent dépasser largement ce que nécessite la satisfaction des besoins. L'omnipotence y contribue. Il en est de même du plaisir : il perd ses limites quand il se dissocie du besoin. Les techniques de la magie ont également pour but de donner l'illusion qu'on peut passer outre le monde du besoin pour entrer dans un monde qui n'a pas de limites et dans lequel l'espace et le temps ne soumettent plus les humains. C'est ce qui constitue le caractère attirant de toute manifestation d'illusionnisme.

Est-ce donc la nature même de la *technè* de nous introduire dans le monde virtuel ? De la même façon que les techniques peuvent être mises au service du bien comme du mal, de même, elles peuvent aussi maintenir en elles ce lien profond de dépendance existant entre le moi et son objet dans l'univers du *moi-réalité*. Elles peuvent également se détacher de ce lien profond et s'associer au seul service du bénéfice secondaire procuré par ce lien : le plaisir et, conséquence de cette dissociation, l'illusion d'un monde détaché des besoins du corps et donc de la loi fondamentale de la vie qui ne s'inscrit que dans des limites définies par notre condition de mortels. La technique, dans cette dernière éventualité, s'est dissociée des sources qui lui ont donné naissance : l'intériorisation du lien à un objet qui indique au bébé la voie à emprunter pour le retrouver. Cette intériorisation ne se suffit pas à elle-même : le bébé qui ferme les yeux et qui retrouve en lui l'image de sa mère qui le nourrit alors qu'il doit se confronter à son absence dans la réalité, apprend à ne pas s'illusionner sur la réalité de cette image. Elle n'est qu'une présence interne qui renvoie à une absence. Si, mu par un désir omnipotent, il veut croire en la réalité de cette image interne, s'il veut prétendre qu'elle existe au-dehors et que, par une « technique » particulière à laquelle il soumet le jugement de son moi, il peut effectivement saisir au-dehors ce qui n'existe en fait qu'au-dedans de lui, il tombe dans un univers magique et virtuel.

La technique n'est plus alors au service d'une adaptation à la réalité, interne aussi bien qu'externe. Elle est au service d'un déni de la réalité, comme nous l'enseigne le mythe de Prométhée. Prométhée, étymologiquement, signifie : celui qui voit avant, par opposition à son double Epiméthée : celui qui voit après. Prévoir est, en ce sens, se soumettre au lien de dépendance à l'objet – c'est-à-dire aux conditions mortelles de l'existence humaine – afin de s'y adapter, alors que « voir après » c'est inverser ce rapport. Epiméthée ne pense pas : ce n'est qu'une fois que la boite de Pandore est ouverte et que tous les maux en sortent, qu'il comprend ce qu'il a fait. Il ne prévoit pas les conséquences de son acte. Il agit d'abord et il « voit » ensuite. Il fait sortir ce qui se situe dans un espace caché pour ne le comprendre qu'une fois qu'il est ainsi « découvert », alors que Prométhée supporte en lui-même et dans son objet, l'inconnu de cet espace caché. Il prévoit, il voit d'avance ce qu'on ne voit pas. S'il prévoit c'est qu'il se souvient. Il garde en lui l'image de ce qui n'est plus là. Il intègre le monde des absents aussi bien que celui des mortels.

J'avais en traitement une grande adolescente, psychotique. A chaque fois qu'elle entendait la sonnette, elle savait que cela annonçait la venue de sa mère et la fin de sa séance. Une partie d'elle savait prévoir cette fin en raison de l'intériorisation de la durée de la séance. Elle s'y préparait. Mais une autre partie d'elle faisait l'Epiméthée : puisque la sonnette annonçait la fin, elle imitait ce bruit de sonnette quelques minutes avant la fin, pour faire en sorte que cette fin arrive et soit provoquée par elle. Je ne pense pas qu'elle voulait en finir avec la séance car elle aimait bien venir en thérapie. Elle voulait simplement avoir la confirmation de sa toute-puissance en inversant l'ordre des choses : ce n'est pas elle qui se soumettait au temps ; ce n'était pas la sonnette, qui en concrétisait la limite, qui la faisait sortir de sa place. Au contraire c'est elle qui, dans son illusion, faisait sonner sa mère et soumettait la réalité de cette dernière à la magie de sa « technique ». L'Epiméthée en elle inversait l'ordre des choses : ce n'était pas elle qui attendait sa mère – comme moi-même – c'est sa mère qui l'attendait et devait sonner au moment où elle lançait elle-même son « dring !! ». Si, par hasard, sa mère sonnait au même moment, cela la confirmait dans la magie de sa « technique ». Elle était au sens propre Epiméthée, celui qui « voit après », car le coup de sonnette n'était pas l'issue d'une attente et de la prévision d'un événement qui ne dépendait pas d'elle. Il était au contraire l'issue d'un acte magique qui déniait l'apparition de sa mère avant que cet acte ne prenne place. Sa mère ne pouvait surgir qu'après. Elle se comportait comme un Epiméthée qui, ayant une fois ouvert la boite de Pandore, et s'étant aperçu de la nature de son contenu, ne se servait pas de cette expérience comme d'une leçon lui permettant de retenir sa main, et de prévoir une autre fois la conséquence d'un tel geste. Non. Epiméthée en reste au même point : au lieu de s'adapter à une réalité externe indépendante de son propre fonctionnement, il ramène cette réalité à lui. Il pourrait reproduire son acte – si du moins, dans le cas de la boite de Pandore, cela avait été possible – pour obtenir l'assurance qu'il a voulu lui-même la sortie de tous les maux de la boite. Cet acte magique l'assurerait de la sorte qu'il peut comme il l'entend, faire entrer aussi bien que sortir l'ensemble du contenu de cette boite. Ainsi ma patiente imitait-elle le bruit d'une sonnette pour être assurée qu'elle pouvait faire venir sa mère à son gré, aussi bien qu'elle pouvait la faire disparaître. Faisant apparaître sa mère elle me faisait disparaître, et inversement. Elle gérait seule ainsi – mais sur un mode totalement illusoire – l'apparition et la disparition de son objet.

J'ai voulu évoquer ici les racines grecques de la *techné* afin qu'une réflexion s'engage, en ce début d'étude de la technique en psychanalyse d'enfant, sur le sens positif de cette dernière et sur les dangers qui habitent les pourtours de sa signification.

L'analyste doit se comporter comme un Prométhée et non pas comme un Epiméthée. Il lui arrive pourtant très souvent de ne « voir qu'après » avoir agi ou après que son patient ait agi, mais il doit s'adapter à la réalité de son patient et non pas l'inverse. S'il voulait que le patient s'adapte à sa réalité, ou à sa théorisation des choses, à son savoir, il se comporterait comme un Epiméthée. Il arrive, hélas, que des adultes finissent par s'adapter à la position de leur analyste et adoptent son langage, développant – ainsi que le disait Winnicott[7] – un *faux self*. Nous dirions à présent : un *faux self* analytique. Remarquons ici qu'il est plus difficile de soumettre l'enfant à une telle technique. L'enfant « ne s'en laisse pas conter ». Les choses avec lui vont davantage dans le sens normal où c'est lui qui nous en conte ; c'est alors à nous de voir clair, et de « prévoir », comme Prométhée. En ce sens, l'analyse d'enfant en est d'autant plus difficile à mener.

Nous avons considéré que l'acquisition d'une technique s'inscrit dans l'existence d'un acte créateur – ce feu volé à Zeus par Prométhée. Tout ce livre vise à maintenir ce point de vue. Les recettes techniques vont dans le sens d'Epiméthée : elles serviraient une magie qui nous éloignerait du but recherché. De même que la technique des métiers vise à obtenir un résultat à partir d'un lien fait entre le savoir et l'expérience – et non pas, comme J.P.Vernant[8] l'a souligné chez les Grecs, dans une dissociation des deux – de même la technique en psychanalyse d'enfant, vise à obtenir un résultat à partir d'un lien semblable effectué entre un savoir en perpétuel remaniement, et une expérience émotionnelle entre deux personnes. La technique est là pour améliorer les conditions de ce rapport et pour faire en sorte que le résultat visé soit obtenu : la transformation des liens internes pathologiques, leur dépassement par l'introjection d'un objet qui pense pour l'enfant, qui reçoit et suscite ses émotions, et qui lui permet à la fin de se séparer de lui dans l'amour et non pas dans la haine. Quelles conditions, quel cadre, quelles interventions, quelle attitude avoir pour aboutir à un tel résultat ? La technique en ce sens a un but, et ce but passe par le respect de ce qui demeure inconnu chez l'autre.

Ne nous comportons pas comme des Zeus en affirmant que la technique de ceux qui se prennent pour des petits Prométhée, viole et vole l'espace interne de tout un chacun en prétendant le mettre à plat et le rendre transparent. Ce serait faire le jeu d'un fantasme de toute puissance dont on a vu comment Prométhée voulait en protéger les « mortels ». La technique fait avec les limites de l'espace et du temps et apprend aux mortels, aussi bien qu'à nos patients l'acceptation de notre condition humaine. La première règle technique est, en ce sens, de veiller à ce que les analystes ne se prennent pas pour des Zeus, mais pour des Prométhée qui doivent lutter contre le Zeus omnipotent qui se dissimule partout, chez l'enfant, chez ses parents, au fond de lui-même aussi bien que dans le monde qui l'entoure.

B. Spécificité et historique de l'analyse de l'enfant

L'analyse de l'adulte s'est développée avant celle de l'enfant. Et pourtant, c'est bien l'enfant dans l'adulte qui a été découvert en premier lieu et qui s'est révélé comme étant habité par un monde fantasmatique refoulé par l'adulte et par sa conscience. La résistance de ceux qui, dès le début, ont refusé d'accorder un quelconque crédit à la psychanalyse, avait-elle une autre origine que celle de l'angoisse de voir au grand jour, ce qui ne devait que demeurer caché au fond de l'inconscient ? Et celui qui apparaît au grand jour n'est-ce pas l'enfant que chacun porte au fond de soi ? La défense qui s'est élevée contre la psychanalyse, a d'abord eu pour origine l'angoisse de percevoir au fond de soi un inconnu qui échapperait au contrôle rationnel assuré par la pensée consciente. Cet inconnu est d'abord constitué par la sexualité infantile – découverte par Freud – et les fantasmes qui l'accompagnent.

Une semblable résistance a dû également être celle des analystes d'adultes, sitôt qu'il s'est agi de traiter l'enfant lui-même. Cette résistance s'est prolongée, malgré la pratique de plus en plus grande de l'analyse d'enfant, jusqu'à nos jours. Quelle en est la nature ? Une fois, en effet, que l'analyste est entré en contact avec les niveaux infantiles de sa sexualité, que redoute-t-il de rencontrer encore en lui, qui lui ferait rejeter avec vigueur une semblable exploration chez l'enfant lui-même ? Nous allons le voir, les détracteurs de l'analyse de l'enfant – qui se retrouveront ultérieurement lorsque ce sera le bébé dont on s'approchera dans la réalité afin de mieux comprendre le tout petit qui réside en nous – accusent ses psychanalystes, non pas de violer l'innocence de l'enfant, comme les en accuserait le profane, mais de toucher un être dont l'enveloppe défensive n'est pas encore solide et, principalement, dont la construction est en train de s'effectuer grâce à l'intériorisation de son premier milieu et de ses premiers objets : ses parents. Analyser un tel enfant, serait se proposer dans la réalité comme une figure parentale en compétition avec le parent réel, ce qui ne pourrait que troubler l'enfant. Dans l'analyse du cas du petit Hans, Freud[9] s'est d'ailleurs tenu – pour de toutes autres raisons que celles qui participeraient d'une résistance chez lui – derrière le père de l'enfant qui communiquait à son fils les propos du « docteur ». Nous allons reprendre les éléments historiques de l'évolution de l'analyse d'enfant, mais – de ce point de vue – je me demande si les premiers analystes qui ont résisté à s'approcher de l'enfant réel pour l'analyser, ou à doter l'analyse de l'enfant du statut dont jouit l'analyse proprement dite, selon eux (c'est-à-dire l'analyse de l'adulte), n'auraient pas redouté de s'approcher de ce qui, en eux-mêmes, se présenterait sans la médiation du langage et prétendrait, malgré tout, à la communication des états intérieurs. Nous débouchons là sur le problème de la compréhension de la communication sans langage verbal et sur ce qui constituera l'essentiel du matériel de l'enfant : son jeu. L'analyse du petit Hans n'a pas été une analyse par le jeu, mais une analyse par le langage. Nous pouvons plus aisément concevoir, en tant qu'adultes, la communication avec un être qui parle, car il est déjà pour nous un petit adulte qui a intégré par la langue ce moyen fondamental de reconnaissance des êtres humains. Mais entrer en contact avec celui qui ne parle pas, ou qui utilise d'autres moyens de symbolisation, tels que le dessin, le jeu ou les modelages en pâte à modeler, demande une création interprétative qui mobilise en nous une épaisseur émotionnelle : elle implique que l'analyse de notre contre-transfert ne soit pas seulement mise au service du rétablissement d'une neutralité analytique, mais qu'elle soit également mise au service de la découverte d'un sens. Nous y reviendrons, car tel est bien ce qu'implique le concept d'identification projective inventé par celle qui, selon moi, a doté l'analyse d'enfant de son premier statut : celui d'être une analyse qui possède ses règles propres et qui, par conséquent, se différencie dans sa technique, sinon dans sa compréhension, de l'analyse de l'adulte. Je veux parler de Mélanie Klein.

Avant de remettre en cause sa propre théorie de la séduction de l'enfant par l'adulte, avec les effets traumatiques que cela implique, Freud dotait l'enfant, comme tout un chacun, d'une innocence foncière. L'adulte ou le monde environnant, était le seul responsable des pensées sexuelles susceptibles d'habiter le monde interne de l'enfant. Encore, grâce à une utilisation de la théorie de l'après-coup allant dans ce sens, était-il possible de soutenir que, à l'âge précoce où la séduction de l'enfant par l'adulte pouvait avoir eu lieu, l'enfant n'aurait enregistré que des traces mnésiques associées à la sexualité de ce dernier. Le réveil de ces traces, ou leur investissement surgissant ultérieurement lors de la maturation sexuelle à l'adolescence, permettrait de ne reporter les fantasmes qui les accompagnent que secondairement à la prime enfance. Cette dernière pourrait ainsi conserver son statut d'innocence.

Freud[10] a eu le courage de remettre en cause cette « innocence » là et de concevoir que l'enfant lui-même, si petit soit-il, pouvait être porteur de fantasmes sexuels. Les implications d'une telle hypothèse auront été immenses et riches de tout l'avenir de la psychanalyse. Car si l'enfant peut avoir des fantasmes, il peut également avoir une vie psychique. Il peut donc également penser. Et s'il a une vie interne et une activité de pensée, pourquoi ne pourrait-il pas également être le sujet d'une analyse ?

Ne peut-on faire l'hypothèse que dans cette croyance au paradis perdu de notre innocence première, réside notre désir de vivre dans un monde sans pensée ? Un monde duel qui ne s'inscrit pas dans la triangulation qu'implique toute reconnaissance de la sexualité et de la scène primitive qui en est l'incarnation ? Les fantasmes sexuels infantiles analysés chez l'adulte, auraient toujours pu être rapportés après-coup à la psyché d'un enfant dont l'ignorance sur ce point coïnciderait avec la paix d'un monde dans lequel il se vivrait, tel « sa Majesté le bébé », unique et sans rival. Aurions-nous tous besoin de conserver une telle illusion, en deçà de la découverte de la sexualité des parents et de tous les tourments qu'elle traîne à sa suite, le moindre n'étant pas de faire basculer l'enfant dans un monde qui limite une omnipotence qui d'abord le rendait heureux ? Le courage et le génie de Freud[11] se sont manifestés justement au moment où il a remis en cause sa ***neurotica***, c'est-à-dire sa théorie de la séduction de l'enfant par l'adulte. L'enfant était devenu lui-même un sujet porteur de ses propres fantasmes sexuels, au premier plan desquels se situaient les fantasmes incestueux. Ce fut la rigueur de son auto-analyse et son honnêteté dans l'analyse des adultes qui l'ont conduit impérativement à cette conclusion. Une telle conclusion a été prise ensuite comme point de départ de l'analyse des enfants, non pas par Freud lui-même, mais par ses successeurs.

Dans *Les trois essais sur la théorie sexuelle*, Freud[12] met en forme ses découvertes concernant la sexualité infantile. Il s'est alors agi, secondairement, de vérifier ses découvertes, non pas par l'analyse des enfants eux-mêmes, mais par l'observation de leur comportement sexuel. Se mettent alors en place des réunions au cours desquelles les analystes parlent des souvenirs se rapportant à leur propre sexualité infantile. Cependant, rien de tout cela ne concerne le contact direct avec l'enfant, et l'adulte se tient toujours à distance de ce dernier. Après avoir parlé de leur propre enfance au cours de ces réunions, les analystes se sont mis à regarder leurs enfants et à se pencher sur l'éducation des enfants. Le dilemme qui se traduisait précédemment par une opposition entre le postulat d'innocence de l'enfant et l'hypothèse d'un monde interne infantile dans lequel les fantasmes sexuels avaient leur part, s'est déplacé sur un autre dilemme : les parents sont-ils responsables des fantasmes de leurs enfants, ou les enfants créent-ils eux-mêmes, à partir de leurs pulsions, leurs propres fantasmes ? Se profile ici l'opposition ultérieure qui prendra place entre Anna Freud et Mélanie Klein, la première abordant l'analyse de l'enfant après une étude portant sur son éducation, et la seconde mettant en plein jour l'existence des fantasmes infantiles les plus crus. La première fut d'abord une éducatrice, la seconde d'emblée une psychanalyste d'enfants.

Hermine Hug-Hellmuth fut – bien qu'ayant d'abord une formation de pédagogue – la première analyste à prendre en compte la réalité interne de l'enfant, pour l'analyser dans des séances individuelles. Son article de 1921 : « Á propos de la technique de l'analyse des enfants »[13], témoigne de la profondeur et de l'ouverture d'esprit de cette femme remarquable. Ainsi que le remarquent Cl.et P.Geissmann[14] : « *cet article contient déjà en germe très structuré tout ce qui va devenir la psychanalyse de l'enfant* ». Elle y affirme que le but de l'analyse est le soin du patient, enfant aussi bien qu'adulte. « *Le principal dans l'analyse des enfants », dit-elle, « reste l'intuition de l'âme malade par l'analyste* ». Cependant, elle maintient un lien avec l'éducation, prônant une analyse qui tienne compte des nécessités éducatives de l'enfant. Il ne s'agit pas d'une pédagogie curative, mais d'une considération qui laisse place à la prudence d'une femme qui a été très attaquée dans sa démarche courageuse. En témoigne les réactions des détracteurs de la psychanalyse de l'enfant à l'annonce de sa mort tragique (elle a été assassinée par son neveu). On l'a accusée de confondre le développement de l'enfant normal avec celui d'un psychopathe, comme l'était son neveu. A.Adler[15] en a profité pour ramener cet événement à l'exposition de ses idées : tout réside, selon lui, dans l'éducation de l'enfant, étant entendu qu'une éducation bien menée dans un des Instituts éducatifs pour cas sociaux, aurait évité une telle issue. Ce que de telles considérations permettent d'éviter, en tout cas, c'est : d'une part un sentiment de compassion pour celle qui fut victime d'un tel crime et, d'autre part, la responsabilité de l'adulte dans, non seulement l'éducation, mais également le soin de l'enfant malade.

L'accent mis sur l'éducation ne fait qu'apparemment porter à l'adulte la responsabilité de l'état de l'enfant. Ce faisant, l'adulte se permet d'ignorer l'ensemble du monde émotionnel infantile qui réside en lui et qui est de nouveau sollicité par la présence d'un enfant réel. L'adulte, ou le parent, fait ainsi l'économie de retrouver, non seulement l'enfant qu'il fut mais celui qu'il est toujours, vivant au fond de lui, et à qui l'adulte ne parle jamais. Le développement de l'analyse de l'enfant nous permettra de comprendre que les adultes qui se comportent ainsi, projettent dans leurs enfants ou dans les enfants dont ils s'occupent, l'enfant qui se tient en eux-mêmes et qu'ils laissent seul avec ses désirs inconscients. Nous reviendrons largement sur ce problème. L'éducation qui évite ce point, se réduit à n'être qu'un contrôle du comportement de l'enfant.

L'éducation sexuelle, qui n'est qu'une information sur le fonctionnement des rapports sexuels, tombe sous le coup d'une illusion selon laquelle le savoir permet de dépasser les problèmes rencontrés par la confrontation avec la sexualité infantile, comme si cette dernière n'était pas faite d'un tissu de fantasmes compréhensibles par la seule analyse de l'enfant, lequel ne peut les dépasser que dans ce cadre.

Il me semble qu'on a voulu faire jouer à l'éducation le rôle d'une contention de la pensée de l'enfant plutôt que celui d'un contenant pour ses fantasmes et ses pensées. Pour qu'un adulte conçoive qu'un enfant soit traversé par des fantasmes sexuels, il faut qu'il retrouve en lui, non seulement l'enfant qui se confronte à la scène primitive de ses parents, mais également l'adulte qui pense à l'enfant et à son angoisse devant une telle scène. La réaction des profanes puis, à un moindre degré ou de manière moins évidente, des analystes eux-mêmes devant un tel problème, est de refuser de croire que l'enfant puisse vivre une telle expérience. Ne dit-on pas que les enfants ne savent pas ce qui se passe, qu'ils ne « comprennent pas »... en somme qu'ils sont innocents ? Ceci permet à l'adulte d'éviter de retrouver en lui, non pas simplement l'enfant et ses fantasmes sexuels, mais également l'enfant et son angoisse devant la sexualité de ses parents. La réaction défensive de l'adulte vis-à-vis de l'enfant est la même que celle qu'il retrouve au-dedans de lui-même vis-à-vis des problèmes posés par ce même enfant : alors que l'enfant cherche un parent qui le comprenne, il ne trouve qu'un parent qui vise à ce que l'enfant le laisse vivre en paix en contrôlant ses pulsions sexuelles ou en déniant leur existence.

Il n'est donc pas possible de s'occuper d'enfant sans retrouver au fond de soi le rapport que l'enfant que nous sommes toujours entretient avec ses parents internes.

Le premier moyen que possède un parent pour contenir son enfant est de faire son éducation. L'enfant, le bébé même, doit apprendre un ensemble de règles qui transmettent avec elles les limites de ce que l'adulte peut supporter. Il ne s'agit donc pas simplement d'un apprentissage permettant de s'adapter aux limites imposées par la réalité à la toute-puissance de l'enfant. Il s'agit également d'un apprentissage permettant de s'adapter aux limites imposées par la réalité interne de l'adulte.

Nous avons retrouvé chez des profanes – et des non profanes – ces réactions défensives à la perspective d'analyser les enfants, témoignant de l'état du monde interne de ces mêmes personnes : selon que l'enfant qu'il a au fond de lui-même est tenu sous contrôle, ou est contenu par un parent compréhensif qui donne sens à ce qu'il vit, l'adulte sera disposé à accorder ou non une place à l'analyse de l'enfant. Les analystes qui, comme H.Hug-Hellmuth, ont osé se confronter directement à la psyché de l'enfant, n'ont pas eu besoin du média de l'éducation pour le tenir à distance. Il en est de même des analystes qui, sans être des analystes d'enfant, peuvent doter l'analyse d'enfant d'un statut identique à celui de l'adulte.

Certains, comme Jung[16], ont attribué beaucoup d'importance à l'observation des enfants. Mais ils n'ont pas appréhendé l'ampleur de l'angoisse infantile ni les moyens de donner sens à cette angoisse dans le monde interne de l'enfant, grâce à l'intériorisation d'un adulte qui pense à lui. Une partie de ce qui revient au travail de cet adulte a été défléchi sur l'arrière plan des mythes dont l'enfant pourrait se faire le porteur, sinon le traducteur. Sans ignorer cette dimension, il est important cependant de ne pas éviter à son profit, la problématique de l'enfant et la responsabilité qu'il a dans l'existence de son monde interne. Il est le sujet de ses fantasmes, bien qu'il puisse également être l'objet d'une transmission trans-générationnelle aussi bien que l'expression d'un passé phylogénétique.

Quand Anna Freud a abordé l'analyse des enfants, elle l'a fait d'abord par le biais de l'éducation et cela est resté un moment dans sa pratique et dans sa théorie, la marque de ces débuts. Ce problème se retrouve dans la grande confrontation qui l'a opposée à Mélanie Klein.

Comme le rappelle S.Lebovici[17] : « dans la première partie de sa carrière professionnelle, [Anna Freud] est une psychanalyste et une éducatrice qui ne sépare pas ces deux activités et les bases théoriques sur lesquelles l'une et l'autre sont établies ». Je pense cependant que nous pouvons nous demander si sa formation de pédagogue qui l'a dirigée d'abord vers l'enseignement – dans son activité d'institutrice, puis d'enseignement de la psychanalyse, puis de la formation d'instituts, de foyers pour jeunes enfants – est à l'origine d'une position analytique dans laquelle l'éducation prend sa place, ou bien si cette position ne correspond pas à une attitude interne, qui a mis du temps pour se transformer et permettre à A.Freud de se poser en tant qu'analyste à part entière, et de surcroît analyste d'enfant. L'ensemble des liens qui l'ont nouée dans la réalité à son analyste et à son père – qui furent la même personne – a dû freiner sa capacité de se détacher de lui afin de créer sa propre perspective sur la psyché de l'enfant et sur le corpus théorico-clinique qui permet de l'appréhender. L'accent qu'elle a mis sur l'existence d'un surmoi en formation chez l'enfant, étant donné la dépendance dans laquelle il se trouve encore vis-à-vis de ses parents, ne témoigne-t-il pas – derrière la réalité de ce fait – d'une dépendance par rapport à la pensée de son propre père ? Comment voir clair dans les tréfonds de ses investissements fantasmatiques lorsque la personne réelle et celle qui est l'objet de ces investissements, ne font qu'un ? Le père, dans une telle situation, peut-il se dégager de l'investissement qu'il accorde dans son inconscient à ce que représente sa fille ? Peut-il le séparer de celui qu'il accorde à sa fille réelle ? Il n'est pas possible d'analyser son propre enfant. Quelle relation d'objet interne une telle enfant entretient-elle avec un père jaloux de poursuivre son œuvre à travers elle ? N'est-il pas évident que la fille d'un tel père considère avant tout qu'un enfant est encore soumis, pour la formation de son surmoi, à la réalité de ses parents ? Anna Freud[18] a été la première à suivre un tel précepte en considérant – dans les conférences qu'elle donna en 1926 à Vienne et publiées en 1927 – que l'enfant ne fait pas une véritable névrose de transfert et qu'il n'est pas prêt, à la différence de ce que pense M.Klein, à « entreprendre une nouvelle édition de ses relations affectueuses ». Elle maintient l'existence de rapports entre l'analyse infantile et l'éducation.

Nous saisissons là toute la différence entre la pensée d'A.Freud en ses débuts et celle de M.Klein qui, également dès le début, pose le cadre de l'analyse de l'enfant – dont le principal matériel associatif est constitué par le jeu. Pour M.Klein[19], l'enfant entre d'emblée dans une relation transférentielle avec son analyste qui, de ce fait, se doit d'observer la plus grande neutralité et ne pas s'engager dans une intention éducative. L'analyste doit découvrir, à travers l'investissement de l'enfant, les fantasmes qui sous-tendent ses relations d'objet interne. Il ne doit donc pas se donner une tâche surmoïque mais accepter, au contraire, d'être perçu comme un surmoi archaïque avec toute l'omnipotence que cela implique. L'analyste doit se décoller des projections dont il est l'objet. Nous saisissons là une manière d'approcher l'analyse de l'enfant qui prend pour point de départ la remise en cause des concepts freudiens, non pour les critiquer, mais pour les retrouver à travers une expérience clinique. Autrement dit, M.Klein ne s'est pas trouvée liée affectivement et intellectuellement au père de la psychanalyse autrement que par des retrouvailles intérieures. Des retrouvailles portées par l'enfant en elle. C'est ainsi qu'elle a tiré parti du concept de pulsion de mort, à partir duquel, nous le verrons, d'autres concepts ont pu prendre place, tels ceux de projection et de surmoi prégénital. Ce point l'a complètement séparée de l'approche d'A.Freud qui maintient, à la suite de son père, l'idée d'un surmoi héritier du complexe d'Œdipe. Le monde interne de l'enfant se trouve ainsi peuplé avec M.Klein, de relations d'objets internes aux qualités différenciées selon les pulsions qui les ont investis.

Les *Controverses Freud-Klein*[20], qui ont agité le monde analytique londonien de 1941 à 1945, ne font que mettre l'accent sur ce différent fondamental, lequel est moins sous-tendu par le souci d'approfondir la recherche en psychanalyse de l'enfant, que par le souci d'être fidèle à la pensée freudienne. M.Klein a toujours affirmé, depuis le début de son travail avec les enfants, son appui sur les concepts freudiens. Sa fidélité à Freud a pris la forme d'une mise à l'épreuve de ses concepts et du développement de ce qu'ils contiennent, à la faveur de son travail auprès des petits enfants. C'est ainsi qu'elle a maintenu la pertinence du concept de pulsion de mort et l'a utilisé pour comprendre l'existence des premiers mouvements projectifs du moi. L'angoisse de mourir devient le moteur des premiers mouvements défensifs de ce dernier. Ces premiers mouvements sont associés à l'appréhension, dans son état le plus rudimentaire, d'un objet dans le monde externe et, par son introjection, dans le monde interne. La concrétude du vécu du tout petit a pour conséquence la construction, à partir de ces relations primaires, d'un espace interne qui est mis en correspondance avec la concrétude du vécu de l'espace externe. C'est ainsi que se constitue un monde d'objets internes dont l'existence a mis longtemps à être reconnue par la communauté analytique qui n'a pas adhéré à l'évolution kleinienne de la pensée freudienne. Un monde interne, peuplé d'objets internes, sur lesquels ont fait retour les pulsions projetées sur les objets externes, constitue le fondement d'un théâtre intérieur. A partir de là, l'ensemble des découvertes de Freud sur les fantasmes de l'enfant, revêt un caractère nouveau. Le primat des zones érogènes et des stades du développement libidinal, ne sont compris que dans une mise en rapport du moi et de l'objet sur la scène du théâtre intérieur. De ce fait, la triangulation œdipienne peut revêtir un caractère prégénital, puisque le tout petit est capable de concevoir l'existence d'une scène primitive et d'un couple parental sur cette même scène, avant de s'engager lui-même dans le difficile travail du deuil, de la perte du contrôle narcissique de l'objet et, par conséquent, de l'identification, dite « introjective », et de la constitution du surmoi proprement dit.

Ce sont tous ces points qui ont fait l'objet de violents conflits lors des *Controverses Freud-Klein*[21], et nous comprenons quel bond en avant l'audace de M.Klein a fait faire à la pensée de Freud. Je pense que c'est par la rencontre de son génie et de l'expérience directe qu'elle a eue avec les enfants, que M.Klein a pu à la fois respecter et transformer la pensée freudienne. Elle n'a pas été freinée par une fidélité à la forme des concepts freudiens ; elle n'a pas hésité à transformer leur forme pour être fidèle au message et à la créativité qu'ils véhiculaient.

Nombre d'analystes d'enfants ont poursuivi l'œuvre de M.Klein. Ce livre est le fruit d'une rencontre avec sa pensée et celle-ci demeure à l'arrière plan de mon travail quotidien. W.R.Bion, bien qu'il ait essentiellement analysé des adultes, nous a apporté, à la suite de M.Klein, des concepts précieux pour l'analyse de l'enfant aussi bien que de l'adulte : les concepts de contenant/contenu, d'identification projective normale, d'alternance entre les positions schizo-paranoïde et dépressive.

Nous y reviendrons.

D.Winnicott a utilisé son expérience de pédiatre pour s'approcher du tout petit, en tant que psychanalyste. Appartenant au « groupe du milieu », à la Société britannique de psychanalyse, il est proche à la fois du groupe d'Anna Freud, et du groupe de M.Klein. Pourtant, il n'adhère pas au parti que M.Klein a tiré du concept de pulsion de mort, non plus qu'au concept de position dépressive, lesquels sont importants cependant pour s'approcher de la pensée de M.Klein. La technique de Winnicott ne s'appuie pas sur la conception d'un cadre rigoureux : le contenant décrit par les auteurs kleiniens et post-kleiniens. Il me semble que ce pan si important de la théorie kleinienne, s'efface au profit de ce que le pédiatre que fut Winnicott observait dans la relation « suffisamment bonne » des mamans avec leur bébé : à savoir le primat de la réalité externe fonctionnant en tant que frein à la toute-puissance des fantasmes du bébé. Le bébé prend conscience de l'aspect illusoire de son monde fantasmatique au contact de cette réalité. Ainsi, il peut avoir infligé en imagination les pires blessures à sa mère, et s'attendre à trouver en face de lui une véritable sorcière, prête à les lui rendre en retour, il est rassuré par son contact avec la réalité externe de sa mère ; cette réalité lui apprend qu'elle se porte bien et qu'elle est toujours bien disposée à son égard. Il en tire pour lui une conclusion capitale : quoiqu'il imagine, il ne changera pas le monde. Mais cette conclusion a une suite : le « créateur du monde » pour lequel il se prenait autrefois et dans lequel il enracinait les vraies sources, selon Winnicott[22], de sa créativité, se trouve réduit à n'être qu'un petit grain de poussière dans un vaste monde. C'est la réalité en somme, et la capacité que le tout petit a de l'appréhender, qui permet au bébé de prendre conscience des limites de son identité. Winnicott ne se pose pas le problème de la transformation du mauvais objet interne par le bon, ce qui est la tâche essentielle de la position dépressive. Il me semble que la préoccupation essentielle de Winnicott se rapporte à la conscience identitaire du bébé : à quel moment est-il véritablement lui-même ? Dans quelles conditions ? Est-ce au prix d'un aveuglement quant à l'existence de la réalité de sa mère qu'il peut épanouir son *vrai self* ? Est-ce au prix d'un vécu d'empiétement et de la constitution d'un *faux self* qu'il peut à la fin s'adapter aux exigences du monde extérieur ? Les paradoxes de Winnicott sont nombreux : le sentiment de vérité s'enracine dans l'illusion, et le vécu de fausseté dans la reconnaissance de la réalité bien que, nous venons de le voir, c'est par l'épreuve de la réalité que l'enfant met ses fantasmes à distance et leur laisse la place qui leur revient. Ceci a des conséquences dans sa technique. Il s'agit en premier lieu de la transmission des limites du cadre des séances à ses petits patients : il lui arrive de déborder l'heure fixée normalement, au moment où le patient est en train d'éprouver la résistance de son objet. Il s'est laissé mordre fortement par un bébé de manière à ce que ce dernier se rende compte, lors de la rencontre suivante, que Winnicott était toujours vivant et que l'agression infantile ne l'avait pas anéanti.

Cette épreuve de la réalité, portée par le corps même de l'analyste, fait l'impasse, pourrait-on dire, sur le rôle de contention du père qui impose activement, par sa parole – ses interdits – ou par ses gestes, des limites à l'omnipotence de l'enfant. Nous le verrons, l'analyste a divers moyens de manifester qu'il est, lui aussi, responsable du maintien du cadre et, ce faisant, qu'il assume la confrontation avec l'agressivité de celui qui veut l'effacer.

Nous saisissons combien la technique analytique découle des a priori théoriques qui sous-tendent l'écoute de la clinique. Ainsi l'importance accordée au cadre, aux limites et à l'intériorisation de la personne qui les maintient, détermine une attitude en séance qui diffère de celle qui consiste à laisser l'enfant trouver ses propres limites. Les concepts de contenant, d'introjection, de barrière permettant la distinction entre le fantasme et la réalité, trouvent ici leur application technique : la permanence spatio-temporelle du cadre et l'interprétation en sont les principaux outils.

Je n'entre pas dans les détails d'une histoire du développement de la technique en psychanalyse non plus qu'en psychanalyse d'enfant. Mais je voudrais signaler à quel point la technique, et particulièrement la technique des interprétations, dépend des a priori théoriques que j'évoque ici. Au début, S.Freud[23] considérait que l'analyste se devait de retrouver les souvenirs refoulés du patient afin de les rendre conscients. La technique qui en découlait, l'hypnose, permettait de faire remonter à la surface des scènes inconscientes. L'expérience clinique en retour a permis à Freud de modifier sa théorie et, par conséquent, sa technique : les souvenirs retrouvés ne servaient à rien puisqu'ils ne pouvaient pas être intégrés, tels quels, dans la conscience du patient. Ces souvenirs étaient en effet associés à des défenses dont il s'agissait de considérer l'utilité. La technique ne devait donc pas combattre ces défenses et passer outre un refoulement qui avait sa raison d'être. La technique de l'hypnose s'est avérée inutile pour la transformation du moi ou du Préconscient-Conscient du patient. Ce n'était que par une transformation progressive de ce moi et de ses défenses que le sens des symptômes pouvait être découvert. La passivité supposée de l'enfant devant les scènes traumatiques dont l'origine se situait dans la réalité externe, avait pour pendant la passivité de la personne hypnotisée devant son analyste-hypnotiseur.

Avec la prise en compte par le patient de sa responsabilité pour les fantasmes qui habitent sa psyché, vient aussi la prise en compte de son activité défensive contre la reconnaissance de cette responsabilité. La technique de l'analyste a donc dû composer avec d'autres données que la simple remontée des souvenirs à la surface de la conscience. Il a fallu considérer des raisons autres que traumatiques pour l'enfouissement de ces souvenirs, ou pour la dissimulation de ces fantasmes. La « cure par la parole » a dû prendre en compte la dimension transférentielle du lien entre le patient et son analyste et, à travers cette dimension, l'ensemble des liens fantasmatiques existant dans la vie interne du patient. Il ne s'est plus agi de simplement mettre à jour, il s'est agi de comprendre comment tel patient attribue tel sens à tel événement, interne ou externe. L'ensemble de la psychanalyse découle de là. Freud s'est donc techniquement basé alors sur la loi des associations libres : lorsque le patient associe tel chaînon de son discours à tel autre, cette association est porteuse d'un sens caché qu'il s'agit de découvrir. La clef ne réside plus dans une mise à jour d'éléments préexistant à l'enquête analytique, mais dans un travail de liaison qui deviendra bientôt un travail créateur. L'interprétation acquiert alors une place différente : elle ne donne pas à un souvenir un sens qu'il n'aurait pas ; elle intervient dans la chaîne associative pour permettre à cette dernière de s'accrocher au fonctionnement de l'analyste et d'y trouver là son sens. Nous sommes ici au seuil du travail de Bion sur l'interprétation, comme nous le verrons dans la partie consacrée à ce sujet.

Bien que Freud ait procédé à un nombre important d'interprétations, de type parfois éducatif ou comminatoire, il conseille de se tenir au plus près du moi du patient : l'interprétation donnée est ainsi prête à être entendue. L'analyste passe de la sorte, de la surface consciente à la profondeur inconsciente du patient. A cela je n'aurai rien à ajouter pour le moment.

Je voudrais terminer en évoquant l'apport de l'Observation du bébé dans sa famille selon la méthode Esther Bick[24], non seulement pour la compréhension du bébé dans l'enfant et dans l'adulte, mais également pour l'adaptation de la technique à l'existence de cette dimension nouvellement découverte de la psyché humaine.

Dans sa méthode E.Bick demande à l'observateur du futur bébé de se rendre auprès de ses parents un peu avant sa naissance afin de proposer une visite hebdomadaire auprès du bébé, et ceci pendant deux ans. Cela permet à l'observateur de se faire une idée de l'évolution d'un bébé dans sa famille jusqu'à cet âge. L'observateur met en avant la gratitude qu'il a pour ceux qui lui permettent de vivre une telle expérience. L'observateur se maintient dans une attitude de neutralité bienveillante vis-à-vis des parents, de la mère principalement qui est présente durant les séances d'observation. Il ne se permet pas de mettre en avant ses propres préoccupations ou ses propres remarques. Il met en somme son narcissisme à l'arrière plan pour soutenir celui de la mère. Cette dernière, en général, éprouve elle-même beaucoup de gratitude pour la personne qui, de ce fait, la reconnaît en tant que mère à part entière. En effet, chacune des personnes de la famille veut affirmer sa place et jouer un rôle pour le bébé. L'observateur est la seule personne qui n'attende de la mère que la place qu'elle lui octroie. De ce fait, l'observateur signifie à la mère qu'elle est la détentrice d'un savoir et d'une capacité de gratification qui lui sont propres, et toute mère qui ne souffre pas de problèmes particuliers remercie l'observateur de sa présence dans la famille. Cependant d'autres mères qui souffrent, elles, dans un secteur plus ou moins étendu de leur personnalité, de difficultés psychologiques ont bénéficié de la présence d'un observateur auprès de leur bébé. Elles se sont senties reconnues en tant que mères alors qu'elles étaient, au fond d'elles, fort éloignées de se sentir telles.

Le psychanalyste gagne beaucoup à avoir fait une observation de bébé, non pas simplement par le savoir qu'il aura acquis sur le développement du tout petit, mais également par l'expérience émotionnelle globale qui aura été la sienne et qui va lui servir dans son travail auprès des patients, enfants et adultes. D'abord il aura appris à adopter une attitude de réceptivité dans laquelle son narcissisme aura été mis à l'épreuve, se rendant compte que le moindre faux pas est suivi d'un rappel à l'ordre de la part de la mère. C'est dans le séminaire de supervision de cette observation, que la mise en évidence des réponses maternelles apparaît au grand jour. Nous y apprenons combien il est difficile d'observer, d'être un véritable contenant pour les émotions maternelles, et d'avoir en même temps suffisamment de recul pour penser à ce que nous observons.

Dans la situation analytique, tout se passerait comme si le cadre dans lequel nous nous trouvons, cadre qui est le nôtre, permettait un étayage de notre pensée. Grâce à ce cadre, le travail de reprise par la réflexion de ce qui traverse notre perception et notre éprouvé émotionnel, est rendu possible. Ce rapprochement ou ce rassemblement de la perception et de son remaniement par la pensée, subissent tout naturellement une décomposition dans le cadre de l'observation de bébé. Il est donc utile d'effectuer une observation de bébé afin d'accoutumer notre esprit à observer sans comprendre. Comme me le disait E.Bick : « *à attendre dans l'obscurité qu'une lumière se fasse* ». Il ne s'agit pas de transformer notre esprit en un appareil enregistreur qui n'aurait pas pour objectif de servir la pensée. Mais nous avons tendance à vouloir comprendre et à faire entrer nos perceptions dans le moule de notre savoir. Cette tendance est freinée par la démarche de l'observation, dans la mesure où le séminaire de supervision est là pour rappeler qu'il est un lieu pour penser, et que cette pensée se construit à partir des perceptions qui n'ont pas encore été transformées par leur contact avec un contenant – ici le séminaire – pour les penser.

C'est par une semblable démarche que l'analyste reçoit le matériel de son patient. Nous verrons aussi plus bas comment cette capacité d'appréhender l'inconnu est la seule qui permette de développer une véritable recherche dans la profondeur de l'inconscient. C'est donc la seule qui permet de mener vers l'authenticité d'une découverte.

Depuis Freud, nous avons découvert l'aspect très concret du monde interne, que M.Klein décrit comme empli d'objets internes, en rapport les uns avec les autres ainsi qu'avec les aspects du moi qui leur correspondent. Cela a directement orienté la technique interprétative de l'analyste qui n'a pas hésité à traduire, pour l'enfant, l'angoisse associée à cette concrétude. La découverte, par Bion[25], du rôle du contenant et de son introjection, a également orienté le mouvement interprétatif, comme mouvement de transformation de ce qui est projeté en lui. Enfin la découverte par E.Bick de l'existence d'une bi-dimensionnalité psychique, a permis d'orienter non seulement les interprétations donnant sens aux manifestions de l'identité adhésive, mais également de respecter par le soin du cadre, le besoin que le patient a d'une stabilité fondée sur l'absence de changement de ce même cadre.

Ce livre en donnera maints exemples.

Je voudrais terminer cette partie en évoquant dans leurs grandes lignes les spécificités de l'analyse d'enfant, sachant que nous y reviendrons tout au long de cet ouvrage car ce sont ces spécificités qui nous renvoient aux problèmes techniques que ne rencontre pas l'analyse de l'adulte.

Cette spécificité de l'analyse d'enfant se divise en deux grands secteurs : tout d'abord l'état de dépendance de l'enfant par rapport à ceux qui l'ont mis au monde, ensuite les moyens d'expression de l'enfant qui sont en partie différents de ceux de l'adulte.

L'enfant ne vient jamais seul vers un psychanalyste. Le fait qu'il ne puisse venir qu'en étant accompagné par ses parents est à comprendre à deux niveaux. Le premier est matériel : ce sont les parents qui décident, qui acceptent et qui payent la thérapie de leur enfant. Ils peuvent donc tout aussi bien décider d'interrompre son traitement et de ne plus le payer. Cette spécificité crée une grande difficulté chez l'analyste qui, en soignant l'enfant, n'a pas en main toutes les données lui permettant, comme chez l'adulte, d'analyser ses mouvements défensifs. Analyser un enfant est en ce sens analyser la partie d'un système composite : l'analyste ne peut se limiter à comprendre la vie interne de son patient, car cette dernière s'inscrit dans la vie interne de ses parents et dans l'équilibre psychique du groupe familial tout entier. Ce point nous conduit directement au second niveau : cet accompagnement parental qui porte l'enfant vers l'analyste, est également psychique. Aussi lorsque l'analyste parvient, à travers le lien transférentiel, à provoquer une transformation dans la psyché de l'enfant, cette transformation n'est pas sans entraîner des changements, sinon des bouleversements, chez les personnes qui l'» accompagnent ». Ils ne peuvent plus l'» accompagner » de la même façon puisqu'il ne répond plus de la même façon au caractère narcissique de leur investissement.

L'analyse de l'enfant ne peut, de ce fait, se concevoir sans que l'analyste n'associe au traitement de l'enfant un accompagnement des parents.

Les moyens d'expression de l'enfant constituent la seconde spécificité de l'analyse d'enfant. Que l'enfant parle, ou qu'il ne parle pas encore, il ne peut faire porter par le seul langage oral l'expression de ses affects, de ses fantasmes et de ses conflits, conscients ou inconscients. Lorsque l'enfant en arrive au langage il est d'abord passé par le jeu – sous toutes ses formes, des plus élémentaires aux plus élaborées – par l'expression corporelle, puis graphique. Dans la cure, la communication par le langage, qui prend toute la place chez l'adulte, n'est que la forme achevée de l'ensemble des types de communication qui la précèdent. Le travail de l'analyste avec le non-verbal, sollicite chez lui un effort de compréhension très spécifique : il doit transformer un matériel qui se présente à un niveau de symbolisation élémentaire et lui donner une forme symbolique plus complexe. Cela passe – comme chez l'adulte, mais de manière plus directement vécue dans sa concrétude – par des identifications projectives qu'il revient à l'analyste de reconnaître en lui-même. Le travail contre-transférentiel en est d'autant plus difficile, car l'analyste doit effectuer une transformation importante correspondant à l'écart qui existe entre les racines somatiques des liens émotionnels et leur inscription dans le langage oral. Cette élaboration suppose qu'il a pu reconnaître en lui-même la nature de la projection qui l'habite et lui donner un sens. Ce mécanisme qui est à la source de toutes les transformations symboliques selon Bion[26], doit être intériorisé par l'enfant afin de pouvoir commencer à penser lui-même ses propres émotions[27].

On a longtemps soutenu (avec A.Freud) que seul l'enfant qui savait parler pouvait être analysé. C'était compter sans l'exigence de construction, à l'intérieur même du processus analytique, d'un appareil à penser les pensées et les émotions qui leur sont indissolublement mêlées. La place de l'analyste s'en est trouvée spécifiée par rapport à celle des parents dont le rôle ne pouvait se définir de la même façon.

Mon expérience m'a appris que les tout petits enfants pouvaient bénéficier d'un cadre et d'un travail psychothérapeutique alors qu'ils n'avaient que quelques mois. Bion nous a aidés à comprendre comment le travail avec les projections du bébé, leur transformation à l'intérieur de notre psyché et le sens que nous leur donnons, permet de poursuivre un traitement avant que le langage ne fasse véritablement son apparition. Ce travail de transformation du vécu du bébé grâce à la fonction symbolique de la mère (que Bion appelle fonction *alpha*), est repris dans le travail analytique avec les enfants, où il occupe une grande place. L'enfant en construction dans le lien qu'il a avec sa mère, se reconstruit avec son analyste sans que jamais, même tout petit, il ne confonde les deux démarches. Cela a été un argument utilisé pour donner un coup de frein à l'analyse d'enfant. On a prétendu que l'enfant étant réellement dans une position infantile avec ses parents, ne pouvait transférer sur un analyste une figure parentale sans que cela ne double ce qu'il vit dans la réalité. Autrement dit, l'enfant ne pourrait dans cette hypothèse apporter un passé qu'il est en train de vivre au présent. D'importantes questions, de sérieux remaniements théoriques s'imposent à chaque fois qu'on avance d'un pas dans l'équilibre théorico-clinique. M.Klein, en passant outre de telles objections qui limiteraient l'analyse à celle de l'adulte – ou de l'enfant devenu un petit adulte – a, par son expérience même, montré comment l'objet de l'analyse ne se limite pas à l'histoire du patient, mais à son fonctionnement. Il ne s'agit pas seulement de retrouver les événements et les personnes importantes de la vie externe du petit patient, tels qu'ils ont été investis par lui ; il s'agit d'appréhender la manière dont il construit sa réalité interne en fonction non seulement de la réalité externe du monde qui l'entoure, mais également en fonction d'un moi en cours même de constitution. Il est tout à fait possible, dans ces conditions, de considérer qu'un petit bébé – comme je l'ai observé – fasse la différence entre la personne qui prend soin de lui au niveau physique ou même au niveau de sa vie quotidienne (la mère ou l'auxiliaire de puériculture à la crèche) et la personne qui ne s'occupe que de ce qui se passe dans sa tête afin de le comprendre.

Les petits que je voyais en crèche dans le cadre d'une psychothérapie, savaient très bien se tourner vers l'auxiliaire pour être changés et courir (souvent à quatre pattes) ensuite vers leur salle de thérapie. Ils savaient très bien ne pas confondre la personne qui tente de voir ce qui se passe dans leur chambre intérieure et qui leur communique en retour ce qu'elle y appréhende, et la personne qui est depuis toujours, dans la réalité, la personne importante qui leur a donné la vie : leur mère. C'est le cadre strict de la thérapie ou de l'analyse qui permet que, dès son plus jeune âge, l'enfant ne confonde pas les mouvements de sa vie intérieure avec ceux de sa vie externe. Ce cadre, qui forme la limite entre le dedans et le dehors de la thérapie, doit toute son importance au fait que c'est sur lui que s'étayent les capacités de l'enfant de mettre lui-même une limite entre le monde de ses fantasmes et le monde de la réalité, comme entre l'autre et lui-même.

Je consacrerai la seconde partie de cet ouvrage à l'étude de ce qu'est un cadre en psychanalyse d'enfant.

Notes :

1 – Winnicott, D.W. (1951) : « Objets transitionnels et phénomènes transitionnels », in *De la pédiatrie à la psychanalyse*, trad. J.Kalmanovitch, Paris, Payot, 1969.

2 – Cité par J.P.Vernant, in *Mythe et pensées chez les Grecs*, Paris, Ed. La Découverte 1990, p.280, note 27.

3 – Eschyle : « Prométhée enchaîné », in : *Tragiques grecs*, trad. J.Grosjean, Paris, Coll. La Pléiade, Gallimard, 1967.

4 – Vernant, J.P. (1965) in : *Mythe et pensées chez les Grecs*, Paris, Ed. La Découverte 1990.

5 – *Opus cité.*

6 – Cité par J.P.Vernant, in *Mythe et pensées chez les Grecs*, Paris, Ed. La Découverte 1990, p.292, note 81.

7 – Winnicott, D.W. (1960) : « Distorsion du moi en fonction du vrai et faux self », in : *Processus de maturation chez l'enfant*, trad. J.Kalmanovitch, Paris, Payot 1970.

8 – *Opus cité.*

9 – Freud, S. (1909) : « Analyse d'une phobie chez un petit garçon de 5 ans (Le petit Hans) », in : *Cinq psychanalyses*, trad. M.Bonaparte et R.M.Loewenstein, Paris, PUF 1954.

10 – Freud, S. (1905) : *Trois essais sur la théorie sexuelle,* trad. P.Koeppel, Paris Gallimard, 1964.

11 – Freud, S. (1887-1902) : « Lettre du 21.09.1897 à Wilhelm Fliess », in : *La naissance de la psychanalyse – Lettres à Wilhem Fliess* – Paris, PUF, 1956

12 – *Opus cité.*

13 – Hug-Hellmuth, H. (1921) : « A propos de la technique de l'analyse des enfants » trad.fr. in : *Psychiatrie de l'enfant*, 1975, XVIII, N°1,pp.191-210.

14 – Geissmann, Cl.et P. (2004), in : *Histoire de la psychanalyse de l'enfant*, Paris Bayard 2004, p.146.

15 – Adler, A. (1925) : « Enfant inéducable ou théorie incorrigible ? Remarques sur le cas Hug », in *Wiener Arbaiterzeitung*, mars 1925.

16 – Jung, C.G. (1912) : « Uber Psychoanalyse beim Kinde », *Gesammelte Werke* Imago N° 4, p.231, Londres.

17 – Lebovici,S. (1984) : « L'œuvre d'Anna Freud », in *Psychiatrie de l'enfant*, vol XXVII, n°1, pp.5-34.

18 – Freud, A. (1926) : *Le traitement psychanalytique des enfants*, Paris, PUF, 1981.

19 – Klein, M. (1932) : *La psychanalyse des enfants*, trad. J.B.Boulanger, Paris, PUF 1959.

20 – King, P. et Steiner, R. (1991) : *The Freud-Klein Controversies, 1941-1945*, Londres Tavistock-Routledge, 1991.

21 – *Opus cité.*

22 – Winnicott,D.W. (1951) : « Objets transitionnels et phénomènes transitionnels », in *De la pédiatrie à la psychanalyse*, trad. J.Kalmanovitch, Paris, Payot, 1969.

23 – Freud, S. (1895) : Études sur l'hystérie, trad.A.Berman, Paris, PUF, 1967.

24 – Bick, E. (1964) : « Notes sur l'observation de bébé dans la formation psychanalytique », in : *Les écrits de Martha Harris et d'Esther Bick*, Larmor-Plage, Ed. du Hublot 1998.

25 – Bion, W.R. (1963) : *Éléments de psychanalyse*, trad. Fr.Robert, Paris, PUF, 1979.

26 – Bion, W.R. (1965) : *Transformations*, Heinemann, trad.fr. F.Robert, Paris, PUF 1982.
27 – Athanassiou-Popesco, C. (1997) : *Bion et la naissance de l'espace psychique*, Paris Popesco Edition, 1997.

Deuxieme partie

Le cadre de l'analyse d'enfant

A. Le cadre des premiers entretiens

Comment définir un cadre ? C'est la structure, l'armature, le squelette sans lequel la totalité du corps s'écroulerait comme une poupée de chiffon. En psychanalyse, tout comme dans les débuts de la vie, le cadre n'existe qu'au-dehors avant d'être introjecté au-dedans de soi. Il y a des animaux qui ont conservé leur exosquelette : ils ont une carapace dure et l'intérieur de leur corps est mou et vulnérable. Sans ce squelette externe, leur fragilité les expose à un anéantissement imminent. D'autres êtres vivants – dont l'homme – ont changé la rigidité de cet enveloppement contre la souplesse d'une peau permettant la souplesse des échanges entre le dehors et le dedans de leur corps. Cette vie relationnelle n'est possible qu'à la condition que, de l'intérieur, leur vienne une sécurité assurée par la permanence d'un squelette interne.

Dans la vie psychique, l'acquisition d'un squelette interne s'effectue par l'introjection des premières enveloppes contenantes. Nous ne connaissons presque rien de l'état psychique prénatal, mais nous développons de plus en plus les observations psychanalytiques du nouveau-né – c'est-à-dire les observations faites par des analystes ayant une expérience du développement psychique du tout petit. Il est probable que le fœtus se prépare à sa future sortie et donc à la rencontre de l'objet qui va l'accueillir. Bion[1] a évoqué ce point en considérant que le bébé avait une préconception du sein qui allait le nourrir ou de l'objet qui allait le recevoir après sa naissance. Ne tète-t-il pas d'ailleurs son pouce in utero ? E.Bick[2], a mis l'accent sur la différence du milieu enveloppant le bébé avant et après la naissance. Auparavant, le fœtus est enveloppé et porté de partout grâce au liquide amniotique. Il ne peut jamais tomber. Une fois né - par contre - il peut tomber si on le lâche car la vie dans la gravitation terrestre commence pour lui. Son corps, auparavant, n'était que partiellement soumis à cette gravitation. Nous pourrions dire qu'il ne percevait son poids qu'au travers de la tenue fœtale, ou de la pression amniotique qui la constitue. Or cette pression est soumise à un nombre complexe de variations qui entraînent une fluctuation de la tenue du fœtus. Ces variations dans la permanence du cadre, tel qu'on pourrait nommer le milieu qui enveloppe le fœtus, comme on nommera plus tard celui qui enveloppe le bébé, puis l'enfant, transmettent au fœtus qu'il est dans un milieu vivant. Nombre d'ondes rythmiques associées au fonctionnement des organes maternels, de sons, de résonances, de chocs et d'échanges chimiques, accompagnant les émotions maternelles, font partie du milieu ambiant. Il est indéniable que le fœtus – lui-même en transformation – capte au sein de cet univers en mouvement, une permanence qui le renvoie à sa propre permanence identitaire : ce qu'il perçoit de constant dans cet univers est également constant en lui-même. Mais cette dernière permanence est sous la dépendance d'un univers dont la constance, en progressive transformation, le tient depuis l'aube de son rassemblement, depuis neuf mois. Comme l'a souligné Winnicott[3], au bout de ce temps le fœtus, s'il ressent le besoin de passer dans un monde dont les parois laisseront plus de place à sa taille nouvelle, il ressent en même temps ce besoin et le processus même qui l'y a conduit, comme un *empiétement* (sic) sur sa tranquillité première. Nous pourrions émettre l'hypothèse selon laquelle le passage du monde intra-utérin au monde aérien, a pour principale conséquence de plonger le bébé dans un univers où non seulement la gravitation pèse en lui d'une toute autre manière que lorsqu'il vivait abrité dans le cocon placentaire, mais où également la réalité de l'autre lui parvient de manière plus rapide qu'auparavant : la lumière qui frappe ses yeux, les sons qui heurtent son tympan, les agents qui irritent sa peau, au-dehors et au-dedans de lui, lui imposent un temps de réaction plus court qu'autrefois. Le vécu de catastrophe qui surgit en lui lorsqu'il se sent lâché ne tolère aucun délai pour être apaisé. Ainsi le bébé possède à la naissance un système de défenses lui permettant d'amortir l'impact de ces empiètements sur la constance de son vécu identitaire. Ce système de défense primitif permet au tout petit de s'enfermer dans une sorte de bulle psychique grâce à laquelle il se retrouverait au plus fort de la sécurité qu'il possédait in utero. Mais cette défense est une reconstruction qui n'est pas fondée sur un lien vivant ; la sécurité qu'elle engendre est suscitée, non par l'activité de liaison mais par l'inertie du système. J'ai nommé *moi-narcissique* le moi qui est créé par ce système[4]. Je pense que ce *moi-narcissique* recouvre le concept de narcissisme primaire décrit jusqu'alors ; il vit sans objet et s'inscrit dans un processus de déliaison dès que l'activité du *moi-réalité* le frôle de sa présence (ce *moi-réalité* qui ne vit que par les liens noués avec l'objet). Le *moi-narcissique* a été assez bien décrit par Winnicott sans qu'il ne lui attribue ce nom. Je retrouve cependant ma description du *moi-narcissique* dans ce que Winnicott[5] nomme le *vrai-self* : même isolement, même sentiment que toute création doit passer par lui puisqu'il est – comme le bébé pour Winnicott – le « créateur du monde ». Il ne faut pas non plus effectuer le moindre empiètement sur lui, car ses réactions seraient alors d'une violence incomparable. Il faut le respecter, lui donner son « dû » : lui permettre de conserver le sentiment que tout émane de lui. En échange, il confère au *moi-réalité* un vécu d'authenticité dans l'ensemble des liens qu'il noue. Faute d'en passer par lui, faute de le reconnaître, faute de lui laisser la part d'illusion indispensable à son existence, il grèvera le *moi-réalité* d'un sentiment d'inauthenticité. Toute adaptation sera alors vécue comme s'effectuant au prix d'un empiètement sur le maintien de l'intégrité du *vrai-self*, ou du *moi-narcissique*. Selon Winnicott, ce n'est que progressivement que le sentiment d'authenticité du moi – celui du *vrai-self* – peut se glisser dans l'adaptation du moi au monde extérieur. Autrement dit, ce n'est que progressivement que le *moi-réalité* peut imposer son emprise dans la totalité de l'organisation psychique, sans que cette emprise n'invalide pour autant l'existence du *vrai-self* ou, comme je le nomme, du *moi-narcissique*. Je ne vais pas développer ce sujet ici, mais il est important d'avoir à l'esprit qu'il n'est pas possible de se passer de tels concepts ; de même, pour être psychanalyste on ne peut se passer de la reconnaissance de l'inconscient. Il existe en effet une face cachée des choses dont la logique échappe à la surface de notre conscience. De la même façon, il est pertinent de reconnaître qu'il existe dans la psyché, une autre dynamique, un autre pôle d'attraction que celui qui se centre sur l'objet. Bion[6] avait déjà abordé ce sujet en parlant des transformations dans le négatif : les liens aux objets qui représentent l'aspect positif de l'investissement (même si cet investissement paraît négatif, comme la haine) sont doublés de « non-liens », qui ne sont pas une attaque directe des liens, mais leur double négatif. Je comparerai cette dynamique, et le problème économique qui la sous-tend, à celle des rapports découverts entre la matière et l'antimatière. La conviction de réalité qui habite le *moi-narcissique*, est le double négatif de la conviction de réalité qui habite le *moi-réalité*. La seconde se fonde sur l'expérience du lien à l'objet et sur la reconnaissance de la satisfaction pulsionnelle portée par le corps. La première se fonde sur la non reconnaissance du lien à l'objet et sur la non reconnaissance du corps, de ses besoins et de ses pulsions. La survie, pour l'une, dépend de l'adaptation du moi à l'objet et de la reconnaissance de cet objet par le moi. La survie, pour l'autre, dépend de la non reconnaissance de l'objet, non plus que du monde construit dans l'espace et le temps à l'intérieur duquel un tel objet prend place.

En soulignant ce dernier point, nous allons retrouver le problème du cadre, dont il a pu sembler que nous nous éloignions notablement. L'enjeu, en effet, dans la conception d'un cadre pour l'analyse de l'enfant ou de l'adulte, est le maintien d'un monde existant dans l'espace et dans le temps. En faisant en sorte que le patient respecte un cadre, on lui impose notre manière de voir les choses : c'est par la reconnaissance d'un cadre qu'il va pouvoir nous reconnaître en tant qu'objet à part entière. Le non-respect des éléments de base de la constitution du cadre entraîne le non-respect de nous-même, non seulement en tant que personne, mais également en tant qu'objet valable pour la constitution du *moi-réalité* du patient. La croyance en la réalité de l'omnipotence trouve ses limites dans l'acceptation du cadre de l'analyste. Il est donc important, pour la construction de la psyché de l'enfant, que l'analyste soit au fait de l'enjeu qui réside dans l'établissement d'un cadre. Ce cadre, dont on voit qu'il impose une limite au *moi-narcissique*, offre en même temps une contenance aux rapports qui se nouent entre le moi et l'objet, autrement dit : au *moi-réalité*. Dans une analyse qui prend moins pour base les fondements temporaux-spatiaux du moi que les liens entre ce dernier et ses objets parentaux, le cadre est représenté par une fonction paternelle, imposant avec sa loi, une limite au rapport fusionnel entre la mère et l'enfant. Le cadre qui est respecté par un objet maternel – dans le transfert par exemple – renvoie toujours au patient l'image d'un objet maternel comme s'il était habité par un tiers paternel. Ainsi les attaques contre le cadre – nous le verrons – sont toujours des attaques qui visent à déchoir la mère de sa capacité de penser à l'enfant dans son altérité et à mettre ainsi un frein à son omnipotence.

A la lumière de ce que je viens d'évoquer ici, quels seraient donc les éléments que l'on pourrait considérer comme faisant partie intrinsèque d'un cadre, faute desquels il ne s'agirait plus d'un cadre ? Ceci fera l'objet du chapitre **C**. Mais nous pouvons dès à présent noter que le cadre, sans être rigide, il est un facteur de stabilité : il ne bouge pas avec celui dont il constitue l'enveloppement, et il provoque de la sorte la perception d'une dynamique différente entre soi et l'autre. Le milieu fluide épouse les mouvements du moi et c'est ainsi que le fœtus – on le suppose – pouvait ne percevoir que confusément cette différence. Les autistes nous invitent à sentir qu'ils sont faits pour vivre dans un semblable milieu. Tout se passe comme si le cadre devait tourner autour d'eux. La stabilité des éléments fixés dans un cadre permet aux autistes de les assimiler rapidement à leur propre organisation et, paradoxalement, de ne pas les reconnaître comme indépendants d'eux-mêmes. C'est le mouvement de ces repères qui les déstabiliserait au contraire, puisque ce mouvement n'aurait pas été provoqué par eux. La stabilité du cadre est donc une fonction intrinsèque de ce dernier à condition qu'elle ne soit pas sous l'emprise de la rigidité obsessionnelle ou autistique. Ceci nous permet de conclure que le cadre doit être perçu par le patient comme un élément vivant : non manipulable, il ressortit d'un monde qui porte en lui l'altérité. C'est l'ensemble des liens humains qui se nouent indépendamment du moi et que le moi se doit d'intégrer au-dedans de lui. Pour l'enfant – tout comme pour l'adulte – la personne de l'analyste qui pense à lui constitue un élément de ce cadre dans la mesure où sa pensée est une liaison indépendante de la manipulation du moi infantile. Des patients nous donnent d'ailleurs des exemples oniriques dans lesquels nous voyons qu'une attaque contre la pensée est conjointe à une attaque contre le couple parental. Je me souviens du rêve d'une patiente dans lequel une partie destructrice de sa personnalité visait à décérébrer une personne afin de supprimer en elle toute capacité de réagir à un pouvoir omnipotent. L'opération de décérébration commençait par un démantèlement de la famille. Après quoi, chacun descendait dans des souterrains et n'en remontait que perdu à lui-même : sorte de fantôme, il n'avait plus de pouvoir de réaction aux stimuli du monde et son moi, par conséquent, avait également perdu son jugement. Une telle manière d'imposer des règles s'apparente à celle d'un système totalitaire : son pouvoir s'appuie sur l'assurance d'une absence de pensée et de réflexion de la part de ceux qui le dotent de leur propre force. Autrement dit, le contrôle omnipotent qui passe du fantasme dans la réalité, s'attaque d'abord à l'existence des liens privés, au premier rang desquels se situe le lien sexuel et émotionnel qui soude le couple parental.

Dans toute psychothérapie, ce lien est fondamental pour la constitution de son cadre. Son lieu premier est le psychisme du psychothérapeute ou du psychanalyste. Voilà pourquoi je reviendrai peu à peu sur la question de la différence entre cadre privé et cadre institutionnel.

Il y a une résonance ou une adéquation entre la conception que le thérapeute se fait d'un cadre psychique, et sa matérialisation dans le cadre de sa pratique. Le cadre de son fonctionnement psychique, dans lequel des liens se nouent et se dénouent librement entre son moi et ses objets internes, s'étaye sur le cadre externe dont il est le seul à régir les lois. Cela ne veut pas du tout dire qu'il établit ces lois à sa fantaisie. Cela veut dire plutôt que son intégration des lois du temps et de l'espace, appartenant au *moi-réalité*, son intégration des lois permettant que soit respecté le développement de l'identité de chacun, allant de pair avec le respect de l'interdit de l'inceste, doit rencontrer dans le cadre qui l'entoure, qu'il soit privé ou institutionnel, ce qui permet le maintien de ce respect.

Ceci est un impératif car le patient intégrera lui-même dans la construction de son identité – laquelle sera reprise grâce à son traitement

– le cadre contenant de son analyste et les limites qu'il impose à son omnipotence.

Lorsqu'un analyste d'enfant a une pratique privée, le cadre de son travail, qui ne dépend que de lui, est le reflet de sa propre conception du cadre et je traiterai plus bas ce sujet. Lorsque sa pratique se situe en institution, le cadre que l'institution offre à cette pratique doit respecter les conditions que je viens d'évoquer, afin que l'analyste puisse donner au patient le sentiment qu'il est le maître du cadre qu'il lui impose. Ceci est particulièrement pertinent pour l'analyse des enfants. Il faut que, non seulement l'enfant perçoive qu'il n'a pas à remettre en cause, avec la tenue de son cadre, la fonction même de l'analyste, mais également que les parents – lesquels ne peuvent s'abstraire du traitement de leur enfant – perçoivent que l'analyste gère l'ensemble des rapports que leur enfant noue avec ses parents internes et externes. L'analyste de l'enfant est en effet le seul à s'approcher des liens inconscients qui rattachent l'enfant à ses parents au-dedans de lui. Il est le seul à transformer ces rapports. Il est donc le premier à être perçu comme risquant de perturber, par la transformation de l'enfant, l'équilibre inconscient des investissements parentaux. Ainsi, et nous allons le voir à présent, il est important que l'analyste de l'enfant reçoive, avec les parents, les investissements inconscients dont il est l'objet.

J'aborderai très prosaïquement maintenant le travail de l'analyste d'enfant dans un cadre privé, et je n'évoquerai que par opposition à ce travail privé, les entraves ou les facilitations du travail en institution pour mener à bien un traitement d'enfant.

Voyons dans leur déroulement, comment peuvent s'articuler les différents temps d'une consultation.

A.1. Les premiers contacts

Ce sont les parents de l'enfant qui font la démarche d'aller consulter un analyste. L'enfant ne choisit donc pas son analyste. Peut-être l'adopte-t-il secondairement dans son cœur et la rencontre s'avère-t-elle fructueuse pour l'analyste et pour l'enfant, mais le contraire n'est pas impossible. La rencontre d'un analyste avec son patient est en effet une rencontre d'inconscient à inconscient, et c'est au patient de juger s'il se sent bien dans le « logis psychique » de son analyste.

Les difficultés commencent dès le début lorsque l'analyste se doit de recevoir les parents d'une part, l'enfant d'autre part. L'entente peut s'avérer très bonne entre les parents et l'analyste alors que le « courant » ne passe pas entre l'analyste et l'enfant. L'inverse, hélas, n'arrive que trop fréquemment : l'enfant a trouvé la personne qui le comprend tandis que les parents ne peuvent pas accepter l'analyste de leur enfant d'autant plus que, parfois, l'enfant a bien « accroché » avec lui. Je ne veux pas parler pour autant de l'évolution des relations entre parents et analyste au cours du traitement, car là aussi tout peut varier et s'inverser, mais du premier contact à partir duquel tout le traitement va se dérouler comme un fil, avec des nœuds, des ruptures, des retrouvailles parfois.

Tout commence au téléphone. Lorsque je reçois un coup de fil d'un parent qui m'appelle pour son enfant, je note en moi-même comment ce parent se présente, qui il est – le père ou la mère – ce qu'il demande et son besoin de parler, qui est la personne qui me l'envoie. Je pense qu'il n'est pas souhaitable de demeurer trop longtemps à l'écoute de la demande par téléphone : un parent doit apprendre dès à présent que l'analyste n'écoute que dans la rencontre, et que par téléphone le contact n'est que différé. Il ne s'agit pas pour autant d'adopter l'attitude neutre et impartiale d'une secrétaire qui ne serait concernée uniquement que par un problème d'encadrement horaire. Il est souhaitable de demander quel est le symptôme de l'enfant de telle sorte que le parent se rende compte que nous ne recevons les parents qu'avec le projet de parler de leur enfant. Dès la prise de contact téléphonique, le parent doit comprendre qu'on est prêt à l'écouter mais qu'on le fera mieux lorsqu'il sera dans notre cabinet de consultation.

Le plus souvent, c'est la maman qui appelle pour l'enfant. J'ai remarqué que lorsque c'est le père qui appelle, dans mon expérience, la thérapie de l'enfant risque de toucher de manière assez particulière le rapport identitaire entre le père et l'enfant. Le père sent que la transformation de l'enfant risque d'avoir des répercussions sur l'investissement narcissique de ce dernier. Dès ce premier contact il prend les choses en mains.

Nous comprenons dans cette mesure combien cette première prise de contact est chargée d'attente et d'éléments transférentiels latents. Si une secrétaire répond à la place de l'analyste, sa manière de répondre participe de la personne même de l'analyste, tant la demande émane de parents touchés dans leurs parties les plus vulnérables, quelle que soit la gravité du problème de leur enfant. Telle est la spécificité des consultations en analyse d'enfant : nous avons affaire à des parents, des adultes. Mais, sous ces derniers se dissimulent des enfants souvent blessés par leurs propres enfants. Il faut en tenir compte dès les premiers contacts, car si ces parents savent, au mieux, écouter les problèmes de leur enfant, ils savent aussi se défendre comme des enfants le feraient, de manière massive et primitive. Cette remarque est valable tout au long du traitement de l'enfant, depuis ce premier contact téléphonique jusqu'au dernier entretien.

J'annonce toujours au téléphone, avant de recevoir les parents, ma manière de procéder pour les premières consultations. Les parents savent ainsi à quoi s'en tenir et comprennent d'emblée la part que je consacre aux discours des parents et celle que je réserve à la compréhension de l'enfant. Je demande à voir les parents d'emblée seuls, c'est-à-dire sans leur enfant, pour un premier entretien. Parfois j'ajoute : « ainsi nous aurons tout notre temps pour parler du problème de votre enfant ». Il est implicite, dans une telle formulation, que la présence de l'enfant interdit aux parents de se laisser aller à se confier dans ce qui leur pèse le plus, dans leurs conflits, au travers des émotions qui les débordent ...etc. J'ajoute à cette première demande de voir les parents seuls, la demande de voir ensuite leur enfant, deux fois, également seul, » si du moins c'est possible », ajoutai-je, n'invalidant pas ainsi la possibilité de le voir avec un des deux parents, si l'angoisse de l'enfant ou celle de ses parents interdit le caractère privé de ces consultations. Enfin je souligne que je reverrai les parents à nouveau seuls, à l'issue de ces deux séances avec l'enfant, et je précise obligatoirement que je leur « dirai alors ce que je pense de leur enfant ». Les parents acceptent ce protocole dans la mesure où ils se rendent compte ainsi de la manière dont je travaille : si je ne vois pas l'enfant d'emblée, c'est pour laisser une place à chacun, pour différencier la place que j'accorde à l'adulte, non confondue avec celle que j'attribue à l'enfant. Ils savent ainsi que lorsque je les revoie c'est pour leur parler de leur enfant en connaissance de cause. Je dois à James Gammill[7] la conception de cette pratique et son efficacité n'a jamais fait défaut. Nous allons en examiner les détails à présent.

A.2. La technique du premier entretien avec les parents

Travaillant sans salle d'attente, je demande aux parents de venir à l'heure.

Ne pas avoir de salle d'attente est un avantage, me semble-t-il, dont j'ai apprécié les effets avec des années de pratique. J'avais autrefois une salle d'attente et j'ai pu mesurer – du point de vue du cadre offert à la thérapie – les inconvénients de l'existence d'un tel lieu dont le statut est d'être à moitié au-dedans et à moitié au-dehors de la relation, aussi bien des parents que de l'enfant avec le thérapeute. Je reviendrai plus bas sur ce point à propos du cadre de l'analyse de l'enfant proprement dit. Mais nous voyons ici comment la présentation de l'analyste et de sa manière de travailler se met en place dès le début, lors des premières consultations. Si les parents se doivent d'être à l'heure, l'analyste se présente également comme une personne qui les respecte suffisamment pour être lui-même à l'heure. Cela signifie aux parents que, s'ils ont eux-mêmes pensé à ce rendez-vous et s'ils l'ont attendu – dans un état d'angoisse plus ou moins important – l'analyste a aussi attendu la rencontre qui va prendre place. Les parents viennent voir quelqu'un qui les attend et non pas quelqu'un qui se fait attendre. Cela n'évoque-t-il pas la rencontre entre un nouvel enfant et des parents qui l'ont attendu pendant un certain nombre de mois avant de découvrir son visage ? Ici, le futur analyste n'a pas attendu pendant aussi longtemps son nouveau « bébé » ; l'essentiel est qu'il l'ait attendu, sachant qu'il l'élèvera jusqu'à ce qu'il soit à même de se tenir debout tout seul. Un bébé n'existe jamais seul, disait Winnicott[8]. En l'occurrence, le bébé dont il s'agit ici est formé d'un enfant et de ses deux parents. Il peut avoir des frères et sœurs, la situation princeps qui intéresse d'emblée l'analyste est celle qui triangule l'enfant et ses parents.

Il se peut que, dès le coup de téléphone, un parent nous dise qu'il n'est pas possible qu'il vienne avec son conjoint étant donné qu'ils vivent séparés, que ce soit ou non après un divorce. On peut alors s'enquérir de l'accord obtenu par un parent pour la démarche entreprise par l'autre parent. De nombreux cas de figures peuvent se présenter à nous. Nous pouvons accepter de recevoir un parent s'il nous assure de l'accord à venir de l'autre parent, que nous informerons dès que possible de la démarche du premier. Dans un cas de figure totalement opposé, on peut aussi accepter de recevoir un parent alors que l'autre, séparé du premier depuis longtemps, se désintéresse de l'enfant ou bien est malade et n'est pas sensible aux difficultés de l'enfant. Il m'est arrivé de recevoir des parents qui se retrouvent seulement chez le futur thérapeute de leur enfant, afin de parler de lui. Ils se croient parfois capables de surmonter leur désaccord passé, et de s'entendre au profit de l'enfant. La mésentente dont on peut se demander dans quelle mesure l'enfant en aura été la victime, se retrouve bientôt au sein de la consultation. On s'aperçoit que ces parents là ne parlent que d'eux-mêmes et ne mentionnent pas les difficultés de leur enfant. Le thérapeute se rend compte alors, par identification avec l'enfant, de ce que celui-ci a dû subir : aucune place n'a été laissée à sa propre identité, non plus qu'à sa propre perspective sur le monde. Il n'a pu que subir l'investissement narcissique de chacun ou bien être rejeté en tant que personne dans un monde où chacun de ses parents, trop préoccupé de soi-même, ne pense plus à lui. Il m'est arrivé de recevoir de tels couples déjà séparés ou sur le point de se défaire et se disputant sous mes yeux, comme ils avaient dû le faire de nombreuses fois sous les yeux de l'enfant. Ce dernier, pas plus que le thérapeute, n'aura pu les réconcilier.

Il est très difficile d'entreprendre un traitement d'enfant sans que ce dernier perçoive que ses deux parents sont en accord avec son thérapeute. Il arrive toujours un moment dans le traitement où l'omnipotence des défenses narcissiques de l'enfant cherche à entrer en collusion avec celle d'un des deux parents, sinon des deux. C'est la raison pour laquelle il est nécessaire que le thérapeute se prépare à affronter de tels moments avec les deux parents, et pourquoi également, dans le meilleur des cas, il installe avec eux une alliance thérapeutique dès le début du traitement en procédant comme je l'ai souligné plus haut.

Les cas de figures qui sortent d'un tel cadre sont si nombreux qu'il est impossible de les évoquer ici. Nombre d'enfants trouvent un bénéfice narcissique à la séparation de leurs parents : ils entrent en collusion avec l'un des deux contre l'autre et évitent ainsi les souffrances associées à la constitution d'une triangulation œdipienne et d'une scène primitive qui les exclut. La guerre avec le parent chéri surgit pourtant plus tard, au moment où ce même parent refait sa vie et confronte l'enfant avec le problème qu'il a évité de la sorte. Ceci n'est cependant que l'aspect négatif du tableau : tout enfant souhaite en même temps l'union de ses parents et est accablé d'un vécu de catastrophe au moment de leur séparation ; tout se passe pour lui, au cœur de son *moi-réalité* qui travaille à l'intégration des liens entre ses objets et les différentes parties de lui, comme si les défenses narcissiques l'avaient emporté sur le respect des lois de la dépendance aux objets. Le couple qui lui a donné naissance ne s'effondre pas seulement au-dehors de lui mais également au-dedans de lui. Le travail consistera à reconstituer ce couple au-dedans alors qu'il ne se refera plus au-dehors. Nous voyons donc à quel point la nécessité d'une alliance entre le thérapeute de l'enfant et les parents est importante. Il arrive rarement, hélas, que le souci pour l'enfant passe au-dessus de l'animosité que les parents continuent de se vouer l'un envers l'autre, et l'enfant ne retrouve cette alliance si fondamentale pour sa vie psychique qu'à travers le nouveau couple – si du moins il est suffisamment solide – formé par l'un des parents qui a la responsabilité de l'enfant. Nous pouvons imaginer la complexité de la situation vécue par l'enfant qui est soumis à une garde partagée lorsque persistent les conflits entre ses deux parents. Dans toutes ces situations le thérapeute, nous le verrons, doit tendre à analyser les fantasmes de l'enfant au sein des perturbations imposées dans le cadre de la réalité externe.

Étudions à présent le cas de figure le plus favorable à l'analyse : celui dans lequel les deux parents demeurent unis autour du souci qu'ils ont pour la vie psychique de leur enfant.

Le premier entretien que l'analyste a avec les parents est un sujet si vaste qu'il mériterait un développement, si possible, supérieur à celui du premier entretien analytique. C'est un sujet aux multiples entrées puisqu'il nous met en présence, non pas du monde interne d'une seule personne mais d'au moins deux personnes, ainsi que des articulations entre leur psyché, celle de leur enfant – celui qui leur crée un problème – et celle des autres enfants, ceux qui restent à l'arrière plan de celui qui nous est présenté. Se tiennent aussi à l'arrière-plan pour se mettre bientôt sur le devant de la scène, les parties enfants des parents. C'est ainsi que l'entretien avec les parents nous introduit à la mise au présent de leur propre passé.

Les parents doivent être accueillis dans un esprit analytique. Cela veut dire qu'ils doivent être écoutés dans leur manière de se présenter. Il ne s'agit pas de procéder à un interrogatoire dans lequel – selon notre propre protocole – nous ferions une investigation des différents éléments de l'histoire de la vie de l'enfant, aux différentes étapes de son évolution. Nous conservons à l'arrière-plan de notre esprit ces points de repère que nous amènerons ; mais il faut d'abord respecter la liberté des propos des parents et de leurs associations, comme nous pouvons le faire lors d'un entretien analytique. Il ne s'agit pourtant pas d'un entretien analytique, car les parents doivent avoir le sentiment que nous les accueillons en tant qu'adultes à part entière, avec leurs soucis de parents. Il faut donc laisser une large place à l'aspect secondarisé de leur discours tout en lançant notre écoute analytique dans de multiples axes : la manière dont un parent parle de son enfant trahit l'investissement infantile de ce dernier et nous interroge sur ce que cet enfant représente pour lui : est-ce une partie de lui, un frère ou une sœur, aimé ou rival ? De la même façon est-il utile d'observer le rapport que les parents nouent entre eux devant nous : le père prend-il la parole en premier ? La mère occupe-t-elle le devant de la scène, laissant à son mari une place réduite ? Qui s'est emparé narcissiquement du destin de l'enfant ? Qui aura donc le plus de mal à laisser l'enfant se dégager de cet investissement ? Tout cela nous donne une indication sur la manière même de recevoir l'enfant : celui-ci est-il prêt à venir seul ou, s'il l'est, sa mère ou son père sont-ils prêts à le laisser partir ? Combien de temps ne faut-il pas prendre parfois afin de permettre à un parent de se libérer de son emprise narcissique ! L'enfant serait bien d'accord pour venir seul à ses séances, mais il n'est pas question qu'il ose le signifier à un parent dont il ne sait que trop à quel point une telle révélation blesserait la susceptibilité narcissique. Je me souviens d'enfants qui rougissaient d'avoir laissé échapper dans leurs propos un secret que leurs parents voulaient garder au sujet de ce qu'ils pensaient de l'analyste et de l'avenir qu'ils réservaient au traitement. Les enfants ne veulent pas trahir leurs parents, car c'est sur eux d'abord qu'ils doivent compter pour vivre et pour survivre. Je ne pense pas ici aux cas extrêmes où les enfants sont retirés à des parents maltraitants. L'enfant -dans ce dernier cas - vit trop dans le fantasme selon lequel le sort de son parent dépend de la place qu'il lui attribue intérieurement. Il est très difficile pour un enfant de se rendre à l'évidence d'une réalité externe contre laquelle il ne peut rien ; il s'agit en l'occurrence de la réalité de la maladie mentale du parent dont il dépend. Le placement en institution ne parvient pas toujours à supprimer la conviction délirante selon laquelle le retour d'un parent permettrait de se retrouver avec lui dans une union idéalisée. Plus un enfant est petit, et plus il a un accès direct à la réalité psychique d'un parent. Plus il se conforte, dans ces conditions, dans l'illusion selon laquelle il est une pièce indispensable au fonctionnement psychique de ce même parent. Ceci est une illusion partagée, car ce parent a besoin de mettre au-dehors de lui, dans la réalité externe de son enfant, ce qui ne devrait se situer qu'au-dedans de lui. Ce parent fait alors jouer à l'enfant un rôle qu'il ne devrait pas jouer s'il respectait l'altérité de son enfant. Cette situation qui peut se trouver soudée dans un délire à deux, présente dans la majorité des cas un degré moindre d'intensité de telle sorte qu'elle est mobilisable précisément au cours de la thérapie d'un enfant, à condition que les parents soient suivis par le thérapeute de l'enfant.

Telle est la grande question : pourquoi faut-il que ce soit le thérapeute de l'enfant qui suive ses parents ? La réponse est déjà partiellement contenue dans ce qui précède. Lorsque nous recevons un enfant nous recevons aussi les parties enfant des parents ; ils les ont projetées en lui. Cet enfant occupe également d'autres places attribuées par ses parents dans leur organisation trans-générationnelle : il peut être l'enfant rival, l'enfant que le parent du parent aurait souhaité avoir, l'enfant donné aux grands-parents dans cette perspective, l'enfant porteur d'une tare familiale…. Les cas de figures sont multiples, et la réalité inconsciente est à découvrir au fil du temps avec les parents eux-mêmes, au fur et à mesure que la confiance dans l'analyste de leur enfant s'installe de façon solide. Il n'est pas possible que cette confiance s'installe si l'analyste continue d'être porteur des projections parentales, étant donné que ces projections sont directement mises en rapport avec celles dont l'enfant s'est fait involontairement le porteur.

L'analyste, en touchant à la vie intime de l'enfant, touche aussi à celle de ses parents. C'est ce qui donne un statut si particulier à la position d'analyste d'enfant. En représentant pour l'enfant un parent différent du parent réel, il va par son travail analytique, transformer le monde interne de l'enfant et perturber, de ce fait, ce qui du parent a été placé dans l'enfant. En analysant l'enfant, l'analyste touche ainsi au plus profond de la vie intime d'un parent. Le premier « défaut » de l'analyste est ainsi, pour le parent, de faire intrusion dans sa vie psychique alors qu'il ne s'est pas présenté lui-même avec une demande d'analyse personnelle. Pour employer une image illustrant bien ce problème, nous pourrions dire que les parents se sentent lésés à juste titre car, alors qu'ils emmènent leur enfant, hors de la maison, faire la connaissance d'un docteur censé lui apprendre à vivre, à grandir, à calmer ses angoisses, à devenir comme tout le monde enfin, ils retrouvent cet inconnu chez eux, déjeunant à leur table et ouvrant leurs tiroirs ! Quand les parents prennent conscience de la chose, plus ou moins furieux, ils mettent ce soi-disant docteur à la porte et interrompent le traitement.

Il faut donc amener les parents à ouvrir eux-mêmes leurs tiroirs avant que le travail avec l'enfant ne leur donne le sentiment que la chose s'effectue sans leur consentement. Nous concevons bien dans ces conditions que rien de ce travail ne peut se faire hors de la présence même du fauteur de trouble. Aucune opération de ce genre ne s'effectue *in absentia*. Ce serait comme de vouloir analyser le transfert propre à la situation analytique avec une autre personne que l'analyste lui-même. Ce serait sans compter que l'élaboration de la situation transférentielle ne peut se faire qu'en présence des protagonistes en question. Lorsque, par exemple, l'analyste haï devient un analyste aimé, le patient expérimente avec l'analyste lui-même la capacité de ce dernier à sortir de l'épreuve de la haine, à la supporter sans y succomber. Il a fait l'épreuve d'un analyste dont la neutralité se tient derrière l'ensemble des affects dont on l'investit. Nous le verrons largement à propos de l'enfant, l'instrument du contre-transfert permet à l'analyste de détecter les investissements dont il est l'objet.

Comment une telle situation pourrait-elle s'analyser en dehors de ses protagonistes ? Ceci est pourtant ce qui se pratique dans différentes institutions qui ont pour devise de protéger l'analyse de l'enfant des intrusions parentales. De tels a priori ont leurs effets dès la mise en place de la cure puisque, dans ce cas, le démantèlement du couple parent-analyste s'effectue dès le début : un consultant reçoit les parents, avec ou sans l'enfant, puis délègue le suivi de l'enfant à un thérapeute qui peut ne jamais entrer en contact avec les parents. Je m'interroge sur le type de transfert que peuvent effectuer des parents avec un tel consultant. Que devient le transfert de chacun des deux parents sur un thérapeute – quasi inconnu – qui travaille non seulement avec leur enfant, mais mobilise également à travers lui, les parties enfant que ces parents ont projetées en lui ? Je suppose qu'on a eu l'espoir, en isolant les parents de tout travail avec l'analyste de leur enfant, de mettre la psyché de ce dernier à l'abri des projections parentales. C'est oublier que le « mal » est fait et que l'enfant arrive en étant déjà habité par de telles projections. A travers leur enfant, ce sont les parents eux-mêmes qui se rendent dans la salle de jeux. Mais ils ne s'y rendent pas afin d'être soignés ; ils s'y rendent pour assister à la relation privilégiée qu'un parent entretient avec leur rival : l'enfant réel qui vient en thérapie.

La rivalité des parents à l'égard de l'analyste de leur enfant existe donc à différents niveaux.

D'abord, celui de l'adulte : les parents ayant à supporter qu'un autre adulte parvienne là où eux-mêmes ont échoué.

Ensuite, celui de l'enfant qui se trouve en eux : l'analyste s'occupant d'un autre enfant que celui qu'ils portent en eux.

L'analyste se trouvant au sommet de différents courants de rivalité, comment peut-on penser – ainsi que je l'ai souligné – que cette rivalité se transforme par un travail effectué en l'absence du principal intéressé ? C'est en renouant un bon lien entre cet analyste auquel ils en veulent de leur prendre et leur fonction, et leur enfant – support de leurs projections inconscientes – que les parents peuvent dépasser leur conflit avec l'analyste et permettre à ce dernier de sortir leur enfant de l'impasse dans laquelle il se trouve : transformer son monde interne sans toucher à la réalité psychique de ses objets réels.

Ceci ne veut pas dire que la consultation effectuée par un membre de l'équipe n'est pas utile, et même assez souvent nécessaire : elle forme un point de référence qui peut manquer à la situation duelle : parent-thérapeute. Elle triangule cette relation et introduit de la sorte une réalité externe, parfois oubliée dans le tumulte des investissements appartenant à la réalité interne des parents. Je pense à une situation – un cas parmi nombre d'autres cas de figure – où dans une famille consultant pour un garçon très malade, le père s'est emparé de la direction des affaires. C'est lui qui téléphone à la thérapeute, laquelle obtient avec beaucoup de difficultés la présence de la mère à un premier entretien. Le père contrôle tout dans la famille et dénie à sa femme sa place de mère, entachant ainsi de nullité le lien qu'elle peut nouer avec ses enfants. N'y a-t-il pas chez ce père un enfant qui contrôle les liens existant entre sa mère et ses autres enfants ? Sous prétexte que sa femme est trop occupée, il bloque toute la situation et se rend seul aux rendez-vous que propose la thérapeute. Celle-ci perçoit que son contre-transfert peut être saturé d'éléments négatifs vis-à-vis de ce père. Elle pressent que bientôt elle subira le même sort que celui de la femme exclue, qu'elle sera aussi châtrée qu'elle et que, de ce fait, le traitement s'interrompra. Il est important dans un tel cas qu'une consultation se mette en place avec les deux parents, cette consultation ayant pour but d'être un cadre pour le cadre. Etant donnés les problèmes propres à cette famille, il est important que le consultant soit un homme mettant ainsi l'enfant omnipotent qui se tient au fond du père, devant une véritable autorité paternelle.

On pourrait nous dire qu'il aurait fallu commencer par-là, avant d'engager un traitement avec l'enfant. A cela je répondrai que ce qui s'est révélé dans le rapport avec l'analyste de l'enfant, ne se serait peut-être pas révélé avec un consultant, car l'enfant omnipotent qui se tient au fond du père n'apparaît que pour contrôler le lien existant entre la thérapeute et son fils, tout comme entre sa mère et l'enfant rival qui prend sa place dans la lignée familiale. Cette situation peut être totalement dissimulée aux yeux d'un consultant et clivée, puis projetée dans la cure de l'enfant. Ainsi voyons-nous assez souvent consulter des parents sur lesquels on peut s'appuyer avec confiance pour traiter leur enfant, puisque tous deux ont effectué une longue analyse. On s'aperçoit hélas que dans nombre de cas, ce qui se joue avec l'enfant a échappé à l'analyse du parent et que ce dernier a maintenu clivé, hors du lien analytique, un pan de sa vie infantile qui a pris son enfant réel pour objet de projection. Il s'agit ainsi d'un *acting* out bien naturel puisque l'enfant est réel et que sa vie quotidienne lui offre mainte occasion de ramener ses parents à leur propre vie infantile. La tentation est alors assez puissante de faire porter à l'enfant ce dont le parent se déleste, et de faire endosser par la même à cet enfant, la culpabilité associée à la partie projetée.

Certains analystes ont le souci de ne rien cacher à l'enfant de ce qui se dit avec les parents, et prennent ainsi pour devise de ne jamais voir les parents sans inviter l'enfant à être présent à la consultation. Ainsi l'enfant assiste aux premières consultations.

Il me semble qu'une telle attitude satisfait au fantasme omnipotent selon lequel la vie privée des parents doit être transparente aux yeux de l'enfant. Un tel fantasme se dissimule sous la croyance selon laquelle l'analyste de l'enfant le trahirait en entrant en dehors de sa présence, en contact avec son monde externe. Serait-ce trahir l'enfant que de se faire une opinion personnelle différente de la sienne sur ses propres parents ?

Ce n'est pas tant la question. Il s'agit plutôt du fantasme d'une trahison du cadre même offert par l'analyste au jeu de l'enfant et au dévoilement de son inconscient : c'est en nous octroyant une place à l'écart de sa vie externe que l'enfant nous confie les secrets de sa vie inconsciente. En recevant ses parents en sa présence, nous irions trahir la position dans laquelle il nous met. Bien que nous ne dévoilions rien de ce qui se passe dans les séances avec l'enfant, le fait même d'être en contact dans la réalité avec les personnes de son entourage, pourrait être vécu par lui comme une intrusion dans sa vie privée, puisqu'il ne nous a pas, de lui-même, conduits vers ces personnes et nous a permis d'accéder seulement à sa vie fantasmatique. Nous viendrait-il à l'idée de rencontrer le conjoint d'une patiente, et diverses personnes de sa famille ? Nous viendrait-il même à l'idée de rencontrer la fratrie de l'enfant que nous avons en traitement ? Il n'en est évidemment pas question.

La rencontre avec les parents a cependant un tout autre soubassement : tout traitement d'enfant passe par l'accord des parents. Ce sont eux qui l'amènent chez l'analyste et ce sont eux qui payent ce dernier. Nous avons vu que les parents n'amenaient pas que leur enfant en rencontrant un analyste. C'est également l'état de dépendance première de l'enfant envers ses parents qui exige que l'on passe d'abord par eux avant de rencontrer l'enfant. Ce faisant, on reconnaît aux parents leur position d'adultes, et c'est par rapport à une telle position que l'on se présente également comme responsables de l'enfant. Des adultes parlent d'un enfant à venir, tout comme des parents conçoivent une future naissance, à partir de leur lien. Ceci est dans l'ordre des choses. Nous recevons les parents parce que l'enfant ne vient qu'après eux et parce que l'enfant est encore réellement et concrètement porté par eux.

Que faire avec ces grands enfants, instables et incertains de leur identité que sont les adolescents ? J'ai toujours eu pour règle de les recevoir après avoir rencontré leurs parents, dans la mesure où ils vivent encore chez eux et que ceux-ci sont responsables de leur devenir et payent leurs séances. Les consultations ne diffèrent donc pas en ce sens des consultations à propos des enfants. D'autres cas de figure se présentent pourtant ici dans lesquels l'existence de centres pour adolescents s'avère très utile : l'adolescent peut être en rupture avec sa famille et désirer consulter de lui-même alors qu'il n'a pas les moyens de payer son traitement. Il peut être empêché de se dégager de l'emprise familiale par les parents eux-mêmes, aussi est-il souhaitable qu'il se sente libre d'effectuer sa démarche. A la différence de l'enfant, l'adolescent peut prendre l'initiative de son traitement. Si, dans ce cas, il ne souhaite pas que nous voyions ses parents, il est important que nous respections ce souhait, nous réservant le droit simplement de les prévenir. Tel est le statut ambigu de l'adolescent ; il veut et il peut avoir son libre arbitre, mais il vit encore sous la dépendance de ses parents. Aussi nous ne pouvons rien engager avec lui sans en aviser ces derniers.

Reprenons à présent le cadre de l'installation d'un traitement pour l'enfant. Quand les parents arrivent à leur première consultation, ils savent qu'ils viennent pour parler de leur enfant. L'attitude de l'analyste doit être faite de tact, d'intuition de manière à instaurer une « alliance thérapeutique » avec eux, terme employé aussi pour le traitement proprement dit. Les parents doivent percevoir que l'analyste s'interroge uniquement pour comprendre leur problème, et se mettre en même temps à la place de leur enfant. Ainsi les parents ne doivent pas du tout avoir le sentiment que l'analyste leur demande de s'adapter à lui, ou à une éventuelle grille de lecture, comme ce serait le cas dans une passation de test. Ici, au contraire, comme dans une cure, ce qui apparaît se situe précisément dans une toute autre direction que celle empruntée au départ. Je préconise d'ailleurs que l'écoute, lors du premier entretien avec les parents, soit libre de tout a priori. Il s'agit de laisser le discours des parents se dérouler comme il vient. Ces premiers moments sont précieux d'abord pour comprendre après-coup le problème et saisir la position de chacun des deux parents. Ils doivent avoir le sentiment de venir confier leurs soucis vis-à-vis de la réalité interne, mais aussi externe de leur enfant. Lorsque des parents semblent se limiter à une plainte concernant les apprentissages scolaires de leur enfant, il ne faut pas leur transmettre que notre préoccupation est ailleurs ; ils ne se sentiraient alors pas du tout compris. Ce n'est que lorsqu'ils ont le sentiment que l'analyste se fait le même souci qu'eux à l'égard de leur enfant, qu'ils peuvent commencer à écouter le questionnement de celui-ci. Comment se fait-il que l'enfant n'apprenne pas ? Et les autres apprentissages, la parole, la marche, la propreté… était-il aussi en retard pour tout cela ? Les parents se rendent compte que l'analyste essaie de comprendre, et qu'il ne leur cache pas le fonctionnement de son esprit pour parvenir à en tirer telle ou telle conclusion.

On pourrait imaginer le dialogue suivant :

L'analyste : « À quel âge votre petit garçon s'est arrêté de parler alors qu'il avait bien commencé jusque là ? »

Le parent : « vers deux ans et demi. »

L'analyste : « Oui, c'est vrai qu'à cet âge on n'est pas encore tout à fait assuré, mais n'auriez-vous pas le souvenir d'un événement à ce moment là ? »

La mère peut alors avoir un *insight* ou bien annoncer la chose comme sans importance : « c'est justement à ce moment là qu'on a déménagé ». Ou bien : « oui, c'est alors que je suis tombée enceinte ».

L'analyste : « Ah ! Ça c'est important dans la vie d'un enfant ! »

Les parents se rendent comptent alors que l'analyste essaie de faire un lien dans sa tête entre un événement psychique et un événement externe pour comprendre le symptôme de l'enfant. Ils se familiarisent en même temps avec l'idée que les choses ont un sens et l'ont toujours eu dans la vie de leur enfant.

L'analyste peut parfois faire le pédagogue, non pas pour enseigner véritablement ce qui se passe dans la psyché d'un enfant, mais pour souligner encore à partir de quoi il va construire ses hypothèses de travail :

L'analyste : « Vous savez, il se passe quelquefois des choses irrationnelles dans la tête d'un enfant. Les enfants, quand ils perdent leur premier cadre de vie, perdent plus que ce qu'on s'imagine, nous adultes. D'ailleurs, à nous-mêmes, cela nous fait souvent quelque chose… Mais eux sont plus sensibles et, en outre, quand ils sentent que leur maman va s'occuper d'un autre enfant, qu'ils vont donc perdre là aussi leur place, ils peuvent avoir le sentiment d'être lâchés. Ils réagissent différemment selon leur tempérament. Certains se replient sur eux-mêmes, certains manifestent au contraire leur colère, certains se bloquent comme pour tout arrêter. Avez-vous noté alors un changement dans le caractère de votre enfant ? ».

En parlant ainsi, nous fournissons aux parents matière à associer. Nous avançons des hypothèses sur lesquelles ils peuvent s'appuyer. En général, lorsque le père est en retrait, il s'autorise à parler car il s'aperçoit qu'il est devant un spécialiste pas comme les autres. L'analyste est un spécialiste qui cherche son savoir et qui, pour cela, a besoin de la coopération des parents, de leurs souvenirs, de leurs affects, de leurs intuitions. En se proposant à eux comme objet d'identification, il leur permet de ne pas connaître ce qui se passe chez leur enfant et les invite même à utiliser leur ignorance, à condition qu'elle soit le point de départ d'une interrogation, et qu'elle soit perçue non pas comme un défaut mais comme une qualité.

Il est parfois bon de généraliser, comme je l'ai déjà souligné, de manière à ne pas enfermer la perspective que l'on aurait sur l'enfant dans un savoir magique. Les enfants réagissent différemment les uns par rapport aux autres. Mais ce qui semble un point commun à tous, c'est que de tels événements ont une incidence sur eux. Ce que l'on dit savoir d'expérience est tempéré par ce que l'on ignore ; ou plutôt : nous transmettons aux parents que notre savoir n'est qu'un levier nous permettant d'approfondir notre questionnement. Il n'est pas bon en effet que l'analyste se présente comme un surmoi omniscient qui volerait aux parents leur place de parents, puisque ce sont eux les véritables détenteurs d'un savoir inconscient sur la globalité de la situation vécue par eux-mêmes et par leur enfant. La force d'un analyste durant cette première consultation consiste précisément à mettre en retrait son propre narcissisme pour donner aux parents leur place de parents à part entière : parents responsables, non pas seulement des difficultés rencontrées par leur enfant, mais également des capacités qu'ils lui ont permis d'acquérir. Penser ensemble à ce qui a pu être à l'origine des symptômes de l'enfant, ne vient pas là pour culpabiliser les parents ; l'analyste doit parvenir à mettre en évidence que les événements survenus dans la vie externe de l'enfant (parmi lesquels se situent au premier chef, les mouvements qui prennent place dans la vie interne de ses parents) n'ont pas en général un impact direct sur lui : ces événements sont soumis à une transformation fantasmatique dont la responsabilité lui revient à lui seul. Il n'y a donc pas de lecture directe faisant passer de l'événement externe à sa substitution interne. Il est indéniable pourtant que la réalité des situations vécues par l'enfant, a contribué à faciliter ou à rendre plus difficile son travail intérieur. Ce point est à reconnaître par les parents et par l'analyste qui ne peut pas effacer cette réalité : il ne peut que contribuer à ce qu'elle soit élaborée après-coup de façon moins douloureuse. Les parents apprennent là encore avec l'analyste que, s'il y a des éléments que nous pouvons transformer par le travail analytique, il y en a d'autres que nous ne pouvons pas changer et qu'il faut apprendre à accepter comme tels. Il faut apprendre les limites de nos capacités et la différence qui existe entre les points sur lesquels nous pouvons agir et ceux sur lesquels ce n'est pas possible.

La plus importante des limites est la limite qu'impose le handicap corporel. J'ai en tête l'exemple d'un enfant sourd pour lequel ses parents consultent, non pas afin de supprimer son état de surdité, mais afin de diminuer son inhibition relationnelle. Là s'est posé à l'analyste le problème, non pas de la surdité de l'enfant, mais de la surdité psychique de ses parents. Ils n'ont pas voulu comprendre que l'inhibition de leur enfant n'était pas liée à son handicap mais à leur investissement de son handicap. La blessure narcissique ressentie par la mère d'avoir un enfant malade a entraîné chez elle un tel rejet inconscient, que cet enfant ne pouvait retenir l'attention de sa mère. Aussi cherchait-il à passer inaperçu des autres, et d'abord de sa mère. Lorsque la thérapie lui a permis d'oser exprimer son agressivité, il a de lui-même voulu arrêter son traitement, sachant qu'il glissait sur une pente dangereuse puisqu'il savait mieux que quiconque que ses parents ne supporteraient pas son débordement émotionnel. On l'avait amené chez une analyste pour soigner son inhibition mais il ne devait pas faire de ses parents la cible de son expression pulsionnelle. Le traitement fut bientôt interrompu.

Ceci est un exemple parmi le nombre incalculable de traitements interrompus en raison de ce qui n'a pas été mesuré dès l'abord, c'est-à-dire dès les premiers entretiens, de la résistance des parents à s'impliquer dans le traitement de leur enfant. S'impliquer voulant dire : accepter de modifier l'investissement narcissique de leur enfant. Nous avons vu dans ce petit exemple que l'enfant peut très bien entrer en collusion avec la résistance de ses parents car il dépend de ces derniers et, bien souvent, il sent en lui-même que s'il ne joue pas passivement le rôle dans lequel ils le mettent, soit ils le désinvestiront, soit la souffrance qu'il leur causera le fera souffrir en retour.

L'art de mener les premiers entretiens consiste à prendre suffisamment son temps pour être en mesure de prévoir ou de pressentir les difficultés à venir. Lorsque les parents viennent nous voir pour la première fois, ils sont dans une position de demande. L'analyste se trouve alors dans une position de force par rapport à celle des parents, car c'est de lui qu'ils attendent un secours. Nous avons vu quelle attitude profonde doit adopter l'analyste pour se mettre à la portée des parents. Mais cela ne l'empêche pas d'adopter en même temps une position de recul lui permettant de mesurer la difficulté qu'il aura à travailler avec ces parents là. Nous saisissons combien il est difficile de mener ces premiers entretiens car ils nécessitent un véritable fonctionnement analytique, fait d'ouverture, d'acceptation de l'inconnu et de l'incertitude, d'identification aux deux parents, et en même temps de réflexion d'arrière-plan permettant de juger de l'avenir de ce qui va être engagé.

Beaucoup de parents maintenant ne s'engagent qu'à court terme, notre société contemporaine n'aimant pas ce qui sollicite de nous un long effort pour être soulagé de nos souffrances ; par ailleurs, elle nous donne l'illusion qu'il est possible de s'en tenir à la superficie des choses et d'en ignorer la profondeur. Cette même civilisation a cependant permis de découvrir la psychanalyse et l'investigation profonde de soi-même. Mais la concurrence est là qui vient de la part des techniques rapides : qu'il s'agisse des médicaments, des drogues douces ou des diverses occupations à but thérapeutique, tout est offert afin d'éviter de se confronter à la responsabilité que nous avons tous de porter notre vie psychique consciente et inconsciente. Les parents que nous recevons, l'enfant qu'ils ont élevé, baignent qu'ils le veulent ou non dans une telle culture. Cela rend d'autant plus difficile pour les parents la reprise en main de leur responsabilité et du respect qu'ils doivent à leur enfant.

A.3. Un exemple clinique

Je vais développer ici un exemple afin de réfléchir sur le type d'intervention permettant d'engager avec profondeur un lien avec les deux parents pour la suite du traitement de l'enfant. Cet exemple n'entre pas dans ce qui se présenterait classiquement, mais en ce domaine, rien n'est vraiment classique. Il mérite cependant d'être cité car il nous met en contact avec la manière dont un thérapeute se doit de s'adapter à ce qui se présente, tout en conservant à l'esprit le but qu'il se propose – la création d'un cadre – afin que son travail se déroule de manière à permettre l'évolution de l'enfant.

La thérapeute, Mme G., reçoit un coup de téléphone d'une maman pour son fils, Laurent, qui a 11 ans et qui est envahi par des idées morbides. Quand la thérapeute présente le cadre des premières consultations et demande que le père participe au premier entretien, la mère prétend que cela est impossible, mais elle assure la thérapeute qu'il a donné son accord pour la démarche qu'elle entreprend et qu'il sera là au cours du second entretien.

Faut-il être rigide ? Faut-il demander que le père soit absolument présent, sans quoi nous ne donnons pas de rendez-vous ? Non, évidemment. Mais cette indication de la part de la mère nous donne à penser que cette manière de présenter l'enfant est significative en soi. Le père n'a pas à être présent, selon la mère probablement, mais également avec l'accord tacite du père. Il est donc préférable de donner un rendez-vous à cette maman, en précisant toutefois qu'on la verra seule, avant de voir son fils les deux fois suivantes, et les deux parents pour la dernière consultation.

Au cours de ce premier entretien, la mère apprend à la thérapeute que son fils a déjà consulté dans un CMP, alors qu'il était en CE1. L'enfant qui avait 7 ans à l'époque, était triste et s'ennuyait à l'école. La psychologue qui l'avait testé avait détecté une précocité intellectuelle (il avait 124 de QI) ; il avait appris à lire avant même d'aller au CP. Laurent évoque souvent le thème de la mort, et cela aurait commencé à la suite de la mort de son petit chat, alors que Laurent était âgé de 5 ans. La mère associe à cet événement, un autre événement : alors qu'il ne savait pas nager, des copains ont voulu lui retirer sa ceinture lui permettant de flotter dans la piscine. Elle avait voulu aller trouver la maîtresse pour l'informer de ce problème et insister sur la nécessité de le protéger, mais il lui aurait dit : « tu ne comprends rien ! Je cherche à ce qu'ils me l'enlèvent. Je veux mourir !».

La psychologue aurait ajouté le commentaire suivant : « il a des idées suicidaires comme son papa ! ». Son père, pompier, avait eu un accident au travail et s'était fracturé une vertèbre ; se trouvant au chômage, il avait eu, en effet, des idées suicidaires.

Seconde visite au CMP, deux ans plus tard. Bien que Laurent présente toujours des épisodes dépressifs, la psychologue juge qu'il ne va pas si mal et conseille de revenir ultérieurement « s'il ne va pas bien » ! Peut-être que ce retard de prise en charge ne se serait pas prolongé s'il y avait eu de la place dans le CMP.

Mais comme aucune possibilité d'accueil n'existait alors dans ce lieu, Laurent a eu la chance de rencontrer Mme.G et d'être enfin entendu.

Nous pouvons déjà ici, faire l'hypothèse selon laquelle le retard du père se comprend partiellement comme une réponse au retard que le CMP a imposé à la prise en charge de son fils. Si la souffrance du père est reprise par celle de son fils, ou si celle du fils s'identifie à celle de son père, il n'est pas impossible que ce dernier en veuille à la « psychologue » - Mme G « payant » pour celle qui n'a pas su écouter à temps la demande de celui qui souffre. Si Mme G s'était montrée intransigeante et avait insisté pour voir d'emblée les deux parents, elle n'aurait pas saisi la dimension projective d'une telle attitude qui met déjà sur la voie de comprendre le niveau identificatoire profond du père et du fils.

Laurent se plaint actuellement de maux de ventre. Il « s'oublie » parfois et a une légère encoprésie.

La grossesse de la mère a été « formidable », selon elle. Il est « sorti » une semaine après le terme et pesait 4 kg Il a été un bébé « facile », très éveillé et il a parlé tôt. Ce sont les parents de la mère qui ont gardé Laurent lorsqu'il était petit.

Tout ce qui vient du côté maternel est présenté comme dénué de tout problème alors que ce qui vient du père est pesant : il a eu une enfance difficile. Il aurait été maltraité physiquement et psychiquement par ses parents qu'il voit actuellement rarement.

Pensant à la bonne santé et la joie de vivre qu'il y a chez elle et dans sa famille – elle était la 3ème d'une fratrie de quatre – par opposition à la pathologie de celle de son mari, la mère éclate en sanglots. Elle est angoissée : elle a peur de perdre son fils. Elle n'a pas eu d'autres enfants mais elle ne désespère pas : bien qu'elle ait 40 ans, elle souhaite en avoir un autre et elle ajoute qu'elle et son mari s'aiment.

J'aimerai analyser quelques éléments de cet entretien afin de suggérer comment les choses pourraient être reprises doucement par Mme G. Ainsi que nous le verrons tout au long de cet ouvrage, et particulièrement à propos du problème de l'interprétation, il est important de faire une différence entre ce que l'on comprend, ou les hypothèses que l'on a à l'esprit, et ce que l'on manifeste au patient. La charnière technique se situe à ce niveau : de quelle manière s'y prendre pour avoir une confirmation ou une infirmation de ce que l'on pense ? Nous le reverrons, deux règles sont à respecter : rester au plus près du matériel présenté par le patient, et utiliser le langage le plus banal pour traduire ce qu'il exprime.

Au cours de cet entretien, on se rend compte qu'un climat de mort ou d'angoisse de mort règne dans cette maison, au point que la mère craint qu'il n'engloutisse son enfant. On ne peut évidemment pas traduire la chose directement et lui dire : « il semble qu'il y ait un climat de mort dans votre maison ».

Il vaut mieux reprendre les exemples donnés pour montrer comment on en déduit que l'angoisse de mort infiltre le climat familial. On peut souligner ainsi : « ce que vous me dites de votre mari, de la perte du chat… tout cela me donne le sentiment qu'à la maison, on était déjà sensible à la mort depuis un bon moment ».

Cela permet d'ouvrir la question sur un temps plus reculé que celui de la mort du chat, tout en présentant les choses de manière logique ; à propos de la mort du chat comme événement déclencheur de la dépression de Laurent, on peut faire remarquer : « comment se fait-il que cet événement ait pris une telle importance dans sa tête ? ». Ce faisant, l'analyste suit de très près les propos de la mère, mais tout en les respectant. L'analyste lui pose et montre qu'elle se pose une question permettant de déboucher sur un approfondissement du problème et un élargissement du questionnement sur son origine.

Il est possible que l'analyste avance une hypothèse, toujours dans une ligne logique : « il était très investi, ce chat ? » et, comme il s'agissait du chat des grands-parents maternels : « peut-être que votre maman l'aimait aussi beaucoup, ce chat ? ».

Derrière cette question banale, c'est aussi la place des grands-parents de Laurent pour la mère, que l'on interroge sans questionner directement la mère sur ses parents. Mais à travers les propos tenus sur le chat, on peut très bien amener la mère à évoquer – si elle le souhaite, cette manière la laissant libre de le faire ou non – son rapport à ses propres parents, et le rôle qu'elle a fait jouer à Laurent dans tout cela. Nous pourrions ajouter alors : « vous m'avez dit que vos parents avaient gardé Laurent, il le connaissait donc depuis longtemps ce chat ».

Le chat représente en ce sens un « lieu commun » par lequel on passe afin d'atteindre différents lieux qui se cachent derrière son image. Nous pouvons supposer, à ce point de l'entretien, que l'enfant s'est attaché au chat comme à un substitut de ses parents perdus durant le temps où ses grands-parents le gardaient. La mort du chat lui fait revivre un deuil non élaboré à l'époque ; une de ces pertes premières qui trouvent la psyché démunie de moyens pour l'élaborer.

Nous pouvons également penser que la mère masque une dépression dont nous ignorons l'origine, mais dont nous pouvons supposer qu'elle réapparaît lorsque la mère de Laurent pleure, à présent, dans le cadre de la consultation : elle a peur de perdre son fils. Encore une perte, un désespoir peut-être de ne pas avoir d'autre enfant, depuis dix ans déjà. Pourquoi ? Son mari y est-il pour quelque chose ? La question est trop douloureuse pour qu'elle soit posée mais, toujours à propos du chat, ne pourrait-on pas penser tout haut : « c'est vrai que lorsqu'on aime les chats, on les investit un peu comme des enfants » ? Et d'ajouter : « souvent quand un autre enfant arrive à la maison, le chat est jaloux ! ».

Nous voyons comment, à partir d'un propos de la mère sur le chat, nous pouvons laisser défiler en nous-mêmes des associations permettant à celles de la mère de venir s'accrocher aux nôtres, à conditions que les nôtres prennent une forme secondarisée acceptable par la conscience maternelle.

Nombre de pistes sont encore exploitables dans ce premier entretien. Il serait très pertinent de reprendre le problème du rapport entre Laurent et les autres enfants. Pourquoi Laurent s'est-il laissé enlever sa ceinture alors qu'il ne savait pas nager ? Nous pourrions demander : « Est-ce qu'il a tendance à se laisser faire comme ça souvent ? Est-ce qu'il ne saurait pas trop se défendre ? Ce n'est pas un enfant agressif ! ». De tels propos ménagent le narcissisme des parents. Il est en effet deux points par rapport auxquels l'analyste se doit d'être très vigilant : tout d'abord ménager le narcissisme des parents, et ensuite recevoir leur culpabilité sans rien ajouter à cette dernière mais, au contraire, tenter de la soulager. Cela ne veut pas dire qu'il s'agit d'aller dans le sens de leurs défenses quand elles sont mises en avant ; la culpabilité des parents peut être un moteur qui les pousse à protéger le travail analytique de leur enfant et à chercher secondairement un soin pour eux-mêmes. Alors que le déni de toute culpabilité – suscité quelquefois par les maladresses de l'analyste – les pousserait plutôt à interrompre le traitement, ou à en refuser les transformations profondes qu'il induirait chez l'enfant. L'analyste se doit donc de travailler avec la culpabilité des parents, sans l'accroître et sans la dénier.

Des phrases comme : « Ah ! Les enfants ne se ménagent pas entre eux ! », suivi de : « d'autant qu'avec votre petit garçon, ils ont senti peut-être qu'il n'avait pas l'habitude de se confronter avec d'autres enfants, comme le font les aînés avec leur petit frère ou leur petite sœur ! », peuvent amener la mère à évoquer ses propres souvenirs d'enfance, son regret, et en même temps son désir de laisser à Laurent le confort d'être un enfant unique. Peut-être même est-ce la raison inconsciente qui lui aurait fait confier son fils à ses parents dès son plus jeune âge. La mort du petit chat renvoie la maman à la fin d'un temps où elle était la dernière enfant de ses parents.

La mère voulait probablement aussi être seule avec la future thérapeute de son enfant pour se rendre compte si elle avait affaire à une personne capable de recevoir les émotions : celles de son fils mais aussi les siennes. Or la mère pleure en fin d'entretien : elle met en avant sa peur de perdre son fils, mais derrière cela se trouve sa peur infantile de perdre son objet. Le fait qu'elle puisse s'abandonner ainsi auprès d'une analyste, signe l'existence potentielle d'un lien de confiance entre elle et cette dernière ; ceci est de bon augure pour l'alliance thérapeutique nécessaire entre les parents et l'analyste de leur enfant. Si nous traduisions le discours latent des parents, nous pourrions avancer le raisonnement suivant : « Si cette analyste est capable de nous comprendre, elle est donc capable de comprendre notre enfant ». Puis : « Si Mme G a été capable d'entendre ma souffrance, celle que je dis et celle que je ne dis pas, si elle a été capable de comprendre que j'avais besoin d'être reçue seule d'abord, alors je peux lui confier mon fils ». Ce n'est que sur la base d'une telle confiance que le futur traitement de l'enfant pourra traverser tous les orages – inévitables lorsque l'on touche aux zones profondes des conflits intrapsychiques – qui lui sont associés, car le moi de l'enfant percevra le lien qui unit entre eux les adultes qui le contiennent. L'enfant fera ainsi l'épreuve d'un monde adulte qui ne se laisse pas ébranler par l'omnipotence infantile.

Nous voyons que dès la mise en place d'un traitement, nombre d'éléments en jeu se rapportent à l'investissement de l'analyste par les parents de l'enfant et nous voyons comment les données d'une première consultation portent en germe l'avenir des liens qui se nouent entre les protagonistes. De ces liens dépend la solidité du contenant capable d'entourer l'enfant ; de la même façon, des liens qui se nouent entre les parents, dépend le sentiment qu'a l'enfant d'être aimé, et donc aussi contenu par eux.

Nous déduisons de tout cela, a contrario, tout ce qui manquerait au traitement d'un enfant, dans le cas où les parents ne seraient pas autorisés à travailler avec l'analyste de leur enfant, comme cela est souvent le cas en institution. Comment s'effectuerait alors la transformation de la fusion qui existe entre les parties « enfant » des parents et la psyché de leur enfant ? Mes commentaires ci-dessus auront, je l'espère, pu convaincre les lecteurs que ce n'est que lorsqu'une seule et même personne travaille avec les parents et l'enfant, que la séparation des identités devient possible.

Je résume ici les deux séances que Mme G a eues avec Laurent.

A la demande de Mme G., Laurent dit qu'il est d'accord pour venir la voir. Comme Mme G., mentionnant la rencontre qu'elle a eue avec sa mère, lui demande ce qui ne va pas, il répond que tout va bien.

Mme G. : « Mais alors, est-ce que c'est ta maman qui pense que cela ne va pas ? A l'école par exemple ? »

Laurent dit qu'il aime bien l'école et qu'il aimerait bien aussi être copain avec certains enfants, mais que, eux, n'en ont pas beaucoup envie. Il ne sait pas pourquoi.

Mme G. : « Est-ce qu'il y a des choses qui te font peur ? »

Laurent parle alors de sa chatte, Daisy, qui a failli se faire renverser par une voiture. Il pense qu'elle est morte à cause de sa peur.

Laurent dessine alors Daisy qui tourne sa tête du côté opposé à un personnage représentant la mort.

Le dessin terminé, Laurent ne sait pas trop à quoi jouer. Il dit aimer les jeux vidéo et aussi se raconter des histoires. Il aime lire. Il a d'ailleurs lu un tome d'Harry Potter en une soirée ! Il peut associer encore avec l'école : c'est avec son maître qu'il a lu Giono ; alors il l'a bien aimé. Avant il n'aimait pas trop ce maître parce qu'il était sévère, mais à présent ce maître lui manque.

Enfin Laurent raconte un cauchemar qu'il associe à Daisy et à la mort : dans le rêve, il est touché par la faux qui représente la mort et il saigne sur le côté de son corps. Alors il va dans la cuisine chercher des pansements ; il a peur du sang mais il trouve sa mère qui le rassure et lui dit qu'il n'a rien. Au réveil il était persuadé qu'il s'était blessé.

Au cours de ce premier entretien, Laurent a changé d'attitude : alors qu'il ne reconnaissait pas avoir des problèmes au début, il raconte à la fin son cauchemar. Cependant, le premier souci qu'il évoque – il ne comprend pas pourquoi les autres enfants ne sont pas ses copains, alors que lui voudrait bien se lier à eux – nous amène au cœur de son problème : celui de son rapport aux autres.

Nous parvenons à cette étape de l'exploration à la fois de ce qui se joue au niveau de l'enfant, et de ce qui se joue au niveau de l'intersection entre la problématique de l'enfant et celle de ses parents ; nous pouvons donc commencer de penser, non seulement à l'intimité de l'enfant, mais également à ce qui ne se dégagera chez lui qu'à la condition de travailler aussi avec ses parents, l'investissement inconscient de leur enfant. Ce sont les petits détails donnés par eux au cours des deux consultations de départ, et par l'enfant au cours également des deux séances que nous avons avec lui, qui nous permettent de nous faire une idée – quoique élémentaire – de sa problématique. L'expérience nous apprend à reconnaître des signes qui ne nous trompent pas et qui nous font prévoir que, si nous commençons une psychothérapie sans tenir compte de tous ces éléments, une interruption nous attendra à plus ou moins long terme.

Dans le cas présent, nous pouvons déjà faire l'hypothèse d'un lien très fort mère-enfant qui n'a pas protégé ce dernier contre la confrontation avec d'éventuels rivaux. Nous savons par ailleurs que la mère, bien que souhaitant avoir un autre enfant, n'en a pas eu en réalité. Quelle raison inconsciente soude le lien mère-fils au point que personne ne peut les séparer sauf à créer une angoisse de mort chez l'un et chez l'autre ? Peut-être que le père lui-même – et par conséquent l'identification du fils à son père – sont exclus de cette soudure ? Autant de questions que nous nous posons lorsque nous écoutons cet enfant nous parler de la petite Daisy, mais aussi de son maître : comme tout enfant englouti dans un lien symbiotique à sa mère, il peut trouver l'intervention du père – comme du maître – trop dure et trop sévère. Mais secondairement, apparaît le désir d'aller vers son exemple : celui d'un père qui l'introduit au symbolique, à Giono, et qu'il aime puisqu'il est capable d'en ressentir le manque. A ce point d'ailleurs, ne serait-il pas possible de souligner à propos du maître : « Il est sévère, c'est vrai, mais c'est pas la mort ! » ? Ce qui, par cette expression banale à la charnière entre l'angoisse de mort et la sévérité surmoïque, nous permettrait de toucher déjà le préconscient de Laurent et lui signifier que la coupure portée par le père entre lui et sa mère, n'introduit pas vers la mort mais plutôt vers la vie.

De telles remarques faites au cours des premières séances avec l'enfant lui donnent à penser à la manière qu'on a de travailler : on pense à son problème en respectant ses défenses.

Or il y a un problème « mortel » qui entraîne Laurent, comme la petite Daisy, vers la faux de la mort. Comment se fait-il que dans le rêve, sa mère lui dise qu'il n'a rien, au lieu de le panser comme il le souhaite ? Est-ce que de retrouver sa mère suffit à annuler la blessure ressentie, peut-être, du fait de leur séparation ? Cette faux alors, risque-t-elle de représenter la coupure du lien symbiotique qui s'instaure entre eux lorsque le père affirme sa présence ? Il n'y a pas loin, de là, à penser que l'analyste elle-même risque de représenter l'objet qui sépare la mère de son enfant alors que la mère, tout comme l'enfant, ne savent pas encore que cette séparation n'est pas mortelle. Par conséquent, derrière le bon lien qui rassure et qui permet à la mère de se sentir comprise, comme on l'a vu au cours du premier entretien, se cache un lien de haine contre l'étranger qui risque de lui retirer son fils. Ne réagira-t-elle pas comme une chatte qui perdrait son chaton ?

La seconde séance avec l'enfant et surtout le second entretien avec les parents, nous confortent dans cette hypothèse : la dépression du père aurait des sources plus cachées que celles qui sont mises en avant et qui se rapportent aux aléas de la réalité externe. Ce père a-t-il une place à part entière dans la famille, et sa fonction de géniteur n'est-elle pas secondairement effacée par une mère qui, bien inconsciemment, lui interdit de lui faire les enfants qu'elle désire ? Tout le monde souffre dans ce foyer. Chacun, à sa façon et selon sa propre problématique, souffre d'un problème commun. Le rôle de l'analyste, dès les premières consultations, est d'appréhender pour lui-même la nature de ce problème de manière à donner aux parents une indication sur le cadre à respecter pour qu'un traitement soit possible. Ici en l'occurrence, nous pressentons que si l'enfant et le père sont présentés comme souffrant de dépression, le premier lien pathologique à dénouer, se situe dans la mère. C'est d'ailleurs elle qui s'est rendue seule au premier rendez-vous.

Il est pertinent d'avoir une seconde séance avec l'enfant afin de mesurer de quelle manière il réagit au premier contact noué avec nous, c'est-à-dire avec notre fonctionnement psychique, conscient et inconscient. Comment il a apprécié ce que nous lui avons dit, et surtout ce que nous ne lui avons pas dit. Car la rencontre de deux psychés, faites pour se mêler et se démêler au cours d'un traitement, pressent l'engagement réciproque dans lequel le cadre du traitement nous conduit. L'enfant – ou l'adulte – en sait plus long que ce que nous voudrions bien admettre sur notre fonctionnement psychique, dès la première rencontre. Mais ce savoir est fait d'une intuition et d'une lucidité qui ne sont que le fruit de mécanismes projectifs : l'enfant nous « pénètre » et perçoit ce qui se passe en nous. Il ne serait évidemment pas capable de dire ce qu'il a perçu ; de même nous ne pouvons prendre conscience de ce qui s'est révélé à nous sur le coup, mais de façon inconsciente avec cette même intuition et cette même lucidité.

J'essaie toujours de placer cette séance une semaine après la première de manière à ce que l'enfant ne soit pas trop éloigné de notre première rencontre. Dans les cas où l'enfant ne pourra pas avoir plus d'une séance par semaine, cela lui donnera déjà la perception de la durée qui sépare deux séances.

Quand Laurent entre dans le bureau de Mme G., il se plaint d'avoir un point de côté mais il dit que sa semaine s'est bien passée. Pourtant un de ses copains, Georges, l'a embêté. Il regarde le dessin fait la semaine passée, tente d'y ajouter une tête de mort, puis la gomme. Ensuite il rapporte un cauchemar qu'il fait si souvent, dit-il, qu'il a fini par l'aimer : il est avec des amis ; ils sont quatre, dont deux jumeaux et sont tous des adultes. Ils sont dans une forêt et voient une cabane : des flammes sortent par la cheminée. Dans ce feu il y a un monstre qui a la forme d'un gros escargot. Il en a peur et se cache dans le couloir, au fond, à gauche. L'escargot le poursuit et il se sent aspiré. Il devient en même temps tout petit et se réveille.

Laurent enchaîne le récit de deux autres cauchemars, comme s'il voulait débarrasser sa psyché de ce qui l'encombre. Dans ces cauchemars il combat des monstres et, de la sorte, protège ses parents.

Devant la richesse d'un tel matériel, il est aisé d'intervenir. Nous pouvons d'abord nous demander pourquoi ce cauchemar, si fréquent, est apporté au cours de la seconde séance et non au cours de la première. Peut-être que Laurent nous révèle ici quelque chose de plus intime, de plus pulsionnel peut-être, et donc de plus personnel, que ce qui dans la première séance pouvait passer pour l'expression d'un lien fusionnel à la mère, coupé par la faux du père. Ici cela commence à chauffer, le feu sort de la cheminée, tout comme l'escargot. Peut-être que son excitation sexuelle s'éveille et le poursuit au point qu'il ne peut avoir recours qu'à la régression pour la fuir. S'il redevient le petit garçon de sa maman, il aura peut-être la vie sauve ?

Ce matériel très profond n'a pu être apporté qu'à la seconde séance, une fois peut-être que Laurent a étudié au cours de la première séance, la capacité de la thérapeute de le recevoir.

Il me semble que l'important est de faire un lien entre les deux séances et de souligner – non pas évidemment l'aspect sexuel de son matériel – mais l'évolution du contenu de sa communication. Nous pourrions lui dire, par exemple : « On dirait que tu as changé de cauchemar depuis la dernière fois ! », puis : « Dans ton premier cauchemar, il faisait plutôt froid et c'était la mort, tandis que maintenant on peut dire que ça chauffe ! ». Enfin : « Á propos, cela me rappelle que ton père était pompier ! Ta maman me l'a dit quand je l'ai vue ».

On souligne ainsi – sans se désigner soi-même – que le contact avec l'analyste lui a permis de se réchauffer entre les deux séances. Ceci est important car, non seulement le père pompier accidenté du feu, mais aussi la scène primitive se cachent probablement derrière ce monstre ; cela nous introduit dans un monde à trois et nous fait sortir de la problématique fusionnelle mère-enfant qui « aspire » (comme dans le rêve) l'identité de l'enfant.

Au second entretien, prévu avec les parents, le père est présent. C'est la mère cependant qui domine l'entretien, ne laissant son mari parler que sous son contrôle puisqu'elle lui coupe souvent la parole. La dévalorisation du père par la mère est évidente pour l'analyste et fait pendant à l'auto-dévalorisation du fils.

D'emblée, le père explique à Mme G. qu'il est souvent en conflit avec Laurent, mais que lui-même a eu un père autoritaire et violent. Il ne veut pas de cela pour son fils, dit-il, mais il justifie son comportement en avouant qu'il manque de patience parfois et qu'il aimerait être respecté. Il se sent dépassé par Laurent à qui il a du mal à mettre des limites.

La mère prend alors la parole pour révéler ce dont elle n'a pas parlé lors du premier entretien : son mari a eu un coma, il y a environ un an, à la suite d'une grosse grippe. Il est resté 10 jours à l'hôpital où on a parlé d'épilepsie. Le père se souvient avoir eu un semblable épisode il y a 20 ans. La mère se demande si cela n'a pas été angoissant pour Laurent de savoir son père dans cet état. Il lui téléphonait tous les jours à l'hôpital. C'est à cette époque que le père a fait une psychothérapie, pour son plus grand bien. Il précise qu'il recommencerait si c'était nécessaire.

Dans son contre-transfert, Mme G. ressent cette mère comme castratrice car elle coupe la parole à son mari pour parler d'un événement qui le concerne.

La mère demande alors à Mme G. ce qu'elle pense de son fils. Mme G. répond que Laurent est angoissé, qu'il est dépassé par un monde imaginaire, riche et envahissant. La mère a demandé à Laurent comment s'étaient passé les deux séances. Il lui a dit qu'il racontait des cauchemars et, comme elle lui a demandé de les lui raconter, Laurent a refusé, mettant en avant que la thérapeute est une amie, signifiant par là qu'on ne parle pas des mêmes choses à une amie et à sa maman. Ceci est présenté par la mère comme une attitude positive de la part de son enfant.

Lorsque Mme G demande de quand datent les maux de ventre, c'est la mère qui répond : « Depuis la rentrée scolaire » – et c'est elle qui poursuit : « Il a du mal à s'endormir depuis fort longtemps ». Mais, tout comme elle, il a besoin de peu de sommeil et il considère que dormir est une perte de temps. Laurent se réveille parfois et va dormir dans leur chambre, mais ils ne s'en rendent pas compte, dit-elle, car elle dort. Le père, lui, se réveille et demande à Laurent ce qui se passe. Laurent évoque ses cauchemars et se rendort en donnant la main à son père.

Mme G. souligne qu'il est préférable à son âge que Laurent dorme dans son lit ; il y gagnera une certaine autonomie.

La mère reprend la parole pour parler de l'école. Laurent y est triste, s'évade, se dévalorise alors qu'il comprend les mathématiques plus vite que les autres. Mme G. se tourne alors vers le père : quel souvenir garde-t-il de sa scolarité ? Étant l'aîné, il a dû arrêter ses études pour travailler. Il a été alors pompier comme il le souhaitait. Au chômage, il a tenté de reprendre ses études, mais se dévalorisant sans cesse, il a eu beaucoup de difficultés et il a renoncé aux concours de la fonction publique, par peur d'échouer.

A.4. Commentaire de cet exemple clinique

J'ai pris ici en exemple cette consultation de parents, non pas comme un modèle – car en ce domaine les modèles n'existent pas – mais comme un canevas nous permettant d'évoquer un certain nombre de problèmes se posant lors du premier contact avec les parents.

Je l'ai déjà souligné, et nous retrouverons cette réflexion tout au long de ce livre sur la technique : il existe un espace de transformation entre ce que nous fournissent les données de la perception et le niveau de compréhension que nous avons des choses. Il existe un espace semblable entre notre compréhension et ce que nous jugeons bon de restituer au patient. Ce dernier point est celui qui concerne précisément la technique. Il se peut que nous entrions en contact en nous-mêmes avec un certain nombre de problèmes présentés par le patient, que nous parvenions à nous les formuler, mais il se peut alors que notre réflexion technique n'aboutisse qu'à un niveau très succinct d'intervention. Je développerai autant que je le pourrai cette règle technique qui est d'emblée valable lors des tout premiers entretiens avec les adultes, les parents et les enfants. Cependant, le point choisi pour traduire notre pensée, se situe comme à un carrefour de significations tel que nous touchons par notre intervention le préconscient du patient. Ce qui veut dire que nous n'attendons pas immédiatement l'effet de notre intervention, mais que nous observons dans le temps comment surgissent les « rejetons » – pour reprendre une expression de Freud se rapportant à ce qui surgit de l'inconscient – que cette intervention a suscités dans une zone que je situerai plutôt entre le Préconscient et l'Inconscient. Cette analyse qui semble relever de la 1ère Topique freudienne[9], participe également de la 2nde Topique[10] dans la mesure où nous avons toujours besoin de l'accord apparent du Moi pour toucher le Ça.

Ce préambule théorique nous permet d'aborder l'analyse du second entretien avec les parents.

Quand le père prend la parole, c'est pour évoquer le problème que lui-même, enfant, a eu avec son père. Nous pouvons penser qu'il reste au fond de lui une situation conflictuelle père-fils, et qu'il voit dans son fils le garçon qui répond à son père comme lui-même n'a pas pu le faire, étant donné la violence de ce dernier. Lui-même ne se comporte-t-il pas comme un père qui « s'écrase » ou se soumet à l'autorité d'un fils, protégé en ce sens par sa mère ? Quand il se plaint de la difficulté à imposer des limites à son fils, on comprend qu'il est identifié non pas à l'attitude autoritaire de son père mais, sur une scène intérieure, à l'attitude d'un père que son fils a vaincu : plus il est « dépassé », comme il le dit, par cette situation, plus nous entendons qu'il se permet de faire triompher au fond de lui l'arrogance d'un enfant qu'aucune limite ne parvient à arrêter. Sa réalité adulte ne comprend rien à ce qui se rejoue d'infantile en lui en présence de son fils, lequel ne comprend pas non plus pourquoi son père est incapable de se faire respecter. Car un enfant n'est pas fait que d'omnipotence. Il veut aussi s'appuyer sur un père, au-dehors, pour mettre un frein à ce qui risque de le « dépasser », lui aussi, au-dedans de lui.

Ayant en arrière plan une lecture de cette situation, il serait possible de souligner pour le père – tout en étant vigilant dans le choix des mots afin de ne pas blesser non plus la mère : « J'ai l'impression que vous ne voulez pas que votre fils subisse ce que vous avez subi », car ce père a mis cela en avant, et il ne s'agit pas de passer sous silence son désir de faire du bien à son fils. Nous pouvons poursuivre cependant en ajoutant : « Mais j'ai l'impression aussi que la situation s'est complètement renversée, car à présent c'est vous qui n'êtes pas respecté, et c'est votre fils qui fait l'autoritaire ! ».

Il est important de reprendre à la fois les pensées du père et les mots qu'il a utilisés pour les exprimer. Il a ainsi le sentiment qu'il se trouve en présence d'une personne qui parle la même langue que lui. Ce langage véhicule les pensées suivantes qui ne doivent pas d'emblée venir au jour de la conscience, et qui ne sont pas portées par des mots ; il s'agit d'abord de ses sentiments : « vous aimez votre fils, mais il vous blesse » ;

nous ne faisons appel à son raisonnement que secondairement et sur un seul point : « Voici un enfant qui fait subir à son père le même traitement que celui que votre père vous a fait subir ». C'est cette permutation projective qui permet au père de se venger de son propre père, mais il en est la première victime.

En rappelant l'état d'un père dans le coma, la mère évoque non seulement l'incapacité de ce dernier à faire acte d'autorité, mais également son absence d'existence : s'il n'est plus là physiquement que momentanément, c'est durablement qu'il ne l'est plus psychiquement. D'ailleurs elle fait elle-même un lien entre cet état et celui de son fils.

Est-il opportun de reprendre ce point et de quelle manière ?

Il me semble que nous pouvons souligner le désarroi qu'une telle situation a provoqué chez la mère, car nous ne mettons pas ainsi en avant ce qui pourrait la culpabiliser (son désir d'effacer un père et son angoisse de grever son fils d'une absence d'image paternelle identificatoire, ceci ne faisant partie que d'un désir infantile inconscient) mais au contraire sa souffrance d'adulte d'être privée du soutien de son mari. Cependant, avoir en tête le discours inconscient sous-jacent, entraîne une manière d'écouter différente, même si nous taisons la traduction partielle que nous faisons de son discours conscient.

Nous pourrions lui dire : « C'est vrai que Laurent a manifesté ainsi combien il aimait son papa, mais j'ai l'impression que vous passez sous silence l'épreuve que cela a dû être pour vous ! ». N'aurait-elle pas ainsi l'occasion de manifester devant son mari combien elle lui est attachée ?

L'analyste, durant les entretiens avec les parents – et particulièrement durant les premiers entretiens – se comporte comme un navigateur qui doit éviter les vents contraires, les mouvements agressifs, et filer plutôt vers les liens libidinaux sous-jacents qui poussent son bateau vers le rassemblement des membres de la famille et du couple en particulier. Nous voyons, hélas assez souvent, qu'un tel travail n'est pas possible et nous assistons à l'éclatement des familles au moment où l'enfant, comme un symptôme, vient manifester qu'il n'est que le signe avant coureur d'une débâcle à venir.

Le père ne donne-t-il pas son accord pour la future thérapie, lorsqu'il dit qu'il recommencerait bien lui-même un tel travail si cela était nécessaire ? Or cela étant à présent nécessaire pour son fils, ne nous signifie-t-il pas de façon sous-jacente qu'il se projette en lui ?

Nous pouvons d'ailleurs, toujours par allusion, commenter cela : « Et si votre garçon commence une thérapie, cela va vous rappeler un certain nombre de souvenirs ! ». Á son préconscient – et au préconscient de la mère aussi – de saisir ce qui est évoqué là de projectif dans cette nouvelle entreprise.

Il est normal que les parents nous demandent ce que nous pensons de leur enfant. N'avons-nous pas proposé dès le début de voir leur enfant afin de pouvoir leur en parler secondairement en connaissance de cause ? Nous percevons chez certains enfants, ou chez certains parents lors du premier entretien, une telle fragilité narcissique qu'il est difficile de voir l'enfant seul. Nous demandons alors que ces deux séances avec l'enfant se passent en présence d'un parent de manière à éviter une souffrance inutile chez l'un comme chez l'autre. Nous reparlerons de ce sujet à propos des traitements qui se font – partiellement parfois – en présence d'un des deux parents. Or, même dans le cas où l'on a vu un enfant avec ses deux parents au cours des deux séances proposées, et donc où l'un ou l'autre parent a pu se rendre compte dans le cadre de ces séances de certaines difficultés qu'il n'avait pas perçues en dehors de ce cadre, les parents nous demandent ce qu'on pense de leur enfant. Nous sommes entre adultes et nous devons en tant que tels penser au trouble de l'enfant, sachant que nous ne parlons pas de la même façon et nous ne pensons pas de la même façon, dans ce cadre qu'en présence de l'enfant.

Lorsque la mère de Laurent demande à Mme G. ce qu'elle pense de son fils, il est important que l'analyste réponde de manière simple car elle est responsable de la décision que vont prendre les parents d'aider leur enfant en difficulté. La plupart du temps lorsque l'analyste donne une réponse claire, comme le fait Mme G., les parents associent à partir de cette réponse et ne demandent guère d'explications. On voit que ce qui importe dans leur demande est de se trouver en face d'une analyste capable de mettre un nom sur un trouble dont l'origine est toujours mystérieuse. Tout se passe alors comme si le dialogue était le suivant : « Est-ce que vous pouvez concevoir ce que nous ne pouvons que percevoir ? Est-ce que vous savez si ce trouble est connu ? Si d'autres enfants que le nôtre en sont aussi affligés ? Si vous pouviez nous répondre, cela soulagerait notre angoisse de l'inconnu », diraient les parents. Ce à quoi l'analyste répondrait : « Oui en tant que professionnel, je puis vous dire que je me suis fait une idée de ce dont souffre votre enfant. Il n'est pas seul dans cet état, et je ne suis pas seul non plus à le reconnaître. La preuve en est que je puis mettre des mots dessus ».

Ce dialogue se tient de façon sous-jacente derrière le simple échange entre la mère et Mme G. : « Que pensez-vous de Laurent ? », demande la mère. « Il est angoissé, dépassé par un monde imaginaire riche et très envahissant », répond Mme G. qui, ce faisant, n'a rien trahi du secret des propos confiés par l'enfant.

Si l'analyste a « mis des mots » sur l'inconnu d'un mal dont souffrirait ici l'enfant – mots simples, traduisant une réalité incontestable – elle n'a cependant pas soulagé le désir intrusif de la mère qui se demande de quelle nature est le lien qui lui échappe entre l'analyste et son fils. A ce niveau on assiste à un éveil, chez le parent, d'une curiosité infantile se rapportant à tout ce qui se passe en dehors de soi, dans le secret des chambres, derrière les portes closes : cette curiosité a pour objet la scène primitive. Derrière cette simple réflexion de la mère, nous retrouvons une petite fille qui demande à sa mère – comme elle le demande à son fils : « Dis-moi ce que tu as dit à papa. Dis-moi ce que tu as fait avec papa », ce à quoi la maman répond – à la manière dont Laurent lui a répondu : « Cela ne te regarde pas, c'est l'affaire des grandes personnes ! On ne dit pas aux enfants ce qui se passe dans les relations intimes », ce que Laurent déguise sous le nom de relations « amicales » : la thérapeute est une amie.

Tous ces détails nous permettent de nous faire une idée de l'aspect intrusif de la mère, qui n'acceptera pas aisément que son fils prenne une certaine distance afin de se permettre une identification paternelle positive. Ne lui communiquera-t-elle pas alors son sentiment que, par ce mouvement d'indépendance, s'il ne la « tue » pas, la réduisant au sort de la petite chatte Daisy, du moins il l'abandonne, ce qui lui donne à porter le poids d'une culpabilité conséquente ?

Que dire alors, sinon interroger la mère sur ce que cela lui a fait de percevoir que son fils pouvait revendiquer le droit de la laisser à la porte de sa vie, qui n'est plus celle d'un petit enfant, mais déjà presque celle d'un adolescent ? Ce faisant, nous lui traduisons que nous avons entendu sa frustration, et en même temps que nous ne mettons pas l'accent sur celle-ci, puisque nous l'incluons dans la normalité des réactions maternelles au moment où l'enfant arrive à l'âge où l'on commence à aller vers des « amis ». Il aurait été maladroit, de mon point de vue, de souligner la curiosité maternelle ; l'intervention aurait provoqué une blessure narcissique, celle que pourrait renvoyer un père, tenu à l'écart de l'investissement issu de son enfant lequel cherche, malgré tout, à se rapprocher de lui.

Laurent sent bien qu'il a un père qui l'aime. C'est lui qui lui tient la main, la nuit, lorsqu'il fait des cauchemars. Il sent en même temps qu'il doit laisser sa mère dormir, ou ne pas la déranger par l'émergence de ses propres soucis. Il n'est évidemment pas possible de mettre en avant, à ce stade des entretiens avec les parents, l'effacement du père devant la prise de position maternelle et l'angoisse de l'enfant de perdre une mère qui ne le laisse pas partir. Tel est le niveau de compréhension que nous conservons pour nous-même et qui va orienter non seulement nos interventions présentes, mais également le cadre du traitement proposé. Nous pouvons supposer que la mère va nous percevoir comme un père qui la sépare véritablement de son fils dans la mesure où nous allons redonner une place au père dans la psyché de l'enfant. Il va falloir analyser progressivement la chose avec elle et, pour cela, penser lui proposer des entretiens individuels à un rythme plus espacé que les séances hebdomadaires proposées à l'enfant. Ces entretiens ne prennent pas la place des futurs entretiens que les parents auront régulièrement avec l'analyste de leur enfant. Une thérapie d'enfant s'effectue dans un rassemblement de la famille autour de cet analyste, mais à différents niveaux. C'est une partition avec différentes harmoniques, l'une n'invalidant pas l'autre : le travail qui se fera avec la mère concernant l'investissement de son fils, n'invalide pas le travail de rassemblement des deux parents autour de la place de l'enfant dans sa famille, et ce même travail n'invalide pas non plus celui, personnel et privé, de l'enfant avec son analyste. Ces articulations ne renvoient-elles pas à celles qui prennent place dans la famille et qui doivent y perdurer ? Ce n'est pas parce que chacun des membres d'une famille possède une vie personnelle, unique et aussi intime que son activité onirique, qu'il est coupé du niveau d'organisation groupale dans lequel il vit.

A ce niveau passent les différents éléments qui forment des ponts, parce que complémentaires ou identiques, entre ce qui est le plus profond et ce qui est mis en commun avec l'autre ou avec le groupe. Ici, par exemple, Laurent semble retrouver au-dehors la faiblesse de son père intérieur.

Je pense qu'il est possible d'intervenir dans le sens d'une identification de l'enfant à la dépression du père, au moment où les parents eux-mêmes nous ont donné assez d'éléments conscients pour qu'une telle intervention ne les blesse pas. Ainsi lorsque vers la fin de l'entretien, il est question de l'école et de l'auto-dévalorisation de Laurent, malgré sa réussite scolaire, aussi bien que des souvenirs du père qui, lui aussi, se dévalorisait, il serait possible de faire un lien entre le père et son fils : « Cela doit être difficile pour Laurent de s'autoriser à réussir lorsque son père a un sentiment d'échec ? Vous ne pensez pas ? D'ailleurs nous pourrions nous demander si, lorsque vous étiez petit, ce n'était pas aussi difficile pour vous de réussir étant donné ce que vous m'avez dit de votre père ».

Nous pouvons penser que le grand-père de Laurent, d'abord violent, a été châtré et dévalorisé dans l'esprit de son enfant qui, secondairement, s'est identifié à l'impuissance de son père intérieur. Toute réussite aurait été interprétée comme un triomphe sur un tel père et méritait, par conséquent, d'être supprimée à son tour. La dévalorisation du père semble se poursuivre en chaîne de père en fils.

Quelle a été la rencontre entre une telle mère et son mari ? Sur quel terrain commun inconscient se sont-ils retrouvés ? Cela pourrait être abordé par une simple question : « comment vous êtes-vous connus ? », phrase qui appelle en général une réponse apportant des détails sur les éléments entourant la rencontre, ce qui nous permet de poursuivre l'exploration des premiers liens ayant existé entre ces parents à partir de leurs propres souvenirs.

Ici, par exemple, nous pourrions peut-être trouver chez cette femme une défaillance dans l'image d'un père dont la fermeté ne se serait peut-être pas assez affirmée par rapport à l'autorité maternelle, créant ainsi une chaîne mère-fille où, dans le foyer, c'est toujours la femme qui « porte la culotte ».

Ceci n'est qu'une hypothèse mais je l'évoque ici afin de donner une idée sur la manière dont les choses peuvent être dites assez simplement, afin de « planter des graines » de pensées à développer dans les entretiens futurs. Il ne faut jamais penser que des parents vont faire immédiatement quelque chose de ce qu'on leur donne. Il faut toujours un temps de maturation des liens proposés. Mais à partir du moment où ces liens sont lancés, ils sont comme des appels qui sont en attente de réponse, que ce soit de notre côté ou du côté des parents. Il est donc nécessaire de ne pas quitter les parents sans leur proposer un autre rendez-vous. Nous ouvrons notre agenda à la fin de chaque rendez-vous avec les parents, de manière à fixer le rendez-vous suivant, à leur convenance, mais également à la nôtre, si nous jugeons qu'il est bon de les voir de manière plus rapprochée, au début du moins. Alors que je vois les parents toutes les six semaines environ, lorsque la thérapie démarre, les parents se mettent en général dans un état d'observation plus serrée de leur enfant. Ils ont davantage besoin d'être contenus eux-mêmes. Par ailleurs, nous n'oublions pas le transfert infantile des parents sur la personne de la thérapeute ; dès qu'ils perçoivent l'investissement de l'enfant sur cette dernière, ils ont le sentiment de perdre leurs repères, car l'enfant qu'ils ont toujours perçu, ou mis, à une certaine place dans le cercle familial, est en train de changer et de trouver une place nouvelle qui lui convient mieux. C'est donc l'organisation familiale elle-même qui se transforme.

A.5. Quelques petits conseils

Au cours de ce second entretien avec les parents se met en place le cadre de la thérapie.

Après que l'analyste a écouté les parents, et que ces derniers ont entendu son avis sur leur enfant et compris la nécessité d'engager une psychothérapie avec lui, ils doivent eux-mêmes donner leur accord pour que ce travail s'effectue dans les meilleures conditions. Là commence l'exposé des exigences de l'analyste qui ne met en avant qu'un seul souci : que les séances se déroulent avec régularité de manière à ce que le cadre de la thérapie permette à l'enfant de s'appuyer sur une certaine continuité de l'objet. C'est grâce à la continuité du cadre que l'enfant va commencer d'intérioriser un objet fiable parce que sa présence, aussi bien que son absence, sont toujours prévisibles.

L'énoncé des exigences de l'analyste doit être compris comme ne poursuivant que ce but.

C'est au cours de ce second entretien que sont établies les règles du paiement de l'analyste par les parents. Dès la fin du premier entretien, évidemment, l'analyste annonce le montant de ses honoraires. J'ai pour habitude de préciser aux parents qu'ils me paieront les quatre séances (les deux consultations avec les parents et les deux séances avec l'enfant) au cours du dernier entretien que j'aurai eu avec eux. Cela a l'avantage de dire implicitement que les entretiens avec les parents sont dus. Il pourrait paraître étrange à certains que ces entretiens ne soient pas dus, car lorsqu'on consulte un médecin on ne voit pas pourquoi, en général, on ne le paierait pas. Mais certains analystes – considérant qu'ils sont à la disposition des patients afin de leur permettre de choisir au cours de ces entretiens la personne avec laquelle ils feront un travail au long cours – ne font pas payer ces entretiens. Je pense que même dans ce cas, il est préférable de faire payer le patient ou le futur patient ; il reçoit de cette manière le message selon lequel son analyste travaille pour lui depuis le début.

Dès le premier entretien, l'analyste reçoit contre-transférentiellement celui qui pourrait être son futur patient ; sa psyché commence d'être habitée par lui afin de pouvoir le comprendre. Nous avons vu qu'il en était de même chez l'analyste qui reçoit pour la première fois les parents d'un enfant. Pourquoi l'analyste ne se ferait-il pas payer le temps qu'il a passé à ce travail ? Que transmet-il au contraire s'il ne se fait pas payer ? Ne satisfait-il pas l'illusion selon laquelle l'enfant – qu'il s'agisse de l'enfant dans le patient ou dans les parents – peut disposer gratuitement, c'est-à-dire de manière omnipotente, de son objet ? La considération selon laquelle tout travail mérite rémunération constitue le cadre de toute dépendance : le paiement signe la reconnaissance de ce fait. La personne qui paye est la personne redevable. Par conséquent, la personne qui paye se doit, par ce paiement, de reconnaître a minima qu'elle dépend d'une autre personne à qui elle reconnaît la capacité de lui donner quelque chose. En reconnaissant le travail de l'autre ainsi que sa position, la personne qui paye reconnaît son propre état de besoin. Ne pas payer va, dans cette perspective, dans le sens d'une omnipotence narcissique.

On pourrait penser que les parents sont assez adultes pour avoir déjà intégré au fond d'eux-mêmes cette relation de dépendance à l'objet. Cela peut être vrai en partie seulement. Nous avons déjà évoqué combien dans le projet d'une thérapie d'enfant, les aspects infantiles des parents peuvent de nouveau se jouer, à la fois à travers leur enfant et à travers leur transfert sur l'analyste. Par conséquent, cette simple règle du paiement des premiers entretiens les engage dans une reconnaissance de la position et de la valeur de l'analyste de leur enfant. En outre, les parents qui acceptent cette règle sont à même de transmettre à leur enfant qu'ils accordent une valeur à cet analyste.

Dans les moments de résistance qui surviennent au cours de l'analyse de l'enfant, ce dernier peut percevoir qu'il n'est pas si facile de manipuler l'investissement de ses parents, puisque eux-mêmes ont placé cet analyste dans une position qui mérite d'être respectée. Une position parentale qui participe de la constitution d'un bon surmoi. Souvenons-nous de ce que Freud disait du surmoi de l'enfant : il s'identifie au surmoi de ses parents. Ainsi des parents qui, en présence de l'analyste, acceptent de respecter la loi qu'il leur impose ou qu'il impose au traitement, témoignent qu'ils acceptent de le mettre dans une position paternelle qui donne sa pleine mesure au rôle qu'il doit jouer et à la fonction qu'il doit assumer. Nous sommes, en effet, en présence d'un double investissement de la part des parents : ils sont des adultes, des parents en difficultés et nous les reconnaissons comme tels. Mais ils sont aussi des enfants, en partie projetés dans leur propre enfant. Si les parents acceptent de respecter le cadre offert par l'analyste pour le traitement de leur enfant, il reconnaissent par là même que ce n'est pas l'omnipotence de l'enfant en eux qui prétendra faire sa loi, ne serait-ce qu'au travers de l'omnipotence de leur enfant.

Il en est de même en ce qui concerne la règle du paiement des séances manquées.

Cette règle n'est pas mise en question en ce qui concerne les analyses d'adultes. Mais en ce qui concerne les parents dans le cas des analyses d'enfant, les idées ne semblent pas être très précises. Pourtant l'enjeu est le même puisque les parents sont partie prenante dans le traitement de leur enfant. Pour que l'analyste représente un objet valable, dont la réalité externe ne s'efface pas devant les manipulations omnipotentes des parents, de l'enfant aussi bien que de la collusion entre l'enfant ses parents, il est important que ces derniers payent les séances auxquelles ils n'ont pu amener leur enfant. On nous dira que si nous sommes prévenus à l'avance, la séance pourrait être déplacée. Il faut pour cela que les parents en fassent la demande et que cela soit possible pour l'analyste. L'intériorisation d'une relation de dépendance devient sinon, difficile à établir.

Je me souviens d'une enfant psychotique dont la mère, qui vivait un état de fusion avec sa fille, a refusé totalement de suivre la règle du paiement des séances manquées. Elle n'est venue avec son mari qu'à la seconde consultation mais, alors que ce dernier avait une place assez effacée, c'est lui qui a pris la parole pour discuter cette règle. J'ai fait l'erreur alors de vouloir lui expliquer le bien fondé de cette règle en termes de limites et de respect des limites : sa fille manquant en partie d'une reconnaissance de la réalité et des limites qu'elle impose à la fois dans le temps et dans l'espace, il serait souhaitable que j'aie l'appui des parents pour faire respecter ces limites. Or la première limite à respecter de leur part est ma réalité, celle qui rend impossible son fantasme de fusion pathologique avec moi. Leur fille doit percevoir qu'il y a une loi ici, loi dont elle doit percevoir également que ses parents sont bien les premiers à s'y soumettre. Nous n'allons pas nous embarquer avec eux dans une discussion sur les rapports existant entre la loi et la limite, car toute cette argumentation ne serait sous-tendue que par le désir des parents de faire en sorte que je justifie l'existence d'un cadre. La loi ne se justifie pas, et c'est bien ce dans quoi s'engouffre la loi de l'omnipotence qui ne se justifie pas davantage mais qui, elle, s'appuie sur une non-reconnaissance de la réalité du temps, de l'espace et des différences.

Ces parents n'ont pas donné suite au traitement. Nous pouvons supposer que leur impuissance à payer, c'est-à-dire à vivre le manque au moment où l'objet est reconnu en tant que tel et impose que l'on dépende de lui, va maintenir présente dans cette famille l'exclusion d'une véritable loi paternelle, au profit de cet îlot d'omnipotence constitué par la fusion psychotique entre la mère et la fille.

Il est frappant de constater qu'au moment où je demande que soit respectée ma réalité à travers cette règle du paiement des séances manquées, c'est le père lui-même qui se fait le porteur de la défense d'une autre loi : celle qui se permet d'effacer avec ma présence, le manque qu'elle impose lorsque je m'absente. Je suis le véritable tiers dans cette situation. Mais ce tiers est traité d'étranger et ne peut trouver sa place dans le réseau de liens établis autour de l'enclave psychotique qui s'est installée dans cette famille.

Je n'ai jamais eu d'exemple de contestation du paiement des séances manquées qui ne mette en avant ce problème de la reconnaissance de la réalité du cadre de la thérapie et de la dépendance à l'objet – l'analyste – qu'elle implique. Nous retrouvons ici, avec les parents, un comportement qui est analysable dans le traitement des adultes. Mais avec les parents nous ne pouvons toucher d'emblée cette zone d'omnipotence infantile qui se traduit par des passages à l'acte, et ce d'autant que la réalité de l'enfant permet de déguiser l'infantile des parents. Pourquoi payer alors que l'enfant a mal à la gorge ? Alors qu'il est invité à l'anniversaire d'un petit copain ? Alors qu'il a une sortie scolaire qui lui sera profitable ? Autant de raisons qui font que l'analyste, qui se doit, lui, de vivre le manque, est effacé de la mémoire juste le temps de conserver l'illusion qu'il est à disposition. Nous verrons au cours des aléas du traitement avec l'enfant à quel point le maintien du cadre pose toujours le problème de la frustration au bénéfice du travail du deuil et de la position dépressive. C'est depuis le début du traitement que l'analyste doit veiller à ce que ce deuil ne soit pas évité. L'important est alors d'être vigilant et d'avoir à l'esprit que l'enfant n'est pas le seul concerné par cette difficile épreuve ; les parents y ont également leur part et doivent, pour ce faire, « payer » de leur personne.

L'analyste, de son côté, se doit de respecter aussi certaines règles qui ne mettent pas les parents en porte à faux. Ainsi l'analyste, lorsqu'il travaille avec des enfants, doit plier son emploi du temps au rythme scolaire. Il ne peut prendre ses propres vacances qu'au moment où les enfants scolarisés les prennent. Il doit considérer le problème des loisirs des enfants, de leurs activités et de leur garde à ce moment là. Aussi, le mieux est qu'il annonce aux parents – toujours au cours de ce second entretien, lorsque le cadre du traitement est établi avec les parents – les temps où il prend ses propres vacances. Je disais moi-même que je prenais les « vacances scolaires de la région parisienne » lorsque je travaillais à Paris. Et j'en précisais *grosso modo* les dates.

Un semblable problème se pose au niveau des horaires des séances : il est difficile d'exiger qu'un enfant se rende aux séances sur les horaires scolaires. Selon les cas cependant, s'il doit venir plusieurs fois par semaine, il est possible qu'il s'absente une fois si cela n'invalide pas trop son travail scolaire.

J'ai en effet évoqué jusqu'ici la nécessité que les parents reconnaissent la réalité externe de l'analyste, ceci à un niveau préconscient et inconscient. Réciproquement, il est important que l'analyste manifeste qu'il reconnaît la réalité externe des parents et les difficultés auxquelles ils se heurtent : leurs problèmes financiers, leurs problèmes de garde, leurs problèmes d'aménagement de leur propre cadre de vie, parfois, en fonction d'un enfant très malade qui perturbe la totalité de la vie de la famille. Il ne faut pas que l'analyste, par des exigences supplémentaires, trahisse son incapacité à se mettre à la place des parents. Il doit leur faire part de ses exigences, tout en leur permettant de comprendre, par son attitude, qu'il essaie de se mettre à leur place et que c'est uniquement au bénéfice du traitement qu'il a ces exigences.

Nombre de détails matériels se règlent au cours de ce second entretien.

J'annonce en fin du premier entretien le montant de mes honoraires, ainsi dès la fin de ce second entretien avec les parents, ces derniers sont à même de considérer le nombre de séances hebdomadaires qu'ils sont en mesure de payer pour leur enfant. Évidemment, ce nombre de séances ne dépend pas uniquement des capacités financières des parents. La plupart du temps les parents ne peuvent pas payer plus d'une séance par semaine et je considère avec eux que, si le travail est régulier, l'enfant peut progresser avec cette unique séance. Mais selon les cas, je laisse ouverte la possibilité que l'enfant passe pendant un moment à deux séances. Il m'est arrivé que l'enfant revienne ensuite à une séance. Le tout étant un compromis entre les exigences des réalités interne et externe, des parents et de l'enfant.

Je préviens enfin les parents de la nécessité de travailler avec eux pour aider l'enfant. Comme je l'ai déjà dit, je prends toujours rendez-vous avec eux pour notre prochaine rencontre dès la fin de l'entretien. Ainsi je prépare les parents à attendre cet entretien. Ils notent dans leur esprit ce qui les préoccupe, les progrès faits par l'enfant, les particularités nouvelles de son comportement, afin de m'en parler au cours de ce futur rendez-vous. Un lien commence à se nouer entre adultes au sujet de l'enfant.

Lorsque le niveau adulte de ces échanges risque d'être mis à mal par l'investissement infantile de l'enfant lui-même, il est important de travailler plus précisément avec un parent, que ce soit ou non en présence de l'enfant.

Nous allons examiner maintenant les multiples modalités de ce type de travail.

B. Le travail avec les parents

Le but du travail avec les parents est de permettre que la thérapie de l'enfant parvienne à bon port. Une telle expression suppose qu'il s'agit d'un voyage avec un début, un milieu et une fin. Comme nous travaillons dans l'humain, ce schéma pèche par son aspect idéal et nous ne parvenons que fort rarement à une telle simplicité. Il nous faut souvent poursuivre notre travail en plusieurs étapes. Il nous faut accepter les limites de l'enfant et ne pas se faire des illusions sur le niveau de développement émotionnel que tel enfant peut atteindre à tel moment de sa vie. Il faut en même temps espérer qu'après un temps d'arrêt, l'enfant pourra atteindre un autre palier. Tel n'est cependant pas le cas de figure que je voulais discuter d'abord car, ici, nous ne considérons pas seulement les capacités évolutives de l'enfant. Le problème ne vient pas que du dedans de l'enfant mais également du dehors.

Lorsque nous voyons les parents, notre premier objectif est d'éviter que l'arrêt du traitement ne vienne que « du dehors », c'est-à-dire de la difficulté des parents à accepter l'évolution de leur enfant.

Il faut penser que, de toute façon, il n'existe aucun traitement qui ne s'effectue sans les aléas qu'entraîne toute évolution psychique. Ces aléas peuvent cependant avoir des conséquences catastrophiques, la principale étant l'interruption brutale du traitement par les parents. C'est cette interruption dont il faut prévoir la venue par une réflexion sur le cadre de la thérapie, dès les premiers temps. C'est bien la raison pour laquelle nous réfléchissons aux modalités de la relation que nous entretenons avec les parents, afin de prévenir la venue des crises ou, lorsqu'elles arrivent, afin d'être préparé à y faire face.

B.1. Participation du parent au processus de soin

Considérons, pour commencer, les cas où l'analyste demande à l'un des deux parents de participer au processus de soin.

La question qui se pose à nous est celle du début de cette participation. A quel moment jugeons-nous qu'il serait nécessaire qu'un parent accompagne son enfant dans les séances mêmes ? C'est en général au moment où nous sentons que les parents veulent interrompre le traitement, que nous cherchons dans l'analyse de ce qui se joue entre le narcissisme du - ou des – parent(s) et celui de l'enfant, la cause de cette résistance. Malheureusement il est souvent trop tard pour agir et nous assistons, impuissants, à l'interruption du traitement.

Quels sont les signes avant-coureurs d'un tel événement ? L'intuition acquise dans le travail avec les enfants permet de sentir que les résistances de l'enfant ne sont pas dues uniquement à des causes internes. C'est-à-dire qu'elles ne sont pas uniquement associées à des angoisses dont l'origine est intrapsychique. Elles peuvent aussi être liées à ce que l'enfant perçoit de la réaction d'un parent ou des deux à sa propre transformation. L'enfant perçoit le premier si ses parents acceptent ou non les transformations qui prennent place en lui, et il est donc également le premier à « tirer la sonnette d'alarme » : il peut vouloir lui-même arrêter un traitement qui met la vie psychique de ses parents en difficulté, sinon en danger. Il se peut également qu'il passe outre ce problème, et qu'il pense à lui avant que de penser à eux. Encore faut-il pour cela qu'il ait suffisamment confiance dans la solidité de ses objets internes, car un enfant qui se trouve sous une très grande dépendance par rapport à ses objets externes, ne peut se permettre de les perdre, pour autant qu'il serait en son pouvoir de les retenir.

J'ai à l'esprit des enfants psychotiques dont la mère est maltraitante : au cours du traitement, nous avons pu voir apparaître dans une partie de la personnalité – celle qui n'est pas psychotique – la conscience de cette maltraitance. Il est frappant de voir surgir alors parallèlement une réaction à cette prise de conscience, visant à protéger l'image de leur mère, de leur père ou de leurs deux parents. L'analyste est accusé de détruire – par ce travail de prise de conscience de la différence qu'il y a entre un bon et un mauvais objet – ces images, comme si les parents risquaient de ne plus être de bons objets. L'enfant prend alors le parti de la mère (ou des parents) contre l'analyste et nous sommes étonnés de le voir ainsi – selon notre point de vue – travailler contre lui-même.

Je me souviens de parents qui étaient venus me trouver pour leur petit garçon souffrant de dépression. Il ne pensait qu'au suicide et tous deux étaient fort inquiets. Dans le traitement nous avons pu voir comment il masquait une grande sensibilité, une grande délicatesse, derrière une carapace de cynisme qui pouvait craquer pour laisser place au-dehors à la dépression, à l'origine de la consultation. Les séances lui ont permis de commencer à accorder de l'importance à sa vie émotionnelle et à chercher un parent qui la comprenne.

Or, je vois un jour ce petit garçon rougir jusqu'aux oreilles, alors que je l'interrogeais sur le sens d'une histoire d'interruption qu'il me racontait : tel enfant allait arrêter de prendre tel chemin.... Il s'était trahi ou plutôt il avait, selon lui, trahi ses parents en comprenant qu'ils voulaient interrompre le traitement. Il n'aurait pas dû m'apporter la clef de cette interruption ; il aurait dû les laisser me la signifier eux-mêmes. Si cet enfant me parle en effet de leur désir d'interrompre, il me permet de voir avec lui le sens de cette interruption et de maintenir avec moi, malgré tout, un lien hors du contrôle et du consentement de ses parents.

Cette rougeur, signe d'une trahison, est-elle donc également le signe d'intérêts divergents ? Est-ce que notre relation et les fruits qu'elle engendre au niveau du développement de sa personnalité, seraient en contradiction avec l'intérêt de ses parents ? Cet intérêt ne serait-il donc pas celui du développement de sa personnalité, quel que soit le remaniement psychique qu'il en coûte à ses parents ? Nous assistons ici, dans l'atmosphère feutrée d'un milieu qui a réussi à maintenir un niveau d'adaptation sociale suffisant pour ne pas paraître psychotique, ni pervers, à ce qui semble toujours à l'analyste être un « meurtre d'âme ». Nous savons que, dans son inconscient, l'enfant tire d'une telle expérience un double message : d'un côté, il sait qu'il existe un objet qui a laissé place à sa vie émotionnelle et qui a voulu lui donner un sens ; mais d'un autre côté, il doute de la force d'un tel objet vis-à-vis d'un monde qui lui paraît pervers : on ne lui a permis de faire confiance à un tel objet que pour détruire l'espoir qu'il mettait en lui.

Les parents de ce petit garçon ont interrompu le traitement sans appel : même la menace d'une rechute de leur enfant vers la pente suicidaire n'a pas nuancé le caractère implacable de leur décision.

Le nombre d'exemples d'interruption est si grand, la diversité de leurs causes si multiple, qu'il est impensable d'en donner même un aperçu. Il ne s'agit ici que de souligner que le problème existe aux deux extrémités d'une échelle qui va de la pathologie la plus profonde à la moins évidente chez l'enfant. Quant à celle des parents, il me semble qu'elle ne se révèle souvent qu'à la lumière de l'analyse de leur enfant.

Nous sommes amenés à penser que, dans un idéal de prévention des interruptions, il faudrait dès le début du traitement parvenir à mesurer les risques de rupture. Certains pensent qu'un travail au niveau de la famille est nécessaire, avant que l'enfant ne soit vu individuellement. Ce travail permettrait de faire prendre conscience aux parents du type d'investissement dont ils chargent leur enfant. Il permettrait aussi de mettre à l'épreuve la place du malade dans cette famille : les symptômes de l'enfant, qui certes lui appartiennent en propre, ne sont-ils pas également par déplacement la traduction d'une relation pathologique entre les parents ou au niveau du groupe familial dans son ensemble ?

Une telle manière de présenter le problème a quelque chose d'idéal. En effet, souvent la pathologie d'un parent ne se révèle qu'au moment où l'enfant commence de sortir de la sienne, comme je l'ai déjà souligné. Ainsi est-il souvent nécessaire d'accepter de recevoir l'enfant régulièrement afin que les parents se sentent compris dans leurs propres difficultés d'adultes, mais aussi dans leurs difficultés d'enfant, puisque l'enfant qui se tient au fond d'eux a été, partiellement du moins, projeté dans celui que l'on tente de soigner. C'est alors qu'il est bon de prévenir les parents de la nécessité d'accepter une participation au processus de soin, car lorsque leur enfant ira mieux dans la réalité, ce sera au tour de l'enfant à problème qui se tient dans la psyché parentale de se manifester. Si l'enfant réel ne le porte plus, ce sera au tour du parent de réintégrer dans le présent cet enfant d'autrefois.

L'existence d'un secret dans la famille, constitue un cas particulier nécessitant la participation du parent au processus de soin. L'enfant n'a pas conscience qu'il porte un secret, et pourtant il se sait inconsciemment le détenteur de ce qu'il ne doit pas plus révéler à son analyste qu'à lui-même. Un grand malaise s'ensuit, car l'enfant sait qu'il doit isoler à tout prix ce savoir inconscient du reste de sa conscience ; ce mécanisme d'isolation va à l'encontre du travail qu'il fait en analyse, puisque ce dernier doit permettre que ce qui est inconscient devienne conscient, en toute liberté. Or l'enfant perçoit bien ici l'injonction inconsciente d'un parent qui lui interdit de savoir.

Les raisons d'un tel interdit sont diverses. En général, la révélation du secret exigerait du parent un travail pénible d'élaboration émotionnelle.

Je pense ici à un petit garçon dont le père était mort en mer. Jusqu'à ce qu'elle vienne me consulter, la mère n'a jamais pu dire à son enfant comment son père était mort. En général, les parents racontent une histoire pour masquer la vérité. Ici la mère a dû dire à son fils que son père était malade et qu'il allait revenir. Cet enfant, toujours dans les nuages, ne voyant pas son père revenir, le cherchait au ciel. La mère elle-même n'avait jamais fait le deuil de son époux : elle s'était retenue de pleurer pour masquer à son enfant la mort de son père. C'est dans les entretiens que j'ai eus avec elle, après le début du traitement de l'enfant, que j'ai pu commencer à souligner à quel point ce secret pesait sur son fonctionnement psychique et qu'il fallait qu'elle se décide, soutenue par moi, à affronter pour elle-même et pour lui, la dure réalité. Elle devait cesser de se donner l'illusion, à travers celle qu'elle entretenait chez son fils, que son mari était toujours vivant et qu'il allait revenir. Elle a commencé à lui parler progressivement, chez elle, venant me voir après chaque avancée dans la vérité, de manière à être soutenue au niveau de l'impact émotionnel que cette révélation soulevait en elle. Elle a pu commencer à pleurer, et son fils s'est « réveillé ».

Quelquefois des parents masquent un secret car ils pensent que leur enfant est trop petit et qu'il n'a pas à en connaître l'horreur. Je pense à des enfants dont l'un des parents s'est suicidé. Mon expérience m'a appris que l'enfant sait toujours inconsciemment la vérité, mais celle-ci est chargée du poids du secret : l'aspect inquiétant de ce qui lui est caché est multiplié par le mystère que l'on fait régner autour de ce secret. L'enfant pense qu'il doit le porter seul, car personne n'en a porté la conscience pour lui. La culpabilité d'avoir conscience de ce qu'on lui a caché rend sa tâche d'autant plus difficile. Certains enfants inhibent, pour cette raison, une partie de leurs capacités de penser : ne pensant pas, ils ne risquent pas de prendre conscience de ce qu'ils n'ont pas le droit de penser.

Il est des secrets qui traversent des générations, exigeant que l'analyste fasse un travail au niveau du transgénérationnel.

Ces secrets sont toujours portés par la psyché des parents ; l'enfant, lui, ne sait pas ce dont il est porteur jusqu'à ce que, peu à peu, il le découvre en le vivant lui-même.

Je me souviens d'une patiente qui, toute petite, a été confiée à sa grand-mère maternelle laquelle avait perdu une fille, sœur cadette de la mère de la patiente. L'enfant ne savait pas qui était celle qu'elle voyait sur les photos dans la chambre de sa grand-mère. Qui était cette fille photographiée à côté de sa mère ? On ne lui répondait pas jusqu'à ce qu'elle apprenne beaucoup plus tard de qui il s'agissait. Jusque là elle s'est enfoncée dans la conviction qu'elle n'avait d'existence qu'à condition d'être le substitut de sa tante pour sa grand-mère. En même temps, sa propre mère voyait en elle non seulement une petite sœur haïe, mais aussi une mauvaise partie d'elle dont les souhaits de mort auraient éliminé cette sœur. De la sorte, ma patiente a porté toute sa vie une culpabilité dont l'origine lui était inconnue et qui a déterminé l'orientation de son mariage, puis son rapport avec ses propres enfants.

Il est donc très important de déceler chaque fois que cela est possible l'emprisonnement transgénérationnel dans lequel un enfant risque de se trouver, car l'analyse de cette position va le libérer en grande partie pour la vie.

Le premier emprisonnement dans lequel risque de se trouver l'enfant est celui qui fait de lui une pièce maîtresse du narcissisme maternel.

Nous en avons eu un aperçu à propos du petit patient de Mme G. Il est des cas dont le tragique, cependant, est lié à ce nœud fondamental qui emprisonne à la fois la mère et l'enfant, ou le père et l'enfant, ou toute la famille autour de l'enfant. Nous pensons à certains autistes dont la pathologie est soudée à une pathologie familiale. Il est difficile de les soigner sans que soit entreprise une thérapie familiale.

Entrent aussi dans ce secteur les enfants qui font partie de la seconde ou troisième génération d'un peuple sacrifié dans un génocide. Le traumatisme vécu au niveau des grands-parents ou des arrière-grands-parents, est porté en mémoire par les générations suivantes dont le rôle est inscrit d'avance dans l'histoire du groupe familial, en accord avec l'histoire d'un peuple. Tout se passe comme si une raison supérieure fixait la place de chaque génération en fonction de la réparation à effectuer au niveau groupal, de la brèche ressentie au sein du groupe. Telle est la raison supérieure qui prend le pas sur le destin fantasmatique de chacun.

Je me souviens d'un enfant que les parents ont tenu, lors des premiers entretiens, à me présenter comme marqué inconsciemment par les pertes massives dont a été victime la génération des grands-parents. L'analyse de cet enfant s'est surtout située à un niveau intrapsychique et le niveau transgénérationnel apparaissait peu dans son matériel, sauf à être utilisé, parfois, dans un but défensif pour éviter la confrontation avec un conflit interne. Par conséquent, je m'en suis tenue, comme avec d'autres patients, victimes désignées de l'histoire, à l'analyse du niveau intrapsychique, sans négliger pour autant le niveau transgénérationnel, mais en n'accordant à ce dernier qu'une place périphérique, et sans en faire le centre de sa problématique. Ces patients, comme cet enfant, parviennent ainsi à intérioriser un objet qui pense à eux en termes différents de ceux qu'emploie le réseau familial. Un objet est intériorisé qui n'est pas pris dans la trame transgénérationnelle. Chez mon petit patient cependant, au moment où il s'est individualisé par rapport à l'histoire familiale, les parents ont arrêté le traitement. Au moment où il est sorti de la place dans laquelle la raison supérieure du groupe l'avait mis, le groupe l'a récupéré. Un avenir grevé d'une problématique psychotique l'a, hélas, également ainsi récupéré.

Ce sont des cas où le travail entre les parents et le thérapeute ne suffit pas pour sortir de cet emprisonnement forgé par l'histoire. Il faut alors la régularité conjointe des thérapies individuelles et des thérapies familiales.

Je pense que le travail entre un enfant et un parent, mêlé au processus de soin selon diverses modalités, s'applique surtout aux cas, très nombreux, d'enfants névrosés chez lesquels il existe une partie autistique ou des éléments de psychose symbiotique. En raison du secteur névrosé de leur personnalité, ces enfants sont susceptibles d'évoluer favorablement. Il est important de déceler assez rapidement en quoi leur narcissisme se mêle à celui de l'un des deux parents, sinon des deux. Le cadre des premiers entretiens, tel que j'en préconise l'installation, permet peut-être de se faire une idée plus précise de la résistance à venir d'un parent – ou des parents – à participer au processus de soin. Il est bon alors de demander aux parents de participer à ce processus selon diverses modalités. Il nous arrive quelquefois de ne nous rendre compte que plus tardivement, alors que la thérapie individuelle est commencée, que les parents ne sont pas pleinement en accord avec l'évolution de l'enfant. Il est parfois déjà trop tard pour rattraper une alliance thérapeutique qui s'effiloche jusqu'à se rompre bientôt, si nous ne faisons rien.

J'ai vu, en supervision, beaucoup de cas pour lesquels une alliance avec un parent a pu se construire en cours de route avec de bons résultats, à condition que l'analyste ait suffisamment de souplesse pour établir un nouveau cadre.

Lorsque l'analyste se rend compte assez tôt qu'un point de fusion existe entre l'enfant et sa mère, il est souhaitable qu'il demande à la mère de venir une séance sur deux avec son enfant, laissant ce dernier seul avec son analyste à la séance suivante. Il est préférable dans ce cas que l'enfant ait au moins deux séances par semaine. La mère peut venir seule tous les quinze jours pour parler de ce qui s'est passé entre elle et son enfant. Si les parents – qui, eux aussi, sont vus ensemble toutes les six semaines environ – ne peuvent placer ce cadre dans leur emploi du temps, ou dans leur budget, l'enfant peut être vu une fois par semaine et la maman tous les quinze jours. Si une séance entière ne peut être consacrée au couple mère-enfant, il est possible aussi que la mère ne vienne que durant une partie de la séance. Il est aussi possible qu'elle participe à toutes les séances durant un temps jusqu'à ce que le couple mère-enfant se dé-fusionne. Dans ce cas, il est nécessaire de prendre toutes les précautions pour qu'au moment où l'enfant est vu individuellement, la mère le soit aussi, faute de quoi elle se sentirait comme une enfant lâchée dans la nature. L'analyste qui voit la mère et l'enfant conjointement, ne voit pas simplement une adulte et un enfant ; il voit également, à travers ce couple, deux enfants. Aussi ne doit-il pas en lâcher l'un pour garder l'autre.

La technique interprétative au cours de ces séances est particulière : il ne s'agit pas de faire en sorte que la mère assiste à la thérapie de son enfant ; il ne s'agit pas non plus que l'enfant assiste à l'entretien entre l'analyste et sa mère. L'analyste soutient la mère qui porte l'enfant, comme on le dit du père qui tient la mère qui tient son bébé. L'analyste, dans ce cas, joue donc le rôle d'un tiers paternel, mais également celui d'un objet interne maternel : l'analyste peut jouer le rôle de la mère interne de la mère, qui va restaurer une présence intérieure, afin qu'elle la confirme dans son rôle maternel. En rétablissant par sa *rêverie* – au sens de Bion[11] – un lien entre la mère et l'enfant, l'analyste rétablit également un lien dans la mère, entre sa mère intérieure et l'enfant dont la présence est toujours vivante en elle.

Il est des cas où c'est l'enfant lui-même qui nous pousse à introduire un parent dans le processus de soin. Je pense à certains enfants qui ont tendance à cliver leur réalité interne de leur réalité externe, et qui utilisent les séances pour se couper du monde : ils veulent installer dans les séances des rêveries diurnes qui n'apportent rien à la compréhension de leur vie psychique. Je me souviens d'un petit garçon présentant un syndrome d'Asperger[12], lequel passait ses séances à dessiner des monstres et qui en tirait une grande jouissance. Il était impossible de le faire sortir d'une telle activité et il me crachait à la figure lorsque je prétendais parler avec lui d'autre chose, afin de pouvoir « penser » lui disais-je. Il affirmait ne pas vouloir penser. J'ai fini par faire entrer son père dans le bureau de consultation durant une partie de la séance afin d'avoir, en présence de l'enfant, une restitution partielle de l'existence de sa réalité externe. C'est dans une telle situation, que j'ai entendu le père de cet enfant me dire que ce dernier faisait à la maison de fort beaux dessins. A peine le père avait-il terminé sa phrase que l'enfant s'est mis à rougir jusqu'aux oreilles.

Moi : « Et quel genre de dessins ? »

Le père : « Oh ! Des maisons, des paysages.... »

J'ai regardé alors l'enfant et lui ai dit : « Mais alors ici aussi j'aimerais bien voir ces maisons et ces paysages... ». L'enfant s'est alors mis à pleurer violemment sans pouvoir s'arrêter, lançant avec désespoir : « Alors c'est fini ! Je ne peux plus faire des dessins d'imagination ? C'est fini l'imagination ? ». Nous lui avons signifié que l'imagination pouvait servir à penser à ce qui se passe en lui et non pas à dormir et à se couper du monde et de sa vie intérieure. Cette crise n'a pas été évidemment la fin de son problème de retrait dans un monde illusoire. Elle a eu cependant des répercussions tant au sein de son rapport au corps – l'enfant est devenu plus gourmand – qu'au niveau des séances dans lesquelles il s'est moins réfugié derrière ses monstres.

Je n'ai cité ce petit exemple, sur lequel il y aurait beaucoup à dire, que pour montrer comment l'introduction d'un parent dans le processus de soin peut tenter de réduire certains clivages qui encapsulent de façon très dure une partie de la vie psychique maintenue éloignée des capacités de développement de l'enfant. L'analyste peut être pris dans cette capsule défensive qui paralyse son propre fonctionnement. Il est donc utile, parfois, d'introduire un pan de la réalité de l'enfant à l'intérieur des séances, avec un des parents qui en est le témoin. On pourrait nous objecter qu'une telle modification du cadre irait dans le sens d'un agir visant à « casser » les défenses de l'enfant. Il est difficile cependant de se laisser emprisonner par l'autiste – sinon par l'Asperger – sans « réagir » en fonction de ce que l'enfant peut supporter. Si nous sommes réduits à n'être qu'une petite chose quasiment inanimée, nous ne pouvons rien pour notre patient. Pour parvenir à la transformation psychique à laquelle il aspire pour lui, le thérapeute doit se maintenir face à l'enfant en tant qu'être vivant sans, pour autant, se montrer trop effrayant pour lui. Une telle démarche ne va pas sans se heurter un peu à son système défensif.

L'analyste est parfois surpris de se trouver dans les séances qu'il instaure entre les parents et l'enfant, non pas en face d'un adulte et d'un enfant mais face à deux enfants, tant la régression du parent peut être importante. Un transfert négatif peut alors prendre place chez le parent qui, paradoxalement, perçoit l'analyste comme celui qui vise à séparer l'enfant réel de l'enfant fantasmé – celui qu'il projette dans son enfant. Des rivalités surgissent entre ce que porte d'infantile le parent, et le véritable enfant. L'analyste est vu alors comme un parent dont il faut retenir l'attention aux dépens de l'enfant. Il est donc souhaitable que les séances parent-enfant soient toujours doublées, dans mon expérience, par des séances où le parent est vu seul, de manière à reprendre au niveau de l'adulte ce qui a été agi au niveau de l'enfant dans les séances précédentes. Cela se traduirait par un propos comme celui-ci – signifié et non formulé : « Nous avons joué, lors de la précédente séance, avec votre enfant sur votre scène intérieure ce qui se passe au niveau de l'enfant en vous ; mais maintenant nous allons repenser les choses au niveau de l'adulte, sachant que je porte toujours l'enfant en vous et qu'une autre scène régressive pourra prendre place la prochaine fois, sans que cela n'invalide la possibilité de retrouver notre alliance thérapeutique d'adulte à adulte. Les moi infantiles se séparant progressivement, les adultes apprennent à les contenir ».

Dans les séances parent-enfant, l'étonnement est toujours au rendez-vous, tant un parent peut se montrer régressé : je me souviens d'une maman dont on me parlait et qui venait avec son petit garçon handicapé. La thérapeute les retrouvait tous deux mangeant le même pain au chocolat, assis sur un banc comme deux enfants.

Les parents des enfants adoptés ont souvent besoin d'une attention toute spéciale car, lorsque l'enfant est en difficulté, ce sont les capacités d'être parents qui sont remises en cause chez ces parents fragilisés par le fait qu'ils ne sont pas – dans leur esprit – parents à part entière. La capacité d'être parent est toujours soumise à l'épreuve de la réalité : les parents se demandent toute leur vie s'ils ont été capables d'assurer la vie de leur enfant.

La maladie du bébé : l'en ont-ils protégé ? Les petits accidents : ils ne l'ont donc pas assez surveillé ? L'échec scolaire, même momentané : ils ne lui ont donc pas assez donné ? Les turbulences de l'adolescence : ils ont donc raté son enfance ? Les tourments du mariage, les soucis professionnels : encore et encore, ils ne l'ont donc pas rendu assez fort pour les dépasser ? De bons parents ne sont jamais totalement sûrs d'eux-mêmes.

Lorsque ces parents sont des parents adoptifs, ces doutes sont accrus et il revient au thérapeute de l'enfant d'évaluer dans quelle mesure ces doutes relèvent d'un problème identificatoire profond chez le parent ou d'un sentiment d'insécurité que l'on dirait « normal ». Il est vrai que plus la capacité d'être parent est fragilisée par le reliquat de sa problématique infantile, plus l'enfant adopté viendra répercuter chez lui un sentiment d'insécurité lié à ce qui se passe chez son parent.

J'ai à l'esprit le cas d'une petite fille adoptée qui présentait un tableau maniaque assez sérieux. Les entretiens avec les parents ont permis de déceler une difficulté chez la mère à se sentir pleinement mère : cette femme ne pouvait annoncer à sa fille qu'elle n'était pas sa mère biologique. Des entretiens avec elle ont permis de comprendre l'origine infantile de ce comportement. Il y avait au fond de cette mère, sur sa scène intérieure, une petite fille habitée par le fantasme de prendre la place de sa mère en entrant en identification projective avec elle. Le résultat d'une telle opération était que l'enfant jouait à la maman et réduisait de la sorte sa mère à n'être qu'une enfant, dans une inversion des rôles propre au mécanisme de l'identification projective. Cette scène infantile se répercutait au niveau de sa vie adulte : en tant que mère adoptive elle était habitée par le sentiment profond qu'elle n'était qu'une petite fille qui avait « adopté » faussement une attitude maternelle en volant l'identité de sa mère, la réduisant à n'être qu'une petite fille incapable d'avoir des bébés. C'est ce dernier rôle qui était dévolu à la mère biologique. On comprend que dans ces conditions, révéler à sa fille qu'elle était sa mère adoptive, prenait pour elle le sens d'une reconnaissance de son identité d'emprunt, et la dépouillait de son rôle de mère : apparaîtrait au grand jour qu'elle n'était qu'une petite fille qui se devait de rendre à sa mère – la mère biologique – l'enfant qu'elle lui avait volé.

Il est impératif de dégager la mère de l'emprise d'un tel fantasme afin de lui redonner une sécurité identitaire : elle n'est pas une petite fille ; elle est une adulte et capable d'être dans le rôle d'une mère à part entière. En outre, l'enfant adoptée s'engouffre dans le fantasme maternel dont elle trouve la faille : percevant le doute identitaire chez la mère, elle se prend elle-même pour la mère de sa mère. L'omnipotence de ce cercle vicieux, se perpétue ainsi. Quand la mère retrouve au fond d'elle la sécurité de ses investissements et de ses identifications aux adultes, elle est capable de transmettre à sa fille la fermeté d'une limite entre les générations, comme entre le fantasme et la réalité ; or c'est l'intégration de cette limite qui contribuera à rendre cette enfant moins maniaque.

La mère a été capable de parler à sa fille de son adoption, une fois que le travail avec la thérapeute lui a permis de retrouver, avec le bon lien entre son moi et sa mère interne, l'estime d'elle-même. La thérapeute de l'enfant a joué un rôle maternel en étant capable de supporter la rivalité infantile de la mère, et c'est de cette manière qu'elle a pu la reconnaître en tant que mère. Une mère – qu'elle soit biologique ou adoptive – est une adulte qui supporte de s'identifier à la détresse de son enfant, et d'entrer en contact en elle-même avec sa propre détresse infantile. L'enfant perçoit très bien si sa mère est capable d'une telle identification, et c'est seulement dans ce cas qu'il peut la reconnaître pleinement dans sa fonction maternelle, et entrer dans une relation de bonne dépendance vis-à-vis d'elle.

B.2. L'enfant dans l'adulte

Les entretiens qui s'instaurent entre l'analyste de l'enfant et ses parents, sont des séances à part entière ; elles sont donc payantes. Je le précise car j'ai entendu un certain nombre d'analystes considérer que puisque le traitement ne concerne que l'enfant, les séances consacrées aux parents ne devaient pas être payées, comme si la prise en charge des parents dépendait du désir de l'analyste et non pas d'une nécessité liée au traitement lui-même.

Nous avons déjà évoqué le problème du paiement des séances manquées par l'enfant, car il est important de ne pas se laisser traiter par le parent comme s'il était un enfant omnipotent, en collusion avec l'omnipotence de son enfant.

Les deux parents mettent toujours beaucoup d'eux-mêmes dans le paiement des séances. Nous verrons que l'interruption du traitement peut parfois être motivée par un problème économique, sachant que derrière la réalité matérielle se cache également une réalité psychique.

Je me souviens d'un papa qui refusait de poursuivre le traitement de son fils car cela lui revenait trop cher, étant donné qu'il devait subvenir également aux besoins d'un autre enfant. La mère semblait contester cela. Explorant avec le père les mobiles qu'il avançait, j'en suis arrivée à penser que la rivalité père-fils était une position que le père ne pouvait pas se « payer » : c'était au fond de lui qu'un pareil conflit était « trop cher payé ». En reprenant avec lui les points pour lesquels il pensait qu'avoir deux enfants était « hors de prix », nous en sommes venus à examiner simplement les gestes de la vie quotidienne et j'ai appris, à cette occasion, que ce père trouvait que son fils avait des goûts de luxe parce que celui-ci désirait avoir un bain pour lui tout seul.

Moi : « Mais n'est-ce pas normal à son âge ? Comment cela se passe-t-il donc ? ». Le père m'informe alors qu'il permet au cadet d'entrer dans le bain et de s'y laver d'abord ; ce n'est que lorsque ce dernier est sorti du bain qu'il va autoriser l'aîné à se baigner dans la même eau que son frère ! On comprend la répugnance de l'aîné. Le père ne veut pas m'entendre lorsque je lui signifie qu'il pourrait laisser ses deux enfants prendre des douches ; au moins chacun se laverait dans de l'eau propre ! Il s'obstine à vouloir me dire que les bains reviennent trop cher !

Nous comprenons qu'à ce niveau l'enjeu économique se situe ailleurs que sur un plan matériel ; il s'agit d'une économie psychique qui ne permet pas au père de sortir d'un bain identificatoire commun entre une partie enfant de lui et un autre élément de sa vie interne. De la même façon qu'il ne veut pas que son fils se vive séparé de son frère, de même ne souhaite-t-il pas établir dans sa vie interne, une séparation entre son moi et son objet. Il se vit par identification comme celui qui bénéficie du bain maternel mais, au lieu d'effectuer un déplacement symbolique entre le bain et la mère, il a besoin de s'identifier projectivement à celui qui prend son bain ou à celui qui serait encore dans la mère. Il se comporte comme un enfant qui, dans cette situation particulière voudrait se mettre dans la peau de son petit frère, comme s'il était l'aîné et qu'il parvenait ainsi à se croire toujours le cadet, et comme s'il pensait jouir toujours de certains bénéfices associés à la régression.

Mais les choses étant toujours complexes et surdéterminées dans la vie psychique, un autre courant de pensée inconsciente est en jeu qui fait de son premier enfant, son premier rival ; au niveau inconscient, il souhaite l'éliminer du rapport étroit qu'il entretient avec sa mère – en l'occurrence moi, dans le transfert infantile de ce père. Aussi profite-t-il de sa position dans la réalité – celle d'être le père – pour assouvir une vieille vengeance infantile : voyant son fils s'attacher à son analyste, comme un petit rival à sa mère, il met en avant que c'est au dessus de ses moyens d'entretenir une telle relation et, mettant fin au traitement, il sépare son petit frère de sa mère. Voilà ce qui coûte le moins cher à son économie psychique !

Nous débouchons ici sur le vaste problème des interruptions de traitement. Tous les analystes d'enfant cherchent à éviter une telle issue sans savoir précisément comment s'y prendre pour ne pas en arriver là.

L'exemple que je viens de donner est typique à cet égard : le traitement de l'enfant n'a pas posé de problème au père tant qu'il ne lui a pas « coûté » trop cher, c'est-à-dire tant que l'enfant a pu continuer de se prêter aux identifications projectives du père. Cela veut dire que le père a pu « utiliser » son fils pour se revivre enfant, par personne interposée, au lieu de reconnaître que ce temps est fini pour lui et, comme je le soulignais plus haut, reconnaître par là même que son fils est une personne à part entière, différente de lui et réticente à jouer le rôle qu'il voudrait lui faire endosser dans son propre monde interne. Quand le père s'aperçoit que la thérapie aide son fils à ne plus se plier à ses projections, il se rend compte, par là même, qu'il devrait élaborer les effets d'une telle séparation, et cela s'avère être encore « trop cher payé ».

L'interruption d'un traitement est toujours l'effet d'une blessure narcissique que le travail a provoquée chez le parent. Tant que celui-ci ne se sent pas atteint dans sa fragilité narcissique – fragilité que son enfant a pu permettre de colmater, partiellement du moins – le traitement peut continuer « tranquillement ». J'entends par « tranquillement », un long chemin tranquille qui parfois, hélas, ne mène nulle part. En ce domaine, il est possible que l'analyste et son patient n'aient pas conscience que rien ne bouge dans la vie psychique de l'enfant. Nous trouvons parfois de ces accords tacites qui évitent le conflit entre l'enfant et ses parents, sinon entre l'enfant, ses parents et l'analyste de l'enfant. Nous aurions ici la reproduction d'un évitement semblable entre l'enfant et ses parents. Combien de pères s'arrangent pour éviter de se confronter à l'agressivité de leur fils, lequel se trouve d'autant plus en difficulté d'élaborer son complexe d'Œdipe ! Cette remarque est aussi valable pour la relation mère-fille. Lorsque l'enfant se trouve en mesure, par son traitement, de porter son agressivité, les parents peuvent redouter de se confronter à cette dernière le moment venu – particulièrement dans ce qui est revécu à l'adolescence – et ils peuvent décider d'interrompre le traitement.

Ceci n'est qu'un exemple parmi beaucoup entraînant l'interruption du traitement. Le point commun, cependant, propre à l'ensemble de ces cas, réside dans la fragilité narcissique des parents. Il est donc impératif de voir les parents régulièrement, toutes les six semaines environ. Cette régularité nous permet de mesurer leurs capacités d'évolution. Mais ceci est souvent insuffisant lorsqu'on perçoit, dès les premières consultations, l'investissement narcissique particulier dont l'enfant est l'objet de la part de l'un des deux parents. Nous pourrions considérer que cet investissement narcissique vient des deux parents. Il constituerait alors une entrave majeure au déroulement du traitement et nous pouvons nous demander si, dans ce cas, ces parents consulteraient – à moins que l'enfant n'ait eu à souffrir de cet investissement pathologique au point de présenter de graves symptômes. Il serait utile, dans ce cas, de travailler d'abord avec les parents de façon « resserrée » et de les amener à suivre une thérapie familiale. Ce ne serait qu'après de telles démarches que l'enfant pourrait être vu de manière plus régulière par son analyste ; la place qu'il occupe dans la pathologie familiale pourrait ainsi être davantage déterminée, et les parents seraient mieux à même d'en prendre conscience. L'ensemble de cet encadrement permettrait peut-être d'engager un traitement avec la sécurité qu'il serait suivi, et non pas interrompu par un passage à l'acte des parents, en collusion ou non avec celui de leur enfant.

Le travail que l'on doit effectuer avec les parents est une immense question, tant les cas de figures sont variés. Leur point commun est la participation infantile des parents au processus de soin ; je veux parler de leur implication dans le processus psychanalytique, tant leur transfert sur la personne de l'analyste est présent dans ce processus.

Comment se rendre compte, dès les premiers entretiens, de la meilleure manière d'installer un cadre permettant aux parents d'être contenus dans le travail ? Nous y allons toujours à tâtons, car dans l'évolution de la psyché nous prenons de plus en plus appui sur certaines règles au fur et à mesure que l'expérience de la psychanalyse de l'enfant progresse, tout en conservant une grande marge de souplesse permettant une exploration de l'inconnu.

Parmi les règles incontournables permettant d'approcher le travail avec les parents, je mettrai en avant la distinction à effectuer entre leurs parties adultes et leurs parties enfants.

Si les premiers entretiens ont été suffisamment bien tenus, c'est-à-dire si l'analyste de l'enfant a été suffisamment formé pour écouter avec une attention analytique le discours des parents, alors cette précieuse distinction, et les enjeux qu'elle implique, peuvent permettre à l'analyste de tracer la meilleure voie d'accès possible à l'infantile des parents projeté dans l'enfant. La distinction effectuée entre leurs parties adultes et enfants, permet à l'analyste de travailler progressivement avec eux. Nous espérons qu'ils parviennent de la sorte à faire la différence entre leurs parties enfant et leur enfant réel, dont le monde interne n'est pas identique au leur. Ce n'est qu'à cette condition que les parents laissent à leur enfant la liberté d'avoir sa vie psychique propre et d'en être responsable. Ce n'est donc qu'à cette condition également que les parents gratifient leur enfant d'une psychothérapie lui permettant de se comprendre lui-même.

Voici pourquoi ce n'est que lorsqu'un tel travail est mené à bien que les parents peuvent commencer, avec l'aide de l'analyste, à s'intéresser à la vie psychique de leur enfant. Ils peuvent découvrir que derrière le comportement agressif de l'enfant, se cache une dépression, ou même une fragilité narcissique. Ils peuvent apprendre à observer leur enfant, à reconnaître les symptômes de sa souffrance, et ainsi ne pas les sous-estimer. Combien de parents qui traitent leur enfant de capricieux, finissent par comprendre le malaise narcissique qui se cache sous son comportement. Ils apprennent avec l'aide de l'analyste, à adopter une attitude faite à la fois de tendresse et de fermeté. Cette double ligne est très bénéfique et fait en quelque sorte l'éducation de l'enfant : d'un côté, les parents se montrent aimants et compréhensifs pour l'angoisse qui se tient cachée derrière le comportement de l'enfant ; mais, d'un autre côté, ils lui signifient qu'ils n'accepteront pas qu'il traite cette angoisse au bénéfice de son omnipotence narcissique. Autrement dit, ils lui signifient qu'ils ne seront pas les victimes désignées de cette omnipotence ; ils sauront, avec l'aide de l'analyste, lui imposer des limites. Les thérapeutes d'enfant doivent souvent en leurs débuts, apprendre à imposer des limites à l'enfant qu'ils ont en charge – et parfois aux parents eux-mêmes. Ces thérapeutes ont souvent du mal à imposer des limites interdisant tout empiétement sur leur propre narcissisme, car ils sont habités par un idéal de compréhension de l'enfant qui devrait, selon eux, résoudre les problèmes de ce dernier. Ainsi il leur est difficile, nous le verrons, de se comporter lorsque cela est nécessaire, comme des gendarmes qui, lorsqu'ils sont bons, font respecter les lois au profit du maintien d'un ordre protégeant la créativité de chacun.

La culpabilité des parents est souvent la cause de leur défaillance à imposer une loi à leur enfant, toute loi étant fondée sur le respect des limites. Nous avons en tête l'association que l'on peut faire entre les lois de la physique et les lois humaines. Si nous prenons comme exemple la loi de la gravitation, il est nécessaire d'imposer à l'enfant le respect de cette loi, faute de quoi il se fera du mal. De la même façon, il doit freiner sa course et reconnaître l'existence du mur qui se trouve en face de lui, sinon il se fera encore du mal. Le tout petit enfant a tendance à trouver que ses parents ont fait eux-mêmes ces lois : il trouve que le mur est méchant puisqu'il l'a frappé ! Des parents surprotecteurs, qui veulent éviter à l'enfant ces expériences douloureuses pour ne pas être traités eux-mêmes de méchants, ne permettent pas à leur enfant de faire l'expérience des lois de la réalité, alors que cette expérience rejoint celle des lois humaines qu'ils doivent lui imposer. Un cercle vicieux se met alors en marche qui fera des parents les premières victimes d'un enfant qui leur imposera sa loi. Or la loi d'un tel enfant n'a rien à voir avec la loi que j'évoque ici. C'est la loi de l'omnipotence ; elle est fondée sur l'absence de reconnaissance de toute limite et elle est, en ce sens, issue d'un noyau narcissique primaire qui ne reconnaît pas l'existence du *moi-réalité*. Des parents qui distinguent mal la différence à établir entre la souffrance normale imposée par la confrontation avec la réalité, et la souffrance imposée par les exigences narcissiques primaires, tentent d'éviter à leur enfant toute souffrance. Ils lui évitent de se confronter à la souffrance engendrée par la perception de la réalité, alors que cela l'aiderait, grâce à leur accompagnement, à écarter la souffrance qu'impose toute blessure narcissique.

Prenons, à ce propos, l'exemple de l'enfant qui ne veut pas aller se coucher. La raison première en est évidemment l'angoisse de séparation qui confronte l'enfant à des fantasmes divers se rapportant à l'existence d'une scène primitive interne dont la cruauté l'afflige, sans qu'il puisse s'en défendre en ayant recours à la présence de ses bons objets internes. Il va pour cela avoir recours à la présence de ses objets réels, externes : ses parents. Un cercle vicieux se trouve alors engagé dans lequel, à la peur de l'enfant répond l'attitude des parents qui n'ont qu'une solution : prendre l'enfant dans leur lit ; or cela paralyse dans l'esprit de l'enfant la cause du mal – c'est-à-dire la scène primitive – et met ses objets à disposition ! C'est la loi de l'omnipotence qui écrase une autre loi, celle de la séparation des êtres. En se glissant de la sorte dans le lit des parents, l'enfant conserve son fantasme de demeurer, sinon l'enfant unique, du moins le dernier, celui dont on ne se séparera jamais en en faisant un autre.

Comment faire cependant lorsque l'enfant hurle la nuit et que sa souffrance est réelle, pour le coup, car son cauchemar l'est tout autant ? Si l'enfant a la chance d'être en thérapie, il peut parler de son angoisse de telle sorte que l'analyse permet de la diminuer. Mais ses parents peuvent également parler de leurs difficultés et recevoir ainsi, non seulement la compréhension de l'analyste, mais également les conseils pratiques leur permettant de mettre à l'épreuve leur capacité de les appliquer : rester près du lit de l'enfant qui s'endort, sentir que s'il se réveille ce n'est pas du caprice mais une sensibilité très vive qui rend l'enfant d'autant plus vulnérable au départ de la personne protectrice. Il faut consoler alors l'enfant et non pas se montrer en colère. Par contre, il faut s'éloigner progressivement, se tenant prêt dans de tels cas, à revenir. Si l'enfant est en traitement, la capacité d'être seul se développe plus rapidement car l'enfant « apprend » à emporter avec lui des objets internes plus sécurisants. Il est des enfants qui utilisent des tas de prétextes pour ne pas aller au lit ; ils reviennent s'installer dans la salle à manger ou au salon, entre leurs parents qui ne peuvent plus se retrouver entre eux après une journée de travail. Il ne s'agit pas alors de faiblir et de ne pas appliquer la loi de la séparation existant entre la vie des adultes et celle des enfants ; cette loi d'ailleurs n'est pas sans points communs avec celle de l'interdit de l'inceste.

Je me souviens d'un petit garçon à qui on a imposé un double changement alors qu'il n'avait que 4 mois : il a dû à la fois changer de lit – son berceau devenant trop petit – et en même temps changer de chambre, passant de la chambre de ses parents dans laquelle il dormait jusque là, pour aller dans sa nouvelle chambre où il devait dormir à présent. Ce bébé a commencé de troubler sérieusement le sommeil de ses parents, se réveillant dans des pleurs inconsolables. La règle d'or chez les tout-petits est la transition : tout élément du cadre qui doit être changé, doit l'être de manière transitionnelle. On aurait pu penser à conserver un élément fixe au moment où un élément du cadre changeait : conserver le petit lit d'autrefois au moment où l'espace de la chambre changeait. Je pense que cela aurait même été préférable à l'autre solution qui aurait été de changer le lit d'abord, sans changer la chambre. En effet, le lit constitue pour le tout-petit une sorte de chambrette dans laquelle il a installé, depuis le début de sa vie, l'ensemble de ses repères : ainsi il y a sur sa gauche, par exemple, le contraste entre le dessin sombre des motifs du tissu qui entoure son lit et le fond clair de ce tissu ; il y a le nounours qui se trouve à telle distance de ses yeux ; il y a la lumière qui lui arrive selon tel angle, etc. On pourrait dire que l'espace créé par le premier lit du bébé, reprenant la mesure de l'espace créé par l'écartement des bras maternels, lui donne également la mesure du monde qui l'entoure. Transformer les parois de ce monde, c'est demander au bébé de s'adapter à un changement auquel il n'est pas d'emblée prêt à se confronter. Il faudrait pour cela qu'il puisse retrouver du familier dans la différence. Cela n'est possible que lorsque le changement s'effectue de manière suffisamment transitionnelle pour que ce qui se transforme soit toujours reconnu et ne lui apparaisse pas subitement comme étranger. A cet âge en effet, la reconnaissance de soi, ou le sentiment d'identité, passe très près de la reconnaissance du cadre qui entoure le bébé. Si ce cadre change avec brusquerie, c'est le sentiment continu d'existence du bébé qui change brusquement ; alors le bébé ne se reconnaît plus lui-même. Vivant collé au cadre qui l'entoure, s'il perd ce cadre il se perd lui-même.

Lorsque l'on suit de tout-petits enfants en traitement, on doit faire en sorte que les parents soient sensibles au fonctionnement de leur bébé, de telle sorte qu'ils se rendent compte que lorsqu'il pleure la nuit, ce sont des angoisses de ce type – touchant à son identité – qui provoquent sa détresse. Ce n'est pas en revenant à l'origine de son angoisse et en y restant qu'on parviendra à soigner les crises de l'enfant. L'enfant, tout d'abord, ne croit pas qu'il soit possible de trouver une solution à son malaise, car il n'a pas fait l'expérience d'un objet qui lui apprenne la transition entre une présence continue et une absence absolue. L'enfant qui n'a pas été accompagné pour faire le deuil de son objet, ne sait pas qu'il est possible de supporter son absence. Il sait encore moins qu'il peut souhaiter cette même absence parfois, afin de se retrouver lui-même et de s'occuper avec ses propres jeux et ses propres pensées.

L'enfant perçoit très bien que ses parents ont compris qu'il souffre de les perdre. Cette perception a la valeur d'une rencontre entre l'enfant et ses parents ; il est probable que son angoisse diminuera d'autant et qu'il aura moins tendance à user de son omnipotence et de son désir de les contrôler. Il aura davantage alors le sentiment qu'il continue d'exister pour eux, bien qu'ils ne se tiennent pas réellement auprès de lui.

Si certains parents ne parviennent pas à sentir la collusion qu'il y a entre leur propre omnipotence infantile et celle de leur enfant, il leur sera difficile de reprendre leur position d'adultes pour remettre l'enfant à sa place. Ils sont dépassés par l'intrusion de leur enfant dans leur vie de couple, parce qu'en eux il y a un enfant désireux de pénétrer au sein des relations de couple de ses propres parents. Or ce sont eux les parents et l'enfant qu'ils ont été, c'est leur propre enfant qui l'incarne à présent ; ils le voient se comporter vis-à-vis d'eux comme ils se comportaient autrefois – sur leur scène intérieure plus souvent qu'en réalité – vis-à-vis de leurs parents.

Je me souviens d'un tout petit garçon d'à peine un an que je voyais en consultation, qui, non seulement dormait toujours dans le lit de ses parents mais dont le père lui-même parvenait si peu à le séparer de sa mère qu'il s'en allait dormir toutes les nuits dans la chambre de son enfant. Il arrive que des pères d'enfants plus grands que celui-ci, dorment dans le lit de leur enfant parce qu'ils veulent le croire incapable de supporter l'angoisse de séparation nocturne. Dans une inversion totale des places de chacun, c'est l'enfant qui s'en va dormir alors aux côtés de sa mère ! L'angoisse de l'enfant est alors d'autant plus grande qu'il perçoit que ses parents ne peuvent se défendre contre sa propre omnipotence. La véritable barrière protectrice contre des fantasmes incestueux, aboutissant à des *acting* du type que je viens d'évoquer, est constituée par le maintien du lien existant au sein du couple parental. C'est par ce lien, en effet, que la différence des générations s'affirme et que l'enfant est remis à sa place d'enfant. Cette triangulation fondatrice de toute l'évolution de la symbolique chez l'homme doit, comme on le voit, rencontrer une semblable triangulation dans le monde interne de chaque parent : dans la mère aussi bien que dans le père ; l'enfant doit regagner sa chambre pour laisser aux parents leur vie intime, et se construire lui-même une vie fantasmatique prenant comme premier objet la vie intime du couple parental.

Cette collusion entre les fantasmes incestueux de l'enfant et des parents est parfois perceptible lors du second entretien que l'on a avec ces derniers : ils doivent se mettre d'accord pour s'engager avec l'analyste afin de faire respecter à leur enfant le cadre de son traitement. Je me souviens d'un père qui, à ce moment, alors que la mère était prête à s'engager, a commencé à présenter des réticences sous forme de questions. Il avait encore besoin de réfléchir, car il se demandait si l'enfant ne s'attacherait pas trop à moi et ne pourrait plus ainsi se séparer de moi ! Que voulait dire ce père, et quelle question se cachait derrière ce souci apparent pour la vie émotionnelle de son enfant ? Je pense qu'il parlait de lui-même et de sa propre difficulté à se détacher de son enfant : c'est lui qui était trop attaché à sa fille et qui ne souhaitait pas que le traitement la rende capable de se détacher de lui ! Le traitement a commencé malgré tout, mais pour s'interrompre quelques temps plus tard, mettant cette enfant dans une situation difficile à supporter puisque ses fantasmes incestueux rencontrant ceux de son père, la mère – et moi-même – devenions des objets chargés d'une haine impossible à élaborer. Les parents se sont séparés au cours des quelques mois de thérapie que j'ai eus avec l'enfant.

Autre exemple d'un père qui souffre d'une séparation en cours et que la thérapeute voit avec sa femme. Il exprime directement et avec beaucoup de tendresse son désarroi d'enfant : il se sent abandonné, portant à mon avis également la dépression de sa femme qui semble ne pas souffrir de la situation. C'est à travers ses enfants – deux petites filles – qu'il exprime ses fantasmes : « faut-il parler aux petites filles du prince charmant, comme dans les contes ? », dit-il, « puisque cela n'existe pas ! On revit notre enfance à travers nos enfants et cette enfance marque toute notre vie ! ». Celui qui parle ainsi n'est pas seulement un père mais un petit garçon blessé. Il évoque l'investissement œdipien qu'il a de son épouse, par projection, à travers la déception de la petite fille qui perd son « prince charmant », tout comme lui qui vient de perdre sa « princesse ».

Dans ce cas, le traitement peut s'engager puisque le père est en train de faire le deuil de la princesse de son enfance, et que la mère prend la responsabilité du traitement. Cela ne veut pas dire que les parents n'ont pas à être suivis chacun de leur côté, le père pouvant par la suite, éventuellement, bénéficier d'une thérapie individuelle, ce qui l'aidera à dépasser la désillusion liée à la perte de ses investissements infantiles.

Mais dans le cas déjà cité, il semble qu'il aurait été préférable que le traitement ne soit pas engagé avec l'enfant avant qu'un travail avec le père ne lui permette de se dégager de l'investissement œdipien de sa propre fille. Le refus d'un tel travail préalable de la part du père aurait signé l'impossibilité de soigner sa fille.

Nous comprenons de plus en plus combien l'enfant dépend de ses parents pour avoir accès à un traitement. La thérapie d'un enfant est donc particulière par rapport à celle d'un adulte. Alors que l'analyste de l'adulte est maître du cadre qu'il impose à son patient, l'analyste de l'enfant se doit de considérer qu'il n'a en main le cadre de son traitement qu'à la seule condition de prendre en compte, comme faisant partie du traitement lui-même, les deux parents de l'enfant. Il doit consacrer du temps pour les voir en plus des séances avec l'enfant. Il doit penser aux modalités par lesquelles il doit passer pour installer progressivement la thérapie de l'enfant.

Ces modalités sont tellement nombreuses qu'il faudrait y consacrer au moins un ouvrage. J'en évoquerai quelques unes, sachant que leur raison d'être s'associe aux conditions qui président à l'analyse de l'enfant. Nous voyons que celle-ci doit impérativement passer par l'accord des parents, et que cet accord, s'il émane d'abord des parties adultes de ces derniers, est toujours remis en cause par leurs parties enfant.

Différents facteurs sont à prendre en compte : l'impossibilité de mener à bien le traitement de l'enfant sans qu'un travail ne s'accomplisse entre le parent et l'enfant dans la zone de fusion symbiotique qu'ils partagent. La nécessité d'établir un cadre pour ce travail commun. Quelle forme prendra-t-il ? Quel sera le style d'intervention proposé par l'analyste ? Comment le travail avec l'enfant peut-il s'engager ou se poursuivre à l'intérieur de ce travail commun ? Sans entrer dans des exemples détaillés, je ne peux que mentionner ici les manières de gérer un certain nombre de situations.

Je pense, tout d'abord, aux situations pour lesquelles l'enfant est porteur d'un investissement si profondément narcissique de la mère (je parle de la mère alors que le père peut tout aussi bien être pris dans cette même problématique), qu'il n'est pas possible de recevoir l'un sans l'autre.

B.Lechevalier[13] a consacré une importante étude à ce sujet. Elle établit un cadre dans lequel la mère et l'enfant sont vus ensemble au rythme de trois séances par semaine, et ceci sans qu'il y ait d'emblée une limite à donner à ce premier cadre. Il arrive un temps où l'enfant désire « mettre sa mère à la porte ». Se pose alors pour l'analyste le problème de conserver ou non un lien particulier avec celle-ci. La plupart du temps, si on désire privilégier le lien à l'enfant et poursuivre le traitement avec lui seul, la mère se sentira lâchée, comme si elle était mise à la porte par un rival et, du coup, elle interrompra le traitement. Or ce rival est son propre enfant. L'analyste qui est à l'origine d'une pareille séparation est vu comme un père séparant l'enfant de sa mère ou comme une mère qui a abandonné une aînée au profit d'un cadet. Tout début de thérapie, dans laquelle la mère et l'enfant sont vus conjointement, aboutit donc à un certain moment à la séparation de ses protagonistes. Tel est d'ailleurs le but que se propose l'analyste en procédant de la sorte : parvenir à séparer le monde interne de l'enfant du narcissisme maternel dans lequel il a été inclus. Cela ne va pas sans la séparation des personnes ; l'aboutissement d'un tel travail finira donc par la demande de l'enfant d'avoir son analyste pour lui seul. En général, le défaut des analystes est de sous-estimer, ainsi qu'on l'a vu au sujet des premiers entretiens, la fragilité des parties infantiles de la mère, et de penser qu'une coopération est possible au niveau de l'adulte, alors que le transfert infantile – ravivé par ce travail mère-enfant – n'est pas encore suffisamment élaboré. Peut-il l'être d'ailleurs au moment où la mère est encore vue avec l'enfant ? L'enjeu de la thérapie mère-enfant est bien de dégager l'enfant réel des projections maternelles. Aussi l'enfant réel se trouve-t-il souvent sorti de la bulle maternelle avant que la mère réelle n'ait dégagé ses projections de cet enclavement. Il veut sortir alors que la mère n'est pas encore prête à le laisser partir. Je pense que la meilleure technique alors est de procéder avec transition. Il s'agit – conservant toujours le souci de faire passer la mère avant l'enfant, puisque rien n'est possible sans elle – de maintenir le cadre des séances mère-enfant, et d'y adjoindre progressivement des séances avec la mère seule. Cette technique évoque d'ailleurs la meilleure manière de procéder au sevrage d'un bébé : il ne faut pas supprimer le sein pour lui donner le biberon. Il faut donner le biberon en plus du sein au moment où l'appétit du bébé nécessite cet appoint ; ainsi le biberon n'est pas perçu comme le voleur du sein, mais comme ce supplément qui permet au bébé d'avoir davantage de lait et davantage également de présence maternelle.

La comparaison n'est certes pas fortuite ; les séances mère-enfant permettent en effet à la mère et à l'enfant de se vivre en sécurité dans une bulle commune ; l'analyste est le garant de sa solidité, avant de devenir ce tiers qui va séparer ses deux occupants. L'expérience de la fusion symbiotique éprouvée par le bébé au sein est semblable à celle qu'éprouve la mère qui régresse à travers l'investissement particulier qu'elle a de son enfant ; elle est destinée à évoluer vers un échange différencié et à prendre fin. Le passage du sein au biberon implique un tel travail de différenciation, puisque le corps à corps n'est plus possible au niveau de l'expérience orale ; la tétine n'a plus la douceur ni la chaleur du mamelon et elle ne se prête plus à satisfaire l'illusion d'être le prolongement de la langue du bébé.

De même, dans ce travail à trois, l'enfant n'est plus pour la mère un prolongement narcissique ; il a sa propre autonomie de fonctionnement qui l'éloigne d'elle. Si, à ce moment, l'analyste ne reste pas tout près de la mère pour vivre et supporter la dépression primaire qui s'empare d'elle, celle-ci aura tendance à la projeter sur l'analyste et à couper court à la poursuite du traitement, reprenant son enfant pour tenter d'oublier la difficulté du sevrage. Il est donc important d'attacher le plus grand soin à cette transition. La mère doit avoir le sentiment que l'analyste continue de la tenir, qu'elle n'est pas lâchée bien qu'elle soit en train de lâcher son enfant. Elle effectue donc un transfert au sens plein du terme : elle transfère sur l'analyste l'investissement narcissique qu'elle avait de son enfant ; ce qu'elle avait commencé à faire lorsqu'elle venait avec lui. Mais la mère partait alors avec celui-ci et ne travaillait pas la séparation comme un patient qui, lorsqu'il quitte son analyste, quitte son objet de transfert en n'emportant que le souvenir des échanges qu'il a eus avec lui. Séparer la mère de l'enfant, c'est l'inviter à autonomiser l'enfant qui est en elle alors qu'elle a utilisé ce dernier jusqu'alors pour éviter une semblable épreuve.

Il me semble que les séances effectuées avec la mère seule, pendant que le travail avec l'enfant consolide la séparation des identités, préparent le mieux à la reprise par chacun de sa propre organisation psychique. D'autres modalités sont aussi envisageables dans le travail à effectuer entre la mère et l'enfant, avant que celui-ci ne soit vu individuellement.

J'ai en tête diverses situations dans lesquelles la mère est vue d'emblée toutes les semaines avec l'enfant et tous les quinze jours seule ; ce dispositif permet à la mère de s'installer dans une relation individuelle qui la détache progressivement de l'investissement régressif qu'elle a de son enfant.

La mise en place de ce cadre n'est pas toujours possible soit parce que les conditions matérielles ne le permettent pas, soit parce que les défenses de la mère sont telles qu'un pareil cadre serait vécu par elle comme un bouleversement trop important dans le lien symbiotique qu'elle a noué avec son enfant.

Aussi faut-il s'adapter au possible tout en ayant en tête le but que l'on veut atteindre : séparer l'organisation psychique de la mère de celle de son enfant. Parfois la mère ne souhaite pas venir plus d'une fois par mois, quoiqu'elle vienne chaque semaine avec son enfant ; elle se confie d'emblée, puis ne veut plus rien dire. Il faut laisser les choses s'élaborer, mais garder son projet. Il faut accepter que le cadre ne soit pas celui qui nous convient, mais celui qui convient à la mère, tout en ayant en tête le suivi des rendez-vous (toujours fixés en fin de séance afin de ne pas laisser partir la mère sans un « point de chute » à venir). Ces rendez-vous – l'expérience nous le montre – se rapprocheront progressivement si nous savons attendre et signifier ainsi à la mère, que nous suivons son rythme avant de l'amener à suivre le nôtre. N'en est-il pas de même avec les petits enfants, les bébés au sein ou bien ceux que l'on doit coucher ?

Parfois, il n'est même pas possible de voir la mère seule, sauf si elle vient à l'heure de la séance commune. Il faut l'accepter car – étant données les conditions matérielles de la famille, mais aussi indépendamment d'elles – la mère ne s'autorise pas à laisser son enfant. Elle ne peut concevoir occuper une autre place que celle qu'il a occupée lui-même. Là encore, progressivement, elle sera reçue à un autre moment que celui qui a déjà été investi par son enfant ; puis elle se retirera peu à peu des séances communes. Cela n'évoque-t-il pas l'enfant qui ne peut quitter sa mère qu'à la seule condition d'emporter avec lui un bout de son vêtement, une trace d'elle, une odeur ? La mère se comporte ici comme cet enfant.

Toutes les modalités sont envisageables, car elles constituent un impératif incontournable permettant à la mère de se séparer de son enfant. Vouloir imposer un cadre classique au traitement de l'enfant en imaginant que les parents s'y plieront volontiers, c'est se faire des illusions et se préparer à une interruption de traitement. C'est bien parce que l'on a compris, comme le disait Winnicott[14] du bébé qu'un enfant « cela n'existe pas seul », que l'on prend la précaution de s'occuper de la psyché des parents avant celle de leur enfant. Ce dernier peut se sentir parfois rassuré – lorsqu'il sait sa mère très malade – de voir qu'elle est comprise avant qu'il ne le soit, et par la personne qui est chargée de le comprendre lui-même. L'enfant sait que l'analyste à qui il se confie a vécu de l'intérieur, comme lui-même, ce que lui a fait vivre sa mère. Il peut ainsi savoir que l'analyste est passé par la même position que la sienne avant d'en occuper une autre, c'est-à-dire celle d'un parent qui se comporte d'une autre manière que celle de son parent réel. Il se comporte comme un parent pour qui il existe en tant que personne à part entière, et qui ne l'inclut pas dans son économie narcissique afin d'en combler les failles.

Quant à la mère, il est nécessaire que ce soit l'analyste de l'enfant qui la voit durant cette période, et non pas un autre. Nous le comprenons lorsque nous voyons à quel point l'enfant est, dans de tels cas, le prolongement narcissique de sa mère : l'analyste qui se propose de transformer le monde interne de cet enfant, est vécu par la mère comme celui qui la menace dans son intégrité psycho-corporelle. C'est donc avec elle que doit se résoudre le transfert négatif dont l'analyste est potentiellement l'objet. On ne peut en effet apporter une solution dans ce domaine, *in absentia.*

Je voudrais évoquer dans ses grandes lignes la technique d'intervention dans les thérapies mère-enfant, susceptibles de déboucher sur deux thérapies, celle de la mère d'un côté, celle de l'enfant, de l'autre. Il ne s'agit pas en ses débuts d'installer une situation dans laquelle la mère assisterait à l'échange qui prendrait place entre l'enfant et son thérapeute. L'inverse serait davantage envisageable, sachant que l'on propose à l'enfant, s'il le souhaite, de jouer avec le matériel de jeu mis à sa disposition ou de dessiner avec ses crayons. L'enfant retrouve d'ailleurs à chaque séance son matériel et sa pochette de dessins. Les interventions de l'analyste sont faites pour être entendue par la mère et l'enfant. Assez souvent l'analyste s'adresse à la mère pour dire quelque chose à l'enfant, et inversement. Il emploie souvent le « on » au lieu du « vous » ou du « tu », non pas pour impliquer directement la mère et l'enfant dans une interprétation commune, mais pour faire entendre à la mère ce qu'il dit à l'enfant. C'est de cette même manière qu'on dirige l'attention maternelle sur ce que l'enfant est en train de jouer, et qui constitue fréquemment un commentaire interprétatif en soi du discours patent de la mère.

C. Le cadre de la psychothérapie de l'enfant

Pourquoi parler de cadre en psychanalyse ou en psychothérapie d'enfant ? Nous pourrions dire que tout commence par-là ; le patient fera sien peu à peu le cadre que l'analyste lui aura d'abord imposé. Il intériorisera ce cadre pour en faire sa colonne vertébrale, le point de repère de son monde interne qui lui permettra de différencier le dehors et sa réalité, du dedans porteur d'une autre réalité, celle de ses fantasmes. Sans cadre, ces deux réalités se confondent, particulièrement chez l'enfant dont la pensée est proche de la toute-puissance magique. Nous allons nous rendre compte que le cadre se situe principalement dans la pensée de l'analyste qui doit savoir maintenir en toutes circonstances, la différence que je viens d'évoquer.

Le cadre est avant tout une limite dont la nécessité se justifie par l'instauration de toutes les différences, que ce soient celle qui existe entre le dedans et le dehors du moi, entre les objets du monde externe aussi bien qu'interne, enfin entre les différentes qualités du moi et des objets.

L'aspect très corporel de l'espace s'appuie également sur la nécessité de reconnaître les limites qui départagent, dans l'espace en trois dimensions, le moi du non-moi. Dans cette perspective, le cadre constitue la loi qui protège le maintien d'un interdit à ne pas dépasser, faute de quoi la confusion entre les identités mènerait à la confusion des sexes et des générations. Aucun développement humain n'est possible sans la construction d'un cadre qui a valeur de loi.

Nous verrons comment dans l'analyse de l'enfant une partie de l'activité de l'analyste consiste à lui faire respecter à travers le cadre, la loi que je viens d'évoquer. Nous pourrions dire qu'il en est de même dans l'analyse de l'adulte et dans celle des parents des enfants que nous soignons. En effet, la technique qui consiste à prendre en charge les parents afin de rendre possible la poursuite du traitement de l'enfant, vise à ce que les adultes n'entrent pas en collusion avec l'omnipotence de cet enfant au détriment du cadre externe, préalable nécessaire à la constitution du cadre interne de celui-ci.

Nous verrons comment le contre-transfert de l'analyste est sollicité douloureusement lorsqu'il doit faire respecter ce cadre par l'enfant. L'analyste doit alors désidéaliser sa fonction et perdre sa crainte de tomber dans l'agir. Il doit en effet accepter d'être perçu comme un mauvais objet capable de susciter la colère de l'enfant lorsqu'il lui impose de réfréner un geste qui veut prendre possession des éléments du cadre spatial et temporel. Je donnerai plus loin des exemples de ces attaques contre le cadre, mais je veux souligner ici comment la résistance de l'analyste à la manipulation du cadre par le patient, respecte la nature primitive de toute loi : franchir l'interdit qu'elle impose entraîne une rétorsion. Nous retrouvons[15] à ce niveau l'enracinement de la formation surmoïque - je parle du vrai surmoi et non pas du faux surmoi issu des dictats de l'omnipotence infantile – dans la reconnaissance de la réalité de l'espace psychique en trois dimensions. Dans un tel espace, toute projection est portée mais se heurte aussi à l'existence d'une troisième dimension qui provoque d'emblée un retour de l'élément projeté sur son origine. Ainsi la balle qui heurte le mur, rebondit et doit être rattrapée ; de même celui qui se lance contre un obstacle en voulant l'ignorer paye à ses dépens le prix de cette ignorance. Le tout petit enfant qui tombe au sol rencontre également une limite qui le fait se mettre en colère, sinon contre la méchante loi de la gravitation, du moins contre ce sol qu'il prend pour un objet injuste et dur parce qu'il lui a fait du mal. Cependant, il fait alors la douloureuse expérience d'une réalité qui, si elle est acceptée, lui permet d'accepter également la réalité des lois qui régissent les rapports humains.

La première reprise au niveau psychique de ce retour des projections, signant la résistance de tout obstacle dans l'espace physique, est la rétorsion. Nous savons bien quelle forme elle prend dans la loi du Talion : œil pour œil, dent pour dent. Cette loi peut être dépassée pour laisser place à l'intégration du pardon, mais elle ne peut être évitée, sauf à faire du monde une organisation au service du *moi-narcissique.*

Ce sujet occupe une grande place dans les entretiens que l'on a avec les parents : comment faire en sorte que l'enfant s'habille suffisamment à l'heure le matin pour partir à l'école ? Comment faire pour ne pas être « obligé » de lui lacer ses chaussures, de vérifier s'il n'a pas oublié sinon son cartable, du moins des cahiers à la maison ? Comment rendre un enfant autonome au moment où seuls ses parents ont le souci d'éponger les aléas de son contact avec la réalité externe, dont une des principales manifestations est, pour cet enfant, la contrainte temporelle imposée par l'école ?

Que dire à ces parents ? Ne peut-on mettre leur tolérance à l'épreuve en leur conseillant de ne pas faire le jeu de l'enfant ? Nombre de parents n'osent pas imposer à leur enfant cette épreuve de la réalité qui blesse son narcissisme, et le leur à travers le sien. Mais si, grâce au soutien que nous leur apportons, ils peuvent commencer de manifester à leur enfant qu'ils ne lui permettront pas de leur imposer sa loi (celle de l'omnipotence) mais que, au contraire, ce sera à lui de respecter la leur, celle que porte la réalité du monde adulte, alors l'enfant se sentira face à une réalité qui ne pliera pas devant lui, tout comme le mur ne se détournera pas de celui qui ne tolère pas de le contourner.

Je me souviens d'une maman qui se plaignait de ce que son petit garçon ne voulait pas la suivre tandis qu'elle l'accompagnait à l'école maternelle. Il piquait une crise de colère, tombait par terre et attendait qu'elle vienne le chercher ; il criait alors de plus belle. Un jour, elle l'a laissé au sol jusqu'à ce qu'il ait peur qu'elle ne vienne plus le chercher ; il s'est alors levé et l'a suivie sans broncher. Il ne s'agirait pas de croire qu'une « simple » attitude telle que celle-ci va transformer l'omnipotence narcissique de l'enfant. La mère a cependant signifié de la sorte à l'enfant qu'elle ne se laisserait pas manipuler, ce qui lui a conféré une valeur plus importante que précédemment. Quant à son objet interne et à la loi qu'il porte en lui, c'est à l'analyste de le représenter lorsqu'il exige que le cadre soit respecté.

J'ai en tête un autre exemple issu de la thérapie d'un petit enfant psychotique : l'interdit ne lui faisait pas peur ; au contraire cela l'excitait de percevoir qu'il le franchissait. Il pouvait attaquer impunément son analyste jusqu'au jour où il en a craint la rétorsion. Il s'est mis alors à avoir peur d'un monstre, celui de ses contes de fées. La thérapeute et moi-même avons senti et constaté à quel point l'émergence de la peur a pu constituer une avancée dans la reconnaissance de la réalité externe de l'objet.

La rétorsion est issue des projections agressives sur l'objet, mais alors qu'elle est constitutive d'un objet interne malfaisant (de nature purement fantasmatique) elle signe, malgré tout, une reconnaissance de la réalité des limites, celles-ci appartenant à l'expérience de la réalité externe. Si l'existence de ces limites ne commençait pas de naître chez l'enfant, il n'aurait jamais peur !

Il lui faut, ensuite – mais seulement ensuite – reconnaître que cette peur est de nature fantasmatique et que son objet externe ne ressemble pas à la construction qu'il en a fait dans son monde interne.

C.1. Le cadre temporel

Le cadre temporel contribue, au même titre que le cadre spatial, à la constitution d'un contenant objectal que le patient introjectera peu à peu. De la même façon qu'un cadre spatial est fait d'une continuité permettant la constitution, dans un objet vivant, de points de repères au-dehors du moi, de même un cadre temporel permet une constitution semblable car il est également imposé par un objet vivant. Il ne s'agit pas de la régularité d'une mécanique mais d'un rythme fiable qui peut, cependant, présenter des surprises, des irrégularités que l'analyste prévoit avec son patient. Ainsi l'enfant – comme tout patient – s'appuie sur le retour régulier de sa séance pour se créer un fil de sécurité. S'il a une séance par semaine, il sait qu'il va compter jusqu'à six pour attendre sa séance le 7ème jour. La répétition de ce rythme simple va lui permettre de tracer en lui-même une ligne de continuité, branchée sur cette perception temporelle de l'objet. Le patient va, grâce à cette régularité, prévoir les temps de présence et d'absence – correspondant aux temps d'appréhension de l'expérience nouvelle qu'il a de son objet – et aux temps où en l'absence de celui-ci, il « digère » l'expérience précédente.

De cette façon, le rythme des séances suscite un aller-retour chez le patient, entre une relation d'objet externe et une relation d'objet interne. Cela nous aide à comprendre comment ce temps de « digestion » qui prépare la prochaine rencontre (on le voit bien chez les patients qui produisent un rêve pour la séance suivante) est un temps à double entrée : d'un côté le patient travaille en lui-même le réseau de liens dont l'activité a été sollicitée dans sa vie interne en raison du nouvel investissement transférentiel ; d'un autre côté, pendant que ce travail s'effectue, il se tourne vers les investissements de sa vie externe et les objets dont il reconnaît l'existence dans sa réalité quotidienne. Chez l'enfant, la plongée dans le remaniement des liens entre ses objets internes ne l'empêche pas d'investir sa vie scolaire et ses copains.

Il ne serait pas souhaitable que tout ce pan de la vie du patient soit sous-estimé par un analyste qui penserait que la vie de l'enfant se réduirait à sa vie intérieure, sans considérer que le temps entre deux séances lui permet souvent de se rassurer : ce n'est pas parce qu'il ouvre sa conscience à la perception de ses cauchemars intérieurs que le monde devient cauchemardesque ! Non, ses parents l'aiment toujours, ses copains l'attendent toujours et il est lui-même toujours aussi content de retrouver, au-dehors, ses activités favorites.

Le souci que les parents ont fréquemment de donner aux investissements des activités de l'enfant dans sa vie externe, une place parallèle à l'investissement de la thérapie, participe probablement de ce que je viens de souligner : malgré l'investigation de l'inconscient de l'enfant, ses investissements conscients l'assurent – et assurent ses parents – de la conservation d'une certaine continuité d'un moi capable de se développer dans la réalité externe. Il est donc important que l'analyste signifie aux parents qu'il comprend cette dimension de la vie externe de son jeune patient ; sans cela, les parents se sentiraient incompris, auraient le sentiment qu'il voudrait réduire la vie de leur enfant à ce qui se passe dans son inconscient, éliminant ainsi l'épaisseur de leur réalité externe.

Ce préambule est important afin de réfléchir au nombre de séances hebdomadaires conseillé pour la thérapie d'un enfant. Les avis sont très partagés. Deux lignes de conduite peuvent être examinées si nous considérons – je viens de le souligner – soit la constitution d'un contenant de base pour la formation du monde interne de l'enfant, soit la nature même des objets qui peuplent ce monde interne.

Lorsque l'on s'en tient au premier point de vue, l'important est la simplicité : c'est celle d'une ligne contenante. E.Bick proposait (ainsi qu'elle me l'a dit) que le tout petit enfant – ou l'adulte chez qui l'on touche ces niveaux primaires de la constitution du contenant – vienne au rythme d'une fois par semaine, ou de six fois par semaine. Son raisonnement était le suivant : soit l'enfant calcule qu'il doit compter jusqu'à six avant d'avoir sa séance ; soit il calcule qu'il doit compter jusqu'à six avant d'être à nouveau séparé de son analyste. Le calcul est donc simple, à quelque endroit que vous placiez la discontinuité.

Pour E.Bick, le rythme le plus simple était celui qui respectait le plus les strates primaires de la constitution de l'identité chez le tout petit. Ce rythme binaire renvoie à un espace en deux dimensions, et c'est en construisant une bonne bi-dimensionnalité chez l'enfant que nous lui permettons de tisser les contours d'un contenant psychique.

Il est une autre perspective selon laquelle il est préférable que l'enfant (ou le patient adulte) puisse bénéficier d'un nombre suffisamment grand de séances par semaine : le moi ne souffre pas d'une attente trop prolongée pour ressourcer auprès de son objet externe, le lien qu'il entretient avec son objet interne. Winnicott[16] nous parle des capacités du tout petit enfant à supporter la frustration : il peut attendre sa mère pendant « n » minutes. Mais s'il doit l'attendre pendant « n + x » minutes, rien ne va plus. Il peut avoir alors le sentiment qu'elle ne reviendra jamais ; M.Klein[17] dira alors que le lien qu'il a avec le bon objet qu'il attend se transforme en mauvais lien.

L'enfant peut contenir sa frustration pendant un certain temps ; cette dernière peut être mise à distance de ses bonnes relations d'objet à condition que le temps passé à attendre cet objet ne soit pas excessif. Mais si l'attente dure au-delà de ce que l'enfant peut en supporter, l'angoisse survient qui trahit la menace de destruction de ses bonnes relations d'objets internes. C'est dans cette perspective qu'il est utile de multiplier le nombre des séances. On considère alors que les rencontres avec l'analyste sont comme un bon ressourcement, comme un repas dont le patient, ou l'enfant, aurait besoin pour prendre des forces.

M. Klein, l'école kleinienne et les post-kleiniens ont établi de nombreux rapports entre la fonction de l'analyste en séance et celle d'un bon sein qui nourrit ou qui apaise les angoisses du patient. Bion[18] a établi une théorie des transformations accomplies par l'analyste qui rendent les angoisses du patient supportables parce qu'il les « digère » lui-même et, de ce fait, rend leur symbolisation possible.

Dans ces conditions, nous comprenons comment on a pu penser que si le nombre des séances était insuffisant, cela ne permettait pas que le contact avec le « sein analytique » entraîne une intériorisation conséquente. Les transformations intérieures étant fondées sur cette intériorisation, et les progrès ne pouvant être que fonction de cette dernière, il était impératif que le nombre des séances soit à la mesure de l'intériorisation désirée.

Selon cette perspective, un patient qui n'a pas assez de séances ne peut être contenu et ses défenses peuvent s'opposer à l'investissement d'un nouvel objet susceptible d'entraîner une transformation de son organisation psychique.

Un analyste qui voit trop peu son patient – trop peu, c'est-à-dire moins de trois fois par semaine – ne peut être investi comme un objet fiable, si l'on considère que l'intériorisation du contenant ne peut se faire que dans la mesure où il est suffisamment présent.

Bien qu'il soit indéniable qu'un nombre de deux ou trois séances hebdomadaires entraînent une plus rapide émergence d'un matériel profond, et que le lien avec l'analyste permette à ce dernier d'affirmer davantage sa présence au-dehors et au-dedans du moi, il ne faut pas oublier – on a parfois tendance à le faire – qu'il est nécessaire de doubler tous ces temps de présence, de temps où l'absence est mise à profit. Comme dans le cycle alimentaire, il est un temps pour absorber la nourriture, un temps pour la digérer, enfin un temps pour que naisse à nouveau la faim pour l'objet.

C'est pendant l'absence de l'objet que le patient met à profit l'expérience qu'il a eue avec lui. Cela peut se traduire autrement : le remaniement de la vie intérieure du patient implique que son moi développe également des relations d'objet externe. Celles-ci ont une valeur à part entière ; il ne faut pas les comprendre uniquement comme des agir au-dehors d'une dynamique qui ne se jouerait qu'au-dedans du traitement. Autrement dit, il est bon de reconnaître qu'il existe chez le patient – enfant ou adulte – un champ d'investissement dans lequel l'analyste n'existe pas. Les relations d'objet externe ne sont pas toujours sous-tendues par des relations transférentielles. Il est important que l'analyste signifie au patient, par son attitude, qu'il reconnaît qu'il existe en dehors de lui : en dehors de lui dans la séance, mais également dans le monde externe ; sinon il ressemblerait à une mère qui ne supporterait pas que son enfant ne soit pas son prolongement narcissique.

Or cela a été le défaut de la multiplication des séances : la vie interne du patient pourrait s'y engloutir aux dépens de sa vie externe. Si l'analyste est une figure transférentielle, celle-ci possède en tant que telle la capacité d'introduire une modification dans les liens que le patient entretient avec ses objets internes et dans la dynamique qui régit les rapports entre son noyau narcissique primaire et son *moi-réalité ;* aussi, son travail doit-il se limiter au cadre des séances. Si ce cadre constitue un empiétement trop important sur la vie externe du patient, nous pouvons penser qu'il ne prend pas en compte la nécessité que le patient a de tirer profit des séances pour investir le monde externe et les objets qui l'habitent.

L'analyse, qu'elle soit de l'enfant ou de l'adulte, n'est pas une fin en soi.

Á considérer ces deux approches du cadre temporel des séances, je dirai à présent qu'il est souhaitable de commencer un traitement en ayant en tête la conception mise en évidence par E.Bick : c'est celle qui permet la constitution d'une continuité de base à la fois dans le moi et dans l'objet, en suivant le fil d'un rythme simple. A partir de l'introjection d'une telle continuité, je reprendrai l'idée de l'incorporation d'un contenant ainsi que celle de sa fonction. C'est alors qu'il peut être utile d'augmenter le nombre des séances, si cela est possible pour le patient et pour l'analyste ; sinon, cela peut constituer un projet pour un temps où les conditions, dans la réalité externe aussi bien qu'interne, seront réunies pour qu'il s'accomplisse.

Les tenants d'un cadre comprenant d'emblée un nombre important de séances – c'est-à-dire au moins trois séances par semaine - pourront nous objecter que le patient ne se lancera pas dans un investissement transférentiel s'il n'a pas ce nombre de séances, le contenant offert n'étant pas alors assez conséquent ; comme si c'était la taille du contenant qui témoignait de l'attention que l'analyste porte à son patient.

La comparaison avec les mailles d'un filet serait partiellement possible : un nombre insuffisant de séances hebdomadaires ferait du contenant analytique un filet aux mailles trop lâches de telle sorte que le moi qui s'y tiendrait passerait entre elles. Augmenter le nombre des séances serait resserrer les mailles. Il ne faut pas oublier cependant que le moi du patient n'est pas passif, et que lorsqu'il s'empare en l'intériorisant de la texture même de ce filet, c'est la qualité des nœuds qui lui permet de passer d'une maille à l'autre. Autrement dit, si la régularité d'un rythme permet l'émergence de ce phénomène qu'est la contenance, il ne faut pas oublier non plus que la qualité d'un filet n'est pas uniquement constituée du resserrement de ses mailles, mais également de la qualité de son fil et de l'art d'en faire les nœuds.

Ainsi la présence vide d'un analyste incompétent pourra se multiplier sans que le filet ne se forme, tandis que la régularité de nœuds tissés avec soin donnera au patient le sentiment d'être compris. Il s'agit d'abord de mesurer avec souplesse, dans les séances mêmes, les points de rencontre entre l'analyste et son patient de telle sorte que ce dernier, se sentant « compris » au double sens du terme, quitte son analyste en fin de séance en étant habité par un double vécu : d'abord, un vécu de complétude, lié à la certitude que son analyste a cherché authentiquement à s'identifier à lui (que cela ait abouti ou non à éclairer la nature de son état psychique) et ensuite un vécu d'incomplétude, lié au questionnement qui s'est emparé de lui, également par identification au questionnement de celui-ci. La rencontre d'un patient – enfant ou adulte – avec un analyste est d'abord celle d'un être humain avec un autre être humain. Le jeu transférentiel s'articule à cette rencontre là. Le patient attend d'abord d'être compris avant de créer avec son analyste – comme sur un théâtre – les divers scénarios de sa scène intérieure. Nous verrons qu'il sait tester les différents états du contre-transfert de son analyste. Je dirai cependant que d'emblée, dès la première rencontre, le patient pressent s'il va pouvoir ou non faire confiance à la solidité du fil, puis du filet, que lui présente celui à qui il confie sa vie psychique.

L'analyste dévoile, par l'accueil qu'il offre à son patient, non seulement son fonctionnement et ses capacités identificatoires, mais également sa propre soumission aux lois du temps et de l'espace et, avec elles, aux limites qui se tracent entre le dedans et le dehors du moi. Par le jeu savant qu'il instaure entre la souplesse de son accueil – comprenant tout son travail interprétatif – et la fermeté de son cadre qui n'est pas rigide, l'analyste commence à tenir son patient, lequel commence à tenir lui-même à son analyste.

Lorsqu'on établit le cadre d'une thérapie il ne faut jamais oublier que le patient est libre de l'accepter, tout comme l'analyste s'est senti libre de lui signifier ainsi qu'il ne pouvait pas travailler dans d'autres conditions. Cette liberté que je rappelle ici, est avant tout le jeu d'une balance en soi, entre une position et une autre. Le respect de ce jeu préside à l'établissement d'un cadre, et trouve son fondement dans la construction d'un espace psychique en trois dimensions. On le retrouve dans la comparaison que je faisais entre le contenant analytique et les mailles d'un filet : le nœud qui se forme et le lien qui se noue entre patient et analyste dans la rencontre de la séance, sont suivis d'un temps où le présent est mis au passé, et où l'un et l'autre sont libres d'oublier l'autre protagoniste et d'investir un autre pan de leur vie. L'agrippement au nœud comme à un pan unique de la vie interdit, avec le jeu d'un espace en trois dimensions, que place soit faite à la liberté de lâcher ce premier nœud pour en investir un second. Dans la proposition d'un rythme régulier de séances, il faut tenir compte de cette liberté.

Le temps de la séance est fixé d'avance et il est d'une durée de 45 minutes. Le patient apprend de la sorte, comme je l'ai déjà souligné, à prévoir la fin de sa séance et à en organiser le contenu ; souvent, d'ailleurs, il nous annonce d'emblée, en un condensé difficilement déchiffrable, ce dont il sera principalement question aujourd'hui. Cela constitue pour nous comme un point de repère ou un ancrage associatif, auquel nous nous référerons intérieurement avant d'entreprendre notre activité interprétative. Cette durée fixe nous aide donc nous aussi à organiser notre temps de compréhension de la séance ; nous savons que le patient, articulant son temps au nôtre, se donne le loisir d'associer, au fur et à mesure que nous nous donnons nous-mêmes le loisir d'avancer dans la compréhension de son matériel. L'intériorisation de la limite de la séance et de sa durée, constitue une sorte de butoir permettant qu'à rebours un sens émerge dans une durée limitée.

L'analyste et son patient savent qu'ils ont trois quarts d'heure pour que ce qui se dit soit interprété. Ils savent également que, si cela ne l'est pas aujourd'hui, cela pourra l'être une prochaine fois avec, parfois, une compréhension après-coup de ce qui s'est joué sur le moment. Tout s'entend en fonction de cette ponctuation du temps et nous sommes toujours surpris de percevoir à quel point les petits, et même les tout-petits qui ne savent pas lire l'heure, ont un sens de la durée qui les fait s'arrêter à la minute près, lorsque les trois quart d'heure se sont écoulés. Nous avons aussi l'exemple de l'enfant qui attend son analyste en retard : pour lui, la séance a commencé à l'heure convenue. Aussi est-ce à partir de ce moment là qu'il effectue inconsciemment un compte à rebours. Après trois quart d'heure, il annonce à son analyste qui, pour compenser son retard, voulait le garder plus longtemps, que la séance est finie !

La régularité de la durée de la séance double celle du rythme des séances pour participer à la constitution du contenant analytique.

L'analyste, de son côté, doit se rendre disponible pour accueillir son patient à l'heure convenue. J'ai déjà mentionné les raisons pour lesquelles je n'ai pas de salle d'attente, aussi les parents apprennent-ils à venir à l'heure pour amener et pour venir rechercher leur enfant. Il est indispensable dans ces conditions, de se montrer précis sans se montrer rigide. Lorsque nous attendons qu'un parent vienne chercher son enfant à 11 H 45, par exemple, il faut supporter qu'il vienne le chercher à 11 H 50. Mais, s'il a 10 minutes de retard nous pouvons, par notre attitude, manifester que l'enfant, et nous-même, l'avons attendu un peu trop. Pendant ce temps l'enfant se rend compte également que nous ne l'abandonnons pas après une séance, ce que nous pouvons expliquer aux parents lors des entretiens que nous avons avec eux. Lorsque quelque chose doit être réglé avec eux en dehors de ces entretiens, on peut très rapidement leur demander de nous téléphoner le soir. Il n'est pas souhaitable de faire attendre l'enfant en fin de séance pour régler des problèmes de tous ordres, comme des problèmes de rendez-vous ou d'informations sur les différents événements de la vie externe. L'enfant ne se sentirait pas compris ou respecté dans son besoin de retrouver sa mère ou son père ou même sa nounou après la frustration imposée par la fin de la séance. On ne déconseille pas d'ailleurs, à ce moment, au parent de venir avec une petite gâterie qui compense cette frustration souvent vécue au niveau oral.

Le quart d'heure que l'analyste s'accorde après chaque patient est aussi destiné à ranger son bureau. S'il voit des enfants à la suite les uns des autres, il doit changer le matériel. S'il voit un adulte après un enfant, il doit débarrasser son bureau du matériel destiné à l'enfant. Je m'en expliquerai plus loin, mais je ne pense pas qu'il soit nécessaire d'avoir un bureau spécialement destiné aux enfants.

Donc, durant cet important quart d'heure, l'analyste peut, dans sa tête, à la fois dire au revoir à son patient et en même temps se préparer à recevoir le suivant.

Se pose toujours le problème de la prise de notes de ce qui se passe en séance. Tous les analystes savent qu'il n'est pas possible de noter tout ce qui se passe. Cela n'est ni possible ni souhaitable, car l'analyste fonctionnerait alors comme une machine enregistreuse, c'est-à-dire sans capacité de penser.

Bion[19] ne nous a-t-il pas recommandé d'être en séance « *sans mémoire, ni désir et sans compréhension* » ? Si notre activité psychique durant la séance se consacre à la mémorisation de ce que nous observons, nous ne sommes plus libres de penser ni d'associer nous-mêmes librement, non plus que d'observer ce qui se passe en nous et chez le patient. Si, durant la séance même, nous pensons à ce que nous noterons après-coup, nous parasitons notre esprit par cette préoccupation. En somme, nous devons nous sentir libres de tout oublier, et la prise de notes après-coup n'est qu'un aide mémoire, un point de repère dont notre réflexion peut avoir besoin. L'essentiel est de se remémorer la séance quelques heures ou quelques jours après – le lendemain matin ou le matin de la séance suivante, avant de commencer notre travail auprès des patients – dans le but de réfléchir, avec le bénéfice du recul que nous permet le travail inconscient à propos de ce qui s'est inscrit en nous durant la séance. Il ne s'agit pas de se remémorer la séance comme on réviserait une leçon dans le but de ne pas l'oublier, car la mémoire de l'analyste au travail ne fonctionne que par associations. Elle n'est donc pas soumise aux mêmes lois que celles qui régissent le stockage des souvenirs.

Bion ne nous conseille pas de « comprendre » durant la séance, et pourtant je pense que ce recul nous prépare à mieux appréhender le nouveau matériel. Je pense qu'il s'agit surtout de ne pas chercher consciemment à comprendre, comme si nous étions tenaillés par l'urgence de donner un sens à ce qui se passe ; ce sens surgira lorsque nous serons prêts à le laisser émerger. Il faut toujours du temps. Combien d'analystes se sont rendu compte du sens d'un comportement un certain nombre de séances, sinon de mois, après son apparition ? Peut-être est-ce à ce moment là que le patient et l'analyste se trouvent prêts à en parler.

Ces réflexions débordent sur la partie de ce livre qui sera consacrée à l'interprétation, puisque cette dernière entremêle le sens que l'analyste doit donner et communiquer au patient à propos de ce qu'il observe du matériel présenté, et le jeu transféro-contre-transférentiel qui sollicite les capacités contenantes de l'analyste. Ce dernier, en effet, peut ne pas comprendre ce qui se passe en séance pour des raisons internes, ou parce que le patient le lui interdit, ou les deux. C'est l'évolution dans le temps du jeu transféro-contre-transférentiel qui permet, ainsi que me le disait Esther Bick, que la compréhension émerge, « *comme la lumière surgit après l'obscurité* ».

Nous pouvons remarquer qu'une réflexion sur les exigences d'un cadre temporel nous introduit à la nécessité, mais aussi à la possibilité, de prendre son temps. Elle nous introduit aussi au respect du temps d'évolution du patient et, à travers le détail des considérations matérielles, au respect, chez l'enfant, de son besoin d'être contenu. Cela justifie, et nous l'avons vu, qu'il serait cruel de le faire attendre en fin de séance dans la solitude. Il a besoin qu'un parent – ou un adulte – soit là pour l'accueillir à la sortie de sa séance. Ne pas considérer cela, c'est traiter l'enfant en adulte et ne pas le comprendre au double sens du terme. Nous avons vu qu'il ne s'agissait pas de lui éviter l'épreuve de l'attente : penser au cadre temporel des séances, c'est penser ménager pour l'enfant l'expérience d'une attente supportable et reprise en tant que telle dans l'analyse elle-même. C'est à la faveur de cette attente, nous le verrons, que l'objet peut être intériorisé. Cela entraîne la solidité des identifications introjectives, et permet qu'un deuil soit concevable, avec les aspects créateurs qui en sont la conséquence.

Considérons à présent l'aspect spatial du cadre.

C.2. Le cadre spatial

Nous allons suivre pas à pas l'arrivée de l'enfant accompagné de ses parents depuis le moment où ils sonnent à la porte jusqu'à leur départ.

N'ayant pas de salle d'attente, je demande aux parents d'arriver à l'heure pour que la séance de l'enfant ne soit pas raccourcie, étant donné que, quelle que soit l'heure de son arrivée, celle de son départ est la même. J'accueille l'enfant et lui serre la main en lui disant « bonjour ». Il est nécessaire qu'il réponde à mon salut, car la reconnaissance du caractère externe de l'analyste ainsi que du caractère fantasmatique de tout ce qui se joue en séance, est ponctué par ce symbole de la salutation à l'arrivée ainsi qu'au départ. Il est des enfants qui refusent de dire bonjour ou au revoir, qui boudent, ou bien qui se précipitent vers la salle de jeu. Il vaut mieux ne pas laisser ce comportement advenir même si, dans les débuts du traitement, l'enfant ne se soumet pas toujours volontiers à ce rituel. J'essaie toujours de transmettre le sentiment que c'est moi qui décide de l'entrée et de la sortie de la salle de jeu. Ma réalité objectale se marque ainsi au niveau des limites que l'enfant ne peut pas franchir sans mon accord ; il ne peut affirmer la transparence de cette réalité objectale.

Une fois que nous nous sommes salués et que la personne qui l'accompagne nous laisse, je conduis l'enfant dans la salle de jeu. Il peut me précéder dans cette pièce, mais dans une position où c'est moi qui l'y conduis sans lui laisser l'illusion qu'il serait le maître des lieux et qu'il pourrait m'introduire ou non dans cette salle. En effet, le détail de tout ce comportement nous renvoie à la manière dont l'analyste signifie à l'enfant qu'il est une personne vivante, et non pas un objet dont on peut disposer à loisir aux dépens de la reconnaissance des limites imposées par le vivant. Je m'explique : si nous permettons à l'enfant d'entrer dans la salle de jeu et qu'il se précipite sur ses jouets en nous laissant éventuellement à la porte – sinon en nous claquant la porte au nez – nous sommes nous-mêmes dans l'agir ; celui qui ne sait pas imposer des limites à l'enfant est complice de son *acting*. Dans cette situation, le petit patient signifie à l'analyste non seulement qu'il le contrôle, mais également qu'il le réduit aux éléments matériels qui sont en sa possession. Au lieu d'attendre sa présence, l'enfant n'attend que sa boîte de jeux, ses crayons et ses dessins. Ce n'est pas la voix de son analyste, non plus que sa pensée qu'il veut retrouver, mais seulement les murs de la pièce, sa fenêtre, son tapis, sa chaise et sa table. L'enfant n'est intéressé que par les éléments matériels qui tiennent lieu du corps de l'analyste. Il conserve ainsi l'illusion d'un contrôle absolu sur ce dernier ; s'il découvre qu'un élément du décor a changé, qu'un volet a été baissé par exemple, de telle sorte que la lumière n'est plus la même, ou qu'un meuble a légèrement changé de place, ce petit détail – auquel il attache une grande importance – le renvoie à l'aspect vivant d'un objet qui a bougé pendant son absence : l'objet vivant n'est pas figé ; il est habité par d'autres objets – comme la mère est habitée par son mari, ses enfants – qui ont dérangé l'ordre que celui-ci voulait lui imposer. La capacité que l'analyste, en tant qu'objet, a de partir et de revenir, la capacité même qu'il a de penser, témoigne qu'il n'est pas un objet vide et que, de l'intérieur, la vie des liens se noue en lui et le transforme. De ceci, l'enfant se doit d'avoir conscience à partir du moment où l'analyste lui impose un cadre spatio-temporel.

Je viens d'évoquer l'enfant qui se rue vers la salle de jeu et qui ferme la porte au nez de son analyste. Que fait un tel enfant ? Quel rôle joue-t-il et quel rôle fait-il jouer à son analyste ? Il est clair qu'il met alors, par identification projective, son analyste dans la position où il s'est senti lui-même : c'est son analyste qui se trouve à la porte et c'est l'enfant qui est en possession des lieux. Nous pouvons même penser que l'enfant tient le rôle du père qui met l'enfant à la porte interdisant, de ce fait, à l'analyste de se retrouver chez lui. La projection n'est-elle pas, en ce sens, la première sortie hors d'une conviction selon laquelle la salle de jeu, aussi bien que l'analyste, sont les possessions de l'enfant ? La souffrance de les perdre en sentant qu'un autre s'en est emparé, est projetée sur l'analyste, lequel perçoit avec juste raison qu'on lui a pris sa place. Mais la juste raison de l'analyste s'accorde avec l'illusion de l'enfant. Tout dépend du point de vue que l'on adopte : si l'analyste sait que le bureau est à lui, l'enfant, de son côté, est également persuadé que le bureau lui appartient. Si le père sait que la mère est sa femme, nous pouvons dire que le petit garçon, enfoncé dans sa passion œdipienne, est également convaincu qu'elle est la sienne. Lorsqu'il est porté par l'analyste, le cadre, en tant que rappel de la limite entre le dedans et le dehors, tout comme entre l'illusion et la réalité, permet de faire advenir cette distinction chez l'enfant.

Nous voyons que ce cadre est sollicité, tant au niveau de son expression spatiale que temporelle : les mêmes retrouvailles avec la limite, la même dimension tierce qui maintient écartés deux niveaux de coexistence – que ce soient deux éléments de l'espace ou du temps – garantissent l'émergence d'un jeu, d'allers-retours projectifs, d'un conflit, et donc à l'avenir, d'une pensée. Cette liberté de circulation d'un point à l'autre de l'espace et du temps, n'est ancrée dans la réalité qu'à la condition d'obéir à la première de ses lois, celle qui nous interdit de ramener l'espace et le temps au point zéro de leur existence.

Ces réflexions pourraient paraître s'éloigner de la pratique de la thérapie des enfants. Il n'en est rien. Même les tout petits sont au fait de ce que j'évoque ici, car rien n'est plus proche de leurs préoccupations que leur inscription dans le temps et dans l'espace.

On a souvent dit que les bébés sont des petits philosophes, et l'observation de leur comportement nous confirme la chose. Ce ne sont pas eux qui écrivent les traités de philosophie, mais ce sont eux qui, dans l'enchaînement de leurs gestes et de leurs expressions – qui sont des pensées agies – soufflent au philosophe ce qu'il doit écrire. Si vous observez le passage chez le tout petit de la position couchée à la position assise, vous assistez à tous ses essais et erreurs, à tous les liens qu'il doit effectuer entre les différentes perspectives qu'il a sur un même objet : le plafond, par exemple, lorsqu'il est couché se trouve face à ses yeux et, lorsqu'il est assis, se retrouve au-dessus de sa tête. La lumière de la lampe qui lui était si familière vue sous tel angle, doit interroger sa réflexion lorsqu'elle lui paraît différente, vue sous un autre angle. L'enfant s'adapte ainsi par le jeu de son corps à la réalité d'un objet ou d'une réalité qu'il ne peut réduire à la toute puissance de sa pensée. Il en est de même en ce qui concerne l'adaptation de l'enfant à l'axe temporel dans lequel la mère est prise elle-même : le fil du temps qui se déroule en lui pourrait être réduit à zéro si le sein maternel se présentait à l'identique, avec la régularité d'un objet non vivant. C'est la loi de la séparation des organisations psychiques et corporelles qui, tout en permettant à la mère une certaine ponctualité, impose à l'enfant une confrontation avec la différence. Le noyau narcissique primaire vit cette confrontation comme une violence que l'objet maternel est le premier à assumer. L'analyste de l'enfant se doit de reprendre à son compte la nécessité de le mettre en face de cette violence, faute de quoi il se comporterait comme certaines mères ou certains pères, qui entrent en collusion avec le narcissisme de leur enfant et ainsi ne l'aident pas à s'adapter à la réalité.

Ceux que l'on a appelés, d'un terme barbare « parents psychotisants » participent d'une telle illusion selon laquelle il serait possible d'oublier l'espace-temps en trois dimensions au profit d'une collusion narcissique primaire. De tels parents oublient à travers leur enfant qu'ils ont pour tâche première de lui imposer le « cadre » de leur vie d'adultes. Ce n'est qu'à l'intérieur d'un tel cadre que leur amour pour lui va se déployer ainsi que l'ensemble des identifications qui leur permettront de le comprendre.

L'analyste se trouve placé à la même enseigne lorsqu'il doit, dès l'installation du cadre des séances, signifier à l'enfant qu'il supportera sa violence – celle d'un enfant malade précisément de ne pas avoir pu s'adapter à des degrés divers à la réalité de ses objets, quels qu'ils soient – plutôt que d'entrer en collusion avec son illusion narcissique. Le travail contre-transférentiel de l'analyste est d'autant plus difficile que l'enfant mettra tout en œuvre pour abolir le cadre, que cela prenne la forme grossière d'attaques directes, comme nous le verrons plus loin, ou celle, plus subtile, d'une sollicitation de l'analyste à sortir de son rôle pour jouer celui d'un bon ou d'un mauvais objet dans la réalité. Dans tous les cas, celui-ci sera sorti de sa fonction ; il se sera mis, comme on le dit parfois de nous-mêmes, « hors de lui ».

a. Le bureau de consultation

Nous pouvons également l'appeler « la salle de jeu ». En ce qui me concerne, je transforme aisément mon bureau de consultation en salle de jeu. Je n'ai jamais pensé à la nécessité d'avoir une salle de jeu séparée d'un bureau de consultation, c'est-à-dire d'un bureau dans lequel il est possible de recevoir les parents de l'enfant ainsi que des adultes. Nous allons voir encore qu'à travers ces détails du cadre matériel offert à l'enfant, se jouent d'importantes questions concernant le cadre intérieur de l'analyste lui-même.

J'ai pris l'habitude de transformer aisément mon bureau de consultation en salle de jeu. Comment ? Il suffit de posséder une ou deux chaises à la hauteur des enfants et une table au même niveau. Il faut ensuite recouvrir cette table d'une toile pour éviter que l'enfant ne la tache ou ne la raye en jouant. Je recouvre également, si besoin, le divan d'une toile permettant d'installer dessus le matériel de jeu de l'enfant.

Le bureau ne doit être ni trop petit – ce qui ne permettrait pas d'aménager un espace pour l'enfant suffisamment distinct de celui de l'adulte – ni trop grand – ce qui n'encadrerait pas suffisamment l'enfant ; il doit pouvoir bouger, circuler a minima, sans que cela ne l'éloigne trop du champ de l'attention de l'adulte.

Je dispose le mobilier destiné à l'enfant de telle manière que ce dernier puisse se sentir proche de moi, tout en étant indépendant de moi. Il est chez lui, tout en étant chez moi, et il se sent – comme le disait Winnicott – « seul en présence de quelqu'un ». Les choses cependant ne dépendent pas uniquement de la disposition des meubles, et c'est dans notre esprit que la séparation des places s'instaure le mieux.

Il est des enfants qui nous donnent le sentiment que nous ne sommes pas chez nous. Je pense à une enfant psychotique et maniaque qui l'affirmait ouvertement : « c'est chez moi, ici ! ». Mais ce n'était pas un « chez elle » qui me laissait le bénéfice de l'accueillir dans ma maison, de telle sorte qu'elle s'y sente « chez elle » ; c'était un « chez elle » qui supposait que je sorte de « chez moi ». Cela n'allait pas sans conséquences contre-transférentielles. Je me sentais également « hors de moi », ce qui est caractéristique du contre-transfert lorsque nous nous confrontons à des défenses maniaques. Nous ne sommes plus en possession de nous-mêmes ou du moins est-il fort difficile de le demeurer. C'est à l'intérieur de nous que l'enfant est entré comme s'il était chez lui, annulant la barrière de séparation des identités. Par conséquent je conseille toujours, aussitôt que nous avons saisi, par l'analyse de notre contre-transfert, que nous avons affaire à un enfant maniaque, d'adopter une attitude de neutralité qui se borne quasiment au respect de la seule limite.

S'il n'est pas nécessaire de vider son bureau pour recevoir des enfants, de manière à ce que rien ne se présente à leurs yeux qui multiplierait nos interdits, il ne faut pas non plus multiplier les tentations. Ainsi lorsque nous laissons traîner des bibelots sur des étagères, offrons un téléphone ou un clavier d'ordinateur à portée de leur main ou d'autres objets présentant un caractère dangereux tels que des ciseaux pointus, des coupe-papier, parfois des agrafeuses, nous ne nous mettons pas à la portée de l'enfant qui a la notion que ces objets sont là pour qu'il en fasse l'expérience.

Si nous agissions ainsi, nous nous comporterions comme ces mères qui laissent traîner dans la maison des objets dangereux afin de dissuader leur petit enfant de s'éloigner d'elles. Elles adoptent une telle attitude pour diverses raisons ; soit elles veulent – plus inconsciemment que consciemment, nous l'espérons – montrer à leur enfant que le monde est dangereux en provoquant en lui de douloureuses expériences ; soit, de cette manière, elles enveloppent leur enfant par leur angoisse qu'il ne se blesse au contact de ces objets, alors qu'il ignore aussi bien qu'elle – plus consciemment qu'inconsciemment peut-être – l'intention de l'acte qui les a placés là par hasard. La comparaison est extrême mais elle est exacte : il n'est possible d'imposer des exigences à un enfant, qu'à la condition de lui transmettre, tout à la fois, que nous le comprenons et le contenons.

Si j'interdis à l'enfant d'ouvrir mes tiroirs – dans lesquels se trouvent des affaires personnelles ou les affaires appartenant à d'autres enfants – je ne suis pas en train de lui interdire quelque chose de dangereux. Je lui demande de respecter une loi : celle de la séparation des espaces privés. La liberté des uns s'arrête, ainsi qu'on le dit, où commence celle des autres. Il y a toujours, par contre, des éléments dangereux dans une salle de jeux, et nous devons imposer nos interdits afin de protéger l'enfant : il ne doit pas toucher à l'électricité – il risque d'en arracher les prises, même si on a pris la précaution de les recouvrir – il ne doit pas ouvrir la fenêtre et vouloir l'enjamber, grimper sur des étagères au risque d'en tomber, ... etc. Je reprendrai ces points plus bas au moment où j'examinerai les nombreuses attaques possibles contre le cadre.

Un cadre étant, par définition, un élément fixe de repérage spatio-temporel, il est important de penser à la permanence de son état.

Le bureau de consultation doit demeurer au même endroit durant un certain temps. Si l'analyste doit déménager, que ce soit dans le même immeuble, ou ailleurs, il doit y préparer le patient, sachant que ce dernier a noué un lien primaire avec, non seulement le bureau lui-même, mais avec le chemin qui y conduit. Ce lien échappe parfois à l'analyse mais il peut se retrouver dans les divers éléments du matériel apporté par le patient. Cela apparaît dans des rêves, dans des dessins : l'enfant représente l'étage, l'ascenseur, ou l'escalier, les portes avoisinantes. Il est aussi question du petit café ou de la pâtisserie où le patient se rend avant ou après la séance, du magasin où la maman conduit l'enfant pour lui acheter un livre ; du trajet en bus ou en métro pour venir et repartir. Tous ces éléments constituent un halo qui entoure le bureau de consultation lui-même. Ainsi pour le tout petit, l'ensemble des éléments matériels de sa chambre, puis de sa maison, participent-ils de la présence de sa mère, et plus précisément du contact avec son corps.

Il peut arriver qu'un analyste ne puisse accorder à l'enfant une séance supplémentaire qu'en lui donnant rendez-vous dans un autre bureau, voire dans une autre ville. Il me semble que cela n'est pas impossible dans la mesure où cela s'installe avec régularité ; je préfère cette solution de continuité du cadre à celle qui consiste à changer de bureau de manière non fixe, tant le cadre est fait d'une fixité destinée à être oubliée de la conscience et intériorisée. Cette fixité est avant tout faite d'un lien à maintenir constant entre l'espace et le temps : supposons que l'enfant ait deux séances par semaine, le lundi et le vendredi par exemple, il est préférable que la séance du lundi se déroule à tel endroit et celle du vendredi à tel autre, plutôt que de donner la première séance de la semaine parfois à tel endroit et parfois à tel autre, même si cette alternance est régulière. L'enfant a besoin de nouer de manière fixe le lundi à tel lieu et le vendredi à tel autre, faute de pouvoir passer toutes ses séances dans un seul endroit. Ceci nous donne une indication sur le rapport entre l'espace et le temps : ces dimensions sont si mêlées qu'un mouvement dans l'une, peut être annulé par une fixité dans l'autre. Ainsi le vécu de perte associé au changement du bureau du lundi, par exemple, est amoindri, sinon effacé, par le fait que le jour et l'heure n'ont pas changé et ne changeront pas. Le passage d'un bureau à un autre, n'entame pas ainsi la confiance dans la permanence du cadre.

Ceci nous apprend qu'un aspect du ménagement des transitions réside dans le maintien d'un point de fixité alors que le reste bouge ; si tout bouge en même temps, l'enfant ne reconnaît plus rien.

Lorsqu'on le prépare en le prévenant du changement de cadre, on lui permet également de fixer dans sa mémoire l'ancien cadre de manière à lui dire au revoir. Tout ceci est valable pour la transformation du mobilier du bureau. Il ne s'agit évidemment pas des petits éléments du décor (tels que l'ajout d'un livre dans la bibliothèque ou celui d'un dossier sur notre bureau). Il s'agit plutôt d'éléments importants dont le caractère est d'occuper un espace saisi en commun par le patient et l'analyste ; par exemple un meuble, une nouvelle lampe, un tapis. Le tapis est particulièrement important car c'est l'élément du cadre sur lequel reposent les pieds du patient.

Je me souviens d'une enfant qui, alors que le revêtement de sol de mon bureau avait changé sans qu'elle en ait été prévenue, s'est trouvée au moment d'entrer dans le bureau, désappointée à un degré tel qu'elle avançait son pied progressivement, comme si le sol n'était plus stable. On peut comprendre que chez cette enfant dont la mère présentait au plus haut point un caractère instable, le sol de la pièce renvoyait aux capacités maternelles de tenir son enfant physiquement sur ses genoux, et psychiquement dans sa tête. Tandis qu'elle faisait confiance à la permanence de mon cadre dans la mesure où il n'était porteur d'aucun changement, au moment où son aspect s'est trouvé transformé d'un coup, la fragilité de son introjection a laissé place à la catastrophe : poser ses pieds sur le sol, mais aussi s'appuyer sur mes capacités de penser à elle, étaient l'un et l'autre remis en cause. Je m'étais brusquement transformée en une mère instable.

Je me souviens aussi de patients adultes, qui m'ont remerciée de les avoir prévenus de l'introduction d'un grand meuble dans le bureau. Ils se sont ainsi rendu compte que ma réalité externe ne m'empêchait pas de m'identifier à leurs aspects les plus infantiles : ceux qui sont les plus angoissés par la nature même de la réalité externe, qui est de se transformer à l'infini. Ma possibilité de traduire pour eux l'impact émotionnel de ces transformations, leur a permis de les tolérer. C'est en laissant le patient seul face aux changements du cadre sans les lui annoncer que l'analyste lui révèle à quel point il s'est coupé de lui, et combien il ne comprend pas que le cadre est porteur de ses aspects les plus primitifs.

Avec les tout petits enfants, les vêtements portés par l'analyste font aussi partie du cadre. Lorsque j'ai travaillé dans les crèches pour suivre des petits de moins de deux ans, et parfois de moins d'un an, je m'habillais toujours de la même façon. Ce n'était pas une contrainte qui m'obligeait à revêtir dès le matin l'uniforme de la journée. Il me suffisait, arrivée dans la crèche, d'enfiler une blouse, toujours la même, et de mettre des chaussons, toujours les mêmes. Je mettais ainsi mon « uniforme bébé » que je retirais ensuite pour aller vaquer à mes autres occupations. Je laissais à la vue des enfants plus âgés, les transformations de ma réalité externe, sans les prévenir évidemment, à la différence de ce qui se passait pour le cadre de la pièce.

Grâce au cadre offert par l'analyste, le tout petit est davantage happé par la nécessité de vérifier au-dehors de lui que la permanence de sa réalité interne et de son identité, peut s'appuyer sur celle de son objet externe. L'enfant plus âgé laisse davantage place au jeu des transformations de son objet externe sans mettre en danger la stabilité de son objet interne et, par conséquent, de son moi. Cela ne veut pas dire que nous ne devons pas tenir compte des niveaux primitifs de l'enfant plus âgé ou de la fragilité de celui qui est malade mais, sans surestimer la capacité d'adaptation de cet enfant, nous pouvons penser que ses liens à l'objet externe, et donc aussi à notre personne, ne sont pas brisés par la simple transformation de notre apparence vestimentaire. Pour le tout petit, qui n'est pas encore éloigné de la prévalence des relations de surface, cette apparence se fond davantage dans les éléments du cadre qui n'ont pas lieu de changer.

Le contenant analytique que nous construisons en établissant un cadre fixe – spatial et temporel – est un élément qui peut paraître artificiel, du point de vue de la réalité externe, mais cette construction permet d'établir les conditions d'existence d'un processus d'introjection tout à fait naturel, tel qu'il s'effectue dans la vie courante pour le petit enfant. Nous pourrions comparer cela avec la constitution d'une vision intérieure : l'analyste doit, dans ce but, s'abstraire des perceptions externes. Il doit oublier un moment tout ce qu'il y a d'irrationnel dans l'expression fantasmatique de son patient, afin d'atteindre une réalité qui vit sous d'autres lois que celle de la logique des relations d'objet externe. Ainsi, dans le bureau de consultation, véritable chambre « obscure », laboratoire des jeux de l'inconscient, vient au jour ce qui se cache dans notre chambre intérieure.

Ce cadre dont nous maintenons la fermeté parce que nous en comprenons la nécessité, ne doit pas provoquer la paralysie de la vie psychique. Il est là pour permettre le développement de cette dernière ; l'inverse n'est pas souhaitable : le patient n'est pas plus au service du cadre qu'au service d'une théorie analytique qu'il devrait corroborer. C'est plutôt le cadre qui est là pour permettre l'évolution de la vie interne du patient. Notre théorisation qui se tient à l'arrière plan, est prête à suivre le nouveau chemin que nous montre le patient. Elle ne s'enrichira qu'à ce prix.

Cette réflexion débouche sur la distinction à établir entre le cadre externe – l'ensemble des éléments dont je donne la description ici – et le cadre interne qui est constitué par l'intériorisation de la part de l'analyste, non seulement de l'ensemble de ces éléments, mais surtout de ce qui constitue leur origine première, c'est à dire la souplesse d'une fonction tierce permettant de ne pas se coller ou se perdre dans les détails qui font partie du cadre, mais d'en conserver et d'en respecter la ligne directrice. C'est du dedans de nous-mêmes, analystes, que nous devons mesurer si l'enfant – qui se tient toujours sur la frange entre le jeu et l'*acting* – est en train de déborder notre cadre interne sans toutefois objectivement attaquer le cadre externe ; ou si, inversement, ne débordant pas notre cadre interne, il met à l'épreuve notre cadre externe dans des proportions que nous ne pouvons contenir. C'est seulement à ce prix que l'enfant pourra intérioriser notre capacité de le contenir et qu'il pourra, en conséquence, intégrer les exigences du cadre.

Je vais illustrer par deux exemples ce que j'entends par cadre interne. Ils sont directement associés aux réactions contre-transférentielles ; j'en donnerai d'autres au moment où nous étudierons plus loin le problème des attaques contre le cadre.

Il s'agit d'abord d'un enfant de 6-7 ans que je voyais en thérapie dans un bureau au centre duquel se trouvait un grand fauteuil en bambou aisément déplaçable, même par un garçon aussi fluet que lui. Il lui était aisé de retirer les coussins qui se trouvaient sur ce fauteuil, de le renverser sur le côté et de commencer à monter sur lui comme un équilibriste, ses pieds reposant sur la largeur des bambous. Mon dilemme – et je me le formulais en silence – était celui-ci : si je lui demande de descendre du fauteuil et de cesser de se mettre ainsi en danger de tomber, je lui traduis ma crainte, vécue par lui comme étant celle de sa mère qui n'a jamais supporté de le laisser jouer un peu loin d'elle, non plus que d'avoir des initiatives le confrontant à la réalité externe. Cela a été vécu par elle comme une mise en danger. La peur de l'enfant de prendre un petit risque ou de faire sa propre expérience de la chute était doublée, sinon parasitée, par celle de la mère qu'il ne se fasse trop de mal et, ce faisant, qu'il ne lui fasse du mal. L'enfant, dans ces conditions, ne pouvait plus savoir à qui appartenait la peur qui pouvait l'habiter lorsqu'il se mettait – toutes proportions gardées – en danger. Il testait donc ma capacité de le laisser avec sa peur et de contenir la mienne. Il testait également ma capacité de relativiser le danger lié à l'expérience qu'il était en train de faire d'une chute possible au bas du fauteuil. Où se trouvait la limite entre les fantasmes de son objet, et l'épreuve de réalité, puisque sa mère, au lieu de traduire par ses interventions la réalité d'un danger externe, ne mettait au jour que celle d'un danger interne ?

D'un autre côté, si je ne disais rien, non seulement l'enfant pouvait avoir le sentiment que je le laissais seul aux prises avec une expérience dangereuse, mais également que je n'avais pas conscience du danger. Il arrive parfois qu'une mère malade, uniquement préoccupée de son monde interne, voit du danger là où dans la réalité il n'y en a pas, et ne voit pas le danger lorsque la réalité est véritablement menaçante. J'ai dû, moi aussi, » tenir en équilibre » en considérant l'ensemble de ces directions, et j'ai mesuré que le risque que l'enfant se fasse mal en tombant – ce qui était relatif étant donné le gros tapis qui recouvrait le sol – était moindre que le mal que je lui ferais en ayant peur à sa place. J'ai donc laissé place à sa peur sans y ajouter la mienne et, ce faisant, j'ai laissé à cet enfant la capacité de développer dans son moi les moyens de faire face à la réalité d'une chute, au lieu qu'il n'en passe par les injonctions maternelles. Tout au cours de ses nombreuses expériences d'équilibriste l'enfant n'est jamais tombé, sauf une fois, et sans se faire mal. Ce qu'il a commenté en disant : « j'ai pris des risques ! ».

J'avais moi-même pris des risques au cours de mes turbulences contre-transférentielles, et j'ai dû faire appel à ce que j'avais compris des projections de l'enfant : je devais le laisser faire l'épreuve d'un contenant qui résiste aux projections de ses peurs. Je devais me comporter en somme comme un sol indifférent à sa chute ; il ne pouvait comprendre que de cette manière qu'un tel sol existe ; il n'avait eu en lui jusque là qu'un sol mouvant qui ne répondait à son tremblement intérieur que par un autre tremblement. Cet enfant voulait trouver ainsi une limite entre lui et son objet.

Á l'opposé, je pense à un autre enfant pour lequel il ne m'a pas été possible de mettre mon contre-transfert à l'épreuve des risques encourus.

Le but des *acting* de cet enfant était également de mettre ma solidité contre-transférentielle à l'épreuve et de tester si je possédais en moi-même une limite de discernement permettant de distinguer deux éléments importants qui faisaient partie de cette mise à l'épreuve : l'enfant qui nous touche dans nos limites, cherche-t-il à les détruire ou bien à vérifier simplement leur solidité ? Nous étudierons plus bas les multiples formes que revêtent les attaques contre le cadre, mais je puis souligner dès à présent que la ligne de discernement séparant ces deux attitudes n'est pas toujours aisée à tracer.

L'enfant auquel je pense jouait – de manière perverse – à « tordre » cette ligne de discernement.

J'avais une maison de poupée en bois, plus haute que large de telle sorte que, la laisser tomber violemment pouvait, sinon la casser, du moins démanteler ses attaches. Cet enfant, tout en me regardant, jouait sur la limite : il penchait la maison de telle sorte qu'il pouvait, au dernier moment, la lâcher d'un coup. Il observait en même temps à quel moment moi-même je prévoyais la chute. J'aurais pu, comme avec l'enfant précédent, laisser l'objet tomber. Mais, à la différence de la situation précédente où le petit patient risquait peu, ici l'objet se serait vraiment cassé. Les enjeux étaient totalement différents de ceux qu'impliquait la situation précédente. Ici il ne suffisait pas à l'enfant de projeter sa propre peur en moi, comme en un objet dont la fonction est de la supporter. Dans un mouvement d'identification projective, il devenait lui-même l'adulte et me mettait dans la position d'un enfant gagné par la peur. Cette identification projective était tellement massive que ma fonction d'adulte était totalement annulée : l'enfant se comportait comme un objet qui jouit sadiquement de la peur qu'il provoque. Je percevais donc, dans mon contre-transfert, une angoisse associée à l'excitation qui le gagnait. Toutes les limites risquaient d'être franchies jusqu'à l'anéantissement de l'objet et l'impossibilité de sa réparation. Le test de la solidité du cadre passe ici par une attaque contre l'objet telle qu'il s'en trouve dénaturé.

De la même façon que précédemment j'ai permis à l'enfant de trouver en moi un objet valable – c'est-à-dire capable d'incarner un cadre soutenant – en adoptant, suite à ses nombreuses provocations, une attitude de non-intervention, de même ici je n'ai pu tenter d'aboutir à ce même résultat que par une attitude opposée, celle de l'intervention : j'ai demandé à l'enfant de cesser de jouer avec la maison. Il est bien entendu qu'avant cette interdiction, je lui ai demandé de prendre sur lui de ne pas laisser tomber la maison pointant le risque qu'il prenait de la casser. Mais cet avertissement n'a eu pour effet que d'attiser le feu : l'enfant m'a fait porter, à moi seule, le désir de protéger la maison de bois et de ne pas l'endommager, alors que lui se trouvait tout excité par le lien que j'entretenais avec cet objet.

Nous pouvons comprendre ce fonctionnement en considérant que la perversion du processus projectif entraînant une impossibilité de maintenir un cadre, et donc une incapacité de contenir les bonnes parties du moi (celles qui entretiennent un lien non perverti avec l'objet) il est alors nécessaire d'intervenir directement sur le cadre et de ne pas le laisser aux mains de l'enfant. Ce faisant, notre intervention acquiert la valeur d'une réaffirmation de l'existence d'un cadre dans la mesure où elle n'est pas contrôlée par l'enfant. De la sorte, nous rappelons l'existence de notre caractère externe par opposition à la toute-puissance de l'enfant.

Un tel enfant a de gros problèmes dans la construction de son espace psychique, car cette perversion de la limite fait reculer l'épreuve de la réalité jusqu'à ce qu'elle soit réduite à la concrétude des obstacles qui se présentent devant lui : il doit se heurter contre un mur, tomber au sol, se cogner contre les meubles, pour sentir que l'espace en trois dimensions est réel, bien qu'il dénie l'existence de l'élément tiers qui en constitue le fondement.

Avec l'intégration du cadre, nous voyons que la représentation de l'espace interne de l'enfant évolue. Tout se passe comme si, après avoir construit les murs d'un espace habitable, l'enfant pouvait commencer d'en élever les murs intérieurs et séparer ainsi l'espace psychique – à l'image de l'espace corporel – en un « dedans » et un « dehors », puis en parties différenciées au-dedans de lui.

D.Meltzer[20] met bien cela en évidence lorsqu'il évoque la constitution des clivages horizontal et vertical, puis la distinction des différentes zones érogènes. A un niveau primitif, je pense à un enfant qui ne pouvait jouer d'abord qu'en mettant des animaux à la queue leu-leu, comme pour former un mur, prenant progressivement la forme d'une boucle fermée. Il a pu secondairement construire les murs d'un véritable zoo dans lequel ces animaux vivaient de compagnie en toute innocence jusqu'à ce que l'émergence des pulsions orales entraîne des conflits, sinon des ravages. Il s'est mis alors à construire des murs intérieurs permettant d'isoler les proies des prédateurs. Enfin il a introduit un jour une pièce spéciale dans laquelle il a placé la gardienne du zoo. Des visiteurs sont arrivés ; cette surveillance permettait de protéger les humains qui approchaient de trop près les animaux. Cette introduction de l'humain dans un monde pulsionnel sauvage est importante car elle témoigne de la constitution d'un moi permettant de lier l'émergence pulsionnelle : si le fauve ne saute pas sur l'agneau, ce n'est pas parce qu'un mur s'y oppose, mais parce qu'un interdit, une loi humaine, régissent les rapports entre les pulsions et leur satisfaction. C'est à ce moment d'ailleurs que cet enfant a commencé de concevoir un autre type de construction et, comme je questionnais sa nature, il m'a répondu : « ce n'est plus un zoo, c'est une maison ! ».

Par ce petit exemple, je veux souligner comment la constitution d'un espace psychique en trois dimensions s'enracine dans l'intégration de limites contenantes, vécues très corporellement. C'est par l'articulation de ces limites entre elles que la pensée proprement dite – l'humain chez ce petit garçon – a pu advenir.

Certains enfants démarrent directement la construction de leur maison intérieure avec une simple pièce, jusqu'à ce que l'espace se complexifie et que les différentes fonctions de l'objet soient intégrées pour former la représentation d'une maison aux multiples pièces : la cuisine pour manger, les W.C. pour évacuer, la chambre pour dormir, la salle de bain pour se nettoyer, enfin le salon ou la bibliothèque pour penser.

Une des joies de l'analyste d'enfant est de voir se constituer sous ses yeux, avec une concrétude que n'offre pas l'analyse de l'adulte, la personne même de l'enfant dans son architecture en trois dimensions. L'analyste sait que, grâce à son fonctionnement psychique, en étayage sur la fermeté des limites de son contenant psychique, l'enfant constitue également le sien à complexité croissante. À ce niveau, toutes proportions gardées, l'analyste se sent réellement donner naissance aux bases nécessaires à la vie psychique de cet enfant.

b. Le matériel de jeu

Nous l'avons vu, le cadre fait partie du jeu de l'enfant car son jeu ne peut que se situer à l'intérieur d'un cadre ; mais ce cadre n'est pas un matériel de jeu car il n'est pas manipulable par l'enfant qui peut et doit s'étayer sur lui. Le petit patient peut donc le toucher – dans certaines proportions – mais il ne peut pas le transformer. Le matériel de jeu, par contre, est sa possession : il peut le manipuler et le transformer à loisir car, lui appartenant, il est le matériau à partir duquel il va pouvoir exprimer la fluidité de ses fantasmes.

Le contenu de sa boîte de jeu s'adapte aux moyens d'expression de l'enfant. Il est important de mettre à sa disposition des familles : d'abord une famille de personnages allant des grands-parents aux plus petits enfants, jusqu'au dernier-né, en passant par les parents. Je pense que même si l'enfant est seul à la maison, il peut ainsi mettre en scène divers éléments se rapportant à une fratrie fantasmatique. L'enfant doit avoir suffisamment de personnages à sa disposition pour créer autour de la famille un ensemble de voisins et d'amis.

Je me souviens d'une fillette qui traduisait ainsi à quel point la vie de famille revêtait un aspect groupal, et combien les rapports avec le voisinage comptaient pour elle. Elle utilisait aussi les différentes tailles des enfants, allant du bébé au petit qui marche à quatre pattes puis à l'enfant plus grand, pour traduire les différents temps de son évolution.

Il n'est pas nécessaire d'apporter une telle complexité dans les familles d'animaux. On peut effectivement avoir une famille de cochons avec deux ou trois petits cochons, un couple formé de la vache et du bœuf, avec leur petit veau, un couple de chevaux et un poulain, des volailles, un chien, un chat et des canards. La liste peut s'allonger au gré de l'inspiration de l'analyste et de la taille de la boite. J'ajoute à ces animaux domestiques, des animaux sauvages qui permettent de porter la crudité des pulsions de l'enfant. Là aussi on peut former une famille de tigres, de lions et de crocodiles. On peut ajouter un animal porteur d'une carapace, comme une tortue, bien faite pour représenter certaines tendances au retrait de l'enfant. Dans sa boite, il trouvera aussi des crayons. On peut ajouter des petites maisons, des arbres, quelques barrières, deux petites voitures, une petite table, des chaises et de la vaisselle miniature. Ceci permet de constituer une scène de jeu familière et en même temps de l'opposer à la vie sauvage.

Il est nécessaire que ce matériel de jeu soit individuel et que l'enfant ne le partage pas. Il est important qu'il ait le sentiment qu'on protège, avec son matériel, l'aspect privé de sa communication. Nous avons déjà vu que l'enfant vit de manière très concrète la dynamique de sa scène intérieure. S'il découvre qu'un élément de son jeu a été touché, déplacé ou même abîmé par quelqu'un d'autre, le voilà méfiant vis-à-vis de son analyste ; comment pourrait-il faire confiance à un parent – celui-là en étant un représentant – qui laisse un autre enfant faire intrusion dans son monde interne ? Il n'est pas question ici d'apprendre à l'enfant à partager son objet, qu'il soit maternel ou paternel avec d'autres. Son matériel de jeu n'existe pas seulement dans sa réalité externe : il renvoie à une réalité interne dont il serait l'incarnation et l'enfant, lorsqu'il manipule sa petite poupée, par exemple, a le sentiment de faire bouger son objet interne, bien qu'il ne soit pas délirant et qu'il sache qu'il ne s'agit que d'une poupée. Mais l'investissement de son jeu et l'interprétation de son analyste le renvoient à sa scène intérieure : aussi les petits personnages ou les animaux de sa boîte de jeu, font-ils partie de cette scène.

Nous pouvons partager des objets externes avec les autres, au-dehors de nous ; mais nous ne pouvons partager des objets internes avec ceux qui font partie de notre réalité externe. L'enfant n'apprendra pas ce partage dans un matériel commun. Il ne l'apprendra qu'à travers l'évolution de son jeu avec un analyste qui aura su préserver l'existence de la vie privée de l'enfant, de la même façon que celui-ci doit respecter la vie privée de son analyste, comme celle de ses parents. Nous disons parfois à un petit patient curieux, qui veut regarder dans les boites des autres – si du moins elles sont exposées à sa vue, ce qui n'est pas souhaitable – que cela ne lui est pas plus permis qu'aux autres de regarder dans sa boîte ; cela est une autre façon de dire que « la liberté des uns finit où commence celle des autres ».

Il est pourtant des éléments de jeu qui ne peuvent être que communs, si toutefois on les utilise. Il en est ainsi des cubes de différentes tailles, permettant aux petits de faire des tours, de la maison de poupée, d'animaux parfois plus gros que ceux qui sont dans la boîte individuelle. On peut se poser la question de la nécessité de ce matériel avec certains enfants, à qui la boîte individuelle suffirait amplement. Pourtant il arrive assez souvent que lorsqu'on offre des animaux de grosse taille et que la boîte est à disposition de l'enfant avec ses animaux de petite taille, l'enfant se mette à jouer de préférence avec les gros animaux et délaisse les siens. Cette question demeure ouverte, mais j'aurais tendance actuellement à limiter le matériel de jeu de l'enfant à sa boite de jeu, sans lui offrir ce matériel plus séduisant dans sa manipulation, mais présentant l'inconvénient de servir à tout le monde. Il en est différemment de la petite maison – plus ou moins petite d'ailleurs – mais d'une taille qui en fait un objet symbolique d'une maison réelle, et dans laquelle, par conséquent, l'enfant ne peut pas pénétrer.

Je me souviens de certains enfants à qui il a manqué l'établissement de cette dimension symbolique du jouet, renvoyant à des éléments du mobilier ou de la réalité de leur vie quotidienne. L'enfant cherche à s'asseoir sur la petite chaise de la taille d'un pouce et à s'attabler au petit meuble de la taille d'une main. Ou bien il cherche à rentrer dans la maison alors que tout au plus il y passerait le bout de son nez. Il voudrait se coucher dans le petit lit qu'il y a installé pour sa poupée. Que se passe-t-il alors ? Il me semble que l'enfant a supprimé, ou n'a pas encore établi, la barrière qui lui permet de différencier sa réalité externe de sa réalité interne : il voit au-dehors ce qui se passe au-dedans de lui. Nous pourrions comparer cela à un rêve dans lequel l'enfant se glisserait au-dehors comme il se glisse dans son rêve au-dedans de lui, lorsqu'il ferme les yeux. L'enfant joue ainsi, pourrions-nous dire, les yeux fermés, ou rêve les yeux ouverts. La réalité cependant le réveille car il se heurte à la paroi de la maison, il ne tient pas sur la petite chaise destinée à la poupée. C'est ce choc qui signe à nouveau les limites d'un cadre qui sépare, comme nous l'avons vu à propos du cadre instauré par l'analyste, la réalité interne de la réalité externe.

L'aspect symbolique du matériel offert à l'enfant nous ramène à cette même question aussi n'est-il pas judicieux d'offrir à l'enfant un matériel de jeu qui constitue une réalité en soi. Je pense au téléphone – non branché évidemment – aux véritables petites cabanes dans lesquelles l'enfant pourrait se mettre, aux voitures dans lesquelles il pourrait réellement déambuler, aux grosses peluches ou aux grandes poupées... etc. Ces objets pourraient devenir de bons jouets dans sa chambre à coucher, à la maison ; mais dans le bureau de consultation, ils ne serviraient pas le travail de symbolisation propre au cadre de la psychothérapie d'enfant.

Il en est de même de l'eau que l'on met à la portée de l'enfant. Si l'on juge qu'il peut bénéficier de la manipulation des contenants et du transvasement, on peut mettre à sa disposition une cuvette avec une série de petits pots. L'un de ces petits pots seulement sera destiné à recevoir une quantité d'eau toute symbolique qu'il pourra faire passer d'un pot à l'autre, boire même si l'analyste juge qu'elle n'a pas été souillée par l'enfant ou bien s'en asperger la tête, comme les enfants aiment parfois le faire pour se rafraîchir très concrètement les idées.

La limite est un garant de l'utilisation symbolique du matériel : dans cette perspective il n'est pas souhaitable que l'enfant ait à sa disposition l'eau du robinet et la fasse couler à loisir, parfois au risque qu'elle déborde du lavabo. Certains analystes ont attendu que la limite survienne du dedans de l'enfant et se sont retrouvés à patauger dans l'eau, sans que celui-ci ait le moindre souci d'arrêter le robinet. Il est en train d'attendre, au contraire, que l'analyste l'arrête lui-même et soit capable de s'opposer à la « vague » – terme particulièrement approprié ici – pulsionnelle qui risque de l'emporter au-dehors aussi bien qu'à l'intérieur de lui.

Cette limite doit s'imposer aussi dans tout ce qui est offert à l'enfant et dont il pourrait faire un usage abusif. Je pense au papier qui lui est donné pour qu'il dessine. L'analyste ne doit pas mettre à sa disposition tout un bloc de feuilles vierges. J'ai l'habitude de donner à l'enfant à chaque séance, trois feuilles de papier. Certains enfants aux tendances obsessionnelles, lorsqu'ils n'utilisent pas leurs trois feuilles, les rangent soigneusement dans leur dossier pour en faire une réserve, et comptent que je leur en donne à nouveau trois à la séance suivante. Je ne cherche pas à encourager ce stockage, et je n'en remets que s'il en manque à l'enfant pour qu'il ait ses trois feuilles habituelles. Evidemment, il m'est arrivé de donner plus de trois feuilles à des enfants pour lesquels il était impératif de dessiner abondamment. Mais j'ai toujours cherché à leur donner le sentiment que mes propres réserves étaient limitées et qu'ils devaient attendre la séance suivante avant que je ne les renouvelle.

Le matériel doit servir à exprimer les relations d'objet internes de manière symbolique, aussi ne doit-il pas être détruit volontairement. Là encore, l'analyste doit interdire et doit opposer la fermeté de sa limite à la toute-puissance de l'enfant. Lorsqu'il a détruit un objet, il cherche ensuite à ne plus le voir et le cache au fond de sa boite. Cet objet peut aussi passer sous ses yeux sans que l'enfant ne semble remarquer sa destruction : après que la violence de l'attaque contre l'objet a fait ses ravages, il ne reste plus à l'enfant qu'à les dénier ou bien à reconnaître cette violence et à tenter de réparer ses objets. La question qui se pose à lui est celle de la possibilité de la réparation, sachant que les relations d'objet externes renvoient à des relations d'objet internes. L'analyste doit cadrer et contenir suffisamment l'enfant pour que sa destructivité soit supportable et supportée par lui. En détruisant la petite voiture qui se trouve dans sa boite de jeu, l'enfant n'a pas seulement la perception d'un jouet abîmé qu'il va falloir réparer ; il a également la perception aiguë que son objet interne a subi un semblable dommage. En aidant l'enfant à exprimer son agressivité contre l'objet, sans que celle-ci ne parvienne à le détruire, l'analyste permet tout d'abord à l'enfant de faire l'expérience que sa destructivité peut ne pas être toute puissante, et qu'il existe au-dehors un objet qui en limite les effets. Il lui permet aussi de sentir qu'une telle attitude le maintient en deçà de l'irréparable, au sens propre du terme.

Dans cette fluidité du passage entre le dehors et le dedans du moi, et réciproquement – ce qui est le propre des tout petits – l'enfant perçoit qu'au-dedans de lui également, l'objet a résisté aux attaques : il peut demeurer vivant et être réparé. Si nous n'empêchions pas le petit patient de détruire intentionnellement et totalement son matériel de jeu, nous ne lui donnerions pas la possibilité d'entamer un processus de réparation car le matériel ne serait plus réparable. C'est la confiance dans la possibilité d'effectuer une réparation qui permet de s'engager dans une position dépressive : l'enfant accepte de se reconnaître responsable du mal fait à l'objet et entrevoit la possibilité de le restaurer, sinon dans son état premier, du moins dans un état qui s'en approche. L'analyste qui interdit à l'enfant de saccager sa boite de jouets lui barre, par la même, la route du désespoir et demeure de la sorte un objet d'identification solide.

Il s'agit de distinguer l'acte qui, chez l'enfant, vise à porter l'expression de son agressivité, de l'acte qui vise à détruire les moyens d'expression eux-mêmes et les objets qui en sont le support.

Si l'enfant nous demande un kleenex – et il vaut mieux qu'il nous le demande plutôt que de plonger sa main dans notre boîte pour se servir à volonté – nous observons l'usage qu'il en fait. Il peut avoir besoin de se moucher, et le kleenex lui sert alors de contenant, sinon de *sein-toilette*, dirait D.Meltzer[21], c'est-à-dire d'objet utilisé, mais non reconnu pour sa valeur propre. L'enfant peut aussi en faire un autre usage : il peut le réduire en petits morceaux et l'éparpiller sur le sol. Il peut alors nous en demander un second puis un troisième… etc. Toujours dans le but de le réduire en charpie. Nous ne pouvons pas lui laisser épuiser le contenu de la boite de kleenex de cette façon ; il faut l'arrêter au bout d'un ou deux mouchoirs, de manière à donner un sens à cette destruction : ce morcellement traduit-il son vécu dans le transfert ou bien vise-t-il, dans sa fureur contre l'objet, à le réduire à cet état… etc. ? Un objet capable d'interpréter une mise en acte destructrice manifeste que sa capacité de penser n'a pas été détruite.

Dans le même esprit visant à limiter la mise en acte de la destructivité de l'enfant, j'ai l'habitude de conserver par-devers moi la gomme que je lui prête au moment où il en fait la demande. Cela n'est pas toujours nécessaire et il est des enfants qui ne détruisent pas le matériel qui pourrait leur être utile. J'attends également que l'enfant me demande de tailler son crayon et je ne lui mets pas de taille-crayon dans sa boite ; j'ai eu très souvent l'expérience d'enfants qui jouaient à tailler leur crayon jusqu'à ce qu'il n'en reste quasiment plus, satisfaisant par-là une curiosité intrusive où se mêlent pulsions orales et anales : l'enfant est alors tout entier occupé à l'observation de la dentelle de bois qui tombe du taille-crayon, lequel mord le bois et le transforme en un long copeau. Certains autres veulent magiquement châtrer leur père en raccourcissant leur crayon (représentant de sa puissance). Il est aisé de limiter ces *acting* en conservant le contrôle des instruments qui les permettent.

Il est important que l'analyste se sente dans un cadre confortable et que le risque de l'abîmer soit réduit au minimum ; ainsi je n'ai pas l'habitude de donner à l'enfant des peintures et de l'eau car le risque, et parfois la tentation, de dégrader la pièce avec des couleurs, est trop important, alors que l'avantage d'utiliser un tel matériel n'est pas à surestimer. Une séance de thérapie n'est pas un cours d'expression picturale ! Ce qui compte, c'est ce qui se cache sous ce que l'enfant dessine, et non pas la qualité du dessin lui-même.

Il est utile, parfois, de mettre à la disposition de l'enfant de la pâte à modeler, de telle sorte qu'il façonne en trois dimensions, dans leur concrétude, des objets qu'il a du mal à se représenter sur le papier, en deux dimensions. Pour certains enfants ce matériau n'a pas d'utilité. Là aussi, il s'agit d'évaluer en quoi tel matériel sert ou non à la communication. Comme je l'ai déjà signalé, il est des enfants qui n'utiliseront pas un matériel au service de la communication mais dans un but opposé, c'est à dire pour la détruire. Lorsqu'on met de la pâte à modeler à leur disposition, de tels enfants l'étaleront sur le sol, en incrusteront les tapis ou bien en lanceront des boules contre les murs … etc.

Lorsque l'enfant est à même de bien utiliser la pâte à modeler, il est important que cette dernière demeure sa possession et qu'il n'ait pas à la partager avec d'autres patients, ce qui provoquerait en lui le même vécu d'intrusion que celui que je signalais plus haut à propos du matériel de jeu. Tous les éléments du matériel qui peuvent s'user et qui sont mis à la disposition de l'enfant, doivent être privés. Il en est ainsi de la pâte à modeler, des crayons : l'enfant ne doit pas y voir la trace d'une autre utilisation que la sienne propre.

Je mets également à la disposition de chaque petit patient son dossier de dessins, dans lequel se trouvent exclusivement ses dessins. Je veux dire que je n'introduis pas d'éléments étrangers au travail de l'enfant lui-même car son dossier constitue la partie la plus intime de son matériel : ses feuilles sont le support de ses fantasmes ; il y sont photographiés. Il les passe en général en revue avant les séparations, comme pour mesurer le temps écoulé depuis le début du traitement, afin d'en emporter en lui le souvenir jusqu'à la prochaine séance. De même, nous cherchons à rassembler notre mémoire autour des liens que nous avons eus avec une personne avant de la quitter. Il est donc important que l'enfant ne trouve pas dans son dossier des notes qui ne seraient là que pour servir la mémoire de son analyste et non pas la sienne, des notes qui lui apparaîtraient comme intrusives puisqu'elles témoigneraient de l'empiétement du narcissisme d'un autre à l'intérieur du sien. Le dossier de l'enfant est donc un monde fermé, comme l'est sa chambre à coucher ou son petit lit. Il serait mal venu que la mère ou le père, par exemple, introduisent leurs propres affaires dans ce jardin secret.

Nous inscrivons cependant au dos du dessin, la date à laquelle il a été fait afin de se repérer dans l'ensemble de la production de l'enfant. Nous indiquons également le numéro du dessin, si l'enfant en a fait plusieurs. Ces indications sont effectuées généralement en fin de séance, devant lui. Il n'aura donc pas la surprise de découvrir à la séance suivante qu'on a ouvert son dossier pour y écrire quelque chose ; l'enfant vivrait cela comme une intrusion. Je note toujours la date à la même place de telle sorte que, lorsque le petit patient fait un dessin très embrouillé dans lequel on aurait du mal à se repérer ultérieurement, je puisse placer la feuille immédiatement dans la bonne direction.

En suivant cet ordre d'idées, se pose alors la question de la destination des dessins. Nous savons que l'enfant dessine dans la relation qu'il a instaurée avec son analyste, tout comme l'adulte rêve pour celui qui analyse ses rêves et dans la relation de transfert qu'il a avec lui. Mais l'enfant, en « tenant son rêve dans ses mains », pourrait-on dire, peut vouloir donner à son dessin une autre destination et ne pas le laisser à celui qui en a été l'inspirateur ou le catalyseur. Il peut vouloir le donner à son parent pour diverses raisons : pour lui montrer qu'il a pensé à lui et qu'il ne l'a pas abandonné alors que ce parent se trouvait en dehors de la séance. Il peut vouloir apaiser un parent jaloux. Il peut aussi vouloir lui montrer qu'il ne lui cache rien, comme si ce même parent ne l'autorisait pas à avoir une vie privée. Il peut également lui montrer lorsqu'il s'agit d'un dessin très conventionnel ou qu'il juge « beau », qu'il est capable de faire de belles choses et qu'il n'est pas le garnement que l'on veut toujours corriger.

En général, je ne permets pas à l'enfant de montrer son dessin à son parent, afin que les raisons de ce désir que je viens de mentionner, soient analysées et non agies. Elles doivent être pensées, afin d'en dégager les fantasmes sous-jacents. Le rôle de l'analyste d'enfant consiste bien souvent à empêcher l'*acting* de celui-ci afin qu'il joue au lieu d'agir. C'est ainsi que l'interdit énoncé par l'analyste est mis au service de la pensée et de l'interprétation. Nous reviendrons sur ce point au cours de la partie de ce livre consacrée à l'interprétation.

L'enfant peut vouloir, ce qui est assez fréquent en début de traitement, emporter son dessin à la maison. Cela n'est pas conseillé et, en général, il ne comprend pas notre interdit. L'enjeu est pourtant d'importance : l'enfant désire, au lieu d'apprendre à se séparer de son analyste, en emporter une partie avec lui. Le dessin, qui a reçu l'attention de l'analyste – sinon ses commentaires – qui a été fait en sa présence et qui « porte » encore son regard, est très concrètement vécu comme une partie de celui-ci. Satisfaire ce désir n'est pas rendre service à l'enfant, car l'analyste est là pour l'amener à supporter l'impact émotionnel de toute séparation entre le moi et son objet. Si l'analyste cède au désir de l'enfant, ce dernier peut en déduire qu'il a peur de se séparer de lui et n'a pas résolu ce problème au fond de lui-même. Il comprend tout de suite la satisfaction infantile que l'adulte éprouve en cédant à son désir d'enfant. La collusion à deux est à la clef d'un tel comportement. En outre, si l'analyste ne lui oppose pas de refus, il est perçu comme ayant peur des réactions émotionnelles de l'enfant s'il lui opposait un refus. On touche là encore à l'omnipotence infantile de l'analyste qui veut écraser l'interdit : l'identification à l'adulte, au père interne porteur d'interdit est trop faible pour résister à la rage infantile. C'est cette rage que l'analyste prête à l'enfant qu'il a devant lui, et auquel il obéit afin de ne pas se trouver lui-même débordé par ses propres aspects infantiles. La loi, la limite et toutes les conséquences bénéfiques que j'ai évoquées dans le maintien du cadre, s'en trouvent amputées d'autant.

Un problème différent se pose lorsque l'enfant veut détruire son dessin. Doit-on ou non le lui permettre ? Il est évident que lorsque l'enfant n'a pas pour habitude de détruire ses dessins et qu'il veut déchirer ce qu'il ne veut pas voir, nous devons respecter sa défense. Si, par exemple, il a dessiné un monstre qui lui fait peur et que nous l'empêchons de le détruire, l'enfant peut interpréter notre acte dans un sens opposé à celui que nous voulions lui donner : alors que nous voulions lui signifier que le dessin n'est qu'une représentation et que le monstre n'étant pas réel, il n'a pas à le détruire, l'enfant peut comprendre au contraire que nous attribuons au dessin une valeur comme s'il était un objet réel et que, en le détruisant, il détruirait un objet réel. Si nous permettons à l'enfant de déchirer son dessin, nous lui signifions qu'il ne détruit qu'une représentation et que, ce faisant, il n'a pas détruit sa propre capacité de représentation.

Il en est tout autrement lorsque l'enfant détruit systématiquement tous ses dessins. Nous avons alors le sentiment qu'en s'attaquant à eux, l'enfant veut détruire non pas telle représentation, mais le processus même de la symbolisation dont il voit l'expression dans son activité graphique. Á mon avis, il est opportun en pareil cas, de le laisser dans un premier temps détruire sa production ; ce n'est que dans un second temps qu'il est bon de l'arrêter. L'enfant se rend compte ainsi que nous ne sommes pas touchés par le spectacle d'un *acting* destructeur, puisque nous l'avons supporté un temps, et que nous ne sommes pas emportés nous-mêmes par une destructivité à laquelle nous nous opposerions. D'ailleurs, n'attend-il pas de nous que nous prenions cette position afin de protéger ce qui, en lui, vise à construire une élaboration symbolique, à travers la relation d'objet ?

Dans cette perspective, l'analyste qui a la force de s'opposer au courant destructeur de son patient, lui signifie qu'il sait qu'il conserve en lui des parties saines, capables d'être ses alliées.

Je préfère toujours donner à l'enfant des feuilles de papier qui lui permettront de conserver ses dessins dans un dossier plutôt que de lui offrir la surface effaçable d'un tableau.

A la fin de la séance, j'invite l'enfant à ranger son matériel : j'écris la date sur le dos des dessins, comme je l'ai souligné, et je demande également à l'enfant de remettre dans sa boite de jeu les objets parfois dispersés dans la pièce, de telle sorte qu'à la fin de la séance il laisse le bureau dans l'état où il l'a trouvé et où il le retrouvera la prochaine fois. Ce point mérite réflexion puisque M.Klein[22] elle-même ne demandait pas à l'enfant de ranger son matériel, pensant qu'ainsi l'enfant prendrait conscience des capacités de l'analyste à nettoyer son désordre, comme le ferait une mère. D.Meltzer[23] nous a proposé le concept de *sein-toilette* qui convient bien à cette fonction maternelle lorsqu'elle s'exerce dans ces conditions. Le *sein-toilette* est associé à la fonction d'une mère qui, non seulement nourrit son bébé mais le nettoie également de tout ce qui le salit ou perturbe. Ce qui distingue ce concept de celui de sein, au sens que lui attribue M.Klein[24], a trait à la reconnaissance de sa fonction par l'enfant. Le « sein » peut être aimé, haï, rejeté, désiré, …etc. mais il est toujours reconnu en tant qu'objet (objet partiel) par le bébé. Le *sein toilette*, lui, est effacé de la mémoire du bébé aussitôt qu'il a rempli sa fonction de telle sorte que le bébé n'a aucune reconnaissance de ce qu'on a fait pour lui.

En ce sens, s'il est important de donner à l'enfant le sentiment que nous sommes là pour soulager son angoisse par les divers moyens dont nous disposons, il est également important de ne pas le laisser dans l'illusion qu'il peut se passer de reconnaissance. L'enfant doit reconnaître que l'objet l'aide et travaille pour lui. Il ne doit pas croire que si sa mère le nettoie, c'est par goût de ce qui n'est pas propre. Il doit se rendre compte qu'elle ne le fait que par amour pour lui et pour lui apprendre peu à peu à se prendre en charge lui-même en s'identifiant à sa fonction. La première reconnaissance dont il est question ici est donc celle qui a trait à l'état de détresse infantile : le tout petit doit se reconnaître en état de besoin. Il doit accepter de considérer que sa mère l'aide à satisfaire ses besoins, et qu'il souffrirait si elle ne le faisait pas. En reconnaissant sa dépendance à l'objet maternel ou à l'adulte qui le soigne, l'enfant se départit d'une attitude dans laquelle il inverserait les rôles et se verrait au centre narcissique d'un monde d'objets dépendant de son bon plaisir. Sorte de petit roi-soleil, il aurait l'illusion que l'adulte se fait un honneur de le servir, et que le moindre de ses déchets est une grâce qu'il délivre ! J'avais autrefois un patient adulte qui vivait avec cette illusion dissimulée au fond de son *moi-narcissique*, et j'ai découvert qu'il pouvait mépriser sa mère car, selon lui, quand il était bébé, c'était pour son plaisir à elle qu'elle le nettoyait. Nous ne pouvons ignorer que certaines mères prennent un plaisir particulier à s'occuper de leur bébé – non pas parce qu'il existerait pour elles en tant que tel – mais parce qu'il leur tient lieu d'objet érotique. Cela ne facilite pas pour le bébé sa capacité à émerger hors de son noyau narcissique primaire.

Il est donc important que notre jeune patient conserve le sens de son désordre et du travail qui permet de le soulager. Pour cela, il doit reconnaître que ce désordre vient de lui et non pas de son analyste. Or il est très fréquent qu'un enfant qui ne veut pas ranger la salle de jeu – ou ne la ranger qu'avec l'aide de son analyste – prétende que ce désordre n'est pas le sien, et qu'il n'a pas à le nettoyer. Par son exigence de rangement, l'analyste ramène l'enfant à la réalité : il peut projeter tout son désordre interne, concrètement, dans la personne de l'analyste représenté par la salle de jeu, il n'en demeure pas moins que la fin de la séance est un moment de vérité qui donne le statut d'un fantasme à tout ce qui s'y est déroulé. L'enfant s'est soulagé momentanément en prétendant que son analyste est un objet sale, et qu'il est lui-même une grande personne qui ne ferait jamais de pareilles bêtises ! A la fin de la séance, c'est bien lui qui part, du fait même de l'heure que lui impose son analyste. C'est donc à ce moment que l'enfant se doit, en rangeant la salle de jeu, d'accepter d'intérioriser la fonction de l'analyste. Il reprend ainsi à son profit le travail que le thérapeute a fait pour lui durant le temps de sa présence.

L'analyste peut aider le tout petit enfant à accomplir cette tâche ; il peut le prendre par la main et le conduire ainsi vers les différentes parties de la pièce où ses jouets sont dispersés. Il lui montre de la sorte qu'il se souvient de tout ce qui est tombé au sol, et qu'il ne laisse pas à terre, à l'abandon, ce que l'enfant bien souvent considère comme étant des aspects de lui-même. Combien de patients, en séance, alors qu'ils laissent s'échapper de leurs mains un petit objet, à peine visible, l'identifient à leur moi que l'adulte abandonne puisqu'il ne se soucie pas de le retrouver. Je demande alors à l'enfant, parfois même en séance, de ramasser ce qu'il fait tomber. Cette exigence n'apparaît que dans le contexte particulier où l'enfant tente de laisser tomber de sa propre tête, divers objets et qu'il m'attribue la même négligence. La plupart du temps, c'est à la fin de la séance qu'intervient le rassemblement des parties du moi dispersées au sol. Certains enfants s'arrangent même pour que nous oubliions la petite poupée qui s'est glissée sous le canapé et qui restera jusqu'à la prochaine séance, mêlée à nous dans un fantasme fusionnel à moins que, tel un petit espion, il en profite pour nous surveiller et contrôler ce que nous faisons lorsque nous le « mettons à la porte » !

Que faire avec l'enfant qui refuse de ranger ? Nous ne nous trouvons pas dans le cas d'une incapacité de ranger mais plutôt dans celui d'une prétention à l'indépendance aux dépens d'un analyste qui se laisserait contrôler par son patient. Nous pourrions dire que ce refus de l'enfant témoigne de ce qu'il n'a pas connu : une mère qui range ses affaires à sa place ou qui prend en charge son désordre intérieur. Nous pourrions évoquer aussi le contraire exact de cette proposition : cet enfant a toujours eu une mère qui remplit ces fonctions à sa place et lui n'a jamais été habitué à se porter tout seul, si peu que ce soit. Ces deux points paradoxalement se rejoignent dans la mesure où la mère ne s'est jamais placée à la bonne distance de son enfant ; ou bien elle a été trop éloignée de lui et ne lui a jamais donné les moyens de supporter la séparation ; ou bien elle a été trop proche de lui et elle ne lui a jamais permis de vivre une séparation non plus que les émotions qui lui sont associées. Dans ce cas, elle ne lui a jamais donné l'exemple d'un objet capable de rendre supportables ces mêmes émotions, et ne lui a pas permis non plus d'introjecter un tel objet.

Winnicott[25] nous tiendrait un autre discours : il considérerait que l'enfant a besoin de conserver l'illusion qu'il est le « créateur du monde ».

Cette illusion, nécessaire au bébé, se retrouve chez l'enfant en thérapie. Elle permet de fonder chez l'être humain un vécu d'authenticité dans toutes les relations qu'il noue avec ses objets, d'où sa dénomination de *vrai-self*.

Le *faux-self* désigne un état du moi qui a été contraint à une adaptation excessive ou prématurée au monde extérieur. Winnicott attire ainsi notre attention sur le fait que le bébé, puis l'enfant, ont à leur disposition des mécanismes permettant que cette adaptation au monde extérieur prenne le pas sur l'authenticité d'un lien.

Je ferai simplement remarquer que Winnicott a tendance à associer l'adaptation au monde externe (et donc au fait que la mère est un objet externe et non pas le prolongement narcissique du bébé) à la mise en place d'un *faux-self* ou des mécanismes de défenses qui lui sont intriqués. Ce faisant, il me semble qu'il n'aborde pas le problème du fondement de la constitution du lien à l'objet dans l'expérience de la séparation entre le moi et l'objet. Cette expérience prend place dès le début de la vie où elle est ressentie – comme nous l'a appris E.Bick[26] – avec les moyens dont dispose le bébé pour appréhender son existence ; au sortir du bain utérin, il se sent couler dans l'espace, et il constitue son premier « lien » à l'objet maternel sur le mode adhésif. Il se colle à la peau de sa mère et se sent ainsi de nouveau en sécurité. Ce n'est que peu à peu que l'espace qui sépare le moi de l'objet, sera vécu de manière supportable et prolongée dans un espace qui se construit en trois dimensions.

Ces réflexions parcourent l'ensemble de ce livre car il n'est pas possible d'avoir une réflexion portant sur la technique sans aborder aussi un substrat théorique.

En demandant à l'enfant de ranger la pièce en fin de séance, je prends le parti de me comporter comme un objet à part entière dont le narcissisme n'a ménagé celui de l'enfant que durant le temps de la séance. C'est à l'intérieur de la séance que l'enfant peut retrouver son illusion d'être le « créateur du monde », dans la mesure où l'analyste se plie à sa fantaisie, et juste à sa fantaisie. En effet, l'analyste ne tolère pas les passages à l'acte et nous verrons au chapitre **D** comment leur visée risque de briser le cadre du traitement en attaquant celui qui permet d'instaurer un espace pour penser. L'analyste ne tolère que le jeu, qu'il soit verbal ou agi. Cette instauration du jeu introduit déjà une limite dans la toute-puissance de l'enfant à laquelle Winnicott donne le nom d'illusion créatrice. Les deux sont, selon moi, à distinguer dans la mesure où la première dénie l'existence de l'objet alors que la seconde l'ignore parce qu'elle ne l'a jamais connu. Il n'y a donc pas d'autre moyen de sortir d'un tel dilemme pour la pensée qu'en considérant, comme je le fais, que la psyché se divise dès l'aube de la vie en deux secteurs dont les fonctionnements sont fondamentalement hétérogènes et cependant articulés l'un à l'autre : le *moi-narcissique*, correspondant au *vrai-self* winnicottien, tel que je le comprends, et le *moi-réalité*, correspondant au moi tel qu'il a été désigné depuis Freud, c'est-à-dire l'instance qui se constitue en lien avec la réalité de l'objet externe, puis interne. Dans ces conditions, je dirai, pour en revenir au point technique de la fin de la séance, que cette dernière est l'épreuve de la réalité à laquelle l'analyste ne refuse pas de soumettre l'enfant car il considère que, dès le début de la vie, ce dernier a été soumis à cette même épreuve. Il est capable, dans cette mesure, de reconnaître à tâtons l'objet qui vient à son secours et qui apaise ses premières angoisses. La séance entière n'est pas une enclave narcissique primaire et l'enfant apporte sous forme de jeu, ou sous une forme que l'analyste, par sa *rêverie* (Bion), transforme en jeu intérieur, l'angoisse à laquelle il sera soumis à chaque séparation, la fin de la séance en constituant le prototype dans le *hic et nunc* du traitement. L'illusion narcissique primaire et l'omnipotence infantile sont principalement sollicitées en fin de séance pour colmater la souffrance de la séparation, mais elles ont bien eu leur place dans la séance.

Dans l'immédiat des interventions, le travail d'entrecroisement de la psyché de l'analyste et de celle de l'enfant ramène l'enfant au fonctionnement de son *moi-réalité*. En faisant appel à ce dernier chez l'enfant en fin de séance, l'analyste lui demande implicitement de s'appuyer sur l'introjection de sa fonction de manière à ce qu'il puisse s'en servir également une fois passée la porte de la salle de jeu.

Autrement dit, l'analyste lui demande de se souvenir de lui et de ce qu'il a pensé pour lui.

D. Les attaques contre le cadre

Le cadre est, par définition, ce qui demeure stable et ne peut être détruit. Le maintien du cadre externe met à l'épreuve la solidité du cadre interne de l'analyste, comme je l'ai évoqué précédemment. Pour que l'analyste ait conscience de l'importance du cadre nécessaire à la constitution de la psyché de l'enfant, il doit respecter également la limite imposée par un représentant surmoïque paternel. C'est ce garant de la limite qui guide l'analyste dans les méandres de la technique qu'il doit adopter afin d'interdire ou ne pas interdire lui-même certains *acting* de l'enfant. L'intuition qui permet le maintien à la fois de la souplesse et de la fermeté, prend ses racines dans l'installation intrapsychique d'une limite qui possède ces mêmes qualités. Ainsi, des allers-retours peuvent engendrer une meilleure connaissance des moyens de développer la construction d'un cadre intérieur chez l'enfant, à partir de l'attitude de l'analyste en séance.

Il existe toute une gamme de nuances qui vont du glissement vers ce qui ne devrait pas se faire mais permet cependant à l'enfant de se sentir compris, à l'interdit le plus farouche et le plus rigide sans lequel l'analyste ne se constituerait pas en figure identificatoire valable.

J'ai fortement regretté un jour l'interdit que j'avais imposé à un enfant psychotique de montrer son dessin à sa mère. Je n'ai compris qu'après-coup que cet enfant voulait rendre sa mère témoin des capacités qu'il avait de faire de belles choses. Il avait été en effet le premier étonné d'être parvenu à faire un beau dessin, alors qu'il imposait à la vie de famille une image de lui témoignant de l'existence de son ouragan intérieur. Cet enfant ne pouvait pas encore montrer autrement à ses parents comment derrière l'enfant violent qui se faisait rejeter de partout, il y avait un autre enfant qui aurait bien voulu réparer le mal qu'il avait fait. A condition d'entrer en contact, par la présence de l'analyste, avec un objet interne capable de s'occuper de lui, cet enfant pouvait également mettre en évidence un moi capable d'aimer. Mais la rupture des séances le laissait incapable de retrouver seul le contact avec un bon objet interne. Il se sentait alors débordé par un vent pulsionnel qui ravageait tout sur son passage.

On peut penser qu'avec le travail analytique l'enfant a pu accepter de différencier le dedans du dehors de lui-même et, par conséquent, faire le deuil du fantasme d'omniprésence de son objet externe.

De nombreux cas de figure peuvent se présenter mais ils demeurent l'exception par rapport à la règle qui permet de séparer le dedans du dehors, le fantasme de la réalité.

Il est important que cette barrière entre le dedans et le dehors du moi soit maintenue grâce à la règle selon laquelle l'enfant ne doit pas jouer avec le corps de l'analyste.

J'ai été amenée à soigner de tout petits enfants, presque des bébés. Ils avaient de sept mois à deux ans. Il est évident qu'alors le tout petit ne peut éviter de toucher le corps de l'analyste : nous le portons jusqu'à sa salle de jeu, nous le déposons au sol sur lequel nous nous asseyons nous-mêmes. Le tout petit qui marche à quatre pattes passe par-dessus nos jambes, attrape notre blouse, tire sur notre collier… Il se demande de quoi est fait le collant qui recouvre nos jambes ; est-ce une seconde peau ? Il veut sucer tout ce qui brille sur nous. C'est dans cette proximité que nous devons placer des limites. Il est naturel que si le petit se fait mal nous le prendrons dans nos bras pour le consoler, ce que nous ne ferions pas avec un enfant plus âgé. Le petit d'à peine un an ou qui n'a pas beaucoup plus, lorsqu'il est en traitement, est tout proche du petit bébé qui se sentirait lâché s'il n'était pas physiquement aussi bien que psychiquement consolé.

Nous devons cependant mesurer l'écart qu'il y a entre une proximité nécessaire et un contact qui ne vise qu'à développer la sensorialité.

Je pense à un petit enfant de trois ans qui avait dépassé l'âge des câlins consolateurs, non pas avec sa maman, mais avec sa thérapeute en séance. Cet enfant voulait toujours s'enfoncer dans la régression : il s'approchait de moi et, soudain, se mettait à me caresser le ventre comme les mamans le font, parfois, pour chatouiller leur bébé et le faire sourire. Il ne cherchait pas à jouer avec moi de manière à ce que je puisse donner un sens à son jeu. Il voulait simplement que je rie avec lui, plutôt que je ne pense avec lui.

Avant de lui interpréter le sens de son comportement, je lui avais demandé de retenir son geste. Ceci est une grande règle technique : lorsque l'enfant transgresse un interdit, il est important de le sanctionner d'abord – c'est-à-dire de l'empêcher de transgresser – et de lui fournir une interprétation ensuite.

Pourquoi procéder ainsi ?

Je prends l'exemple d'une petite fille de trois ans qui a l'habitude de faire une bêtise chaque fois que ses parents ont quelque chose à faire en privé. Si la mère s'enferme dans les toilettes, l'enfant commence à grimper à l'étage, ou bien à sortir des livres, des dossiers de la bibliothèque et à mettre tout en désordre. Une fois qu'elle est sortie des toilettes, la maman découvre le « bazar » et gronde l'enfant sans que rien ne change la fois suivante.

Un jour, en plein milieu d'une séance, l'enfant « joue » avec moi une scène semblable. Elle demande les toilettes afin d'aller faire pipi. Elle en connaît le chemin et je l'accompagne pour lui ouvrir la lumière. Je la laisse, et j'entends qu'elle m'appelle d'une petite voix. Je ne réponds pas afin qu'elle termine ce qu'elle a à faire et revienne dans la salle de jeu. Cependant, comme elle a laissé la porte des toilettes ouvertes, j'entends après un court moment de silence qu'elle débobine le rouleau de papier toilette. Je vais alors dans les toilettes et me fâche : « Ce n'est pas permis de faire quelque chose comme ça ! Tu sais très bien qu'on ne fait pas ça !...Remonte ta culotte et viens ! ». Elle s'exécute illico en pleurant très fort. C'est la première fois qu'une telle scène se produit et je ne vois cette enfant que depuis peu de temps. Mais elle a dû se sentir choquée par mon changement de ton car j'avais toujours adopté un ton très doux avec elle, même à certains moments où elle mettait du désordre dans la pièce en jetant tous les jouets au sol. J'avais pris le parti de la laisser faire une première fois, puis une seconde, de manière à analyser ce qu'elle voulait me faire supporter et ne pas me présenter à elle comme une mère ayant peur de son « bazar » intérieur. En fin de séance, malgré un premier refus, je lui ai pris la main pour ranger la pièce avant son départ. Ce court moment fut suivi d'une coopération : elle s'est mise à ranger avec moi. Cette relative attaque de la limite exprimée par le « bazar », portait témoignage d'un état de fusion par lequel les frontières séparant le moi et l'objet étaient brouillées.

Au cours de la séance des « toilettes », cette petite fille avait mis en œuvre un mécanisme aboutissant à une semblable confusion ou inversion des identités : elle devait être la maman qui travaillait à son bureau tandis que j'étais l'enfant qui dormait à côté d'elle. Cette identification projective lui avait fait projeter, en fantasme, des parties d'elle au-dedans de moi de telle sorte que, selon elle, j'étais devenue l'enfant alors qu'inversement elle s'était emparée de mon identité. Mais tout cela n'était qu'un jeu projectif, alors que ce qu'elle a agi aux toilettes a été de l'ordre d'une intrusion visant à percer les limites imposées par le cadre.

M.Klein[27] a bien souligné qu'un aspect de l'identification projective consiste à permettre le contrôle de l'objet en faisant intrusion en lui.

Ici, cette petite fille a voulu percer les limites de mon cadre en me forçant à venir jusqu'à elle au moment où elle s'est sentie seule aux cabinets. Elle a probablement utilisé en fantasme son urine pour me pénétrer et me faire venir. L'angoisse d'être seule l'a envahie dans cette situation. Je dirai même qu'elle a installé celle-ci afin d'étudier ma réaction. Fallait-il que je lui explique gentiment qu'il y a des choses que l'on ne fait pas ? Elle le savait très bien, et elle a envahi ses propres parents de la peur de s'isoler, de crainte de se retrouver ensuite avec une « bêtise » à réparer. Cette petite fille n'a pas utilisé mes toilettes pour que je la soulage simplement de ses angoisses. Elle les a utilisées afin de me contrôler et de s'installer dans l'illusion qu'elle pourrait ainsi ne jamais faire l'expérience de la perte. C'est au moment où elle a utilisé le cadre du bureau, comme elle aurait pu utiliser concrètement mon corps, qu'elle a dépassé les limites. Elle aurait pu jouer ses fantasmes d'intrusion à l'intérieur des limites qui auraient permis de les analyser, mais elle ne l'a pas fait ; pour cette raison, j'ai choisi de recréer les limites qu'elle avait percées en adoptant le ton de la colère. Nous ne pouvons éviter à l'enfant cette souffrance comparable à celle qu'il ressent lorsqu'il se heurte de plein fouet contre un mur. L'enfant a voulu éviter la perception d'une limite et il est tombé dessus.

Cet exemple est le prototype de bien d'autres situations et peut servir de point de réflexion.

Ce n'est qu'une fois que je me suis présentée sous ce nouveau jour à l'enfant – un aspect de moi qu'elle ne soupçonnait pas exister sous la douceur de mes propos et de mon attitude, laquelle lui donnait l'illusion d'une malléabilité sans limite – que la paix s'est réinstallée entre nous. Elle a bien voulu accepter le mouchoir que je lui suggérais de demander. Elle s'est mouchée ; peu à peu, les paroles se sont rétablies entre nous et, avec elles, le jeu qui les suscite. Elle s'est emparée d'un arbre en plastic, léger comme une dentelle et l'a appelé « fleur ». Elle a installé par-dessus un « gorille » dont elle a remarqué « les yeux rouges » et elle m'a présenté le tout. Manifestement, ce gorille ne devait pas faire de bien à la fleur, ce que j'ai interprété comme étant à l'origine de son angoisse : lorsqu'elle ne voit pas sa maman, elle a peur que le « papa gorille » ne fasse du mal à la « maman fleur », et elle veut vérifier qu'il n'en est rien en faisant venir immédiatement « maman fleur » près d'elle. C'est ce qu'elle a voulu faire tout à l'heure en voulant me faire venir près d'elle aux W.C..

Je ne suis pas allée plus loin et je ne lui ai pas interprété le fantasme selon lequel le « papa gorille » aux yeux rouges pouvait, selon elle, utiliser les mêmes moyens que les siens pour s'emparer de sa « maman fleur » et que, par conséquent, il pouvait lui faire du mal et aussi la piquer avec son pipi, comme elle avait voulu elle-même « piquer » le rouleau de papier toilette en le déroulant. Une telle interprétation est trop longue pour un petit enfant – et même pour un adulte. Par contre elle peut s'effectuer en plusieurs étapes. Mais l'interprétation de l'agressivité du patient ne doit se faire, selon moi, que bien après que l'angoisse de perdre son objet ait été contenue. Ceci est un autre point de réflexion qui concerne la partie se rapportant à l'interprétation.

La leçon à tirer de ce petit exemple est qu'il n'est possible d'interpréter que lorsque le cadre a été rétabli par l'attitude ferme de l'analyste ; de la sorte, il signifie à l'enfant que ce n'est pas son interprétation qui vise à reconstituer le cadre, et que ce dernier ne dépend pas du bon vouloir de l'enfant. Telle est la limite de l'interprétation et même de la pensée : elle ne peut que se situer dans un espace-temps qui est la donnée première à l'intérieur de laquelle se déroule notre existence.

Si j'étais allée dans les toilettes pour la prier de comprendre qu'elle craignait ma disparition – comme celle de son urine d'ailleurs – et qu'elle utilisait sa « bêtise » pour me faire revenir, elle m'aurait écoutée probablement avec intérêt, mais elle aurait donné à mes propos le statut d'une histoire intéressante, tout au plus destinée à la prier de revenir vers moi, en lui laissant toutefois le choix de le faire ou non. Nous devons confronter l'enfant – et nous confronter nous-mêmes – à la dureté des limites, tout en lui signifiant, dès que possible mais après-coup, que ces dernières ont une justification : elles permettent de donner un sens à l'expérience qu'elles contiennent.

J'ai souligné plus haut comment le corps de l'analyste fait partie du cadre et ne se manipule pas davantage que lui. Certains enfants, maniaques ou psychotiques, visent à toucher le corps de l'analyste en lui faisant violence. Je me souviens d'une enfant psychotique constamment à la recherche de la place à laquelle je situais ma limite ; elle voulait s'en emparer quasi concrètement. Cette limite était perçue comme un objet interne insaisissable par définition et, par conséquent, elle voulait le mettre hors de moi. Elle me provoquait à cet effet et triomphait lorsqu'elle avait le sentiment de me mettre « hors de moi ». Lorsque j'étais assise sur mon fauteuil elle s'approchait de ce dernier jusqu'à 10 cm, puis 5 cm, 2 cm... jusqu'à ce qu'elle passe la limite du bras du fauteuil. Ensuite c'était mon vêtement, mon col... jusqu'à ce que, si je la laissais faire, je doive moi-même partir et m'effacer devant la toute puissance de ce qui, en elle, voulait me rendre transparente.

Nous saisissons bien là ce qu'on entend par bi-dimensionnalité ; l'omnipotence de son noyau narcissique ne tolérait pas l'existence d'un objet ou d'un espace en trois dimensions, à l'intérieur duquel prennent place des mouvements cachés. Il lui fallait tout voir et tout entendre. Tout traverser. Le moindre coin caché qu'elle supposait exister en moi, la rendait folle. C'est pour cette même raison que les enfants maniaques disent « je sais », avant même d'avoir compris la question qu'on leur pose ou l'information qu'on leur donne. Ils ne peuvent rien recevoir, car l'état réceptif suppose la reconnaissance d'un manque qu'on ne comblerait pas soi-même. Là se situerait la limite de l'omnipotence première.

En somme, le problème de la limite s'accompagne d'une double réflexion sur la limite et rejoint en ce sens celui de la liberté. Le cadre qui se situe dans un espace visible, renvoie à une fonction tierce qui, elle, n'est pas visible. En ce sens le cadre participe de la définition même d'un objet à part entière, c'est-à-dire d'un objet habité par un tiers et situé dans un espace en trois dimensions. Autrement dit, c'est la nature même du monde en trois dimensions et celle de l'objet qui constitue une limite à l'omnipotence et au narcissisme primaire. L'affirmation d'une liberté qui ne tolère pas de limite participe de la bi-dimensionnalité, alors que celle d'une liberté qui reconnaît les impératifs d'un cadre participe de la tri-dimensionnalité.

Cette enfant maniaque et psychotique voulait, comme je l'ai souligné, me faire sortir de mes gongs. Je devenais alors un objet sans valeur puisqu'elle ne se heurtait plus alors à ma colonne intérieure, celle qui me permettait d'affirmer que mon identité était différente de la sienne et qu'elle ne pouvait pas me traverser comme si j'étais un double fantomatique d'elle-même. L'excitation dans laquelle nous poussent les enfants maniaques participe d'une technique qui poursuit le même but : l'enfant vise à voir « ce qu'on a dans le ventre ». Si nous parlons en étant mus par le désir de répondre à l'enfant pour le satisfaire, nous nous trompons car l'enfant ne sera jamais satisfait par quoi que ce soit dont il n'aurait pas la confirmation qu'il l'aurait fabriqué lui-même. Il ne veut rien recevoir. Il veut avoir la preuve qu'on ne lui cache rien.

Ce dernier point se rattache déjà à une réflexion sur l'interprétation. Nous aborderons ces points dans la 3ème partie de cet ouvrage.

Les sorties de l'enfant hors du bureau de consultation, dont nous avons vu qu'il matérialise une limite intrinsèque à ce cadre, sont également des attaques contre lui.

Lorsque le parent qui l'accompagne attend dans la salle d'attente, la tentation de l'enfant est grande d'aller lui rendre une petite visite de temps en temps lorsqu'il est, non pas simplement angoissé, mais lorsqu'il ressent une tension interne qui lui donnerait envie de se « soulager » ainsi. Pensant avoir perdu son objet interne, il va s'assurer de la présence de son objet réel. L'angoisse de perdre son objet interne, dans de tels cas, est difficilement analysable car elle est évacuée par cet *acting*. La construction d'un contenant à l'aide de l'analyste et des limites imposées par l'espace de jeu, en est appauvrie d'autant.

L'exemple de l'enfant qui veut aller aux W.C. est caractéristique de ce type d'attaque contre le cadre. Il ne s'agit évidemment pas des demandes qui ont trait à une bonne utilisation des toilettes. Nous pouvons entendre par là une utilisation qui permet à l'enfant, pour reprendre la pensée de Bion[28], non pas d'évacuer sa frustration mais de la projeter dans un contenant capable de la recevoir. La différence est d'importance. La tension intrapsychique née de la frustration imposée par l'objet – qu'il soit présent ou absent – peut être projetée dans un objet de manière à ce que cet objet la contienne. L'objet, l'analyste en l'occurrence, est habité par l'éprouvé de l'enfant. Le lien ainsi établi entre l'enfant et son analyste permet à l'enfant, de maintenir le contact avec les parties de lui contenant une tension dont il s'est momentanément soulagé. Lorsque l'enfant peut recevoir le retour de ses propres projections, il retrouve ce qui lui appartient, transformé par le travail d'un objet qui a mis du sien dans ce retour des projections. Le moi de l'enfant sort enrichi par ce processus.

Si nous reprenons la comparaison des toilettes, nous dirons que l'enfant, en allant aux toilettes, donne à nettoyer à son analyste, comme il le fait psychiquement en séance, ce qu'il vit comme sale et insupportable au-dedans de lui. En sortant des toilettes, il se sent mieux ; il a fait l'expérience d'un objet capable de le nettoyer. Cela lui permet d'intérioriser un tel objet, tant au niveau physique que psychique. Les expériences psychiques de l'enfant sont vécues comme si elles étaient physiques et inversement, tant la construction de son monde interne est vécue avec concrétude.

Le point fondamental associé à toute cette expérience est que l'enfant reconnaît de la sorte, d'une part qu'il est dans le besoin et qu'il dépend d'un objet capable de le soulager et, d'autre part, qu'un tel objet existe et qu'il doit progressivement en intérioriser l'existence. Cette intériorisation permet à l'enfant d'être moins pressé, la fois suivante. Il est ainsi capable de supporter un peu plus longtemps des parties de lui douloureuses, puisqu'il a en lui-même ce contenant qui les a déjà transformées. Un tel enfant est tourné vers l'objet capable de le soulager. Son *moi-réalité* lui permet de profiter des capacités de son objet pour accroître ses propres capacités.

L'exemple de l'enfant qui a besoin d'un mouchoir est très explicite à ce sujet. Un enfant tel que je viens de le décrire n'hésitera pas à demander un mouchoir s'il a besoin de se moucher. Il reconnaît et son besoin, et l'existence de l'objet capable de le soulager. L'enfant qui utilise les W.C. ou l'objet pour dénier ou anéantir l'expérience de la frustration ou de sa tension interne, ne demandera pas de mouchoir : lorsqu'il sentira son nez couler, il s'essuiera subrepticement avec sa manche ou du revers de sa main ; il essuiera de même sa main, tout aussi subrepticement sur son pantalon ou sur un tissu non loin de lui, sans penser que ce tissu peut recouvrir le siège du fauteuil sur lequel il s'assied ! Un tel enfant s'essuierait tout aussi bien sur notre propre vêtement. Ce comportement témoigne chez lui de son absence de conscience de son besoin et de l'objet capable de le satisfaire : tout se tient à portée de main ; c'est le même corps qui a produit un déchet qui se veut capable d'en supprimer l'existence. Ainsi le revers de la manche, le pantalon, le tissu du fauteuil, n'ont pas le statut d'être des objets mais de simples prolongements corporels.

Nous saisissons à travers ces petits détails de l'observation du comportement de l'enfant, les problèmes techniques qui se tiennent à leur clef. Ils témoignent d'une attitude profonde mettant en jeu soit la prévalence de leur *moi-réalité*, soit celle de leur *moi-narcissique*. Notre réaction signifie donc à l'enfant que nous leur offrons nos capacités contenantes pour le soulager, et que nous refusons – car telle est l'indication technique que je préconiserai – de le conforter dans l'illusion que nous ne sommes que le simple prolongement de son propre corps. Que se passe-t-il lorsque cet enfant demande, d'un coup, à sortir du cadre de la séance pour aller aux W.C. ? Nous ne pouvons pas dénier que l'envie d'uriner ne le prenne également d'un coup. Cette envie ne correspond cependant pas au simple besoin d'un soulagement corporel. Elle est née à un moment donné de la séance, et nous devons comprendre pourquoi l'enfant nous en fait part subitement.

Je donnerai l'exemple d'un petit garçon, psychotique, ayant de gros problèmes dans l'élaboration des liens. Aussitôt que cet enfant était sur le point de comprendre quelque chose, de faire un lien entre son jeu et le sens qu'il revêtait, aussitôt qu'il appréhendait ou était sur le point d'appréhender le sens d'une interprétation, il se tortillait terriblement sur sa chaise et demandait à aller aux W.C. immédiatement. Il ne faut pas douter de la constance de mes interprétations à ce sujet et du nombre d'occasions que j'ai eues de lui souligner ce rapport entre la saisie d'une signification et son besoin d'évacuation. Je lui disais que ce qu'il comprenait dans sa tête était insupportable, brûlant presque et qu'il voulait le rejeter comme un pipi pour en être soulagé et retrouver son calme. Cet enfant voulait, pour reprendre les conceptions de Bion, évacuer le contenu de sa psyché sous forme d'éléments *bêta*, sans supporter d'attendre qu'ils ne soient transformés en éléments *alpha*, capables de donner naissance à des pensées.

Il me semble important de ne pas se tenir indéfiniment à la disposition de l'enfant. Il faut lui refuser ce moyen de se soulager à bon compte, non pas d'emblée et dès le début du traitement, mais au bout d'un certain temps durant lequel l'enfant aura fait l'expérience de notre acceptation première d'un état dans lequel il veut que l'on soit le prolongement de lui-même. L'enfant nous percevrait, si nous lui refusions trop tôt cette satisfaction, comme une mère qui ne supporterait pas l'élan narcissique primaire de son bébé. Cette règle technique a déjà été évoquée à propos des dessins déchirés ou à propos d'autres attaques d'ordres divers. Il faut accepter d'en passer par-là avant de commencer à introduire un respect des limites. Ce faisant, nous nous présentons comme un contenant souple et ferme et non comme une enveloppe rigide menaçant de se casser à la moindre confrontation avec l'omnipotence de l'enfant.

Lorsqu'il s'agit de cette évacuation qui prend le chemin des toilettes, il est parfois très difficile de résister aux injonctions de l'enfant qui nous fait croire qu'il va faire pipi dans sa culotte. Il faut avoir beaucoup d'expérience pour comprendre qu'il n'en est rien : l'enfant lui-même ne sait pas qu'il peut s'appuyer sur notre refus pour commencer de penser à ce qui se passe dans sa tête, plutôt que d'aller évacuer aux W.C. un contenu psychique dégradé sous forme d'urine. Lorsque l'enfant s'est rendu une ou deux fois aux W.C., il est parfois plus aisé de le lui refuser une troisième fois. Nous comprenons qu'il veut ainsi satisfaire le fantasme, en plongeant ses mains dans le lavabo, de faire intrusion dans une partie du corps ou de la vie de l'analyste auxquels il n'a pas normalement accès. Mais il n'est parfois pas aisé de refuser à l'enfant ce que ce dernier nous demande avec conviction : il ne va plus pouvoir se retenir… ! J'ai très souvent eu l'expérience, avec ce petit patient psychotique, de ce qu'on pourrait appeler « un chantage au pipi » ! Ayant bien perçu que mon refus était solide – aussi solide que mon absence de réaction chez l'enfant qui me faisait, ainsi que je le mentionnais plus haut, du « chantage à la chute » – cet enfant se calmait et commençait de reprendre le cours de ses pensées. Il renouait le fil d'une sublimation qui menaçait de se relâcher dangereusement.

L'expérience de l'analyste est donc importante ici afin de percevoir à quel courant psychique il a affaire lorsque l'enfant demande d'aller aux W.C. : veut-il véritablement de l'aide pour soulager ses besoins ou veut-il oublier ces derniers ? L'enfant sait si l'on a reconnu ou non la voie qu'il a suivie. Il a besoin d'un adulte qui le soutienne sur le chemin qui donne accès à la sublimation de ses pulsions et qui ne favorise pas l'emprunt de voies secondaires qui font barrage à cet accès.

Il est opportun d'articuler le problème posé par l'accès aux toilettes, à celui que pose l'agressivité de l'enfant. De la même façon que l'analyste doit contenir l'ensemble de la psyché de l'enfant et, par conséquent, ce qu'il ne peut supporter en lui-même, ce qu'il trouve sale et pour quoi il demande de l'aide, de même doit-il contenir l'agressivité de l'enfant. Cette dernière se manifeste sous diverses formes. Nous avons déjà vu que l'attaque du matériel, du bureau de consultation, comme de la personne de l'analyste, est totalement interdit. Ce serait scier la branche sur laquelle repose précisément la capacité de soigner l'enfant. Lorsque l'enfant joue des jeux dans lesquels son agressivité éclate, le contre-transfert de l'analyste avertit ce dernier sur ce qu'il peut ou non supporter. Mais « c'est de bonne guerre » dirions-nous, car l'enfant «joue le jeu » : il met en scène son agressivité et ne s'en prend pas directement à la personne de l'analyste.

Il y a cependant des cas où l'expression de l'agressivité se dissimule sous l'apparence d'une enveloppe verbale susceptible d'être acceptée, puisque dans une analyse d'enfant, si ce dernier ne peut pas tout faire, du moins peut-il tout dire. Il lui est pourtant possible de déborder quasi concrètement ce qui semblait se plier à l'adoption d'une expression symbolique.

Je pense d'abord à l'enfant qui crie. Le son de la voix est vécu par le tout petit enfant avec concrétude et il peut avoir le sentiment, si nous parlons fort ou si nous nous mettons en colère, que nos mots eux-mêmes sont comme des aiguilles qui lui « percent » les oreilles, comme le dit si bien le langage courant. L'enfant en séance peut vouloir nous imposer une telle expérience, qui remonte du fond de sa propre histoire. Il peut aussi, par défense, se mettre à crier sur nos propres mots, parasitant notre discours pour avoir la paix lui-même au-dedans de lui, et que le sens que nous véhiculons pour lui ne le bouleverse pas. Tout cela, comme je le soulignais, fait partie du jeu.

Il arrive cependant un moment où l'expression de l'agressivité de l'enfant perce notre enveloppe contre-transférentielle, non seulement parce que celle-ci présente des failles, ce qui n'est pas à dénier, non seulement parce que l'intensité de l'agressivité est supérieure à ce que nous pouvons en supporter, mais aussi parce que cette dernière vise à détruire le contenant lui-même.

L'exemple en est donné par l'enfant qui, au lieu d'utiliser les toilettes pour y projeter ce qu'il perçoit de sale en lui, afin d'en sortir plus propre, utilise ces mêmes toilettes afin de les souiller : il barbouillerait les murs et la cuvette de ses propres excréments. L'objet n'est plus un objet dont les capacités soulagent l'enfant. C'est un objet que l'enfant vise à attaquer dans ses capacités même de le soulager. M.Klein[29] a décrit un tel mouvement comme émanant de l'envie de la puissance créatrice de l'objet. La créativité de l'objet est ici la capacité qu'il a de soulager l'enfant. Le *moi-narcissique* de l'enfant est blessé par la perception de cette capacité et réagit en voulant détruire celui qui peut accomplir ce qu'il est lui-même incapable de concevoir. Un tel enfant ne se rend pas compte qu'en laissant libre cours à sa hargne contre l'objet, il se fait du mal à lui-même, car l'objet qu'il pourrait introjecter pour se construire a perdu toute valeur. Il est donc important que l'analyste préserve sa propre valeur.

Il arrive que l'enfant tente de parvenir à un pareil résultat uniquement en utilisant le pouvoir des mots. Il en est ainsi lorsque, au lieu de simplement décharger sa colère contre nous, il commence à nous insulter. Il me semble qu'alors il franchit une limite qu'il ne devrait pas dépasser et ses mots deviennent alors comme des choses qui nous dégradent, de la même façon qu'il pourrait dégrader les toilettes au lieu de s'en servir. Il est nécessaire de lui interdire de franchir ces limites, car il aura, comme avec des jouets détruits, le sentiment qu'il ne pourra jamais nous réparer. Pire : l'enfant peut nous mépriser parce que nous n'avons pas su nous faire respecter – le respect n'étant pas ici le respect dû au rang, mais le respect dû à la personne humaine. Je mets donc de tels actes au rang des attaques contre le cadre.

Au terme de cette réflexion, nous voyons combien le cadre offert à l'enfant s'étaye sur notre cadre interne, et combien nous devons être au fait du sens des limites que nous lui imposons.

Notes :

1 – Bion, W.R. (1963) : *Éléments de psychanalyse*, trad. Fr.Robert, Paris, PUF, 1979.

2 – Bick, E. (1964) : « Notes sur l'observation de bébé dans la formation psychanalytique » in : *Les écrits de Martha Harris et d'Esther Bick*, Larmor Plage, Ed. du Hublot, 1998.

3 – Winnicott, D.W. (1949) : « les souvenirs de la naissance, le traumatisme de la naissance et l'angoisse », in : *De la pédiatrie à la psychanalyse*, trad. J.Kalmanovitch Paris, Payot 1969.

4 – Athanassiou-Popesco, C. (2002) : *Le Narcissisme : de soi à l'autre.* Lausanne Delachaux et Niestlé , 2002.

5 – Winnicott, D.W. (1949) : « De la communication et de la non-communication – suivi d'une étude de certains contraires », in : *Processus de maturation chez l'enfant* trad. J.Kalmanovitch, Paris, Payot, 1970.

6 – Bion, W.R. (1965) : *Transformations*, trad.fr. F.Robert, Paris, PUF, 1982.

7 – Gammill, J.(1998) : *A partir de Mélanie Klein*, Lyon, Césura, 1998.

8 – Winnicott, D.W. (1952) : « L'angoisse liée à l'insécurité », in : *De la pédiatrie à la psychanalyse*, trad. J.Kalmanovitch, Paris, Payot, 1969.

9 - Freud, S. (1900) : *L'interprétation des rêves*, trad. I.Meyerson, Paris, PUF, 1967 chap.7.

10 – Freud, S. (1923) : Le Moi et le Ça, trad. J.Laplanche et J.B.Pontalis, in *Essais de psychanalyse*, Paris, Payot, 1981.

11 – Bion, W.R. (1962) : *Aux sources de l'expérience*, Heinemann, Londres, 1962 trad.fr. F.Robert, Paris, PUF, 1979.

12 – Rhode,M. et Klauber,T. (2004) : *The many faces of Asperger's syndrome*, Londres Edition Karnac, 2004.

13 – Lechevalier, B. (2004) : *Traitement psychanalytique mère-enfant*, Paris, In press 2004.

14 – Winnicott, D.W. (1949) : « De la communication et de la non-communication – suivi d'une étude de certains contraires », in : *Processus de maturation chez l'enfant* trad. J.Kalmanovitch, Paris, Payot, 1970.
15 – Athanassiou, C. (1995) : *Le surmoi*, Paris, PUF, 1995.
16 – Winnicott, D.W. (1967) : « La localisation de l'expérience culturelle », in : *Jeu et réalité*, trad. Cl.Monod et J.B.Pontalis, Paris, Gallimard, 1975.
17 – Klein, M. (1952) : « La vie émotionnelle des bébés », in : *Développements de la psychanalyse*, trad. W.Baranger, Paris, PUF, 1966.
18 – Bion, W.R. (1965) : *Transformations*, trad.fr. F.Robert, Paris, PUF, 1982.
19 – Bion, W.R. (1970) : *L'attention et l'interprétation*, trad. J.Kalmanovitch, Paris Payot, 1974.
20 – Meltzer, D. (1973) : *Les structures sexuelles de la vie psychique*, trad.fr. J. et Fl. Bégoin, Paris, Payot, 1977.
21 – Meltzer, D.(1967) : *Le processus psychanalytique*, trad.fr. J.Bégoin, Paris, Payot 1971.
22 – Klein, M. (1935) : *Essais de psychanalyse*, trad.fr., Paris, Payot,1984.
23 – Meltzer, D. (1967) : *Le processus psychanalytique*, trad.fr. J.Bégoin, Paris, Payot 1971.
24 – Klein, M. (1932) : *La psychanalyse des enfants*, trad.fr. J.B.Boulanger, Paris, PUF 1959.
25 – Winnicott,D.W. (1951) : « Objets transitionnels et phénomènes transitionnels », in *De la pédiatrie à la psychanalyse*, trad. J.Kalmanovitch, Paris, Payot,1969.
26 – Bick, E. (1968) : L'expérience de la peau dans les relations objectales précoces, in *Revue belge de psychanalyse*, 1982,1, pp.73-76.
27 – Klein, M. (1946) : « Notes sur quelques mécanismes schizoïdes », in *Développements de la psychanalyse*, trad. W.Baranger, Paris, Payot, 1968.
28 - Bion, W.R. (1963) : *Éléments de psychanalyse*, trad. Fr.Robert, Paris, PUF, 1979.
29 – Klein, M. (1957) : *Envie et gratitude*, trad.fr. V.Smirnoff, Paris, Gallimard, 1968.

Troisieme partie

L'interpretation

Considérations préliminaires

L'interprétation porte essentiellement sur le contenu des séances, ce qui fait matière à interprétation. Par conséquent, cette ***Troisième Partie*** est divisée en six chapitres, censés regrouper les problèmes de l'interprétation, autant multiples que divers, situés au cœur de la technique.

Une brève réflexion sur l'historique de l'interprétation ouvre la discussion sur la nature de celle-ci. Qu'est-ce qui fait qu'une intervention – ou parfois une absence d'intervention – a valeur d'interprétation ? Pourquoi ce terme regroupe-t-il un certain nombre d'acceptions dans des domaines aussi différents que le théâtre, les faits de tous ordres, sans compter celui particulièrement pointu de la traduction ?

Plus spécifique au domaine analytique, le travail interprétatif proprement dit est préparé par le contenu du chapitre **D. : « Avant l'interprétation »**. C'est à ce niveau que s'élaborent des hypothèses qui par des processus d'intervention préparant « le terrain de l'interprétation », se nourrissent d'un tissu d'allers-retours entre le préconscient de l'analyste et celui du patient.

Le temps d'une interprétation digne de ce nom vient enfin lorsque l'analyste perçoit que son patient est prêt à l'entendre ; ce temps est donc à distinguer de tout ce qui l'a précédé.

Les choses ne se terminent pas là puisque l'analyste doit observer la manière dont le patient réagit à son interprétation. Quelles conclusions tirera-t-il de cette réaction ? Ces réponses en infirment ou en confirment-elles la justesse ? Là non plus, il ne doit pas se fier aux apparences et il doit attendre de recevoir les associations mêmes du patient, lesquelles ne sont pas forcément conscientes ; c'est la réponse qui lui permettra de comprendre s'il s'est saisi ou non de ce que l'analyste a avancé pour donner du sens à ses propos.

De quoi est donc fait ce contenu ? Différenciant l'analyse de l'enfant de celle de l'adulte, certains analystes se sont étonnés, dans le passé, que des enfants puissent bénéficier d'un traitement étant donné le développement limité de leur langage. Une telle opinion reposait sur l'idée selon laquelle l'analyse du fonctionnement psychique n'est possible qu'à travers l'expression orale, étant donné qu'avec Freud l'analyse a commencé en utilisant cette voie.

La seule analyse d'enfant qu'ait effectué Freud[1], a emprunté la voix de l'adulte, puisque le petit Hans a eu pour porte-parole son propre père qui a fidèlement rapporté ses propos à Freud. Ce dernier n'a pas eu de contact direct avec un autre type de matériel : le jeu, le dessin et les divers modes d'expression de l'enfant.

Quand on voit la pertinence avec laquelle il nous a parlé du « jeu de la bobine », nous ne doutons pas que, s'il avait vu se dérouler devant lui le matériel qui occupe actuellement nos séances de thérapie avec les enfants, il aurait su, avec son génie trouver le langage des enfants, même de ceux qui ne parlent pas. Mais nous en sommes restés à l'idée selon laquelle il faut parler pour bénéficier de l'analyse. Ce serait ne s'appuyer que sur des processus par lesquels nous croyons nous épargner le travail d'élaboration des émotions de l'enfant qui n'a pas encore su leur donner une forme symbolique. C'est notre tâche de l'aider à accéder à cette forme. La forme symbolique de communication qu'offre le langage, nous tient souvent à la surface de la communication de l'adulte et donne l'illusion aux analystes, qui n'ont pas l'expérience de l'analyse de l'enfant dans l'adulte, ou de l'analyse d'enfant tout simplement, qu'il est possible de s'en tenir à ce niveau. Il n'en est rien, car si on ne saisit pas tout ce qui se situe en deçà du langage chez l'adulte lui-même, on ne saisit pas non plus la transformation et l'élaboration de ce qui n'a jamais pu être formulé.

Le langage des émotions vécues chez l'enfant et chez l'adulte dans leur concrétude apparaît dans le matériel fourni par l'enfant, tout autant que dans celui fourni par l'adulte. Pratiquer l'analyse d'enfant permet de se confronter plus directement à cette difficulté, car il est tout naturel pour l'enfant de « parler » du plus profond de lui-même par l'intermédiaire du dessin, du jeu, de la pâte à modeler et des différents actes associatifs qui sont sa manière de communiquer ses états intérieurs et dont le sens lui est caché ou qui n'ont pas encore de sens pour lui. L'analyste doit donner un sens ou une forme à ce qui n'en a pas encore ; il doit transformer en représentation ce qui n'existe qu'à l'état brut au fond de lui, ainsi que Bion[2] l'a si bien pensé. Si de tels niveaux de communication directe ne sont pas touchés chez l'adulte, comme ils le sont chez l'enfant, nous pouvons douter que l'analyse ait pu servir profondément et durablement le patient. L'analyse d'enfant est donc la meilleure école à laquelle puisse se former celui qui veut être analyste d'adulte.

La grande différence entre l'analyse de l'enfant et celle de l'adulte, du point de vue de l'interprétation, réside cependant dans le style de cette dernière. Pour parler aux enfants, il faut être poète. Il faudrait l'être aussi lorsque l'on s'engage à porter le sens de son matériel à l'adulte. Il n'y a pas de doute : l'interprétation est un art. Mais la poésie qui s'adresse à l'enfant n'est pas la même et ne fait pas appel aux mêmes images que celle qui s'adresse à l'adulte, quoique toutes deux participent du même art : celui de la parole. L'art pourrait pencher du côté de l'artifice ou du côté de l'artisanat ; il est évident que lorsque la parole porte la profondeur des émotions, elle n'est pas un artifice qui glisse sur les mots et les jeux de mots. Elle traduit plutôt le lien profond, héritier du jeu et du corps, qui s'est noué entre l'expression orale et le vécu qui la sous-tend.

L'art analytique est cependant un artisanat dans la mesure où l'artisan, le tisserand par exemple, adapte son tissage au matériau qu'il a dans les mains. Ainsi l'analyste doit-il s'adapter à la réalité psychique de son patient et à son évolution. Sa création ne dépend pas que de sa propre inspiration et, à la différence du romancier, il ne peut pas faire évoluer son personnage à son gré ; il doit se soumettre à la résistance que lui offre la réalité de son patient. Sa pratique, bien qu'artisanale n'en relève pas moins de l'art. C'est ce qui fait que la technique n'a rien à voir avec celle de la fabrication d'un objet. Rien n'est prévu d'avance et tout doit suivre le fil qui conduit de la psyché d'une personne à celle d'une autre personne.

A.1. Le premier entretien avec l'enfant

Ce point mériterait un long développement, car l'enfant se présente comme il le peut à sa première séance. S'il est très malade, il entre d'emblée dans la situation analytique comme s'il n'avait pas en lui la barrière du conscient qui le séparait du rapport direct avec la psyché de l'analyste. Je me souviens d'une enfant psychotique qui est venue à moi, pour notre première rencontre, comme si nous étions de vieilles connaissances en me disant d'un air pourtant absent : « J'ai pas de coiffeur ! ». Elle avait l'intuition et l'attente du rôle que je devais jouer pour elle ; je devais évidemment m'occuper de sa tête !

Je conseille en général aux parents de présenter à l'enfant l'objet de notre travail. Je fais cela au cours du premier entretien que j'ai avec eux et prépare ainsi la venue de l'enfant. Après avoir dit qu'ils sont venus me voir, ils peuvent lui annoncer que je suis prête à l'accueillir, et qu'en les entendant me parler de lui, de ses soucis… je me suis fait telle réflexion et que j'aimerais bien qu'il m'en parle.

Ainsi l'enfant colérique, mais qui se soucie des autres pourtant, peut être accompagné par ces mots : « Nous avons vu Madame Athanassiou et nous lui avons dit combien tu te mettais en colère. Mais comme elle nous a demandé si tu avais des amis et qu'on lui a rapporté que tu n'en avais pas beaucoup, elle s'est demandée si c'était à cause de tes colères. Elle aimerait bien que tu le lui dises… ».

Pour un enfant phobique, dont on s'aperçoit à travers le discours de ses parents, qu'il est devenu tel après la naissance de son petit frère – on peut proposer de lui dire : « Madame Athanassiou se demande si tu as toujours eu tes peurs ou si un jour il n'y a pas eu quelqu'un qui t'a fait peur ? ».

Ces propos de ma part rapportés par les parents, servent de pont vers notre première rencontre. Mais lorsque nous demandons à l'enfant s'il a une idée de la raison pour laquelle il vient nous voir, il hésite malgré tout assez souvent avant de se confier à nous. Il faut parfois demander plus directement s'il a des soucis, et faire référence à l'entretien qu'on a eu avec ses parents. Par exemple : « Quand j'ai vu tes parents, ils m'ont dit que tu avais peur la nuit. Tu te réveilles ainsi dans le noir ? ». Cela peut suffire à déclencher une suite associative, permettant à l'enfant de démarrer et de nous rapporter peu à peu ce qui ne va pas.

M.Klein demandait à l'enfant, au cours du premier entretien, d'être responsable de la conscience de son symptôme et de formuler nettement de quoi il souffrait. Cela permettrait de s'engager avec l'enfant dans un rapport où les rôles seraient bien définis, quels que soient les fantasmes qui transformeraient ensuite le thérapeute en un personnage du monde interne de l'enfant. Au moins, son moi reconnaîtrait d'emblée qui est le médecin, et qui est celui qui demande de l'aide. Une sorte de contrat ou d'alliance thérapeutique engagerait alors les deux parties, chacune à sa place. Parvenir à cet état de fait dès le premier entretien n'est pas une mauvaise chose, encore faut-il que l'enfant soit capable de prendre la position que nous venons de voir avec son thérapeute. Il me semble que si cela est le cas pour la plupart des enfants névrosés, cela est difficile avec les enfants psychotiques. L'avantage d'une telle perspective, dès le premier entretien est qu'elle rappelle à l'enfant le sens de sa démarche : elle n'est pas simplement celle de ses parents qui ont cherché une aide pour lui ; c'est aussi la sienne propre.

M.Klein soulignait la difficulté du travail futur lorsque l'enfant ne reconnaît pas a minima qu'il souffre et ne cherche pas à comprendre le sens de cette souffrance.

Le matériel qui est mis à la disposition de l'enfant, dès le premier entretien, peut être celui qui restera le sien si une thérapie s'engage : sa boite de jouets, son dossier et ses crayons. Nous voyons l'enfant diriger son regard vers tel ou tel matériel et il s'agit de le laisser libre d'emblée de choisir ce qui lui convient, sans lui imposer, par exemple, tel type de dessin (la famille…). Le premier entretien n'est pas un test. Certains enfants n'ont pas besoin qu'on leur propose d'utiliser leur matériel ; ils se dirigent vers lui avant même de parler. Ceci est parfois, pour le petit enfant qui a accepté de quitter sa maman sans se retourner, une manière de se passer d'elle sans souffrir de son absence. Le réveil, en général, se produit en séance au bout d'un temps plus ou moins long : l'enfant réclame sa maman, se demande si elle va revenir…. On a trop présumé de ses forces, et il aurait été préférable de laisser la mère – ou le père – rester avec lui, la première fois. Ceci n'est en général valable que pour les tout-petits, et nous le prévoyons dès l'entretien que nous avons avec les parents. Il est assez fréquent qu'au terme d'une ou deux séances passées de la sorte, l'enfant accepte sans angoisse de rester seul avec l'analyste.

Tout comme l'entretien que nous avons avec les parents leur donne une idée de la manière dont nous travaillons avec l'enfant, étant donné la manière que nous avons eue d'aborder et de comprendre les problèmes qu'ils nous ont apportés, de même la première séance avec l'enfant, nous présente à lui : au-delà de ce dont nous avons conscience, il saisit tout ce qui, dans notre attitude, dans nos interventions et dans ce que nous taisons, est prêt de l'accueillir. Il se fait également une idée du travail qui l'attend avec nous.

A ce propos, certains analystes préconisent, avec les enfants aussi bien qu'avec les adultes, d'interpréter au fur et à mesure ce qui se présente. Ce sera le fil rouge de notre réflexion sur l'interprétation. Chaque fois qu'il nous vient une interprétation du matériel présenté, nous sommes confrontés au problème de sa formulation. Nous allons comprendre qu'il y a un écart, sinon un grand écart, entre le moment où nous saisissons quelque chose du patient – que cette « saisie » prenne ou non la forme d'un insight – et le moment où nous lui dévoilons notre pensée. Une telle remarque suppose que l'on prenne le temps d'en arriver à une interprétation. Selon moi, il est inopportun de donner au patient une interprétation avant qu'un lien transférentiel ne soit suffisamment établi ou ne soit mis à l'épreuve de la durée des séances. Certains analystes proposent en effet d'interpréter d'emblée le pré-transfert et de s'appuyer ainsi sur la place que le patient attribue à l'analyste avant même d'avoir commencé son traitement. Tout cela me paraît trop précoce, et cette manière de « faire connaissance » n'est pas la mienne. Le patient, enfant ou adulte, ne me trouvera jamais pressée de comprendre ni de formuler ce que j'ai compris. Cela aussi fera partie de ce que le patient saisira de moi.

Mais, dira-t-on, l'enfant qui vient avec un rêve ou qui fait un dessin traduisant d'emblée son problème ou son symptôme de manière fort explicite, demande seulement que nous lui traduisions tout haut ce qu'il nous présente en deçà des mots. Sinon, pourquoi se donnerait-il la peine de venir avec un tel matériel ? Je répondrai que ce n'est pas parce que je ne lui aurai pas traduit ma perception des choses qu'il n'aura pas le sentiment que je ne les ai pas comprises, au sens premier du terme.

Comprendre, c'est tenir dans un contenant durant un laps de temps permettant au patient de se sentir contenu. Il faut pour cela également que l'enveloppe contenante physique, mais aussi psychique, faite d'une attention réflexive, ne soit pas pressée de traduire la nature de ce qui l'a touchée. Un tel renvoi, dans sa rapidité nous évoquerait plutôt, et serait senti par le patient, comme le rebond d'un élastique qui n'est pas transformé par ce qui le touche. L'attitude analytique est faite d'accueil et non pas d'empressement à rendre explicite ce qui ne l'est pas. Ainsi les analystes ne doivent pas se montrer pressés de se débarrasser du problème; ils n'ont pas à se montrer brillants ; mais c'est également en souffrant de ne pas comprendre, qu'ils acceptent de s'identifier au patient jusqu'au point où ils se détachent de lui en lui révélant leur propre perspective.

Il ne faut pas oublier que nous nous présentons au patient, et donc à l'enfant, dans notre manière de fonctionner, consciente et inconsciente. Celle de l'enfant s'adaptera à la nôtre, tout comme la nôtre à la sienne. Une expression rend compte de l'attitude que je préconise : « Respecter les défenses du patient ». Les respecter n'est effectivement pas faire leur jeu. Nous nous laissons souvent habiter par elles, et nous en sortons par l'analyse de notre contre-transfert.

Le patient perçoit que nous avons l'intention de le comprendre ; mais, pour cela, nous devons accepter de ne pas le comprendre avec la part superficielle de nous-mêmes, celle qui possède toute une gamme de diagnostics.

C'est dès le premier entretien que cette présentation se joue ; et renvoyer d'emblée au patient ce que nous avons saisi de lui, ce serait manquer le temps de faire connaissance.

A.2. Les productions de l'enfant

a. Le jeu

L'enfant joue, il dessine, il parle – ou il ne parle pas – il rapporte des rêves parfois. Son corps aussi prend aisément le relais d'une expression en manque de moyens de symbolisation, et contient un débordement pulsionnel ; soit qu'il s'agite, soit qu'il s'affaisse provisoirement sous la maladie. C'est ainsi qu'il est conseillé aux parents de conduire leur enfant à sa séance, autant que faire se peut, lorsqu'il a un petit mal de gorge, une petite gastroentérite ou une petite grippe… à condition que le médecin autorise la sortie de l'enfant. Nous leur expliquons qu'il s'agit là, partiellement, d'une réaction associée à un bouleversement psychique qu'il serait bon d'élaborer en séance.

Le premier moyen d'expression de l'enfant est le jeu. Aussi doit-il avoir à sa disposition la boîte dont j'ai donné précédemment un bref descriptif. Nous savons que l'enfant déploie dans son jeu, au grand jour, le spectacle de ce qui se déroule dans son monde intérieur. Il s'agit d'un théâtre dans lequel il est à la fois acteur et spectateur. Les interventions de l'analyste ne sont pas toujours aisées à ménager, car elles interrompent le spectacle. Tout se passe comme si l'enfant, se prenant à son propre jeu, oubliait parfois notre présence ou du moins la mettait hors champ. Nos interventions, dans ce cas, produisent le même effet de rupture que le ferait la brusque interruption d'un spectacle par un spectateur qui, au lieu de conserver la position qu'il occupe dans son fauteuil, s'aviserait de se dresser brusquement pour faire un commentaire personnel inspiré par le spectacle qui se déroule devant lui. On crierait au scandale ! L'enfant peut vouloir que nous occupions cette position de spectateur réceptif, mais ayant une attitude de non-intervention vis-à-vis de ses créations ; cette situation est propre au jeu. Certains enfants nous tournent le dos et se parlent ainsi à eux-mêmes pendant un bon laps de temps. Nous n'avons pas accès à leur théâtre interne et nous ne pouvons qu'interpréter l'aspect projectif de leur dispositif : ils veulent que nous nous sentions exclus d'un spectacle intéressant, tout comme ils se sont sentis exclus de nos occupations pendant notre absence. Encore est-il préférable d'interpréter cela au moment où l'enfant, inquiet de notre silence, commence à se tourner vers nous. Si nous parlions au moment où il croit nous « mettre à la porte », il interpréterait lui-même notre prise de parole comme un appel à l'aide provoqué par notre difficulté à supporter cette situation.

Dans de tels cas, je demande à l'enfant d'interrompre son jeu au bout d'un certain temps – car le jeu pourrait ne se terminer qu'avec la fin de la séance – de s'asseoir en face de moi et de faire le récit de ce qu'il a joué. Le but de cette technique est à la fois de respecter la défense de l'enfant – qui s'isole en ne parlant qu'à lui seul – et de l'amener en même temps à utiliser avec nous son récit afin de lui attribuer un sens.

Ne faut-il pas sortir de son rêve pour commencer à en chercher le sens ? C'est ainsi que nous aidons l'enfant à sortir de l'histoire qu'il se raconte, afin d'y introduire le personnage – l'analyste – qui fera perdre son charme à cette histoire et l'articulera à un sens. Il faut se dégriser pour penser !

Tous les jeux n'ont pas cette intensité de retrait, et il est assez souvent possible d'intervenir en soutenant le récit que l'enfant nous destine, même si les propos de ses personnages veulent avoir la première place.

Il est des jeux qui ne sont que des *acting* : l'enfant peut indéfiniment s'enfermer dans des manipulations accompagnées de bruits plutôt que de paroles, sans que la moindre trame temporelle puisse émerger d'une répétition quasi à l'identique. Par exemple, l'enfant fait s'entrechoquer des voitures dans une explosion semblable à celle d'un feu d'artifice, qui monte au ciel et ne redescend que pour s'engager dans une nouvelle explosion…avec de semblables bruitages. Ce temps vide peut durer, si nous n'y prenons garde, durant toute la séance.

Ces activités ne sont pas des jeux : ce sont des expulsions d'éléments *bêta*, dirait Bion, c'est à dire de vécus émotionnels qui ne sont rattachés à aucun sens. Il me semble que l'arrêt de ces expulsions, invite l'enfant à utiliser d'autres moyens nous permettant de jouer un rôle de réceptacle à ses projections. Ce n'est pas pareil, en effet, de lancer à l'infini une bille contre un mur, et de lancer, par déplacement, un jouet contre un coussin, alors que l'enfant avait l'intention de nous attaquer nous-mêmes. Dans le premier cas, la projection est prise dans un acte stéréotypé qui en écrase le sens alors que dans le second cas, elle « attend » d'être reçue pour être comprise.

Lorsque l'enfant se plonge dans son jeu, il semble être parfois en identification projective massive avec les éléments de celui-ci.

Je me souviens d'un petit garçon qui ne pouvait que jouer avec ses animaux ; il les saisissait, les déplaçait, grognait avec le cochon, rugissait avec le lion…et lorsque je voulais faire un commentaire, soit il ne m'entendait pas, soit il sortait de son jeu comme s'il atterrissait sur une autre planète. Le jeu, dans ces conditions, défile sous nos yeux comme le courant d'une rivière et nous serions bien en peine de l'arrêter un instant pour rendre compte de ce qu'il charrie. Nous souhaiterions faire un « arrêt sur image » afin de donner à l'enfant la possibilité à la fois de nous regarder et de regarder son jeu. Par ce regard posé sur son jeu, l'enfant pourrait commencer à sortir de ses identifications projectives et considérer, en s'identifiant à nous, qu'il n'est pas dans son théâtre interne ; c'est son théâtre interne qui se situe à l'intérieur de lui. Nous invitons l'enfant à sortir de son rêve pour considérer que ce n'est qu'un rêve, et non une réalité – celle que l'on prend pour telle dans notre sommeil. En somme, nous l'invitons à se réveiller.

Il se peut que l'enfant veuille nous inclure dans son jeu et nous persuade de quitter notre position d'analyste qui observe et qui pense. Il peut ainsi nous demander de jouer avec lui. Je le déconseille de la même façon que je déconseille que l'enfant joue avec notre propre corps et nous touche. Cela n'est évidemment pas valable pour les tout-petits enfants qui n'ont pas encore deux ans et dont je parlerai dans la dernière partie de cet ouvrage. Ces tout-petits ne comprendraient pas que nous leur interdisions de nous toucher ou que nous ne prenions pas les jouets pour répondre à leurs avances. Il est même tout à fait indiqué avec eux de s'emparer des petits pots, des ballons ou des petites poupées pour leur interpréter ce dont ils nous parlent dans leur langage à eux. Mais les enfants plus âgés, lorsqu'ils veulent que nous participions à leur jeu activement, ont tendance à nous traiter comme une marionnette : en identification projective intrusive, ils viennent s'emparer, à l'intérieur de nous, de notre identité et nous ordonnent de jouer tel ou tel rôle. Pendant ce temps, avec la pensée magique qui les habite, ils sont persuadés que nous sommes sous leur contrôle et que nous pourrions ne pas nous reprendre afin de leur interpréter ce qui se déroule sous nos yeux. Chaque fois que nous refusons de jouer le rôle dont ils veulent nous vêtir, chaque fois que nous voulons conserver notre position d'analyste, ces enfants ont tendance à se mettre en colère. Ils perçoivent bien que ce n'est pas dans leur jeu que nous refusons de les suivre, mais dans leur manipulation de notre position d'analyste. Car c'est en maintenant notre capacité de penser à ce que l'enfant joue sous nos yeux – avec son corps et avec ses jouets – que nous jouons véritablement avec lui : notre rêverie se déploie librement et répond à sa propre rêverie. Ce que nous formulons alors pour l'enfant est le fruit de cette association entre ses moyens d'expression et notre capacité de nous laisser habiter par eux.

b. Le dessin

Le dessin est un merveilleux instrument pour analyser la réalité interne de l'enfant. Encore faut-il que – tout comme avec le jeu – il se prête à cette analyse et accepte de prendre du recul par rapport à sa production graphique. Là se joue également, et aussi nettement qu'avec le jeu de l'enfant, la relation qu'il noue avec ses objets internes : nous découvrons, comme par un arrêt sur image, le tableau de son théâtre interne.

L'intensité du travail inconscient en cours dans la création d'un dessin, tout comme dans la formation d'un rêve, est telle qu'il n'est pas conseillé de parler à l'enfant tandis qu'il dessine. L'enfant « sait » très bien que lorsqu'il donne forme à telle partie de son dessin, une autre partie est en germe, puis une 3ème, la composition entière se faisant de manière syncrétique et par une série de feed-back dont lui seul a le secret. Il nous est possible évidemment d'observer de l'extérieur que l'enfant commence son bonhomme par les pieds ou par la tête, qu'il a fait tel personnage en premier et non pas en dernier et que l'ordre d'apparition des éléments du dessin est significatif. Il est précieux de l'observer et, peut-être, opportun de le retenir dans l'interprétation que nous fournissons à l'enfant. Je pense que dans les rêves également, l'ordre d'apparition des éléments dans le récit onirique – même s'il est soumis à des processus de secondarisation – n'est pas sans signification. Ainsi voyons-nous souvent une évolution dans le déroulement même d'un rêve, plus encore dans la succession de deux ou trois rêves.

Il est des enfants qui ont besoin de commenter leur dessin au fur et à mesure de sa formation, comme s'ils devaient nous prendre à témoin de ce qui se déroule sous leurs yeux. Ces petits patients là ont besoin de maintenir un contact avec un objet externe tandis qu'ils se plongent dans leur scène intérieure, comme s'ils craignaient de nous lâcher. Ainsi l'enfant qui va plonger dans le sommeil doit-il – comme tout un chacun – « sauter le pas » et se laisser tomber sur son matelas intérieur. Celui qui n'est pas certain de trouver au fond de lui un tel matelas, ou qui ne peut faire suffisamment confiance à la capacité de ce matelas à le recevoir, ne pourra pas s'endormir. Il lui faudra toujours garder un œil, sur sa maman si c'est un enfant, sur un objet quelconque appartenant au monde extérieur, ou même sur telle ou telle préoccupation de la journée, si c'est un adulte. Ce n'est pas tel ou tel souci qui le tiendra éveillé, c'est la crainte de tomber dans un nulle part qui n'absorbera pas simplement ses soucis, mais l'engloutira tout entier avec eux. Ce phénomène d'abandon d'une certaine vigilance vis-à-vis de la réalité externe au moment où notre attention se plonge dans une tâche qui nous absorbe, se retrouve à tous les niveaux et à tous les âges. Chez l'enfant il est possible que, ménageant « la chèvre et le chou », il se plonge dans son dessin tout en voulant avoir la preuve que nous ne l'avons pas lâché. Il ne tente de se relâcher qu'à la condition que nous le tenions et, pour ce faire, il provoque nos commentaires alors qu'il poursuit son dessin. Une telle situation n'invalide pas la possibilité de considérer son dessin une fois qu'il l'a achevé.

Il est préférable de demander à l'enfant de finir son dessin, puis de nous le montrer, lorsque cela semble possible. Pour cela, il doit supporter de rester un moment seul avec son dessin, plutôt que d'avoir la confirmation quasi continuelle que nous le regardons et que c'est à nous seuls que revient le désir de lui donner un sens. L'enfant doit retenir et contenir sa production jusqu'à ce qu'il nous la dévoile ; il manifeste de la sorte l'intention de sortir d'un monde intérieur dans lequel il est seul avec lui-même, pour aller dans le monde externe exposer au regard d'un autre ce qu'il a de plus intime mais qu'il ne connaît pas. L'enfant qui accepte de nous montrer son dessin et qui, non seulement nous laisse penser à ce qu'il représente, mais réfléchit également avec nous à son contenu, accepte de laisser émerger hors d'une sphère purement privée, ce qu'il possède de plus intime. En effet, lorsque l'analyste regarde son dessin, même s'il ne le commente pas, l'enfant perçoit qu'un autre regard s'en est emparé.

Le *moi-réalité* de l'enfant sait très bien que la représentation que l'analyste se fait de son dessin, que le sens encore latent qu'il prépare en lui, introduit un monde externe, une altérité, dans son monde interne. Quelle que soit sa délicatesse, son identification à l'enfant et sa capacité de ménager les défenses de ce dernier, l'analyste n'est pas l'enfant, et son narcissisme n'est pas le sien. Son regard, puis sa prise de parole bouscule la latence des processus en cours. L'enfant qui nous montre son dessin, accepte par là même la future transformation, dans le sens de rendre conscient ce qui lui est encore inconscient.

Je note au dos du dessin, en fin de séance, la date et le numéro du dessin : il est en effet possible que l'enfant en ait fait plusieurs au cours d'une séance, et nous ne nous souviendrons plus de leur ordre d'apparition si nous ne le notons pas. Je ne note jamais au dos du dessin ce que l'enfant m'a dit – encore moins sur le dessin lui-même ! Nous observons ensemble une production de l'enfant et nous ne sommes pas autorisés à modifier cette production par nos propres graphismes. Le dessin appartient à l'enfant, bien qu'il ne puisse l'emporter à la maison. Sans notre regard et notre attention, sans le transfert qui entraîne l'enfant vers ce type de communication profonde, ce dessin n'aurait pas existé. Il est donc important de le conserver en tant que matériel commun, avec cependant le respect dû à ce qui est issu de son monde interne.

Lorsque l'enfant a besoin de faire des choses en trois dimensions, par exemple des pliages, des constructions en papier ou des formes en pâte à modeler, il est important que nous les conservions dans une boîte séparée de celle où se trouvent ses jouets. Nous ressortons cette boîte à chaque séance de manière à ce que l'enfant retrouve à leur place les différents éléments de son jeu.

Certains enfants cachent leur dessin au moment où ils l'exécutent. Lorsque nous avons en tête les différentes formes prises par l'identification projective, nous pouvons comprendre ce geste comme une projection dans l'analyste de l'enfant curieux de l'activité créatrice de ses parents : c'est à l'adulte de ne pouvoir assister à la création du futur bébé, tant le dessin se prête à une telle interprétation. Il est utile, dans ces conditions, de ne pas insister pour que l'enfant découvre son dessin. La question se pose cependant de savoir gérer la situation dans laquelle il nous met lorsqu'il refuse systématiquement que nous regardions ses dessins. A peine exécutés, il les cache dans son dossier et ne nous les donne même pas pour que nous y inscrivions la date.

Que faire ou que dire ? L'enfant utilise le temps de sa séance pour nous exclure de celle-ci puisqu'il nous empêche de travailler avec lui. Ce faisant, il joue – nous venons de l'évoquer – à l'adulte qui écarte l'enfant de sa vie privée ; mais il se comporte également comme un enfant attaquant toute alliance thérapeutique qui aurait permis l'analyse de sa vie psychique.

L'identification projective devient une arme utilisée contre le besoin d'être aidé. Je pense que l'enfant nous encapsule alors dans une position dont il est incapable de nous tirer ensuite. Il attend de notre part la manifestation de notre refus de nous laisser immobiliser dans un tel état d'impuissance. Ici, nous sortons du cadre de ce qu'il est possible d'interpréter verbalement ; nous entrons dans l'étude de la manière d'être de l'analyste, qui est comme une interprétation en soi. Je veux dire que l'analyste doit, à partir d'un certain point, refuser la position d'impuissance dans laquelle le met son petit patient.

Je me souviens d'un enfant qui nous enfermait tous deux dans un mutisme dont aucune de mes interprétations ne pouvait l'extraire. Au contraire, chacune de mes manifestations était entendue comme l'expression d'un appel au secours. Tout se serait passé comme si mes propos, au lieu d'être entendus comme une tentative de comprendre l'enfant, avaient été une supplique pour qu'il me fasse sortir de l'étau dans lequel il m'enfermait. Au bout d'un certain temps, je me suis levée et suis passée à mon bureau en me mettant dans une position décalée par rapport à la sienne. C'est-à-dire qu'au lieu d'être directement en face de lui, je me suis mise à un mètre sur sa droite, le nez sur des écritures. Mais je le regardais du coin de l'œil. A ma grande stupéfaction j'ai vu que, de cette manière, j'obtenais ce que je cherchais en vain en me centrant sur lui : il s'est immédiatement mis à dessiner. En détournant mon attention de son inhibition, cette dernière s'est immédiatement levée. Le contrôle qu'il exerçait sur moi, dans son fantasme, était conjoint à celui qu'il exerçait sur son propre moi ; la paralysie dans laquelle il maintenait son objet avait son pendant dans celle où il maintenait son propre moi. En me déplaçant et en manifestant ma capacité de poursuivre mon activité psychique, je lui ai non seulement signifié que son objet externe s'était libéré de l'emprise qu'il exerçait sur lui, mais je lui ai également permis d'entrer en contact avec un objet interne vivant.

Il est intéressant de considérer la nature du dessin que cet enfant a effectué dans ces conditions. Il s'est agi d'une petite histoire en plusieurs épisodes. Dans un premier temps, un personnage cherche un livre dans une immense bibliothèque ; celle-ci s'écroule sur lui et, dans le dernier épisode, nous voyons ce personnage emprisonné sous un mur de livres comme dans un sarcophage. Un autre personnage apparaît alors au-dehors de ce tombeau et répond à celui qui le supplie de le faire sortir de sa prison : « Tu rêves !! ».

Avant que je ne me sois déplacée jusqu'à mon bureau, il semble que nous étions, lui et moi, comme ce personnage incapable de se libérer tout seul. A partir du moment où je me suis occupée à une autre tâche qui ne dépendait pas de son bon vouloir, je suis sortie de l'emprise de cette partie de lui qui n'utilisait pas mes interprétations (pas plus que le personnage du dessin n'utilisait les livres de la bibliothèque) pour apprendre et comprendre, mais plutôt pour écraser son moi capable de se transformer. Pour ce qui est du « bon vouloir », il ne s'agissait pas simplement de celui de l'enfant, mais de cette partie de lui qui contrôlait mon activité psychique et lui barrait l'écoute de mes interprétations, comme s'il s'était agi d'un quelconque livre de la bibliothèque.

Il est intéressant de considérer comment le moi de l'enfant n'a pu s'exprimer par une série de dessins, utilisés comme mode de communication, que parallèlement à l'activité de son objet, et comment le contenu de ces dessins n'a pas traduit la situation présente, mais celle dont nous venions de sortir. Tout se serait passé comme si l'enfant me donnait une interprétation après-coup de son immobilisme : j'étais, tout comme lui, le personnage désireux de profiter du langage et de la pensée, ce personnage qu'il représente à la recherche d'un livre dans la bibliothèque. Ainsi son moi souhaite-t-il comprendre le sens de ce qui se passe dans sa psyché; mais une force obscure – d'abord non représentée – fait s'écrouler l'ensemble des livres sur le penseur : ainsi mes tentatives pour comprendre les raisons de son mutisme n'aboutissaient à rien ; je devais être dans la même position que son moi, englouti sous les livres et criant au secours. Tous mes appels, destinés à ce qui, en lui, aurait pu m'entendre, étaient récupérés par une partie qui le contrôlait et qui contrôlait notre lien. Je me trompais de destinataire ou je persistais à m'adresser à un prisonnier sans comprendre que je n'étais entendue que par son gardien. « Tu rêves !! », répondait ce dernier, « Je ne lâcherai pas ma proie ! ». Ce n'est qu'au moment où, au lieu de persister à croire qu'on pouvait m'entendre, j'ai résolu de changer d'interlocuteur et de me parler à moi-même, que j'ai véritablement touché ce qui, chez l'enfant, pouvait me répondre.

En m'adressant à mes écritures, en désinvestissant ce gardien, j'ai renoué le contact avec ce qui, en lui, s'est trouvé capable d'effectuer un mouvement semblable au mien. La suite des dessins, si elle avait pris place, n'aurait pas donné le dernier mot au gardien mais à la reconstitution de la bibliothèque, ainsi qu'au dialogue entre le moi et son objet.

Il est intéressant de considérer ici l'association que l'on peut effectuer entre l'écroulement de cette bibliothèque et l'effet de blocage ou d'impasse de la situation dans laquelle je me trouvais précédemment avec lui. Par quel retournement l'édifice de la pensée représenté par l'érection de cette bibliothèque s'est-il écroulé sur la personne même qui l'a érigé ? Nous ne sommes pas seulement en présence d'un démantèlement de tous les liens qui tiennent ensemble les éléments de la pensée, comme ces livres sur leurs étagères, mais également, dans cet écroulement du sens, nous assistons à une attaque du penseur ou du créateur, par ses propres créations. Je suis frappée par le fait que ces créations n'ont pas été dénaturées (les livres sont toujours des livres et mes interprétations n'ont pas changé de nature). C'est la manière de détourner en armes de guerre ces instruments créés au service du développement du moi, qui va provoquer la destruction de celui qui leur a donné naissance. Lorsque je me suis levée pour me mettre à mon bureau, j'ai maintenu en place – dirai-je – les étagères de ma bibliothèque, et j'ai empêché qu'elles ne continuent de me tomber sur la tête. C'est ainsi que mes interprétations, au lieu de se retourner contre moi, ont échappé à l'usage destructeur qui en était fait. Au lieu de donner à mon bourreau accès à mon monde interne, j'ai dissimulé ce dernier afin d'en faire un meilleur usage. Aussitôt que la communication a été rétablie avec les « bonnes » parties du patient, ces dernières m'ont permis de comprendre d'où venait le mal.

Lorsqu'une alliance thérapeutique se met en place entre les bonnes parties du moi et de l'objet, la partie omnipotente du self est immédiatement dénoncée et, de ce fait, le moyen de se soustraire à son emprise, est accessible au moi.

Certains enfants se comportent différemment : au lieu de contrôler notre capacité à les toucher grâce au matériel qu'ils nous fournissent, ils abandonnent apparemment tout contrôle sur ce matériel. Ce faisant, ils nous laissent le loisir d'examiner leur dessin et d'en travailler le sens avec eux. Ceci est une illusion ; ces enfants nous délèguent totalement la responsabilité de comprendre leur production dont ils se désintéressent aussitôt qu'ils l'ont terminée. Tout se passe comme si nous devions être seuls concernés par elle.

Je me souviens d'une petite fille qui faisait de merveilleux dessins mais, à peine achevés, elle me les lançait et je devais presque les rattraper au vol ! Et je devais aussi ne pas laisser tomber leur sens car j'étais la seule à m'y intéresser. C'était une enfant très narcissique et je pense que la recherche du sens de son message était aussi éloignée de ses préoccupations que la conscience de ses besoins. Elle se comportait comme sa « Majesté le bébé » – déjà évoqué – qui se croit propre et sans tache. Un tel enfant, ne reconnaissant pas son besoin de l'objet, ne reconnaît pas davantage la réalité de ses pulsions et les limites dans lesquelles se situe leur satisfaction.

Lorsque j'ai demandé à cette petite fille d'arrêter sa fuite en avant et de penser avec moi à sa production, elle a eu l'impression de descendre de son piédestal pour se soumettre aux conditions de la réalité terrestre.

Les patients ou les enfants narcissiques ont du mal à entrer en contact avec leur vie émotionnelle. Ils la délèguent aux autres avec les angoisses qui lui sont associées. Nous nous demandons souvent pourquoi ces patients arrivent jusqu'à nous. Avec les enfants, nous pouvons comprendre que les parents, qui se sont fait du souci pour eux, ont pris la responsabilité de les conduire jusqu'à nous. Mais souvent ces enfants sont passés maîtres dans l'art de manipuler leurs parents et de trouver la faille – narcissique elle aussi – qui leur permettra d'échapper, en fantasme du moins, à la condition humaine.

Nous voyons qu'une simple réflexion sur l'attitude de l'enfant par rapport à son dessin nous mène à des considérations plus profondes sur la structure de sa personnalité.

Je donne un nombre limité de feuilles de papier à l'enfant – trois – sauf si je m'aperçois qu'il lui en faut davantage pour s'exprimer. Il paraît difficile de parler d'une dizaine de dessins à chaque séance ; cette limite permet également à l'enfant de ne pas dessiner pour dessiner mais pour, secondairement, penser avec nous au sens de son dessin. Il est des enfants qui, malgré cette limite, se ruent sur leurs crayons, remplissent leurs feuilles avec une rapidité étonnante, et veulent ensuite passer immédiatement à autre chose. Je les arrête dans leur course effrénée, et leur demande de réfléchir après chaque dessin.

Il est parfois intéressant de considérer la suite associative d'un dessin à l'autre. Mais il s'agit plutôt d'une expulsion d'*éléments bêta* (Bion) que d'une tentative de représentation d'une scène intérieure. En demandant à l'enfant de s'arrêter après chaque dessin, je lui demande que nous le considérions ensemble avant qu'il ne passe au suivant.

Regarder ensemble un dessin, c'est déjà proposer à l'enfant d'avoir un *sens commun* (Bion) sur sa représentation, c'est-à-dire un double regard : deux perspectives s'offrent à lui dont le croisement est générateur d'une création dans la différence. Ici, nous sommes loin du cas précédent qui me reléguait à mon unique perspective. Quand l'enfant me présente son dessin, je tente d'y penser tout haut et de lui fournir des associations susceptibles de provoquer les siennes. Si rien ne me vient, je réfléchis malgré tout et je lui transmets que ce dessin est une première étape dans le dialogue qui va s'instaurer entre nous. Si j'ai pu avoir une idée sur un élément de son premier dessin, en lui en communiquant la nature, je l'invite à me parler de « la suite » - expression que j'emploie volontiers – pour un second dessin. Ainsi le second se trouve articulé à mon intervention – ou même simplement à ma réflexion – sur le premier. Et c'est ainsi que l'enfant apprend à faire des dessins pour me parler. Un troisième dessin peut suivre, créé dans les mêmes conditions.

Nous ne pouvons pas toujours utiliser cette méthode ; je pense aux enfants très omnipotents, voire psychotiques, qui peuvent détourner encore l'acte de dessiner de son but représentatif. Ces enfants veulent, par-là, affirmer la réalité de ce qu'ils dessinent. Il ne s'agit pas pour eux d'une réalité interne, par opposition à la réalité externe ; mais d'une sorte de transformation dans l'hallucinose par laquelle l'enfant se croit le créateur de la réalité externe à partir de ses propres moyens. Il lui suffit de regarder ou de ne pas regarder tel élément de la réalité pour croire qu'il le fait exister ou qu'il le supprime.

Je me souviens d'un enfant psychotique qui aurait volontiers passé toutes ses séances à dessiner des personnages d'une puissance extrême dont il parlait au présent, comme s'ils étaient réels et non pas le fruit de son imagination.

Il en est de même pour les enfants qui regardent la télévision sans faire la différence entre le fantasme et la réalité. La toute-puissance de la pensée n'a pas été suffisamment mise à l'épreuve de la réalité, et leur façon de s'exprimer symboliquement devient pour eux le moyen de supprimer la symbolisation. L'enfant affirme qu'il est ce « super héros » qui lance des rayons par l'extrémité de ses doigts : le dessin en est la preuve car, au lieu de renvoyer simplement à l'inadaptation du désir à la réalité, il affirme au contraire la réalité de ce qui se dessine.

Dans ces cas là, je demande à l'enfant d'arrêter de dessiner, et de passer à un autre mode d'expression. Il peut alors jouer, les limites de la réalité étant alors respectées grâce aux contraintes imposées par les jouets eux-mêmes. L'enfant qui tient un jouet représentant, par exemple un loup, ne peut affirmer qu'il a créé un monstre tout-puissant capable de détruire le monde puisque la forme cernée par ses doigts, la perception d'un petit objet, le ramènent – en principe – à la réalité, et donc à son jeu.

Nous pourrions faire le lien avec les rêves. L'enfant n'apporte pas toujours un rêve et lorsque, comme me le disait un petit patient, il s'agit d'un « vrai rêve », nous avons la « voie royale » dont nous parlait Freud, pour atteindre l'inconscient. Il est des cas pourtant où l'enfant veut inclure son rêve dans ses fantaisies conscientes, et où il le détourne ainsi de sa véritable fonction.

Je me souviens d'un garçon qui adorait raconter ses « rêves » mais me laissait toujours dans le doute ; était-il en train d'inventer une histoire, une sorte de « rêve éveillé » ou bien me faisait-il le récit d'un véritable rêve ?

Lorsque le rêve est empli de détails et nous donne le sentiment de pouvoir se prolonger à volonté, nous nous demandons si l'enfant n'invente pas une histoire et n'observe pas notre capacité à croire ou non en sa véracité. Savons-nous distinguer entre un rêve et une invention ? Cette question rejoint la différence que nous ferions entre le fantasme et la réalité. Si nous confondons les deux, l'enfant a tout le loisir de se confirmer dans le sentiment qu'il peut croire en sa capacité à faire passer l'invention pour la réalité, qu'elle soit externe ou interne. C'est nous qui sommes garants de la différence à établir entre les deux. En effet, l'invention consciente n'est pas la réalité, qu'elle soit interne ou externe. Comment saisissons-nous ce qui différencie cette invention de la réalité ? Tout simplement parce que la réalité, par opposition à l'invention, se situe devant nous comme un objet, et que nous ne pouvons pas consciemment en modifier la nature, sauf à désobéir à ses lois. Il en est ainsi de la réalité interne : elle se situe en nous-mêmes, elle est constitutive de notre personne, elle a ses propres lois et ne peut être fabriquée par notre conscience. Tout le vaste domaine qualifié par Freud d'inconscient, que ce terme soit pris dans son sens substantif ou qualificatif, traduit un aspect de notre réalité interne, qui ne se plie pas à notre réalité consciente. Nous ne pouvons pas le manœuvrer comme s'il s'agissait de nos désirs conscients.

A ce propos, je me souviens d'un patient adulte qui était furieux d'avoir rêvé, car ses rêves n'entraient pas dans le champ de la réalisation de ses fantaisies perverses. Il me déléguait ce qui, dans son moi, coopérait avec notre travail analytique et il me disait : « Vous allez être contente ! J'ai encore rêvé ! ».

La satisfaction hallucinatoire du désir s'oppose au processus consistant à analyser les contenus de l'inconscient, car cette analyse suppose la reconnaissance d'un domaine qui lui échappe.

Lorsque je demandais à un enfant, M., de me raconter son rêve, je pouvais être certaine qu'il allait s'installer dans son récit tout comme s'il s'envolait dans un nouveau rêve. Cet adepte inconditionnel des jeux vidéo comme bon nombre d'autres, brouillait la différence entre le fantasme et la réalité, entre ce qui relève de l'imagination, représenté par ce qui est porté par l'écran vidéo, et ce qui ne dépend pas de cette imagination, à savoir sa réalité interne. En ce se sens ce qui apparaît sur l'écran peut donner l'illusion d'être réel, et celui qui a fait apparaître ce qui se dessine sur l'écran, peut se croire le maître de cette réalité. Cependant l'apprenti sorcier est parfois pris au piège de son « invention ».

Un petit garçon qui avait l'habitude de mener des combats de boxe fictifs sur son écran, a rêvé un jour que le poing du boxeur sortait de l'écran pour le frapper ! Ce n'était qu'un rêve mais, grâce à ce rêve, il a maintenu en lui-même une *barrière de contact*[3] séparant le fantasme de la réalité. Si cela n'avait pas été possible, il aurait été pris lui-même dans un *écran bêta*[4] où les éléments psychiques sont vécus avec concrétude et où les réalités externes et internes mêlées, font barrage à la perception de toute réalité.

Il me semble que l'analyse de la complexité d'un rêve s'effectue avec plus de pertinence chez l'enfant grâce à ces « rêves graphiques » (ses dessins), que grâce au récit de ses rêves proprement dits.

c. La prise de notes

La question de la mémoire se pose à tout analyste. Pour quelle raison ? Nous voulons nous souvenir de ce que le patient nous a confié, par la peur de laisser sombrer dans l'oubli son précieux matériel.

Il me semble que la première raison qui suscite un tel souci, vient de ce que nous n'avons pas compris le sens du matériel dont nous voulons nous rappeler. Nous souhaitons le garder en mémoire pour le reprendre à tête reposée. Ceci se comprend aisément, car les conditions de réflexion sur le matériel du patient sont radicalement différentes lorsque nous nous trouvons dans la solitude de notre « chambre intérieure » ou lorsque le patient traverse cette « chambre intérieure » par un bombardement projectif comparable à celui, réel, d'objets lancés à la vitesse des balles qui filent autour de notre tête ou nous pénètrent avant que nous n'ayons paré aux coups.

Un tel tableau n'est pas le propre du monde psychotique. A certains moments, les patients névrosés nous soumettent à ce régime. Mais les enfants, eux, nous assaillent fréquemment de la sorte, tant leur manière de penser passe par la concrétude du jeu et par celle des projections qui l'accompagnent. Il est donc fort difficile de travailler avec eux. Nous devons effectuer un travail intérieur beaucoup plus important qu'avec la moyenne des adultes pour retrouver la paix de la pensée et réintégrer le calme de notre « chambre intérieure ».

Nous comprenons que nous sommes en présence d'un « grand art » lorsque nous avons le témoignage d'un travail analytique dans lequel l'analyste, confronté au bombardement que je viens d'évoquer, maintient malgré tout sa capacité à penser et son attitude analytique ; il reçoit les projections de l'enfant et attend qu'elles rencontrent ce qui, dans son moi, forme une *barrière de contact.* Pour reprendre la théorie de Bion sur le rapport contenant-contenu, nous dirons que nous recevons bien ces projections ; elles nous habitent, nous transforment au moment où nous les prenons pour nôtres, pour constituer ensuite la matière première de notre pensée. Il aura fallu nous laisser pénétrer, puis nous dégager de cette assimilation de notre moi à ce qui n'appartient qu'au patient, pour que, ensuite, cette compréhension ou cette contenance devienne le terreau de notre réflexion. Il est aisé de rester à la surface des choses et d'échapper à un tel processus qui ne ménage pas notre vie contre-transférentielle.

Le compte-rendu de telles analyses donne l'illusion d'une compréhension ; mais celle-ci est stérile car elle ne témoigne d'aucun lien transféro-contre-transférentiel. L'analyste ne s'est laissé toucher par rien de ce qui aurait pu fertiliser son âme, si je puis me permettre cette expression. Il se cache derrière un savoir et, à tout moment, il le plaque avec une habileté défensive, sur ce qui se présente à lui. Le patient qui n'est pas dupe, s'adapte à la surface d'un « parent-analyste » qui n'a pas d'épaisseur. Certains adultes trouvent leur compte dans cette attitude là ; les enfants, jamais ! Par contre, l'analyste capable de vivre les émotions de l'enfant et de leur donner un sens, sur le coup et non dans l'après-coup, nous donne l'exemple admirable d'un lien humain dont l'introjection est précieuse au plus haut point pour l'enfant.

Le travail de supervision place le superviseur en face d'un analyste mais aussi d'un enfant doté de toute la marge de symbolisation portée par celui qui nous rend compte des séances de cet enfant. Le superviseur se trouve dans la position privilégiée de l'analyste qui se laisse habiter par les émotions de l'enfant, sans en être débordé puisqu'il ne quitte pas sa chambre intérieure.

Pour reprendre les comparaisons guerrières, je dirais qu'il assiste au combat, en perçoit les bruits, il tremble même pour l'issue du combat, mais il est certain de ne jamais succomber. C'est l'analyste qui prend les coups et, par conséquent, il est important que le superviseur ait pour lui, l'accueil et la compassion d'un grand-parent qui soutient son enfant dans sa parentalité.

La prise de notes après la séance est un travail délicat mais ce n'est pas une fin en soi. Les notes, en effet, ne sont que des points d'appui qui permettent de revenir sur le déroulement émotionnel d'une séance et sur l'ensemble des faits psychiques qui ne sont pas notés. Nous pourrions dire que la prise de notes est un travail impossible ; l'illusion serait de croire rendre compte d'une séance à travers l'écriture que nous en faisons. Ce serait se prendre pour un auteur dramatique capable de transcrire une scène déjà écrite pour le théâtre et à laquelle il viendrait d'assister.

Je dis souvent que s'il est nécessaire de ménager un quart d'heure entre chaque patient, c'est parce que nous sommes aussi des spectateurs qui passons d'une scène tragique, à une scène comique, puis à une comédie dramatique … etc. Lorsque la « représentation » a été très intensément vécue et que les émotions nous ont habités très profondément, il ne nous est pas possible d'écrire un tant soit peu à leur sujet. Il nous faut attendre de les replacer sur une scène au-dehors de nous pour que nous puissions en rendre compte, et en dégager notre pensée.

A quoi sert donc la prise de notes ?

Si Bion préconisait de ne jamais prendre de notes, il conseillait pourtant d'utiliser notre mémoire afin de repasser dans notre esprit, le soir, les séances de la journée et d'examiner de la sorte l'ensemble de leurs moments charnières. Cette réflexion est à l'origine de sa fameuse *grille*[5] : celle-ci permet de repérer le niveau de réponse du patient aux interventions de l'analyste. Il semble que Bion ait conçu cette *grille* à partir de son travail avec les adultes, mais elle demeure utilisable, selon moi, dans un travail de réflexion après-coup sur les séances des enfants aussi.

Elle se fonde sur la loi des associations, semblable à cette règle d'or qui permet l'accès au matériel inconscient chez l'adulte : l'examen des associations libres permet de comprendre pourquoi telle pensée suit telle autre. Le contenu de l'association est à mettre en rapport avec ce qui l'a précédé pour découvrir un sens caché dont le patient n'a pas encore conscience.

La *grille* de Bion permet également l'examen des passages associatifs ; mais il ne s'agit pas, avec lui, d'examiner le sens d'une association. Pour lui, il s'agit d'examiner, d'une part, le niveau d'abstraction d'une association et, d'autre part, la manière dont cette association va être utilisée.

Prenons un exemple : j'interviens pour donner à un enfant une interprétation sur le sens de son jeu, mon intervention se situe à un niveau de la *grille* impliquant l'utilisation symbolique du langage. Ici, je pense à un enfant qui répond à une telle intervention en utilisant le même niveau d'abstraction que le mien, c'est-à-dire le langage oral. Mais, au lieu de mettre le langage au service de la recherche de la vérité, il l'utilise pour s'écarter de la vérité (il répond en parlant d'autre chose pour détourner mon attention) ou bien comme une défense me mettant à l'extérieur de toute investigation de sa psyché. Autre exemple : un enfant qui répond systématiquement « oui » à toutes mes interventions sans même les entendre. Il se peut même que cet enfant change de niveau et réponde à mon interprétation par une dégradation de son niveau d'abstraction : alors que je lui donne une interprétation, ce petit enfant psychotique commence à faire des pets et des rots, volontairement, dans un acte omnipotent qui transformerait mon langage porteur d'*éléments alpha* (indispensables à toute opération de symbolisation) en une évacuation d'éléments dépouillés de toute valeur symbolique (les *éléments bêta*).

L'examen après-coup des niveaux de réponse du patient permet de saisir ce qui n'apparaît pas toujours en séance : c'est à dire, son niveau d'écoute, la manière dont il reçoit ou ne reçoit pas nos interventions. A la différence du présupposé freudien se rapportant à l'association libre, porteuse de sens, Bion conçoit l'étude des niveaux de réponses à nos interventions, pour y déceler la dynamique du fonctionnement psychique.

Nous voyons donc que, pour Bion, le travail de retour sur le matériel d'une séance a pour objectif cette étude spécifique des niveaux d'abstraction, ainsi que celle de l'utilisation des éléments du matériel fourni par l'analyste et son patient. Il me semble que cette étude est complémentaire de celle, plus classique, portant sur le sens des associations du patient.

Nous devons bien utiliser notre mémoire pour revenir sur la signification de ce que nous avons observé, et il est d'autant moins aisé de se souvenir d'un matériel qu'il est issu d'un âge de la vie dont nous nous sommes éloignés, et dont l'expression est présymbolique. Ceux qui observent des bébés, ou qui les soignent, ressentent une grande fatigue après chaque séance ; elle est d'autant plus importante que nous ne comprenons pas, au sens intellectuel du terme, la signification de ce qui se joue devant nous. Laisser passer du temps après ces séances efface leur contenu. Une fois la séance achevée, nous sommes poussés à noter, parfois brièvement, ce qui demeure encore présent dans notre mémoire. Nous pouvons reprendre ces notes et les compléter à loisir un moment plus tard, le soir ou le lendemain matin. Un psychanalyste doit avoir du temps pour revenir en lui-même sur les séances de ses patients, sinon je le comparerais à un pianiste qui donnerait seulement des concerts mais ne travaillerait jamais à les préparer.

Nous remarquons aisément qu'il est plus facile de se souvenir de ce que nous avons compris que de ce qui nous échappe totalement en séance ; mais nous devons aussi relativiser notre compréhension : est-ce une véritable découverte, un insight dont le surgissement nous surprend et qui s'accompagne d'un sentiment d'authenticité créatrice ?

Bion disait qu'on peut être saisi d'un sentiment de peur avant de donner une interprétation quand celle-ci peut s'avérer juste. Je pense que cette peur de l'inconnu – ou du contact avec l'inconnu du patient auquel nous nous identifions – ne touche que partiellement notre vécu lorsque nous avons le bonheur d'un *insight*. Il se peut, au contraire, qu'une excitation joyeuse nous saisisse et que le problème technique consistant à gérer la transmission de ce que nous avons compris, permette de calmer cet effet contre-transférentiel. Notre compréhension n'est, parfois, que défensive, et nous nous empressons de fixer dans une catégorie connue, dans une théorie à portée de main, la complexité du message délivré par notre patient. Il est certain que nous n'éprouvons guère, alors, les émotions que je mentionnais plus haut. Tout au plus sommes-nous gagnés par un sentiment de satisfaction d'être un analyste compétent, habile à décoder rapidement ce qui se présente à notre esprit. Dans ces conditions, nous nous faisons des illusions et nous croyons soigner notre patient. Il serait préférable de constater qu'il va mal, mais parfois notre narcissisme est tel que nous préférons considérer qu'il n'est pas coopérant plutôt que de reconnaître que le manque d'empathie vient de notre part.

Certains analystes en arrivent parfois à trouver que le patient est de mauvaise volonté puisqu'il n'accepte pas leurs interprétations ! Ce sont ces mêmes analystes qui croient volontiers que leur interprétation est « juste » parce que leur patient l'approuve. Ce n'est pas à l'approbation ou à la désapprobation consciente du patient que l'on doit juger de la pertinence d'une interprétation, mais aux associations diverses qui viennent à sa suite, que ce soit dans la séance ou dans les séances suivantes, que ce soit chez l'enfant à travers ses jeux, ses dessins ou même ses rêves.

La prise de notes de séances stériles, où l'analyste s'est comporté de manière stérile, est une perte de temps. Rien de vivant n'en sortira jamais. Par contre, la prise de notes de séances traversées par la vie transféro-contre-transférentielle, témoigne de cette vie, et son étude est loin d'être stérile. De telles notes portent en elles la marque de nos incertitudes, de nos interrogations, de nos oublis et de notre vécu contre-transférentiel, riches des messages inconscients lancés par nos patients. Dans ces conditions, la lecture réfléchie de nos notes est un prolongement du travail en séance et constitue un arrière-plan sur lequel nous pouvons nous appuyer durant la séance suivante. Une telle lecture multiplie nos hypothèses, suscite des réponses à nos interrogations, éclaire des liens méconnus.

Nous rencontrons ici la devise de Bion selon laquelle il nous faut, en séance, avoir l'attitude de celui qui n'a ni mémoire, ni désir, ni compréhension, ce dernier point paraissant le plus énigmatique.

Comment en effet ne pas désirer comprendre ?

Nous saisissons que l'analyste soit sans mémoire : il ne doit pas appréhender le matériel du patient avec le souci de s'en souvenir, car l'objectif d'en faire un bon enregistrement occuperait une partie de son esprit devenu indisponible pour l'observation du patient et la réception des émotions qui l'habitent. Nous saisissons aussi que l'analyste soit sans désir : il ne faut pas mettre son propre désir à la place de celui du patient, car nous ferions écran à ce qui devrait apparaître spontanément à l'ouverture de notre attention. Nous saisissons même que l'analyste puisse ne pas être envahi par le désir de comprendre tant ce désir risquerait de lui faire perdre le recul nécessaire au maintien de sa neutralité. Mais comment saisir que l'analyste soit sans compréhension ? Cette proposition paraît assez énigmatique étant donné que le fond de notre travail est bien de comprendre le patient, aussi bien que de le contenir, le sens d'un de ces deux termes renvoyant à l'autre.

Je pense, après-coup, que Bion veut nous inviter à écouter le patient sans idée préconçue et sans hâte de donner un sens à ce que nous percevons. Une fois qu'une signification apparaît à l'horizon de notre psyché, elle en resserre l'ouverture sur d'autres possibles. Nous n'entendons plus le patient de la même manière une fois que nous avons cru saisir un sens à son discours ou, chez l'enfant, une signification à son jeu. Si nous reprenons le langage de Bion, une absence de compréhension durant le temps de la séance pourrait maintenir ouverte la valence des significations potentielles, ou des préconceptions. Mais il faut bien, à un moment donné, que nous fermions cette ouverture ; c'est en attribuant un sens au carrefour de diverses perceptions, que nous adopterons un seul chemin, alors qu'une multitude de voies semblaient s'ouvrir devant nous.

Il me semble que le temps de la prise de notes constitue déjà la première étape sur la voie qui mène vers l'attribution d'un sens. Nous retrouverons cette étape au sein même de la séance lorsque nous faisons remarquer au patient un élément de son discours ou de son jeu. Il s'agit de ce que Bion nomme *notation* : nous formulons tout haut ce qui paraît n'être qu'une reprise pure et simple de ce qu'a déjà énoncé le patient. Mais cette reprise, du fait même qu'elle est isolée parmi toutes les *notation*s possibles, prend la valeur de ce que Bion nomme un *fait choisi :* elle rassemble à elle seule un ensemble de faits en leur donnant un sens. Elle a valeur de liaison. Nous reviendrons sur ces points plus loin lorsque nous traiterons de l'interprétation proprement dite.

La prise de notes ne constitue donc pas un simple enregistrement de faits sans attribution de sens. L'acte d'écriture prend place à l'issue d'un processus de sélection des faits à partir d'une saisie après-coup de l'ensemble de la séance. Lorsque nous rédigeons une séance en commençant par le début, nous sommes déjà au fait de la manière dont elle s'est déroulée et dont elle s'est terminée. Nous nous adressons quasiment à la feuille de papier (ou à ce qui en tient lieu) pour qu'elle contienne l'ensemble de ce qui se présente à notre esprit. Il est convenable d'écrire une séance très librement, comme elle nous vient à l'esprit, dans un style qui laisse de la sorte émerger à travers notre langage, nos intuitions inconscientes. Sa transcription porte ainsi en elle davantage que ce que nous croyons en avoir retenu et même compris ; la prise de notes n'est pas un simple acte de mémoire, tel que nous l'entendons couramment ou bien l'acte de mémoire déborderait largement l'enregistrement mnésique auquel nous le réduisons !

Ayant en tête ces considérations, nous pouvons vivement conseiller la prise de notes. Elle est faite pour remanier un sens latent, pour rendre compte du travail de la séance en nous-mêmes, et enfin pour permettre un travail secondaire. Elle n'est pas une fin en soi et elle n'existe – alors qu'elle est le fruit d'un travail d'après-coup – que pour être elle-même consultée après-coup.

Il est en effet utile de reprendre les séances notées, à la fois une par une et dans leur continuité. Se révèlent alors à nous, avec le recul du temps et la distance que nous avons acquise en sortant du jeu transféro-contre-transférentiel, des éléments de liaison nouveaux qui ne nous seraient pas apparus si notre mémoire ne s'était aidée de cette *notation*. Je comparerais d'ailleurs cette dernière à la constitution d'un fond nouveau comparable au fond de l'Inconscient, tel que Freud nous en donne la description dans le chapitre 7 de *L'interprétation des rêves*[6] et dans *Le bloc magique*[7] : par couches successives nous passons des perceptions conscientes, au fond de l'Inconscient, là où s'inscrivent les traces mnésiques issues de ces perceptions, lesquelles sont attirées vers les rejetons de l'Inconscient. Ainsi lorsque nous relisons nos notes, non pas à la manière dont nous réviserions une leçon, mais plutôt à la manière dont nous revisiterions un lieu dans lequel seraient engrangés de nombreux secrets, nous enrichissons nos capacités d'approcher l'inconnu de notre patient. Nous consolidons sans danger notre *capacité négative*[8].

B. Historique de l'interprétation

Avant d'aborder le sujet de l'interprétation, qui se situe au cœur de la technique psychanalytique, il est utile que nous examinions les différentes approches que les analystes ont adoptées à ce sujet, depuis Freud.

En effet, notre conception de l'interprétation dépend largement du corpus théorique avec lequel nous travaillons.

Nous allons voir comment cette conception a évolué au fil du temps et principalement selon deux axes :

- un premier axe essentiellement centré sur la prise de conscience (avec toutes les défenses qui tentent d'y faire obstacle). L'interprétation s'est ensuite tournée vers la construction des liens (à partir d'éléments non liés ou à partir d'autres liens) ;
- un deuxième axe, parallèle à cette évolution, qui passe d'une préconception centrée sur l'analyse de l'historique à une autre dont la visée est l'analyse de la dynamique psychique actuelle.

Si nous nous centrons sur l'analyse du passé, c'est en adoptant comme idée première que le présent (et les symptômes qui apparaissent alors) ne trouvent leur sens qu'en fonction de scènes passées qui, elles, ne prennent un sens que dans l'après-coup.

A contrario, si nous nous intéressons davantage à l'analyse de la dynamique psychique actuelle (sans nous attacher à l'idée que les événements passés nous permettent de décoder le présent), nous attribuons d'importantes potentialités de transformations au jeu des forces en présence dans la psyché ; ce jeu est l'héritier de l'histoire du monde interne du patient, mais sa transformation ne dépend pas d'un retour à la surface d'événements enfouis dans l'inconscient ni de sa remémoration.

Ce retour à la surface peut avoir lieu, mais il n'est pas l'objectif recherché par une technique qui n'atteint le remaniement du passé que par le biais de l'analyse de la dynamique psychique au présent.

Une interprétation fondée sur la prise de conscience des événements passés se base souvent sur le présupposé selon lequel elle met un frein au fonctionnement de ces événements comme si, du point de vue dynamique, ils étaient toujours présents dans la psyché. Un tel présupposé est actuellement remis en question : la prise de conscience de l'événement n'arrête pas l'investissement inconscient dont il est l'objet. Ce qu'il faut toucher dans l'analyse de l'interprétation, c'est l'archaïsme d'un fonctionnement et non pas seulement celui d'un événement.

Sur quoi se fonde la pertinence d'une prise de conscience ?

Nous devons considérer sa « profondeur », c'est à dire la profondeur du remaniement inconscient entraîné par la prise de conscience.

Lorsque nous pensons révéler à un patient le sens d'un lien inconscient en énonçant une interprétation, il est fréquent qu'il nous réponde : « Je le savais ! », ou : « Oui ! Et après ?... Maintenant que je sais cela, qu'est-ce que cela va changer pour moi ? ».

Trop souvent, en effet, le savoir bloque l'intuition et forme barrage à la transformation psychique.

Je me propose, à présent, de reprendre le cheminement de l'interprétation chez Freud, chez Anna Freud et Mélanie Klein et enfin chez Bion.

Pour finir, je présenterai ma propre conception.

B.1. L'interprétation chez Freud

Freud [9] a utilisé l'hypnose au début de son travail avec les patients névrotiques. Nous pouvons nous demander quelle place laisser à l'interprétation dans ces conditions puisque le patient, sous hypnose, dévoile un matériel inconscient ; il se déleste ainsi de la charge affective qui lui est attachée. Cette méthode est dite cathartique.

L'hypnose permet en outre à l'analyste de connaître ce qu'il ne connaîtrait pas autrement, étant donné la barrière défensive dont le patient entoure ce qu'il cache à sa conscience. Le refoulement est un maître mot pour caractériser la nature de cette barrière défensive. Freud s'est bien aperçu que la méthode hypnotique consistant à arracher les secrets du patient sans qu'il en ait conscience, ne permettait pas de le soigner, étant donné que la guérison ne réside pas dans la découverte d'un secret, que ce secret soit celui que maintient le refoulement, ou qu'il fasse partie de la réalité externe. La révélation d'un matériel refoulé, et donc d'un sens refoulé, sous l'impact d'une action hypnotique, permet une levée partielle du refoulement sans qu'il s'agisse cependant d'une prise de conscience car, au réveil du sommeil hypnotique, le patient a perdu la conscience de ce qui s'y est déroulé. L'hypnotiseur a joué le rôle d'un surmoi donnant l'ordre de lâcher une défense instaurée par le moi afin de protéger son équilibre dynamique et économique. L'action de l'hypnotiseur constitue une action en force ayant pour conséquence de briser cet équilibre. L'analyse n'aboutit pas, alors, à une compréhension du fonctionnement du patient, mais plutôt à une rupture dans son équilibre défensif.

La conception d'une interprétation en tant qu'intériorisation du sens d'un fantasme inconscient, ainsi que du fonctionnement psychique d'un analyste capable d'analyser ce sens, est loin de la pratique du pionnier de la psychanalyse en ses débuts. Nous pourrions même ajouter que la pratique de l'hypnose, faisant intrusion dans la psyché du patient, a valeur de traumatisme : le moi est forcé – sous l'ordre de l'hypnotiseur surmoïque – de rompre l'équilibre de son organisation. Il perçoit, par l'accord omnipotent d'un personnage appartenant à la réalité externe avec un objet interne surmoïque, lui-même omnipotent, qu'il doit soumettre l'ensemble de son organisation à cette intrusion omnipotente, alors que la nature même du *moi-réalité* est de tenir à distance ce règne et d'en gérer lui-même les effets sur l'ensemble de la psyché.

Alors que Freud[10] abandonne bientôt la méthode cathartique et l'hypnose, pour laisser place à l'analyse des souvenirs puis des fantasmes, Rado[11] conçoit l'activation du surmoi du patient par l'hypnotiseur comme associée à la formation d'un *surmoi parasite* qui double le premier ; alors que le surmoi impose le refoulement des désirs interdits, le *surmoi parasite*, lui, impose leur expression. Le moi se comporte vis-à-vis de ce *surmoi parasite* avec une soumission accrue, dans un premier temps ; mais il met en place, secondairement, une intensification de ses défenses de manière à se prémunir contre de nouvelles intrusions qui bouleverseraient son organisation.

Nous voyons que nous sommes loin ici du concept d'interprétation car il n'y a pas de place pour la pensée dans ces intrusions omnipotentes, pas plus que pour la recherche d'un sens. Le jeu des doutes, des hypothèses, des liaisons nouvelles qui permettent à un moment donné d' » interpréter » la pensée du patient et d'éclairer ses fantasmes, n'est pas de mise dans une conception du soin où le savoir est au premier plan : il s'agit de découvrir un savoir caché, ignoré du patient lui-même mais déjà présent, et existant à part entière dans sa psyché. L'analyste se doit d'être assez savant dans l'art de l'extraire de sa cachette, tout armé comme Athéna sortant de la cuisse de son père, Zeus le tout-puissant.

Je ne me suis attardée sur le point de l'hypnose que pour mettre en évidence comment la nature de l'interprétation, son élaboration et sa formulation, s'éloignent de l'exposition d'un savoir.

La méthode cathartique est abandonnée par Freud pour laisser place à la recherche du passé en ménageant les résistances et en les dépassant progressivement. On parvient ainsi à une reconstruction du passé du patient. L'interprétation se situe, dans cette perspective, précisément à ce niveau. Elle revêt un aspect topographique (l'inconscient doit devenir conscient), économique (elle permet que par un déplacement d'énergie, le Préconscient, puis le Conscient, soit investi), et dynamique enfin (les rapports entre Inconscient-Préconscient-Conscient, ou entre Ça-Moi-Surmoi, sont remaniés). Dans la mesure où par la méthode cathartique, la visée est le devenir conscient d'événements inconscients, l'interprétation qui viserait, elle, à donner un sens à des événements inconscients qui n'en auraient pas encore, passe à l'arrière-plan. Tout se passerait d'abord comme si l'important était moins la prise de sens que la prise de conscience ; je l'ai déjà souligné.

L'abandon de la méthode cathartique va de pair avec la reconnaissance du vécu dans la cure elle-même des investissements transférés sur la personne de l'analyste. Autrement dit, le travail interprétatif commence, d'une part, au moment où, selon Freud[12 et 13], la place centrale est accordée au transfert et, d'autre part, avec la découverte du rêve comme *voie royale* menant à l'inconscient.

Le travail interprétatif est un travail de transformation puisque, pour qu'une représentation de chose (appartenant à l'Inconscient) s'associe à une représentation de mot (appartenant au Conscient), il faut que cette importante liaison s'effectue au niveau préconscient.

Freud n'explicite pas la manière dont cette liaison doit s'effectuer, dans le sens où il ne nous parle pas de la transformation du Préconscient

(1ère topique[14]), non plus que du moi (2nde topique[15]). Ils ne peuvent cependant que se transformer au cours de ce travail.

A partir de Freud, nous pouvons remarquer que le travail interprétatif se situe autour du moi. Nous en avons un exemple avec l'œuvre de W.Reich[16]. Déjà Freud[17] conseillait à l'analyste d'être conscient de ce qui se situe à la surface de la psyché du patient, à tout moment, de connaître les complexes et les résistances qui sont actifs en lui et les réactions conscientes qui gouvernent sa conduite. Il ne s'agit pas de sacrifier ce but pour l'interprétation d'un rêve. Reich précise que l'interprétation doit se faire dans un ordre précis ; elle ne doit pas en négliger les étapes.

Il faut être systématique et ne pas quitter un niveau avant d'en avoir terminé avec lui. Les niveaux sont caractérisés par la nature de l'investissement libidinal et, pour W.Reich, par sa formation caractérielle défensive.

Alors que pour H.Nunberg[18] l'analyste doit mobiliser un transfert positif contre les résistances – comme l'a toujours souligné Freud –, pour W.Reich, au début du traitement, il n'y a jamais de transfert authentiquement positif. Ce n'est que par l'analyse du transfert négatif et des défenses narcissiques qu'un transfert réel positif peut être atteint.

L'examen de telles formulations rencontre notre adhésion, sans que, pour autant, nous puissions aller plus avant dans la compréhension de la stratégie interprétative. Il est vrai que, dans l'absolu, le transfert négatif peut faire barrage au déclenchement d'un transfert positif. Mais il ne faut pas oublier que l'analyste est toujours l'objet de deux types d'investissements de qualités différentes. Il peut à la fois représenter une mère « bonne » à un moment donné et, à un autre moment, une mère « mauvaise ». Il peut être le porteur de nombreuses figures internes ou de parties du moi, elles-mêmes positives ou négatives. Par conséquent, ce systématisme théorique n'est pas de bon aloi.

Comment penser en avoir fini avec un niveau du développement psychique, alors que nous savons à présent que rien ne se clôt, mais que tout se transforme sans se perdre totalement ? La vie psychique est faite d'allers-retours, lesquels constituent la nature même des liens. Il me semble, par contre, que le conseil donné par Freud[19], selon lequel il est nécessaire que le travail interprétatif se situe au plus près du moi, est précieux, et que l'on peut en mesurer la pertinence chez tous, enfants et adultes. Ce conseil implique que l'analyste respecte les résistances, ou plutôt les défenses du patient, et travaille avec le contenu inconscient de son matériel, tout en tirant parti de ce qui apparaît à la conscience. Il signifie au patient – et à son niveau préconscient, c'est-à-dire au niveau de son moi – qu'il prend en compte ce qui apparaît à ce niveau : cela veut dire qu'il respecte les défenses du patient et ne lui dit que ce qu'il peut entendre, tout en allant droit au sens inconscient qui se cache sous la formulation consciente.

Seuls des exemples nous donneront la mesure de cet art qui apparemment tente de rejoindre les impossibles. Ainsi le patient doit avoir le sentiment qu'il peut laisser son inconscient se reposer sur le contenant que lui offre son analyste. Il ne doit pas craindre que le fonctionnement psychique de ce dernier ne respecte pas le sien. Sur ce point, l'analyse de l'enfant ne diffère aucunement de celle de l'adulte.

B.2. L'interprétation chez Mélanie Klein et ce qui la différencie de celle d'Anna Freud

Je vais présenter la perspective de M.Klein sur l'interprétation à partir de ce qui la différencie de celle d'A.Freud.

Pour A.Freud, l'analyse des mécanismes de défense du moi – entraînant sa résistance à l'émergence du matériel inconscient – est une partie essentielle du travail analytique. Alors que Kris[20] suit tout à fait cette voie, Löwenstein[21] est plus nuancé en traçant une ligne de démarcation entre ce qui est interprétation et ce qui prépare l'interprétation. Je le suivrai largement sur ce point. Il considère qu'une « *distance optimale* » est à respecter entre une implication émotionnelle du patient trop importante ou au contraire trop peu importante, dans la situation à interpréter.

Par rapport à M.Klein, je distingue une première différence résidant dans l'analyse des défenses.

Alors que pour A.Freud, la vérité inconsciente se situe sous la défense, et que la découverte de cette vérité passe d'abord par l'analyse de celle-ci, pour M.Klein[22] c'est la défense en soi qui constitue le révélateur d'une vérité inconsciente qui se dérobe au moi. Je prends l'exemple du clivage : l'analyse du clivage, accompagné du déni pour l'une des deux parties, clivée de l'autre partie, permet de saisir la manière dont se structurent les relations entre le moi et ses objets. Le moi maintient séparé de sa conscience le fait que les deux objets, aux qualités clivées l'une de l'autre, sont en réalité un seul et même objet.

Avant d'aborder ce qui oppose A.Freud et M.Klein du point de vue de l'analyse de l'enfant et des interprétations qui y prennent place, examinons un point qui oppose A.Freud et M.Klein au sujet de l'interprétation : alors que A.Freud pense que le transfert arrive du fait que l'analyste consacre du temps et de l'intérêt pour le patient, M.Klein, elle, pense que l'interprétation joue un rôle dans l'établissement du transfert.

La perspective kleinienne dote l'analyste d'un certain activisme car sans interprétation explicite de sa part, il ne permet pas au patient de le percevoir en tant que personne capable de le comprendre. Cela suppose que le transfert sur un analyste qui donne des interprétations, se fonde sur une base positive : le patient ne peut qu'aimer celui qui le comprend. Une telle perspective – qui ne serait que partielle concernant le caractère des interprétations dites kleiniennes – présuppose que l'analyste est d'emblée un bon objet ou le devient par l'interprétation.

Lorsque S.Freud considère que la patience de l'analyste qui écoute son patient avec attention et intérêt, suscite à elle seule un transfert – que l'on pense également positif – il fait de cet analyste un être réceptif – et non, passif – capable de comprendre son patient avant qu'une interprétation donne à ce dernier la mesure de cette compréhension. L'» intérêt » dont parle Freud, la patience de l'analyste, témoignent pour le patient de l'existence d'une personne en qui il peut mettre sa confiance et qu'il ne risque pas de perdre, malgré les aléas où le pousseront les différentes facettes de ses investissements transférentiels. Nous comprenons alors que l'interprétation de transfert est secondaire à cette alliance thérapeutique de base, provoquée par l'attitude première de l'analyste.

L'étude de l'opposition entre A.Freud et M.Klein au sujet de l'analyse d'enfant, nous éclaire sur la conception des interprétations chez cette dernière.

Le premier point concerne le langage. Poursuivant la pensée de son père, A.Freud[23] considère que : « nous ne pouvons pas aller en deçà du langage alors que la pensée de l'enfant s'approche de la nôtre ». S.Freud[24] lui-même pensait que le matériel offert par l'enfant est inférieur à celui de l'adulte, dans la mesure où l'enfant manque de mots ou de pensées et qu'il doit les emprunter à l'adulte.

En outre, A.Freud pense que deux méthodes de travail font défaut à l'enfant alors qu'elles rendent possible l'analyse de l'adulte : il s'agit des associations libres et du transfert.

M.Klein répond à ces objections en considérant que l'enfant nous parle, et donc associe dans un langage qui est le sien ; c'est un langage archaïque qu'elle compare à celui utilisé dans le rêve. Il s'agit d'un symbolisme propre au processus primaire dans lequel tout est association : lorsque l'enfant passe d'un dessin à un autre, lorsqu'il passe d'un jeu à un autre mode d'expression, l'analyste doit considérer ces passages comme de véritables associations significatives. Lorsque l'enfant « répond » par tel dessin ou tel jeu aux propos de l'analyste, il est encore en train d'associer une signification dans un langage qui lui est propre, à une signification délivrée dans un autre langage qu'il maîtrise parfois moins que l'adulte, mais dont il ne s'agit pas de sous-estimer son habileté à l'utiliser.

Quant au transfert, nous pourrions faire le parallèle avec ce qui a été dit du transfert des patients psychotiques : après avoir cru qu'il n'existait pas, on s'est aperçu avec H.Rosenfeld[25] qu'il était immédiat, intense et direct. De même, on a dû confondre la totalité de l'organisation psychique de l'enfant avec le secteur narcissique primaire de sa personnalité.

Le travail interprétatif de M.Klein avec l'enfant s'applique essentiellement à la technique du jeu dans lequel il exprime ses fantasmes qui, pour elle, sont d'emblée d'ordre masturbatoire. L'enfant ayant plus de contact avec sa réalité interne que l'adulte ne le suppose, M.Klein se donne pour règle d'interpréter directement et très rapidement, au fur et à mesure qu'ils se présentent, les fantasmes de l'enfant. Il semble que cette manière d'interpréter prenne la forme d'une traduction permettant le passage direct, dans la conscience, d'une signification inconsciente. Selon M.Klein, tout retard dans cette traduction génère de l'angoisse chez l'enfant. Elle part donc du présupposé selon lequel l'enfant attend de son analyste qu'il effectue cette traduction. Cela évoque une des caractéristiques attribuées par Freud aux rejetons de l'inconscient : ils sont dotés d'un investissement qui les pousse à faire irruption dans la conscience.

M.Klein soutiendrait ce mouvement, au grand soulagement du moi, selon elle ; Freud, par contre, nous dit qu'une telle irruption sans passage par la liaison préconsciente – qui prend en compte le capital défensif susceptible de contenir le sens angoissant des représentations de choses – est source d'angoisse. Nous ne pouvons en conclure que ceci : M.Klein pressent déjà que l'acte d'interpréter dépasse la simple levée du refoulement et qu'avec l'interprétation – comme le soulignera plus tard Bion – c'est le fonctionnement même de la personne qui interprète, qui est intériorisé.

Notons ici la grande différence entre les soubassements interprétatifs chez A.Freud et chez M.Klein : pour A.Freud, il s'agit de révéler un fantasme caché alors que, pour M.Klein, cette révélation s'accompagne dans le transfert d'un soulagement qui permet d'investir positivement la personne de l'analyste et donc, secondairement, de l'introjecter.

Voici quelques points de controverse[26] entre A.Freud et M.Klein, que je ne cite ici que pour la répercussion qu'ils ont eue sur la technique interprétative.

M.Klein tente d'entrer directement en contact avec l'inconscient de l'enfant, alors qu'A.Freud préconise une analyse au niveau du moi. Il faut toutefois rappeler que M.Klein spécifie que dans l'analyse des enfants, si nous entrons en communication avec leur inconscient avant d'établir un contact avec leur moi, cela ne signifie pas que ce contact soit éliminé du travail avec l'enfant. Elle rappelle que nous n'entrons en contact avec l'inconscient du patient qu'à travers son moi.

Dans son style, l'analyste doit employer des mots simples, dit M.Klein. Proposition que je considère comme capitale, qu'il s'agisse de l'analyse des enfants ou de celle des adultes. L'interprétation elle-même, doit être simple et directe, ne doit pas utiliser des périphrases et des allusions.

A.Freud met en doute l'aspect symbolique du jeu chez l'enfant ; il peut être associé à un reste diurne, comme celui d'un rêve.

M.Klein, elle, attribue au jeu une signification pleinement symbolique ; elle cherche à interpréter les fantasmes de l'enfant en prenant en compte la totalité de la situation.

Quant au transfert, il nous offre une occasion supplémentaire d'opposer leurs points de vue. Lorsqu'un enfant est hostile envers son analyste, pour M.Klein il s'agit d'un transfert négatif ; pour A.Freud il s'agit de tout autre chose : cet enfant étant très attaché à sa mère, il ne supporte pas de s'en séparer. Pour elle, les enfants qui n'ont pas reçu beaucoup d'affection chez eux, sont tout prêts de nouer un lien positif avec leur analyste. Nous saisissons à travers cette interprétation de la situation, à quel point A.Freud met les relations d'objet externe de l'enfant à la place de ses relations d'objet interne. Nous concevons bien aujourd'hui que dans le monde interne de l'enfant – qu'il ait bénéficié de peu ou de beaucoup d'affection à la maison – son analyste occupera une place qui aura peu de rapport avec les qualités de son objet réel. En ce sens, avec M. Klein, nous entrons directement dans le théâtre interne de l'enfant. Cela ne veut pas dire qu'elle ne tienne pas compte des relations d'objet externe, mais elle les remet à leur place et les distingue nettement des relations d'objets internes. Ses interprétations portent donc principalement sur ces dernières, plus que sur les premières.

B.3. L'interprétation chez Bion

Avec Bion[27], nous abordons une toute autre dimension de l'interprétation qui prend en compte un concept kleinien, celui de l'identification projective. M.Klein a entendu, par identification projective, un fantasme – vécu très concrètement – par lequel l'enfant permet à des parties de lui de faire intrusion dans son objet pour le contrôler. Bion, qui a tiré parti de cette découverte, a compris que l'enfant pouvait également utiliser la projection de parties de lui dans son objet, non pour contrôler ce dernier mais pour en être compris. L'objet – l'analyste en l'occurrence – reçoit des parties du patient qu'il considère d'abord comme siennes, jusqu'à ce qu'il prenne conscience qu'elles ne lui appartiennent pas. Cette prise de conscience s'accompagne aussi d'une transformation de la nature de ce qu'il a reçu en lui : il a été habité par des éléments non liés par le langage ; en mettant en œuvre ses propres capacités de symbolisation, il va transformer ces éléments afin de les rattacher au monde des symboles. L'analyste parvient ainsi à effectuer le travail que Freud attribuait au préconscient, puis au moi : il va lier des représentations de chose à des représentations de mot. Nous avons déjà évoqué ce point : cette liaison ne se fait pas spontanément dans le moi ; elle ne passe dans le moi qu'à la suite de l'introjection d'un fonctionnement d'abord promu par l'objet.

Le travail interprétatif de l'analyste ne se limite pas à la découverte d'un événement historique, jusque là inconnu du sujet ; il ne se limite pas davantage à la découverte d'un fantasme caché. Ce travail est constitutif – par le biais des transformations symboliques qu'il effectue – de l'appareil à penser du patient, car l'analyste se propose à lui en tant qu'objet à introjecter dans son fonctionnement même. Ce n'est plus seulement le contenu de l'interprétation qui est à découvrir, puis à intérioriser. C'est la capacité même d'interpréter, qui se trouve au centre du travail analytique entre patient et analyste, qui est à intérioriser.

Nous voyons bien comment, dans ces conditions, la discussion tombe d'elle-même en ce qui concerne la différence, à propos du langage, entre l'analyse d'enfant et l'analyse d'adulte : dans l'un et l'autre cas, se mettent en place des projections infra-verbales qu'il s'agit pour l'analyste de transformer, de symboliser, de lier enfin à des représentations de mots. Au tour du patient d'intérioriser ensuite un tel processus, afin de devenir capable de formuler en lui-même, l'informulable.

Une interprétation bien conçue tient compte de cette organisation du moi et, la respectant, permet l'intégration du nouveau : ce qui appartient à un niveau d'organisation du moi passe à un autre niveau de cette organisation. Si je reprends ici la *grille* de Bion, l'interprétation bien conçue permet que des *éléments bêta*, non symbolisés, projetés dans l'analyste qui les vit très concrètement en lui, commencent, grâce au travail de métabolisation de l'analyste, à se transformer en *éléments alpha* qui s'intègrent dans la pellicule des éléments capables de former les pensées du rêve, les fantasmes représentables par des images, ou traduisibles par des mots. La fonction interprétative de l'analyste commence donc pour Bion à l'intérieur même de la psyché de l'analyste où l'irreprésentable commence à devenir représentable.

Nous voyons que dans ces conditions c'est dans le *hic et nunc* de la séance et de la confrontation entre deux psychés que se joue l'essentiel de ce qui prépare et de ce qui rend effective toute interprétation du matériel du patient.

Ce précieux travail de digestion par l'analyste de ce qui, jusque là était indigeste chez le patient, sera secondairement intériorisé par ce dernier. L'introjection du fonctionnement de l'analyste permet de la sorte au patient d'introjecter – à la source pourrions-nous dire – le fonctionnement *alpha*, ou celui qui engendre toutes les transformations symboliques utiles au patient au moment où il se trouve en dehors de la présence de son analyste.

Nous voyons donc que chez Bion, avec l'interprétation c'est le fonctionnement même de la personne qui interprète, qui est intériorisé. Cela constitue pour cet analyste le cœur du travail analytique.

B.4. Point de vue personnel

Mon point de vue sur de l'interprétation sera développé dans les pages qui suivent.

Je me permettrai simplement ici de souligner ce que je dois aux maîtres que je viens de citer.

J'ai inscrit[28] mon travail interprétatif dans la 1ère topique freudienne en donnant toute son importance au concept de préconscient. Comme j'ai attribué au moi un double fonctionnement, celui du *moi-narcissique* et celui du *moi-réalité*, j'utilise de préférence le terme de préconscient alors que, si je suivais la 2nde topique freudienne, je parlerai du moi d'une manière plus globale. Nous verrons que le travail interprétatif tel que je le développe, prend en compte les défenses qui ne permettent pas qu'un contenu psychique passe d'un niveau à l'autre de l'organisation psychique sans transformation.

Je pense[29] en effet que la description freudienne de l'organisation psychique en trois niveaux (inconscient – préconscient – conscient), qui met l'accent sur les degrés d'élaboration des éléments psychiques, se reproduit dans la psyché de manière répétitive comme je m'en suis expliquée dans mon travail sur le refoulement. Le passage du niveau inconscient au niveau conscient se prépare par le « séjour » dans le « sas » du Préconscient. C'est dans ce « sas » que s'effectuent toutes les transformations largement décrites par Bion[30] lorsqu'il nous parle du fonctionnement *alpha* de l'objet. Pour reprendre une terminologie bionnienne, nous dirons que, au niveau du moi – freudien – se situe un travail de transformation par la liaison entre le moi et l'objet, d'éléments *bêta* en éléments *alpha*. Je modifierai cette formulation en parlant d'éléments appartenant à un niveau de symbolisation moindre vers un niveau de symbolisation supérieure, c'est-à-dire vers une complexification des liaisons psychiques.

Le travail de l'interprétation par l'analyste doit tenir compte de cette structure psychique étagée en différents niveaux. Ce travail ne doit donc pas donc brûler les étapes. Je parlerai à ce sujet, nous le verrons, de « pré-interprétation », avant de parler d'interprétation.

L'ensemble de ces considérations s'associe également au respect du narcissisme du patient ; passer d'un niveau à l'autre est « blessant », car son *moi-narcissique* ne doit jamais se sentir ignoré.

Je dois à M.Klein[31], par sa théorisation des deux grandes positions psychiques (schizo-paranoïde et dépressive), la colonne vertébrale qui me soutient dans mon investigation du niveau d'organisation psychique du patient. Mais je ne l'ai pas suivie dans sa technique interprétative directe.

Ainsi lorsque nous saisissons qu'un patient – enfant ou adulte – plongé dans un état schizo-paranoïde, utilise massivement les clivages, les dénis et les projections, il ne me paraît pas souhaitable d'interpréter directement cet état des lieux. Il ne s'agit pas simplement de montrer au patient ou à l'enfant, qu'en parlant de « la méchante sorcière », il parle également de la « bonne fée », et que les deux figures se rapportent à l'existence intérieure d'une seule et même personne, en l'occurrence, la Mère. Il faut aussi prendre en compte la raison de l'existence de ce clivage, et l'analyse de cette défense doit respecter les capacités du patient à accepter sa perte. Si l'objet idéalisé justifie son existence par le besoin de compenser, par l'idéalisation, la persécution profonde que fait peser la nature de l'objet « mauvais », il faut penser que le tout ne se trouve pas dans la prise de conscience de l'unification de l'objet : une telle unification doit trouver un moi capable d'en appeler à la présence d'un bon objet résistant suffisamment aux assauts du mauvais objet qui l'attaque.

Cette épreuve permet de conserver, malgré tout, la confiance dans la force d'un objet qui n'est plus alors qualifié d'» idéal » mais de « bon », selon la description de la position dépressive. Dans la position schizo-paranoïde, l'objet idéal est clivé du mauvais objet ; dans la position dépressive l'objet bon a subi l'épreuve du feu que constitue le rapprochement de ces objets aux qualités opposées, et y a survécu.

L'analyse de la défense présuppose donc que l'on a en tête, non pas la simple révélation de la vérité qu'elle maintenait cachée, mais le remaniement des liens entre le moi et ses objets, accompagné de la capacité à conserver la cohérence de leurs rapports.

La liaison entre les représentations de choses et les représentations de mots (pour reprendre la terminologie freudienne), ou entre le moi et l'objet travaillant ensemble à transformer les éléments *bêta* en éléments *alpha* (selon Bion[32]) suppose une transformation générale de l'équilibre psychique et c'est cet équilibre qui, à mon sens, est à respecter dans tout travail interprétatif.

J'espère que ce qui va suivre donnera la mesure de ce que j'ai ébauché dans ce paragraphe.

C. La nature de l'interprétation

L'activité interprétative témoigne pour le patient – adulte ou enfant – que nous avons été capables de nous mettre à sa place ; cela signifie que nous avons pu adopter sa perspective sur le monde. Il me semble que tel est le premier travail à effectuer par l'analyste pour donner au patient le sentiment qu'il a été compris. Ceci est une attitude profonde qui ne peut être contrefaite : l'analyste peut « jouer à l'analyste », mais il ne trompera que lui-même car le patient connaît, dans son for intérieur ses capacités à s'identifier à lui. Cela ne transparaît que dans de petits détails, et non pas dans des interprétations bien « ficelées ». Il en est ainsi du temps que l'analyste met avant de prendre la parole (il ne se presse pas de montrer qu'il a compris), de l'abord de tel détail (qui prend sens dans cette identification), de l'apport d'un nouvel élément témoignant que l'analyste a pu pénétrer le tableau dans lequel son patient se sent vivre. Il est important, surtout avec les enfants, de se mettre à leur place, c'est-à-dire de se faire petit comme eux et, par notre attitude, de montrer que tout en étant une grande personne, nous pouvons nous mettre au même niveau qu'un petit enfant.

N'oublions pas que ce qui, pour nous, se situe à la hauteur de nos yeux, se situe au-dessus de la tête du petit enfant. Ce qui nous paraît tout en bas, au ras du sol comme nos chaussures, est le niveau le plus familier de l'enfant qui vit à 4 pattes. Le petit voit davantage ce qui se situe sur le sol que les objets de notre bureau ou ceux qui sont placés sur les diverses tables et que nous trouvons à portée de main. L'enfant perçoit très bien si nous sommes capables ou non d'adopter son point de vue ; en effet cette mise en perspective est valable pour la manière dont les différentes parties du patient perçoivent le monde. Un enfant me disait, il y a un certain temps, alors qu'il avait déjà noué avec moi une relation me permettant de lui donner des interprétations, tandis qu'il jouait à quatre pattes à placer avec beaucoup d'animation des personnages dans la petite maison posée sur le sol : « Dis donc ! C'est quoi ton métier ? ». J'ai immédiatement senti que je faisais partie de son monde puisqu'il me demandait, à travers cette question, ce que je faisais dans la vie en dehors de l'activité dans laquelle j'étais présentement plongée, et qui consistait à jouer avec lui. Cette activité n'était pas considérée comme faisant partie d'un « métier », avec ce que ce terme comporte de contrainte lorsqu'il est employé dans un sens opposé à celui d'un jeu pour le plaisir.

Ne sommes-nous pas la seule personne à nous mettre à la place de l'enfant, car tous ceux qui l'entourent ont pour objectif – quelle que soit l'oblativité de leur position – de le comprendre – dans le meilleur des cas – à partir d'une position qui leur est personnelle ? L'analyste est le seul – et c'est la spécificité de son expérience – qui soit capable de se mettre à la place du patient sans chercher d'autre but que de le comprendre. Nous concevons qu'une mère, un père, un frère, un cousin, un camarade… veuillent bien jouer avec l'enfant ; mais personne n'oublie sa propre identité : la maman joue en tant que maman, le copain en tant que copain… chacun attend de l'enfant qu'il reconnaisse avec qui il se trouve. L'analyste, lui, n'a pas cette exigence et cherche seulement à saisir dans quelle place l'enfant le met. Représente-t-il pour lui une méchante sorcière ? Une bonne fée ? Un bon grand-père ? Un petit filou ?.... C'est en cherchant à appréhender le point de vue de l'enfant que l'analyste saisira dans quelle scène intérieure il le met et quel rôle il lui fait jouer.

Qui d'autre peut faire cela, sinon un analyste bien formé ? Je veux dire un analyste qui, outre son analyse personnelle faite avec sérieux, une formation dans un institut de psychanalyse avec des supervisions adéquates pendant un certain nombre d'années, possède les qualités humaines lui permettant l'approche des patients difficiles, et donc des enfants ?

L'analyste qui se met à la place du patient adapte son langage à ce dernier. Ce point est particulièrement important en ce qui concerne les enfants : il ne faut pas leur parler comme à des adultes, non seulement en ce qui concerne le vocabulaire employé, mais également au niveau des images véhiculées par le langage, ce qui permet de mieux se faire comprendre. C'est là que l'enfant se rend compte si nous voulons, et si nous pouvons nous mettre à sa portée.

Il ne faut pas oublier qu'il n'est pas très éloigné du bébé qu'il fut et qui continue d'exister dans son monde interne. Ce bébé perçoit très vite si, d'une part, nous le tenons bien et si, d'autre part, nous savons nous adapter à ses gestes, à son monde, à sa vision des choses.

L'observation du bébé dans sa famille selon la méthode d'E.Bick, nous permet de recueillir nombre de données précieuses concernant ce monde dans lequel il vit. Ces données suscitent en nous des réflexions qui nous permettent de mieux approfondir le besoin qu'a le bébé que nous nous mettions à sa portée, tant une telle démarche ne va pas toujours de soi pour toutes les mères.

Je me souviens d'une maman très jeune, ayant eu un petit garçon qu'elle avait du mal à porter; elle déléguait au transat le soin d'effectuer ce portage. C'est là que j'ai pu observer, alors que sa maman s'était éloignée dans une autre pièce de la maison, que ce bébé de trois semaines tentait de rassembler ses deux mains, mais en vain. A son retour, la mère l'a pris dans les bras, et j'ai vu immédiatement les deux petites mains du bébé se joindre sans effort ! Que s'était-il donc passé ? A travers cette observation nous pouvons nous rendre compte de la toute petite distance qui sépare le monde interne du monde externe chez le bébé. Lorsque sa mère s'est absentée, nous avons assisté à travers le jeu des mains du bébé, au spectacle de la relation qu'il entretient avec son objet interne ; nous avons vu au-dehors ce qui se passe au-dedans de lui : tant que sa mère réelle ne le portait pas, il ne lui a pas été davantage possible d'entrer en contact avec sa maman que de joindre ses deux mains. Pourquoi ? Parce qu'à cet âge, le bébé a du mal à se sentir porté au-dedans de lui par à un objet interne, si ce dernier ne s'étaye pas sur la présence réelle d'un objet externe. Aussitôt que la mère l'a repris dans ses bras, le bébé a été capable de retrouver au-dedans de lui une mère qui s'est jointe à lui et il a joué immédiatement cette jonction par le croisement de ses mains.

Cet exemple doit nous permettre de comprendre à quel point ce niveau d'existence va de pair chez l'enfant – de même que chez l'adulte, bien que le développement de son moi ait pu largement recouvrir ce vécu – avec un niveau plus « adulte » de relations d'objet. Il est donc important d'adapter non seulement son propre portage à ces niveaux primitifs – portage assuré par le maintien du cadre du traitement – mais également sa propre manière de communiquer avec l'enfant. Il faut savoir que chez lui, le bébé n'est pas loin et l'oublier peut être vécu, parfois, comme un véritable lâchage.

La première attitude, fondamentale, que nous devons avoir, est celle qui permet au patient de sentir, non pas que nous nous enfermons dans l'identité – forcément d'emprunt – d'une personne qui possède un savoir, mais que nous nous ouvrons plutôt vers l'inconnu du patient en faisant appel à ce que Bion nomme la *capacité négative* : c'est à dire la capacité de supporter le doute dans l'approche du patient. Ce dernier perçoit ainsi que nous ne cherchons pas à en finir rapidement avec les incertitudes qu'il fait naître en nous, et que nous prenons le temps nécessaire pour que nous apparaisse d'évidence un « fait » psychanalytique. Ce fait est le fruit de la rencontre entre les hypothèses que nous avons laissé mûrir en nous et la réponse du patient, qui a pris un chemin préconscient avant d'apparaître en pleine conscience. Emettre en soi une hypothèse participe d'une *capacité négative*, car il faut être capable pour cela de supporter de ne pas trouver de quoi la confirmer. Le patient perçoit que nous remettons en cause nos hypothèses selon les réponses qu'il nous fait ; c'est alors qu'il se sent écouté. Ecouter un patient, c'est remettre toujours en cause ce que nous pensons.

L'*attention flottante* qui est l'attitude d'écoute analytique conseillée par Freud, est un état d'ouverture de la pensée par lequel nous ne traitons pas seulement les petits détails en les mettant sur le même plan que les idées importantes déployées par le patient, mais c'est aussi un état par lequel nous sommes prêts à remanier nos hypothèses, au fur et à mesure que le patient adulte déploie son discours ou que l'enfant développe son jeu.

On a décrit par le terme d'empathie un état permettant à l'analyste de se mettre à la place du patient ou d'accueillir avec bienveillance sa vision du monde. Nous pourrions dire que l'analyste, avant de traduire pour le patient la perception qu'il a de lui – perception qui lui renvoie, telle une représentation, l'image de ce qu'il est – doit adhérer à celui-ci et se mettre par empathie, dans un état d'» aveuglement » momentané.

Se coller à l'identité de quelqu'un, interdit pour un moment de le voir sinon de le comprendre. Se décoller permet de commencer à le voir, à se le représenter, et permet à la fin de mettre en mots cette perception. Il faut donc commencer par oublier qui nous sommes afin de donner au patient le sentiment que la vision que nous retrouvons de lui, vient de notre intérieur. Notre interprétation émane de ces racines là ; cela ne trompe pas le patient.

Un analyste qui voudrait s'en tenir à la surface des choses, les comprenant de l'extérieur, sans être passé par ce que nous pourrions nommer un « aveuglement profond », un analyste qui demeurerait dans la lumière sans jamais tomber dans l'obscurité, parlerait à son patient par intellect interposé, et ne lui donnerait jamais l'opportunité de sentir qu'un être humain s'est véritablement intéressé à lui, et a saisi la dynamique de son monde interne.

Une interprétation ne vient à la surface qu'après être sortie de la plus grande obscurité.

Il faut cependant considérer que ce mouvement qui consiste à s'approcher au plus près du patient, pour s'en éloigner ensuite afin de lui signifier comment nous le voyons, implique l'émergence d'un tiers entre patient et analyste. Ce tiers se manifeste précisément par notre capacité à penser au patient, ce qui, du point de vue du *moi-réalité*, est ressenti comme un lien et un rapprochement engendrant un vécu de compréhension mais qui, du point de vue du *moi-narcissique*, est éprouvé comme une intolérable séparation. Ainsi que nous venons de le voir, toute pensée implique le décollement d'un état dans lequel le moi et l'objet sont mêlés dans un « aveuglement » étranger au miroir de l'interprétation.

Ce premier « aveuglement » dans lequel s'enracine l'authenticité d'une interprétation, ne doit laisser filtrer que très progressivement la lumière apportée par celle-ci car, pour certains patients sensibles et narcissiques, cette lumière est un éblouissement insupportable comparable à la faille qui s'instaurerait lors d'un décollement subit du moi et de l'objet.

Une telle problématique se retrouve au niveau de l'Idéal du moi.

Certains enfants ne cessent de gommer leur dessin. Aucune production graphique, et donc rien de ce qui peut être appréhendé par les sens externes, ne trouve grâce à leurs yeux, tant l'image qu'ils conservent en secret de ce qu'ils sont et de ce qu'ils peuvent montrer au monde, est idéalisée. La lumière de la réalité entache cet idéal, de la même manière qu'elle sépare le moi et l'objet au moment où ils se décollent. Nous observons le même phénomène chez des patients adultes qui ne sont jamais satisfaits de la manière dont les mots traduisent leur pensée, que ces mots soient les leurs ou les nôtres. Il faudrait, là aussi, avoir toujours une gomme à portée de main.

L'image du chat est, selon moi, l'incarnation dans l'inconscient d'un tel idéal narcissique ; il est celui qui se rapproche le plus de la représentation du *moi-narcissique*. Un jour, une enfant qui dessinait un chat, à chaque reprise de son dessin, ne pouvait que le trouver raté. Nous pourrions qualifier d'» interprétation à part entière » une formulation comme celle-ci : « Le chat se trouve raté parce qu'il se regarde dans la glace ! Quand il se regarde dans la glace il ne se trouve jamais aussi beau que s'il ne se regardait jamais ! ».

Cette interprétation pourrait paraître s'éloigner du matériel apporté par l'enfant qui ne nous a pas parlé de glace, ni de chat se trouvant raté. C'est l'enfant qui trouve son dessin raté, et non le chat qu'il tente précisément de représenter ! Mais l'interprétation ne se désavoue pas ici comme une invention de la part de l'analyste, d'une histoire qu'il brode sur le matériel présenté par son patient de manière consciente. Ce matériel est fait du comportement de l'enfant aussi bien que du contenu du dessin qu'il tente de nous communiquer.

En racontant une histoire à propos de ce qu'il perçoit, l'analyste donne au matériel le statut d'une narration. Son propre récit renvoie à celui, potentiel, de l'enfant. L'enfant sait que l'analyste lui raconte une histoire, mais en même temps il se doute que lorsque l'analyste fait référence au chat à propos du dessin raté et du regard dans la glace, il parle de lui, l'enfant, et le laisse libre de l'entendre, au premier ou au second degré. L'analyste parie sur la capacité de symbolisation de l'enfant qui lui permet d'accepter cette histoire, à condition qu'elle ne s'approche pas trop directement de son moi et n'éveille pas la blessure narcissique de celui qui se sent « raté » si un regard externe se pose sur lui, même si ce regard est le sien.

Ici se situe la différence entre le récit, qui permet que s'élabore un matériel ne parvenant pas à se symboliser, et l'histoire qui ne permet pas que cette élaboration s'effectue : c'est l'histoire fausse, le mensonge. Il ne faut pas confondre l'authentique création inspirée par le matériel du patient afin que des processus de liaison en élaborent la vérité latente, avec le mensonge qui ne se construit que dans un but bien défini, celui d'empêcher que la vérité ne vienne au jour et ceci par ce que nous pourrions nommer – inspirés par Bion – de « faux liens », des liens artificiels dont le but et de défaire les réels processus de liaison.

Nous n'allons pas ouvrir ici la vaste question de la différenciation à établir entre vérité et mensonge, laquelle ne recouvre pas celle à établir entre les réalités externe et interne. Si le mensonge peut s'associer à l'illusion, la vérité, elle, touche à la réalité aussi bien externe qu'interne. Nous savons qu'une résistance classique consiste à traiter d'illusion l'ensemble des faits appartenant à la réalité interne. Sous prétexte qu'ils ne sont appréhendables que par le « sens interne », il est aisé d'en dénier l'existence et d'effacer du même coup la reconnaissance de la vie psychique. Les réalités interne et externe obéissent à des lois, alors que les fantaisies mensongères n'ont pour loi que leur propre bon plaisir. Ainsi se comporte le « moi plaisir purifié », selon Freud[33], ou le *moi-narcissique*.

Cela nous introduit au concept de *rêverie* dont nous parle Bion[34]. La *rêverie* maternelle est inspirée par le comportement de son enfant ; cette *rêverie* permet à l'enfant, en retour, de lier son comportement primaire à une signification : l'acte devient un rêve avant d'être pensé. Il en est de même dans le processus en jeu à l'intérieur de l'activité interprétative. Nous ne pouvons interpréter sans inventer. Interpréter n'est pas trouver le fait objectif, et pourtant c'est par l'invention interprétative que nous rencontrons l'objectif chez l'autre. Il n'y aurait pas, autrement, d'interprétations fausses ; l'interprétation fausse ne rencontre rien chez l'autre – bien que le temps de l' « incubation » ou de la maturation de l'interprétation dans le patient, soit suffisant – ou bien il ne rencontre qu'une résistance laquelle se nourrit de cette pseudo-interprétation.

Le mensonge qui participe de l'artificiel et du faux, est une construction à partir de rien : rien dans le mensonge ne se soumet aux lois de la réalité de l'objet. Tout émane d'une fuite omnipotente hors de la dépendance à cet objet. Ainsi le menteur, s'il étudie à loisir les lois du rapport à l'objet, ne s'y soumet jamais.

Le mensonge du patient fait naître chez l'analyste un contre-transfert dans lequel celui-ci ne perçoit pas que le patient est véritablement présent : il lui parle mais ne lui dit rien, car tous ses propos ne sont destinés qu'à tromper leur destinataire.

L'interprétation ne trouve pas sa place au sein d'un tel monde car elle ne peut être tentée que dans un rapport de vérité.

D. Avant l'interprétation

L'interprétation proprement dite serait – si nous la comparions à la fabrication d'un vêtement – l'étape finale durant laquelle on fixe les coutures. Le vêtement sera porté un certain temps jusqu'à ce qu'un autre soit nécessaire parce que, comme l'enfant, son corps a changé. Nous verrons qu'il est nécessaire d'observer les réactions du patient à notre interprétation.

Poursuivant la comparaison, nous pourrions dire que l'enfant essaie le vêtement que nous avons préparé pour lui, et que nous modifierons en fonction de cet essayage. A la différence du vêtement, l'interprétation, dans la forme que nous lui avons donnée, est reprise par le patient comme si elle n'était pas un vêtement achevé, mais en cours de confection. Autrement dit, après nos manœuvres d'approche – que nous allons décrire ci-dessous comme appartenant à un temps de pré-interprétation – l'interprétation proprement dite en viendra à être traitée comme un essai menant vers ce que nous pourrions nommer « une rencontre interprétative ». Ce statut donné à l'interprétation dépend de la réaction du patient et de la manière dont nous pouvons la comprendre.

Bion[35] a déjà abordé ce problème à propos de la construction de la pensée. Il suggère que nous passions de la préconception, à la conception avant d'en arriver à la pensée. C'est la position de la conception qui permet d'effectuer une comparaison avec ce qui précède. Une préconception de l'objet externe – c'est-à-dire de son existence, de sa fonction et de ses qualités – existe en nous avant qu'une rencontre avec ce même objet nous permette, par l'expérience de nous en construire une véritable conception. C'est cette conception de l'objet (ou du rapport qu'il entretient avec nous) qui, en l'absence de cet objet est retrouvée en nous et nous permet ainsi de commencer de penser à lui : la pensée naît de l'absence d'un objet qui a d'abord été présent.

Lorsqu'une nouvelle expérience se propose au sujet, il utilise la conception de l'objet – conception qu'il a déjà à sa disposition – comme, dans un premier temps, il a utilisé la préconception de cet objet. Autrement dit, elle est utilisée en tant que préconception de l'objet dans une nouvelle expérience. C'est ainsi que nous utilisons l'interprétation en tant que pré-interprétation, lorsque nous écoutons la réaction du patient à ce que nous avons élaboré pour lui en lui donnant la forme momentanément achevée d'une interprétation.

Il est important d'écouter l'enfant – comme tout patient – avant de laisser germer en soi des associations que nous allons peu à peu tenter de lier entre elles. Écouter l'enfant, c'est être à l'écoute de ce qu'il nous fait éprouver, sachant que notre vécu contre-transférentiel nous donne une indication sur son propre vécu, et donc sur le sens de la relation qui se joue avec nous.

La première règle – si du moins il y a des règles en ce domaine – est de ne pas intervenir avant que notre esprit n'ait été touché par quelque élément du matériel du patient. Ne pas intervenir ne signifie pas qu'on ne dit rien. Il se peut que l'enfant apporte d'emblée beaucoup de matériel qui sollicite, par sa richesse, notre désir d'en dire quelque chose. Il me semble qu'il n'est pas nécessaire d'intervenir au début davantage qu'avec un enfant qui nous donnerait le sentiment de ne pas apporter grand-chose. Il vaut mieux, en effet, faire connaissance en nous-même avec cet enfant ; » faire une connaissance intérieure » de sa présence en nous. Ceci ne nous empêche pas de lui parler, mais sans que nos propos ne soient vraiment installés dans une perspective d'approche analytique.

Je pense à une grande enfant – probablement post-autiste – dont les propos sont très parcellaires, mais chez qui je sens une angoisse du vide. Elle ne peut l'effacer toute seule et elle me demande implicitement de ne pas la laisser tomber. Il ne lui est pas possible, dans les premières séances, de se porter elle-même d'une association à l'autre. Tout se passerait comme s'il y avait entre elles une faille qu'il s'agirait de combler. Par conséquent, dans les premiers temps, je parle de manière assez fluide afin d'établir entre nous une continuité malgré les vides. Je ne cherche pas à faire réellement des ponts de signification ; je cherche plutôt à lui donner le sentiment que je la porte matériellement, par mes propres associations, lesquelles se situent sur un plan qui ne sollicite pas chez elle d'effort de liaison avec les siennes. Si elle me parle de ses chats, je m'enquiers de leur nombre, de leur nom, de ce qu'elle fait avec eux. Si elle me dit qu'ils chassent les souris, je ne fais que le souligner : « C'est vrai que les chats aiment chasser ! ».

Ce n'est qu'à la faveur de telles interventions – que je qualifierais de « sans conséquence » - que j'apprends qu'elle a observé dans la salle de bain, les membres épars des bêtes chassées. A ce moment du traitement, je n'ai pas l'intention d'aborder un quelconque problème de morcellement chez elle, même par le biais d'un déplacement suffisamment grand, en lui disant par exemple qu'on a du mal à reconnaître que tous ces membres épars ne font qu'une seule et même bête. Non, je lui dis simplement, comme pour établir avec elle un élément de *sens commun*[36] : « C'est cruel les chats ! », ce à quoi elle me répond immédiatement, l'œil éveillé : « C'est surtout patient ! ». En restant à la surface d'un discours banal, me voilà devant une réaction profonde, que je conserve en moi, tout en lui signifiant mon accord : « C'est vrai ! Les chats savent attendre leur moment ! ».

Cet échange ne signifie pas que je manque une interprétation attendue par la patiente : elle sait probablement que je suis « patiente », et elle aussi doit l'être ! Nous ne savons pas encore ici qui sera le chat et qui sera la souris. Mais à travers la banalité de cet échange, nous pouvons déjà entendre qu'un lien de cruauté s'est mis en place, et qu'il faudra de la « patience » pour recoller les morceaux de sa personne. Tout ce message est mis à l'arrière plan de ma conscience, tandis que je continue de sonder la qualité de notre silence et que je perçois à quel point il n'est toujours pas supportable. Il en est de même durant quelques séances jusqu'à ce que, vers le milieu de la cinquième je sente que je peux attendre un peu plus que des associations viennent spontanément, sans que j'aie à les porter par le tissu des miennes propres.

C'est à ce moment que le silence change de qualité, et que je peux commencer d'intervenir afin de donner un sens plus profond à son discours. C'est donc au moment où cette patiente a pu intérioriser le fil banal de mes associations, comme s'il assurait a minima, en elle, une continuité d'être, que la profondeur d'un sens a pu émerger entre nous. Nous assistons ici à la conjonction naissante entre un étayage sur les capacités de l'analyste à porter son patient de la manière la plus primaire – comme une mère qui porte son bébé afin qu'il ne tombe pas – et la production d'associations, chez le patient, permettant à l'analyste de sentir que le silence intérieur de son patient commence à se tendre de fils qui se dirigent vers un objet. L'analyste, de son côté, peut alors se donner le loisir de lâcher, toujours a minima, son patient afin de commencer à rêver au sens possible des associations de ce dernier.

Ce que je décris là, et qui se vit au cours de l'établissement des premiers contacts avec le patient, se résume dans la formulation suivante : la pensée n'émerge que sur la base d'une sécurité identitaire permettant l'existence d'un espace interne en trois dimensions. Nous avons vu que c'est parce que la patiente commence de sentir en elle la permanence d'une base d'appui, qu'elle peut commencer à se déplacer sur celui-ci. La pensée correspond à ce déplacement, et le sens d'un acte à la direction qui permet de passer d'un point à un autre dans la constellation des idées qui peuplent notre esprit.

A travers cet exemple, nous concevons l'importance de l'attention que nous devons porter à notre éprouvé contre-transférentiel comme témoin du ressenti du patient, lequel nous conduit vers l'état de ses relations d'objet. Nous pouvons considérer que par ce travail, nous conduisons une patiente comme celle dont il a été question, à se former un regard en se construisant un espace interne profond. Nous l'amenons à avoir deux yeux pour voir ce qui se passe en elle. Tant qu'elle me donnait le sentiment de tomber dans le silence comme dans un vide, si je ne l'avais pas tenue par le tissu de mes associations, elle n'aurait psychiquement eu qu'un œil. Cet œil cyclopéen ne peut lâcher un point que pour s'agripper rapidement à un autre point ; elle ne pouvait, je le sentais, lâcher une idée pour en attraper une autre avec souplesse. Lorsqu'elle lâchait la première idée, elle tombait dans le vide et ne pouvait d'elle-même en trouver une autre, pas plus qu'un alpiniste ne saurait découvrir une seconde prise une fois lâchée la première, tant qu'une expérience ne lui a pas donné une sécurité interne suffisante pour lui servir d'appui. Cet appui intérieur sur un objet qui nous tient du dedans, nous permet de lâcher les agrippements sur nos idées préconçues et de les mettre en perspective ; il s'agit alors non seulement des idées des autres, mais également de celles qui peuplent notre propre psyché. Ceux qui s'agrippent à leurs conceptions sans vouloir en changer, n'ont pas plus de souplesse intérieure qu'ils n'en ont vis-à-vis des autres.

La manifestation de cette continuité de notre pensée peut s'exprimer sur un fond différent. Chez certains enfants, il ne s'agit pas, dans un premier temps, de combler le vide insupportable que je viens d'évoquer. Il s'agit plutôt d'aller à l'encontre de leur propre défense contre la perception de ce vide.

Je me souviens d'un enfant qui s'était installé dans ses séances à la manière d'un patient autiste et qui ne laissait rien passer à travers sa carapace. Celle-ci était faite d'un incessant mouvement, du type non-stop comme on en observe chez les bébés, et dont le but est de maintenir leur continuité d'existence. Il frappait des figurines les unes contre les autres en prétendant qu'elles se faisaient la guerre. Mais cette guerre ne pouvait avoir ni début, ni milieu ni fin, car son but était de s'auto-entretenir. Le mouvement assurait à l'enfant la continuité de son être, tout comme chez l'enfant hyperactif, la vérification qu'il est toujours vivant et toujours lui-même, passe par la continuité de son agitation. Dans ces conditions, comment, du point de vue de la technique, introduire l'identité d'un autre, puisque la présence de cet autre rompt le fil de sa turbulence ?

Dans l'exemple précédent, c'était moi qui devais, par la permanence de mes associations, assurer la continuité intrapsychique de la patiente. Ici au contraire, l'introduction d'un propos dans le mouvement non-stop de l'enfant, le laisserait désemparé. C'est pourtant bien grâce à des moments de désorientation organisés par l'analyste, de manière à ce qu'ils soient supportables pour l'enfant, que s'imposera progressivement l'existence de l'autre dans une psyché habituée à ne fonctionner qu'en circuit fermé.

L'analyste qui voit ce « jeu » - qui n'a pas la valeur d'un véritable jeu – se poursuivre, peut en saisir un détail et l'énoncer dans une intervention visant, sous prétexte d'obtenir des précisions, à susciter une réponse chez l'enfant. Ce qui n'aurait jamais eu de fin, se trouve alors interrompu. On peut ainsi demander à l'enfant qui cogne les uns contre les autres des chevaliers ou des animaux : « Dis-moi, pourquoi tu as choisi le chevalier noir ? », ou bien, à propos de tel animal : « Pourquoi est-ce qu'il va perdre ? ». Nous observons toujours que l'enfant se sent gêné dans son repli narcissique lorsque nous intervenons de la sorte. Mais il peut ainsi apprendre – s'il le souhaite – à brancher son activité sur notre propre activité de penser. Il m'est arrivé – nous y reviendrons – de demander à l'enfant de cesser son activité, tant elle était mise au service d'un retrait plutôt que d'une communication.

Un tel procédé est aussi valable lorsque l'enfant dessine et qu'il ne nous permet pas – de manière répétitive – de commenter son dessin ni même de le regarder. J'ai déjà évoqué ces enfants qui, en dessinant, s'enferment dans l'illusion que leur production est une réalité en soi et non pas la représentation de leur réalité interne. Dans ce cas je demande à l'enfant d'arrêter son activité tant elle relève des transformations dans l'hallucinose (Bion[37]) et constitue, de ce fait, une attaque contre la pensée.

Un des principaux concepts qui se trouve au centre d'une réflexion sur la phase qui précède l'interprétation, est le concept de *notation*. Bion l'a doté d'une certaine valeur dans sa *grille*. La *notation* précède l'*attention*, comme si la possibilité de centrer son attention sur un point devait être précédée de la capacité de l'avoir « noté ». J'entends ici que cette *notation* est non pas simplement « privée », contenue dans le discours que l'analyste se tient à lui-même, mais également « publique » : émise afin qu'il y ait, entre l'analyste et le patient un « point commun », offert à l'attention de l'un et de l'autre. Le patient peut alors se saisir de ce « point commun », c'est-à-dire de ce *sens commun* (Bion[38]) - ou de ce qui s'offre à la sensibilité de l'un et de l'autre.

J'aime beaucoup ce moment de la *notation* car il nous permet d'attendre sans comprendre.

Je pense à un petit garçon au cours de sa seconde séance, qui prend une girafe pour effectuer un dessin selon un modèle. Je me demande en moi-même pourquoi prendre un modèle, et pourquoi précisément une girafe. Je le laisse dessiner – ce qu'il fait avec beaucoup d'efforts et de retouches – et je commente ensuite : « Tu aimes les girafes ». Je pense que ces propos relèvent de la *notation* (Bion[39]) plutôt que de l'interprétation qui supposerait que la girafe renvoie à un objet significatif pour l'enfant, et que nous explicitions cette signification. Après ces propos, l'enfant perçoit que, dans notre esprit, nous avons noté son intérêt pour la girafe et qu'elle est porteuse de sens, bien que nous ne sachions pas lequel. Nous pouvons considérer qu'il nous est possible de choisir tel fait plutôt que tel autre et, par conséquent, de le noter tout haut. La *notation* privée et la *notation* publiée sont à distinguer l'une de l'autre. Il en est de même de toutes les étapes qui mènent vers l'interprétation, laquelle est elle-même tenue cachée avant d'être dévoilée. Il arrive rarement que nous parlions avant d'avoir pesé le pour et le contre. Cela fait partie de la technique analytique : nous évaluons autant que possible les effets de nos propos sur le patient et, à la différence de ce qui se passe dans la vie courante, nous nous retenons de parler si nous jugeons que cela n'est pas au service de l'analyse. Le patient adulte doit « dire » - et l'enfant « jouer » aussi – tout ce qui lui vient à l'esprit. L'analyste, lui, retient son expression s'il ne retient pas ses associations intérieures. Il décide de parler au moment où il pense qu'il est le plus opportun de le faire.

Dans cette perspective, la *notation* est un acte de parole qui s'approche au plus près du discours du patient. Nous pouvons considérer qu'elle n'engage pas immédiatement l'analyste sur le chemin d'une interprétation ; elle maintient en apparence une certaine neutralité dans l'intervention, puisqu'elle consiste à reprendre un point souligné par le patient lui-même. Cette neutralité n'est cependant qu'apparente, car le patient entend bien qu'on relève tel point de son matériel et non pas tel autre. Mais nous pouvons laisser tomber le point que nous avons « noté » pour en noter un autre, sans que cela ne perturbe la mise en place d'une future interprétation. La *notation* constitue plutôt un « appel » aux associations du patient. Si nous la comparions à l'accompagnement d'un promeneur au milieu d'un paysage, la *notation* attirerait au passage le regard du promeneur vers tel point du paysage, le laissant libre de prendre ou non la direction de ce regard.

La catégorie de l'*attention* (Bion[40]), occupant la colonne suivante dans la *grille* de Bion, inviterait davantage le promeneur à s'arrêter pour observer tel point du paysage, et l'» investigation » veillerait à chercher ce qui se trouve derrière ce point. Jusque là, nous en serions toujours aux explorations précédant l'interprétation proprement dite, que je situerais dans la colonne *acting* ou passage à l'acte : l'analyste qui s'engage alors à mettre en forme sa pensée, commence d'apparaître lui-même dans le paysage, et, de ce fait, le modifie. Tant que nous en sommes à ce que je dénomme la « pré-interprétation », ou les explorations précédant l'interprétation, nous n'avons modifié le paysage intérieur de notre patient que par notre activité psychique latente ; elle n'est qu'a minima manifeste, quoique cela puisse déjà être entendu par le patient de la même manière, dirions-nous, qu'il est à l'écoute de la nature de notre contre-transfert. Cependant, nous ne pouvons pas tomber dans la conception selon laquelle nous serions transparents pour l'inconscient du patient : nous n'aurions plus rien à « dire » ou à interpréter, et la communication d'inconscient à inconscient serait suffisante pour que s'élabore un travail analytique. Certes, cette communication n'est pas à négliger, mais elle n'est pas suffisante, et la conscience du patient « attend » que la nôtre ait fait le travail de transformation nécessaire permettant que ce qui appartient à l'inconscient puisse devenir conscient. Ainsi, nous adoptons toujours la conception freudienne selon laquelle, pour être accepté par le conscient, le matériel inconscient doit effectuer un travail de transformation au niveau du préconscient (1ère topique freudienne). Il en est de même au niveau de la 2nde topique où ce qui appartient au ça, doit se transformer au niveau du moi. Bion suit le même tracé en précisant que les éléments *bêta*, concrets et justes bons à être évacués, doivent être transformés par l'objet contenant en éléments *alpha* qui, eux, seront alors susceptibles d'être au fondement du langage et de la pensée. La conscience n'accepte que ce qui a subi ce type de transformation.

Je dirai que la pré-interprétation se situe à un niveau où se prépare la transformation proprement dite des éléments *bêta*, inconscients, ou présymboliques du patient. Elle se situe aussi à un niveau où la perspective du patient sur sa vie psychique n'a pas encore subi la transformation qu'implique la présence d'une autre perspective sur la sienne. Si le travail d'approche spécifique à la pré-interprétation s'effectue correctement, la résistance du patient à la transformation de sa vie psychique, risque de diminuer. Cette transformation a parti lié avec une prise de conscience de ce qui, auparavant, ne pouvait accéder à la conscience, d'une part parce qu'elle existe dans un état de non transformation interdisant l'accès à la conscience et, d'autre part, parce qu'elle est masquée sous des défenses de différentes natures et dont l'ensemble constitue ce qu'on nomme résistance.

Certains patients nous « sentent venir » dans une direction interprétative, dès que nous nous engageons dans des *notation*s, ou même dès que nous fixons notre attention sur eux ; ils peuvent refuser qu'un travail s'engage dès ce moment.

Je pense à une petite fille maniaque avec un noyau psychotique qui ne tolérait aucune intervention de ma part, pas même une *notation*. Elle hurlait alors des injures. Je « devais » me taire et répondre à ses questions. Comme elle frappait sa mère, j'ai eu l'occasion de voir arriver un jour celle-ci avec un œil au beurre noir ! Au cours d'une des séances qui a suivi cet événement, l'enfant me lance d'un air autoritaire : « Tu n'es bonne à rien ! Tu es mauvaise ! Imbécile ! Tu n'auras rien à Noël ! ». Si j'avais répondu par une interprétation mettant en évidence comment la « mauvaise » partie d'elle se sentait persécutée par une mère qui ne voulait plus qu'une chose : se venger de celle qui lui avait fait du mal, l'enfant aurait redoublé de rage et m'aurait ri au nez, tant elle m'aurait perçue comme une réelle menace. Elle voulait que je porte les parties d'elle qui avaient attaqué sa mère, et voulait endosser l'identité d'une mère vengeresse. Ma prise de parole risquait d'inverser les rôles et de la mettre dans la position de l'enfant coupable devant prendre conscience du mal qu'elle avait fait à sa mère externe, mais aussi à la mère interne que je représentais. On comprend son acharnement à me maintenir à l'écart et à maintenir par la même occasion à distance, toute prise de conscience de ce qui se déroulait sur sa scène intérieure. Comment donc pénétrer dans ce monde afin de desceller la fixité de son identification projective massive ? Je cite cet exemple parce qu'il est typique, quoique extrême, de cas où l'enfant veut avoir la confirmation qu'il nous a mis dans une certaine position ; l'endosser, en apparence, est la voie qu'il s'agit de prendre pour toucher l'enfant. C'est pourquoi je lui ai dit, alors qu'elle m'accablait de reproches : « C'est vrai que je ne mérite pas d'avoir un cadeau à Noël ! J'ai trop mal travaillé à l'école, j'ai trop fait de bêtises et, pire, j'ai battu ma maman et je lui ai fait un œil au beurre noir ! Alors je mérite qu'on me punisse et c'est tout ! ».

L'enfant a été touchée par cette intervention et a commencé à sentir que je n'étais pas identifiée au personnage qu'elle projetait sur moi. Elle m'a répondu assez rapidement : « Je parle de toi ! Pas de moi ! ».

Pour commencer à émettre une interprétation, il faut s'assurer que l'enfant soit capable d'entendre que l'analyste parle de sa place d'analyste. Lorsque ce dernier est trop investi narcissiquement et porte les parties clivées du patient, le temps préparatoire à l'interprétation permet précisément de se dégager de ces identifications narcissiques.

On pourrait nous rétorquer que c'est par l'interprétation que l'analyste se dégage de ces identifications là. Comment cependant considérer qu'un patient puisse être à la fois en identification narcissique avec son analyste, et en même temps accepter sa pensée comme venant d'un autre que lui ? Il faut un minimum d'altérité pour que s'instaure une activité interprétative. Une des vocations des pré-interprétations pour l'analyste est donc de préparer le patient à recevoir sa pensée à partir de ce que lui-même a dit. Le patient perçoit l'autre alors si proche de lui qu'il ne se heurte pas directement à la séparation que toute pensée implique.

Tout ce qui se rapporte aux interprétations dans le transfert suit les mêmes règles de la préparation à l'interprétation.

Je pense à une petite fille de 9 ans qui s'est sentie laissée tomber par sa mère parce que cette dernière ne lui avait pas ramené un petit cadeau à la fin de la séance précédente. Ce geste aurait signifié pour l'enfant que sa mère avait pensé à elle en son absence. Aussitôt que sa mère est partie, l'enfant s'est dirigée vers la fenêtre afin de la voir au-dehors. Mais elle ne l'a pas vue. Elle s'est mise alors à tourner en rond dans la pièce, est allée fouiller dans le sac de son analyste et s'est dirigée enfin vers un mur de la pièce où se trouvait, d'une part une photo sans cadre et, d'autre part, une photo en sous-verre et bien encadrée. Elle a considéré ce dernier objet en disant : « C'est dangereux, parce que s'il tombe il pourrait me casser le bras ! ».

Comment intervenir ? Si nous allions droit à l'interprétation, et à l'interprétation dans le transfert – qui ne doit venir qu'à la fin du travail interprétatif – nous dirions : « Quand je t'ai quittée après la dernière séance, tu as eu l'impression que je te laissais tomber ; et maintenant quand tu penses que si le cadre tombe, il te cassera le bras, tu me dis que tu as cru que c'était cassé entre nous, et que toi aussi tu étais cassée ».

Ce type d'interprétation part d'un présupposé : « Je sais ce qui se passe en toi et dans le lien que tu as noué avec moi ». Si on tient compte du texte de l'enfant, on se limite à mettre en évidence le lien maternel :

« Quand ta maman t'a quittée, tu as eu l'impression qu'elle t'a laissée tomber ; tu l'as cherchée et comme tu ne l'as pas trouvée tu as eu l'impression que c'était cassé entre vous deux, et que toi aussi tu étais cassée ».

Selon moi, il est préférable de commencer par une interprétation prenant en compte l'objet explicitement nommé par l'enfant, avant de s'engager dans des interprétations de transfert. Car, ici, l'enfant a davantage conscience de manquer de sa mère que de son analyste : c'est sa mère qu'elle cherche et qu'elle ne trouve pas. C'est avec sa mère qu'elle voudrait être, et c'est d'elle dont elle ne veut pas être oubliée. Tel est l'état de sa conscience. Elle n'a pas conscience que son attachement narcissique à sa mère appartient à un autre âge que le sien : que son vécu de castration primaire plonge ses racines dans un temps où elle ne savait pas encore parler, et où toute séparation ne pouvait guère déboucher sur un processus de liaison. Le fait que sa mère lui tourne le dos équivalait pour elle à la perte d'une partie de son propre corps, et particulièrement de son bras : le tout petit enfant à qui sa mère donne tout ce qu'il ne peut prendre avec ses bras, a l'impression de les perdre quand sa mère s'en va. L'image retenue par la fillette – celle du cadre accroché au mur – est une condensation d'un certain nombre de vécus et au croisement d'une pluralité de représentations. Il s'agit d'abord de l'image de l'enfant dans la tête de sa mère – telle que l'enfant l'imagine capable de la porter en elle. La rupture de l'attache est semblable à la rupture du lien qui unit la mère à sa fille. Il s'agit du bras, celui qui porte le bébé, mais aussi celui qui se tend vers l'autre, et qui ramène également – comme on vient de le voir – le monde à soi.

Il est intéressant de comparer les deux images accrochées au mur, non pas dans leur contenu représentatif, mais dans la manière dont elles s'accrochent au mur. Il y a celle qui n'a pas de cadre et qui est si légère qu'elle n'entraînerait dans sa chute aucune cassure : il s'agit de la photo simplement collée au mur. Cela fait penser à des processus adhésifs qui n'exigent pas qu'un « crochet » attache le moi à son objet, car le moi et l'objet, vivant dans un monde en deux dimensions, n'ont pas à se lier l'un à l'autre : ils coexistent sur toute leur surface. C'est avec la 3ème dimension représentée par le crochet, qu'un lien se constitue entre deux identités séparées. La sécurité de base passant uniquement par ce lien – vécu par cette enfant comme un bras maternel –, il est important qu'il perdure avant d'être introjecté. S'il se rompt, comme on l'a vu, l'enfant a le sentiment que c'est son identité qui est également rompue. L'important est de considérer que l'enfant vit les choses à ce niveau, avec sa mère et dans le transfert, et qu'un écart demeure entre son moi de 9 ans et son moi plus précoce. Par conséquent, un travail d'approche des interprétations proprement dites, doit prendre en compte ce qui, dans le matériel, témoigne de cette dimensionnalité du lien entre le moi et son objet.

Dans la perspective abordée ici, je proposerai d'emblée de souligner à cette enfant son vécu de catastrophe au moment où elle dit que c'est « dangereux » d'avoir un cadre « parce que s'il tombe il pourrait (lui) casser le bras » : « Et pour le cadre, c'est quoi son bras ? Peut-être qu'on peut dire que c'est son crochet ? S'il tombe, on peut dire aussi que son bras s'est cassé ! ». Nous voyons que, par cette intervention, nous restons au plus près du « texte » de l'enfant, c'est-à-dire de son noyau conscient, tout en faisant pour elle un lien – un « crochet » - qu'elle n'avait pu faire de manière consciente : l'équivalence symbolique établie entre son moi et le cadre accroché au mur. Tel est le premier point qui nous permet ensuite, pas à pas, d'aborder les points suivants : sa fragilité qui la fait se considérer comme du verre ; son objet représenté par le mur ; et enfin le rapport entre le crochet et le lien à son objet.

Ce n'est qu'en travaillant tous ces points et au fur et à mesure que, en en soulignant un, les autres se dégagent de ses associations, que le rapport entre le mur et l'objet maternel, puis l'analyste, ainsi que le rapport entre le cadre et le moi, peuvent s'élaborer. A la fin seulement nous pourrons faire un lien entre le comportement de l'enfant dans la séance – la recherche de sa mère par la fenêtre – et la rupture fantasmée du crochet, en soulignant – par exemple – que pour que le cadre et le tableau sous-verre restent bien accrochés au mur, il faut que le mur reste bien en place ! « Il ne faudrait pas qu'il ait des jambes, comme maman, et s'amuse à laisser tomber son petit cadre en partant ! ». Et si l'enfant nous répondait qu'elle resterait d'autant plus accrochée à sa maman, comme par un crochet, il serait possible de lui faire remarquer : « C'est vrai qu'il n'y aurait pas d'autre solution lorsqu'on se sent comme enfermé dans un cadre, incapable de se déplacer soi-même. Est-ce que celui qui est dans le cadre maintenant ne pourrait pas, un jour, avoir ses propres jambes ? Pour le moment il est juste accroché à sa maman par un gros crochet, mais plus tard il pourra peut-être avoir moins besoin du crochet et, si sa maman s'en va, il pourra se tenir sur ses jambes à lui ? ».

Cette intervention s'approche doucement du rapport entre le cadre et l'enfant, le mur et l'objet maternel. Nous laissons à l'arrière plan la question de la prise de conscience du vécu de l'enfant dans la relation transférentielle, pour faire d'abord un pont entre ce qu'elle joue immédiatement dans le cadre de la séance (en parlant aussi du cadre et du sous-verre) et ce qu'elle nous dit, par son comportement, du lien à sa mère. Autrement dit, nous soulignons le lien transférentiel, sans le nommer, à travers son jeu avec le matériel, bien avant de lier ce jeu à notre personne. La reconnaissance d'une relation d'objet totale – où l'autre est une personne – vient bien après la relation d'objet partiel – où l'autre est une chose. De la même façon, la reconnaissance de la relation d'objet interne qui se joue avec la personne de l'analyste, vient bien après la reconnaissance par le moi de ce qui se joue avec le matériel, présent dans la séance. Ainsi est-il bon que l'analyste ne cherche pas à se placer au premier plan, par une interprétation ou par ce qui la prépare. L'enfant pourrait vivre cela comme une demande de reconnaissance personnelle, passant avant la reconnaissance du lien que l'enfant a avec ses objets réels, ou avant la reconnaissance des événements importants de sa vie réelle.

Je ne saurais donc mieux approcher ce problème de la préparation à l'interprétation qu'en donnant pour règle de rester au plus près du matériel de l'enfant, comme si nous ne cherchions qu'à en « noter » la forme, sans que derrière elle l'intention de donner un sens ne se fasse sentir de manière trop appuyée. C'est à mon avis ce que Bion[41] entend par l'attitude qui consiste à être, au cours des séances, « *sans désir et sans compréhension* ». Nous reviendrons sur ce sujet au cours du chapitre consacré à l'interprétation proprement dite.

Par opposition à cette approche, je veux citer – avec son accord – l'intervention qui a été faite par l'analyste de l'enfant. Si je rapporte ce qu'il est préférable de ne pas dire à ce moment, ce n'est pas pour faire une simple critique négative, mais pour montrer le contraste qu'il y a entre le respect des étapes permettant au moi d'accepter l'autre et de percevoir qu'il accepte de ne pas être mis au premier plan, et la plongée directe dans une interprétation que le moi de l'enfant ne peut saisir, parce que ces étapes n'ont pas été respectées.

L'analyste a dit à l'enfant : « Peut-être que tu es en colère contre ta mère parce qu'elle est partie et donc tu te punis ? Peut-être es-tu fâchée contre moi parce que je t'empêche de voir ta mère ? ».

Tout ce que souligne l'analyste dans cette interprétation pourrait être exact. Cela pourrait être dit à l'enfant, mais dans un autre temps, dans un moment où l'analyste lierait directement ses propos au matériel apporté par l'enfant. Lorsque l'analyste évoque la colère de l'enfant, elle devrait aussi évoquer à partir de quel matériel apporté par la fillette, elle tire ses propos. La petite patiente doit se rendre compte que c'est elle qui a fourni à l'analyste la base de son interprétation, ou de sa pré-interprétation ; que c'est à partir des éléments qu'elle a fournis, que l'analyste a pu déduire des pensées avec justesse. Ici, la colère n'a pas été manifestée par l'enfant, et lorsque nous intégrons cette colère dans notre discours, nous introduisons une déduction que l'enfant n'a pu effectuer avant de nous avoir entendu.

Par contre, lorsque l'analyste dit, comme je l'ai souligné : « Pour le cadre, c'est quoi son bras ? Peut-être qu'on peut dire que c'est son crochet ? S'il tombe, on peut dire aussi que son bras s'est cassé ! », tous les liens faits par l'analyste, sont des liens qui, s'ils n'ont pas été faits par l'enfant, n'ont pu qu'être déduits de son discours. L'enfant nous a parlé du cadre, du bras et de la cassure ; l'analyste lui montre, par son intervention qu'elle tente de mettre ensemble ces concepts avec une pensée qui, si elle lui appartient, n'est mise qu'au service des processus de liaisons permettant de contenir son vécu. Le rapport très nouveau effectué entre le cadre ou le verre, et l'identité même de l'enfant, est le fait de l'analyste. C'est la fillette qui a apporté l'idée de la cassure de son propre bras. L'analyste souligne le rapport qu'il fait entre le vécu de l'enfant et la conception de cette dernière sur l'origine de la cassure : le crochet s'est rompu. Que signifie cette rupture ? Si nous mettons en rapport le crochet et le bras, en utilisant un langage assez proche de celui qui peut « accrocher » l'enfant, nous inventons une histoire, une *rêverie* (Bion[42]) en respectant scrupuleusement son discours manifeste, tout en la laissant libre de saisir ce qui, dans notre histoire, » s'accroche » à son discours préconscient, puis inconscient.

Nous voyons comment le terme de « colère » employé par l'analyste ne préparait pas à une véritable interprétation du comportement de l'enfant puisque cette dernière n'a pas manifesté sa colère, du moins dans le moment présent que veut cerner le discours de l'analyste. Mes propos visent, on le voit, à revaloriser le niveau « manifeste » du comportement ou du discours de l'enfant afin d'arriver, à partir de ce « manifeste », au préconscient qui est sous-jacent. Respecter le discours manifeste du patient, constitue, selon moi, une des premières règles de l'interprétation et des pré-interprétations. Ainsi, les déductions, les inventions de la *rêverie* analytique sont toujours présentées au patient comme tirées d'un matériel qu'il a fourni lui-même. Voilà ce que nous entendons par « respect du moi » et des défenses du patient. De cette manière, nous lui montrons que nous ne lui cachons pas une vérité que nous lui aurions celé jusque là, et que nous lui dévoilerions sans qu'il y soit préparé. En rapport avec la première topique freudienne, je revalorise ici le rôle du préconscient et des défenses par rapport à l'émergence brutale d'une signification inconsciente à ce niveau. Toutes proportions gardées, nous pouvons dire que parler à présent de « colère » à l'enfant, c'est introduire dans sa conscience un élément qu'elle n'était pas préparée à recevoir. De ce fait, l'enfant n'a pas répondu à l'interprétation.

Par ailleurs, l'analyste a effectué une construction destinée à justifier le comportement de l'enfant à partir de sa première proposition, tout en la complétant par l'idée d'une culpabilité entraînant une auto-punition. Elle avait aussi le souci de rattacher son intervention au lien transférentiel, ce qui a beaucoup compliqué les choses pour l'enfant qui, à mon avis, ne savait plus où donner de la tête. Il faut se centrer sur un point à la fois, même au cours des préparations à l'interprétation. Ici l'analyste a voulu tracer deux origines à la colère de l'enfant : d'abord le départ de sa mère, puis l'analyste cause de ce départ. Ce faisant, elle a multiplié les réponses à des questions qui n'ont pas été posées par l'enfant, comme je viens de le souligner. Ainsi la forme de la phrase est interrogative, alors que le fond est affirmatif, puisque la base de départ ne se situe pas dans la manifestation du comportement de l'enfant elle-même.

Ce point est intéressant car il se rapporte au questionnement de l'analyste. Nous avons remarqué que dans la pré-interprétation que je propose, je demande à l'enfant si elle est d'accord avec mes hypothèses et je ne lui demande pas de compléter mes questionnements pour me permettre d'émettre une hypothèse. Autrement dit, je lui propose ma propre *rêverie* mais je ne lui demande pas un complément d'informations pour me permettre de rêver. En même temps, comme nous l'avons vu, je ne rêve qu'à partir de ce qu'elle a manifesté.

D'autres types d'interventions font également partie des pré-interprétations, dans lesquelles il s'agit tout simplement de demander un complément d'information, mais pour préciser la pensée de l'enfant. Ainsi il aurait été possible de redoubler les propos de l'enfant en demandant : « Tu veux dire que si le cadre tombe c'est ton bras qui va se casser ? ». Une telle intervention qui prend l'aspect d'une *notation*, relève un point qui peut donner à l'enfant la conscience de l'apparente contradiction dans l'expression de sa pensée. A la suite de cela, il nous est possible de souligner que c'est l'enfant elle-même qui ressent ce qu'elle vit comme une chute dans laquelle elle se casserait le bras.

Font donc partie des pré-interprétations, les demandes de précisions concernant le matériel présenté, les petits liens permettant de passer d'un élément à un autre, la *rêverie* explicite enfin qui reste au plus près du matériel présenté mais qui invente des liens permettant de comprendre ce matériel. Nous avons vu comment cette « invention » respecte davantage la pensée de l'enfant et sa propre liberté d'invention, qu'une interprétation qui ne « collerait » pas au matériel présenté.

Nous voyons que, à partir de la surface de *notation* qui se construit à la fois pour le patient et pour l'analyste, un double fonctionnement psychique se met en place dans la séance où s'articulent l'appareil psychique des deux partenaires.

La *notation* peut avoir valeur de *fait choisi* au sens de Bion[43], dans la mesure où, par l'apparence de reprise des propos du patient, elle peut les re-agencer tout en leur restant fidèle et, de ce fait, lui renvoyer comme en un miroir le sens de son comportement.

J'ai un exemple clair chez un adulte. Ce patient en voulait à sa mère qu'il traitait d'» emmerdeuse » parce qu'elle aurait souhaité habiter dans sa maison de campagne durant la période des vacances, précisément au moment où le patient voulait y habiter lui-même. Si nous disons au patient, à propos de sa mère : « Vous lui prenez sa maison, vous la mettez dehors et puis vous la traitez d'emmerdeuse ! », nous ne faisons que reprendre le contenu de ses propos mais, dans cet ordre, ils ne peuvent que renvoyer à un comportement qui lui apparaîtra intolérable. C'est pourtant le sien. Le rassemblement sous forme de *notation* des propos du patient a ici la valeur d'un *fait choisi*, dans la mesure où il lui permet de prendre conscience et de donner un sens, dans un raccourci, à un ensemble d'éléments qu'il rapporte de manière dispersée.

Je reprends également ici l'exemple d'un patient adulte qui a du mal à reconnaître ses pulsions agressives. Il désapprouve l'acte guerrier de Saddam Hussein et pense au dessin humoristique d'un homme qui a planté un pieu dans l'œil de la statue de Saddam Hussein dans le désert. Cela lui fait penser à un explorateur qu'il admire et qui, découvrant une île du Pacifique, y plante de la même façon un drapeau. Je dis alors : « Saddam Hussein le pacifique ? ». Le simple rapprochement de ces deux éléments regroupant chacun un halo d'associations est à la fois une *notation* – puisque je note tout haut ce que le patient m'a dit, et rien de plus – un *fait choisi* – puisque je saisis dans l'ensemble de son matériel deux simples points qui vont donner sens à un ensemble d'éléments non liés entre eux. Sous prétexte d'explorer son objet, le patient veut en faire la conquête et, sous couvert de pacifisme, il se comporte en dictateur.

Ces exemples ont leurs équivalents chez l'enfant ; ainsi le petit patient qui nous parle du garnement qui a volé aux étalages et ensuite des cadeaux qu'il est content d'avoir à Noël, peut s'entendre répondre : « Tu sais qu'on dit quelquefois : il ne l'a pas volé son cadeau ! ».

Quelles que soient nos interventions, longues ou courtes, préparant l'interprétation ou allant directement vers l'interprétation elle-même, l'enfant doit se rendre compte que tandis qu'il joue, se tait ou parle, l'analyste le suit et le respecte par son écoute, mais qu'en même temps il continue de penser de son côté, et tait les associations qu'il a sur son matériel. Si, en effet, les propos du patient sont comme la pointe émergée d'un iceberg qui dissimule plus qu'il ne montre, il en est de même pour l'analyste qui, à chaque intervention, laisse émerger un élément permettant de créer un lien avec le patient, mais garde pour lui l'ensemble des autres liens possibles avec ce dernier. Ce point correspond à la distinction que je fais entre « interprétation privée » et « interprétation publiée ». Il est très rassurant pour un analyste de s'appuyer sur un état d'esprit grâce auquel il lui est possible de se donner à lui-même les interprétations les plus libres qui lui passent par l'esprit, puisqu'il les conserve dans son for intérieur. Il est rassuré de se parler à lui-même « comme s'il parlait au patient » pour lui fournir une pré-interprétation ou une interprétation. Parfois, lorsque nous sommes sur le point d'intervenir, nous entendons le patient nous donner un élément complémentaire qui modifie l'intervention que nous étions en train de construire en privé ; cet élément modifie ce que nous allions lui dire, même s'il n'ébranle pas le sens général de notre intervention ; il en modifie, parfois, seulement la forme.

La préparation à l'interprétation ou la pré-interprétation a le gros avantage, lorsqu'elle est faite avec tact, de conserver la polysémie à venir, sous-jacente à toute interprétation, bien que celle-ci restreigne l'ensemble des possibles. Bion[44] parlait d'*éléments saturés* ou non. L'interprétation – ou la préconception chez lui – pour suivre sa pensée, était ou non saturée de signification. Une autre image caractérisant l'approche interprétative est que celle-ci demeure dans le « halo » d'une interprétation ; elle ne la touche pas, mais entretient avec elle des liens permettant tous les possibles de l'interprétation proprement dite. Cette remarque donne à l'interprétation le sens d'une limitation dans la signification que l'on attribue à un matériel. Je dirai qu'une interprétation – bien préparée – est à la fois une fermeture : celle d'un sens où l'analyste signifie au patient comment il voit les choses ; et une ouverture – l'analyste signifiant au patient qu'il attend de lui la palette de ses associations sur ce qu'il lui a signifié.

Prenons encore un exemple tiré du matériel fourni par un enfant cette fois-ci.

Il s'agit d'un petit garçon très fier parce que son papa qui installait un hublot dans la maison, a pris en compte son avis : l'enfant lui avait demandé de mettre une lampe derrière le hublot. Ces propos appartiennent à la réalité externe, mais ils sont repris par l'enfant dans la réalité de la situation transférentielle. Ils sont donc prononcés dans le but d'envoyer un message à l'analyste. Lequel ? C'est le rôle des pré-interprétations de l'analyste que de s'en approcher. Je propose que l'analyste fasse d'abord remarquer : « C'est très important une lampe dans une maison ! ». Cela permet d'accompagner les associations de l'enfant auxquelles il est ainsi fait appel.

Cette formulation se trouve être à cheval entre la reconnaissance banale de la réalité externe et le sens symbolique qu'elle suggère, d'autant que c'est un analyste qui l'émet. Nous serons bientôt conduits à faire un lien entre la lampe et l'éclairage fourni par une présence paternelle, dans la réalité interne de la mère aussi bien que de l'enfant. Nous pourrions d'ailleurs poursuivre en soulignant : « Un hublot sans lumière, c'est comme un œil qui ne voit rien ». Enfin, dernière étape de ce qui serait le chemin pré-interprétatif, nous pourrions ramener cela dans le transfert : « Ici aussi on va essayer de faire passer de la lumière à travers ce hublot ! ». Je pense que l'enfant – quel que soit son fonctionnement névrotique – peut entendre ce type de propos. Il ne vient pas, en général, à son esprit de nous dire, par exemple : « Mais il n'y a pas de hublot ici ! ». L'utilisation ambiguë, à dessein, de la réalité externe – celle du hublot et de la lampe – dans la séance même, comme s'il s'agissait de la même chose, pousse l'enfant à leur donner un sens symbolique : il entend qu'on va essayer de redonner de la vie, de la lumière à son monde interne. Pour cela on va essayer d'y réinstaller la présence d'un père. On peut ajouter : « Tu me prends peut-être pour un père qui commence à réparer ton intérieur afin d'y mettre de la lumière ? ». Ces formulations s'approcheraient davantage de celles d'une interprétation ; mais nous laissons à l'enfant le loisir de nous fournir d'autres associations, afin d'en arriver à une interprétation par le chemin qu'il va emprunter et non par celui que nous lui imposerions.

C'est à nous de le suivre, de faire tendre son regard vers le paysage que nous éclairons et de nous y engager avec lui, ou non, selon son gré.

E. Le temps de l'interprétation

Dans ce chapitre, le temps de l'interprétation fera l'objet d'un développement plus particulier. Nous entendons par temps de l'interprétation, ici, celui qui doit être consécutif au travail préparatoire que nous venons de décrire.

La pré-interprétation précède l'interprétation tout comme la préconception s'oppose à la conception qui en est le prolongement. La différence tient à ce que la préconception commence par venir de soi et non pas de l'objet : le patient est à la recherche d'une expérience ou d'un objet dont il a la préconception. Mais nous savons que toute conception peut être utilisée comme une préconception dans la quête d'une conception nouvelle. Ainsi la pré-interprétation constitue-t-elle un corps d'associations qui est en attente de se regrouper pour s'organiser et former une nouvelle signification. J'en ai déjà souligné le caractère fermé.

De même, l'interprétation ferme momentanément l'ouverture de tous les possibles qui caractérisent la pré-interprétation. Cependant Bion[45], avec ses concepts d'éléments *saturés* ou non, a souligné que l'interprétation, si elle obéit à certaines caractéristiques que nous allons étudier à présent, permet que cette ouverture vers d'autres possibles s'effectue à nouveau. Autrement dit, la *saturation* momentanée d'une conception – ou d'une interprétation – peut se trouver, à nouveau, disponible pour l'engendrement d'une conception nouvelle, ou l'interprétation être utilisée comme une préparation conduisant progressivement vers une nouvelle interprétation.

Je veux tenter d'énoncer des règles permettant à l'interprétation de demeurer « vivante », c'est-à-dire capable de conserver un pouvoir de régénération de son devenir. Si l'interprétation s'effectue en bonne et due forme, je pense que, dans l'usage qui en est fait, elle gagne la capacité de se « restaurer » auprès du patient, et les associations qu'il fournit secondairement pour répondre à cette interprétation, confèrent une valeur d'ouverture à ce qui se présentait d'abord comme doté d'une certaine fermeture.

Pour parvenir à cela, il faut considérer d'abord la totale liberté du patient à accepter ou non cette interprétation. L'analyste doit envisager et accepter que le patient puisse refuser ce qu'il lui a dit, ce qui n'est pas toujours facile car il aime que le patient lui renvoie qu'il est capable de le comprendre. Ne demandons pas à l'enfant de nous comprendre, car c'est plutôt à nous de le comprendre. Par notre manière d'intervenir qui reprend le discours de l'enfant, nous devons lui donner à son tour le désir de rêver, c'est-à-dire de déployer ses associations sur ce que nous avons pensé. L'enfant – en principe – n'a jamais rencontré une personne comme nous, susceptible de se consacrer à l'écoute de ses préoccupations conscientes et inconscientes ; une personne qui inscrit ses fantasmes dans sa propre vie psychique, afin de donner sens à celle de son patient.

Lorsque nous respectons la liberté d'interprétation de l'enfant, nous respectons en même temps ses défenses. Cette technique va à l'encontre de celle que nous avons évoquée chez W.Reich[46] et A.Freud[47] ; elle consiste à analyser les défenses du patient dans le but de mobiliser un transfert positif. Ce serait sans compter avec le fait que le transfert positif idéalisant peut être considéré lui-même comme une défense. L'aspect positif du lien au patient peut-il être gagné grâce à un procédé – s'il existe – susceptible d'aller à l'encontre de son moi, sans lui offrir en échange un lien de confiance ? Ce lien met le moi en rapport avec un objet dont la protection peut être avantageusement comparée à celle que lui assure originellement sa défense. N'est-ce pas d'ailleurs le but de l'analyse que de permettre au moi du patient de poursuivre le travail qu'il a commencé d'abord avec son analyste, introjectant la fonction de ce dernier, plutôt que de parer à son angoisse par des défenses qui, au lieu d'enrichir son moi, dégradent le lien qu'il noue avec ses objets ?

Le préconscient, ou le moi en rapport avec des objets créant des liens de symbolisation, permettant au vécu de se représenter, est le lieu d'une intense activité créatrice. Celle-ci doit s'exercer en toute liberté. Le préconscient obéit pourtant à des contraintes, tout comme le corps qui a une liberté de mouvements mais qui obéit à des contraintes imposées par sa nature même. Le préconscient – j'aime ce terme qui fait référence au conscient –, s'il est libre de faire des liens, se caractérise par ce qui caractérise le lien lui-même : la souplesse. L'analyste qui propose une interprétation au préconscient ou au moi, par l'intermédiaire de la conscience ou du moi conscient, doit obéir à cette même loi, celle de la souplesse. Certains enfants représentent cette souplesse du lien transférentiel par des élastiques qui peuvent s'étirer entre le moi et l'objet. La représentation du pont, d'ailleurs, si elle est fixe, fait référence à des allers-retours : on ne passe pas un pont dans un seul sens ni une seule fois.

De même, l'humidité s'associe également au vécu de souplesse. Une enfant mouillait son papier pour le plier et le déplier de telle sorte qu'il ne se coupe pas pendant ces opérations. La fermeté d'un lien ne signifie pourtant pas qu'il est rigide et entaché d'omnipotence. D'authentiques liens ne se laissent pas aisément manipuler.

Je me souviens d'une petite fille à qui j'avais donné une interprétation se rapportant à son investissement érotique de l'objet. Cette enfant a voulu immédiatement donner un caractère érotique à mon interprétation et, au lieu d'en saisir le sens, elle a voulu la transformer en une sorte de caresse érotique, saturée de sensualité et perdant son caractère d'interprétation. Cette enfant a réagi à mon interprétation en me disant : « Redis-le moi ! ». Je n'ai évidemment pas répété mes propos, mais ce comportement m'a fait penser à celui d'un patient adulte qui m'avait « avoué », en fin de séance, que l'interprétation que je lui avais donnée au début ne lui plaisait pas, et comment il avait cherché tout au long de la séance à me faire changer d'interprétation.

Nous voyons que l'interprétation traduit la capacité de penser de l'analyste ainsi que le lien qu'il noue avec ses objets internes. C'est ce lien, perçu comme ferme lorsque nous prenons la parole, qui peut donner au patient le désir de l'érotiser ou de le manipuler, de l'aplatir ou de le réduire à une excitation sensorielle. Il faut distinguer la souplesse de l'analyste, de sa complaisance à se laisser manipuler par les aspects omnipotents du patient.

Un aspect des interventions interprétatives de l'analyste témoignant d'une fermeté dans sa pensée (non manipulée par l'enfant puisqu'il n'a pas accès à son travail intérieur) consiste à faire des liens entre les différents moments de la séance. Alors, l'enfant se rend compte que, tandis qu'il croyait l'analyste dans l'immédiat de ce que son jeu présentait, celui-ci était en réalité dans un espace – celui de sa pensée – auquel, lui, n'avait accès que pour y inscrire de nouvelles pensées, et non pour le manipuler.

Un enfant présentait souvent, en début de séance, un matériel de la vie quotidienne, pour s'envoler vers des expressions très fantasmatiques à travers ses dessins ou ses jeux. Il existait un clivage entre ses deux manières d'être, comme entre sa vie intérieure et l'analyse qu'on aurait pu en faire, et son comportement dans sa réalité externe. Cet enfant, par exemple, nous disait qu'il était la victime d'agressions de la part de ses copains ; mais il était incapable de faire consciemment un lien avec les scènes qu'il jouait et dans lesquelles il assumait le rôle de l'agresseur. Après avoir souligné dans une pré-interprétation, le caractère commun des scènes évoquées – l'agression – il a été possible de lui interpréter comment et pourquoi sa position de victime consciente masquait une position d'agresseur actif.

Je reviens ici sur la transitionnalité incluse dans cette conception de la progression qui va de la pré-interprétation à l'interprétation proprement dite. Cette transitionnalité implique l'idée d'une stratégie dans la visée interprétative, et surtout l'idée du temps. La stratégie vise à passer par tels chemins pour atteindre tel but ; elle implique la stratégie qui nous fait convenir avec le patient d'un certain point d'accord, pour aller ensuite vers un autre point d'accord, plus difficile à concevoir. J'opposerai cette conception du trajet interprétatif à l'exemple que nous fournit M.Klein[48 et 49] dans le cas de Richard, et également aux conseils de technique interprétative qu'elle nous donne. M.Klein se fait un devoir d'interpréter directement ce qui (dans le matériel de l'enfant) se présente à sa compréhension – laquelle est profonde et souvent fulgurante.

Tout se passerait comme si, dans ce style interprétatif, l'analyste était convaincu du bienfait de l'accès direct au matériel inconscient, sans passer par la prise en compte des défenses de l'enfant. N'y aurait-il pas sous une telle stratégie – puisque là aussi il s'agit de stratégie même si son allure est rapide – la conception selon laquelle lorsque l'analyste manifeste à l'inconscient du patient qu'il l'a compris, et qu'il a démasqué les causes de l'angoisse de son moi, tout ne peut que s'apaiser, comme si la lumière apportée par la conscience d'un autre – l'analyste – ne pouvait qu'étayer la capacité du moi – ou du préconscient – à prendre en compte, pour le porter vers la conscience, ce qu'il avait jusqu'alors refusé d'accepter pour sien ? Je dirai qu'avec M.Klein l'interprétation est directe et ne passe pas par toute cette phase que j'ai nommée « pré-interprétative » et qui implique un temps de transition avant que ce qui est inconscient ne s'approche de la conscience, laquelle fait partie du langage interprétatif. Ne serait-ce pas parce que, passant directement du côté de la 2nde topique freudienne, M.Klein a donné une prévalence au rôle du moi, laissant celui du préconscient à l'arrière plan ? Or si les deux concepts de moi et de préconscient se recoupent, ils diffèrent par la position qu'ils occupent dans la structure psychique : lorsque nous prenons en compte le préconscient, nous le situons entre l'inconscient et le conscient et nous mettons donc l'accent sur la position médiane occupée par la prise de conscience.

Le sas du préconscient permet l'accès à la conscience de ce qui en différait trop pour y être admis. Je pense que Bion[50] s'appuie sur cette conception lorsqu'il évoque l'impossibilité pour les éléments *bêta* d'avoir accès au langage – celui de la conscience – sans en passer par une transformation – grâce au travail de l'objet – que je situe au niveau du préconscient et qui en fait des éléments *alpha*, prêts à s'inscrire dans toute expression symbolique.

Lorsque, au lieu de raisonner en termes de préconscient, on utilise à la place le concept de moi, on est dans une structure qui le situe à mi-chemin entre le ça et le surmoi. Ici, le trajet est donc celui qui fait aller du ça au moi, le lieu intermédiaire du préconscient ayant disparu et laissé sa place à l'instance interdictrice du surmoi qui impose ses lois au moi. Le préconscient est cette instance souple, comparable au moi créateur de liens, quoique doublé d'une censure protectrice contre des émergences brutales d'éléments situés de part et d'autres. Le moi joue ce même rôle, mais l'instance qui se situe au-dessus de lui, le surmoi, n'est pas comparable à la conscience, telle qu'elle apparaît dans la 1ère topique freudienne ; dans celle-ci la conscience est ce que le terme indique : la lucidité plus que la conscience morale, même si la censure qui entoure le préconscient – côté conscience – vise à ne pas heurter la reconnaissance de soi, et à ne pas donner de soi une image inacceptable par la conscience.

Je souligne ces points pour mettre en évidence l'importance de l'aménagement du préconscient, des défenses qu'il instaure, des liaisons et des transformations qu'il effectue.

Ceci revient à prendre en compte un travail de transformation du matériel inconscient grâce au lien entre le moi et l'objet – comme Bion l'a bien montré avec son concept de couple de travail contenant-contenu – avant que toute prise de conscience ne soit possible. Il semble que M.Klein soit partie d'un présupposé différent selon lequel c'est l'interprétation qui rend possible la prise de conscience, comme si le moi était prêt à la recevoir et ne s'était pas organisé lui-même auparavant afin que cette prise de conscience – de l'origine du symptôme, par exemple – ne soit pas possible. De cette prise de position, découle l'aspect qui nous paraît brutal et rapide dans les interprétations données à Richard.

J'aurai tendance à considérer la valeur du temps qui permet à l'interprétation de mûrir dans notre psyché. Ceci vient d'une réflexion sur la valeur du contre-transfert : l'enfant perçoit très bien que nous sommes en train de le porter psychiquement pendant que nous effectuons les liens préalables à l'interprétation. Il perçoit que nous prenons un temps que nous mesurons à l'aune de ses capacités de comprendre ce que nous lui communiquons. Il perçoit enfin que nous ne parlons pas pour nous – pour expulser notre sentiment de ne pas comprendre, par exemple – mais pour lui. Nous ne parlons pas parce que nous sommes pressés d'entendre confirmer que nos hypothèses sont « justes ». La *capacité négative* prônée par Bion[51], est la capacité de supporter le doute et l'incertitude. La hâte d'en avoir fini avec la compréhension d'un problème, est à l'opposé de cette *capacité négative*. Considérer les difficultés qu'un patient peut avoir à prendre conscience de ce qui, au fond de lui, lui apparaît d'abord comme un élément étranger, relève de cette capacité négative qui s'accompagne de la capacité de s'identifier à l'autre, non pas par narcissisme mais par désir de le comprendre.

Selon Winnicott, l'interprétation se doit de venir le plus tard possible, juste avant que le patient ne puisse la formuler lui-même. Ceci n'implique-t-il pas que l'analyste aura préparé suffisamment son patient – et ceci par les liens évoqués lors des pré-interprétations – pour qu'une telle situation soit possible ?

Un cas extrême de patience me fut fourni par une collègue qui avait tout tenté auprès d'un enfant pour le comprendre : il s'installait en face d'elle et, caché derrière un livre, il le feuilletait durant toute la séance.

Cette collègue lui a interprété pendant des mois son sentiment d'exclusion, projeté sur elle, l'abandon vécu dans le transfert, et tout ce qu'il pouvait avoir le sentiment de subir. A la fin, alors qu'elle lançait une fois de plus et sans conviction une interprétation se rapportant à son désir de faire éprouver à son analyste un vécu de manque par rapport au contenu intéressant de ce qu'il cachait à ses yeux, quelle ne fut pas sa stupéfaction de s'entendre répondre : « On ne peut pas tout avoir ! ». Pourquoi l'enfant fut-il alors « touché » ? Je pense que ce ne fut pas le contenu de l'interprétation, connu de lui depuis longtemps, qui a suscité cette réponse mais la saisie de la capacité qu'avait l'analyste d'attendre que l'enfant soit prêt à la recevoir. Cet enfant avait peut-être perçu que son analyste avait atteint sa limite, et qu'elle ne pouvait plus tolérer d'être emprisonnée dans un état d'expectative. Nous touchons donc là un point intéressant, car s'il est important que le patient perçoive que l'analyste est capable de douter et ne court pas après des certitudes, encore faut-il qu'il perçoive aussi que l'analyste a des limites qui appartiennent non seulement à sa propre organisation psychique, mais également au fait qu'il est un être différent du patient. Pour cette raison, les capacités contenantes de l'analyste ne peuvent être sans limites, et il ne peut pas s'identifier à son patient d'une manière trop prolongée, ce qui brouillerait la frontière qui les sépare.

Nous retrouvons ce même phénomène lorsque l'analyste s'empresse d'interpréter un matériel en touchant juste le point que le patient voulait communiquer. Les enfants traduisent parfois cela en disant : « Comment tu as deviné ? ». L'analyste est alors assimilé à un magicien qui n'a pas à effectuer un dur travail de compréhension pour saisir la réalité interne de son patient. Il passerait à travers les frontières établies entre les psychés, tout comme un magicien ferait du monde opaque de la réalité externe, un monde transparent.

Le contenu des interprétations est aussi divers que les situations présentées par l'enfant.

Considérons d'abord les interventions relatives au cadre du traitement.

Nous avons à l'esprit les situations dans lesquelles l'enfant teste les limites de notre cadre, celui du bureau de consultation et, derrière ce cadre externe, les limites de notre cadre interne. L'enfant a tendance à agir et il le fait pour jouer dans le but d'exprimer de cette manière ses conflits intérieurs ; il agit de même lorsque ses conflits le débordent. Nous sommes là pour lui apprendre à parler au lieu d'agir. Lorsqu'un enfant ne veut pas nous quitter, soit parce qu'il est envahi par une angoisse d'abandon, soit parce qu'il ne tolère pas le caractère externe de notre vie privée, il peut agir. Son désir d'intrusion peut prendre la forme d'un *acting* : il ne veut pas sortir de la pièce. Que « faire » ? Doit-on commencer par lui interpréter la cause de son refus dans l'espoir que cette interprétation le fera céder et que, ayant compris pourquoi il se comporte de la sorte, la pensée prenne la place de l'agir ? Pour ma part, je ne pense pas qu'il soit opportun de procéder dans cet ordre. Je préfère mettre l'enfant devant un interdit car on ne justifie pas l'existence d'un cadre par une interprétation. Quand le petit patient s'obstine à dépasser la limite qu'on lui impose, on ne peut mettre l'interprétation au service de son acceptation de la limite. L'existence de la réalité externe ne dépend pas du bon vouloir de l'enfant. Elle est. Nous pouvons évidemment interpréter pourquoi elle est refusée, mais non pas dans le but qu'elle soit acceptée.

A ce propos, je pense à un enfant qui prétendait qu'il allait se battre avec son père afin de voir qui, dans la réalité, était le plus fort, et donc le mieux à même de faire la loi. C'est ce même enfant qui tutoyait son père comme un copain et qui, sans vergogne, lui manquait de respect, mettant la présentation des excuses exigées par le père sous condition : « Je ne te demanderai pardon que si tu m'achètes… ». On ne soumet pas l'autorité paternelle à l'emprise d'un chantage.

La reconnaissance du cadre du traitement est comparable à celle d'une autorité paternelle imposant des limites entre l'enfant et sa mère. L'enfant qui veut défier cette autorité à l'intérieur de la mère, la met à l'épreuve : sera-t-elle, ou non, complice de l'enfant ? Aura-t-elle peur de ses réactions omnipotentes ? La parole, à ce moment, n'a plus cours. L'épreuve de force s'engage entre l'enfant et son analyste : ce n'est qu'après que ce dernier ait été obéi, et que par la même le cadre de la pensée ait été à nouveau respecté, que la parole peut prendre sa place.

D'ailleurs, il est des cas où tout propos, toute interprétation, sont vécus comme provoqués par l'enfant et où notre volonté d'utiliser l'interprétation comme média susceptible de le calmer ne fait, au contraire, que l'exciter. La seule solution est alors de se détourner de l'enfant – je l'ai déjà souligné – et de s'occuper à autre chose : à une lecture, à un écrit… L'enfant ne manque jamais alors de voir se rétablir la limite qu'il pensait avoir détruite, et il commence à devenir curieux de cette part de l'analyste qui lui échappe. Le cadre rétabli, indiscutablement associé à la séparation entre le moi et son objet, le travail peut reprendre.

L'interprétation se rapportant à la cause du refus du respect du cadre, peut prendre place immédiatement après que ce dernier ait été accepté ;

mais il peut également prendre place au cours de la séance suivante, à propos d'un matériel qui évoque l'*acting* précédent.

On pourrait nous objecter qu'avec un tel comportement, l'enfant a poussé son analyste à agir. En effet, l'analyste est-il demeuré neutre lorsqu'il a donné à l'enfant l'ordre de sortir, bien que ce dernier refuse de le faire ? Pouvons-nous cependant ne pas utiliser la force lorsque celle-ci vise à détruire le cadre de la pensée ?

Il est un bouleversement du cadre qui prend une forme plus subtile puisqu'elle emprunte la forme du jeu. L'enfant peut demander à l'analyste de jouer avec lui, non pas simplement un jeu de société – ce qui, en général, a pour but d'aplatir l'épaisseur fantasmatique du contenu du jeu – mais un jeu de rôle dans lequel l'analyste doit occuper la place du personnage dans lequel l'enfant veut le mettre. On voit ainsi l'enfant jouer, par identification projective à l'adulte, tandis que l'analyste est mis à la place de l'enfant dans différentes situations, en général peu avantageuses pour lui. Le professeur est sévère, l'enfant est puni.... Il doit se taire, il doit fermer les yeux, la bouche... il doit être battu....

Je n'ai jamais conseillé aux analystes de se prêter à ce jeu dans la mesure où l'enfant croit en la réalité de ses projections. S'il se prête aux manipulations de l'enfant, il agit encore au lieu de penser. Cette règle que je me suis donnée de ne pas agir avec l'enfant a souvent été contestée par de nombreux analystes qui pensent qu'il est profitable pour l'enfant de jouer avec lui, à la manière dont Winnicott[52] entamait un dialogue par le jeu ou par le *squiggle*.

Il y a des cas exceptionnels où je déroge à la règle que je me suis fixée, c'est lorsque l'enfant est très petit – avant deux ans environ – et lorsque l'interprétation doit alors passer par le jeu de l'analyste. Mon expérience m'a appris que les enfants névrosés n'incluent pas de manière omnipotente leur analyste dans leurs jeux et qu'avec les enfants très malades ou psychotiques, la première règle est de ne pas agir, tant l'enfant prend alors l'acte de l'analyste comme un effet de sa toute puissance. Plus le patient est malade, plus il est important de maintenir un cadre rigoureux, entendant par là non seulement les limites spatio-temporelles du traitement, mais également l'attitude de neutralité de l'analyste.

Je me souviens d'un certain nombre de situations pour lesquelles l'analyste se mettait dans la position exigée par l'enfant. Manifestement, l'enfant conservait ainsi l'illusion de traiter son objet comme un prolongement narcissique de lui-même, et l'analyste entretenait cette illusion, sous couvert de favoriser la communication avec l'enfant et de contenir son théâtre interne. L'enfant, comme on peut le comprendre, interdisait à l'analyste la moindre interprétation se rapportant à la situation, et l'*acting* se prolongeait sans fin. Au moment où l'analyste, se reprenant, et reprenant de la sorte son rôle, expliquait à l'enfant qu'il restait à sa place et qu'il se « limitait » à penser à son jeu sans y participer d'une autre manière, le patient, en général, entrait dans une grande colère : la nouvelle attitude de l'analyste le privait non pas d'un compagnon de jeu mais, du point de vue analytique, d'un objet manipulable à son gré. Là encore, le changement d'attitude de l'analyste a eu la valeur d'une reprise du cadre, avec soumission à la limite imposée par la dimension tierce que cela implique. Lorsque l'analyste comprend la nécessité de cette attitude qui limite également au-dedans de lui les exigences de l'enfant omnipotent, ce dernier n'entre pas en résonance avec l'omnipotence de l'enfant qu'il traite. L'adoption de l'attitude que je préconise se fait alors plutôt aisément. L'enfant perçoit que, à l'intérieur de l'analyste, il y a une barrière qu'il ne pourra pas manipuler, ce dont l'analyste rend compte très simplement : « Non, je ne joue pas avec toi, car je pense à ce que tu fais » ; et si l'enfant lui demande de bouger, ce dernier peut également dire : « Non je reste à ma place car c'est comme ça que je peux penser ».

Derrière ces règles se tient toujours l'obligation à venir d'une reconnaissance de la séparation des identités entre le moi et l'objet, entre l'enfant et l'analyste.

Autre manipulation, plus subtile, qui prend la forme apparente d'une demande de compréhension : la devinette. Le patient projette dans l'analyste l'enfant curieux qu'il est lui-même, et il veut à nouveau avoir la confirmation que ce n'est pas lui à qui il manque un savoir, mais l'autre. Il est toujours possible que l'analyste dise : « Non, je ne devine pas ! » tout comme il a pu dire : « Non je ne joue pas, je pense ». Mais par rapport à la devinette, j'ai souvent adopté une attitude qui me permet de faire passer le message d'une interprétation sous couvert de jouer le jeu de l'enfant, ce qui lui renvoie qu'il ne m'a pas mise dans la position où il avait l'intention de me mettre. Je suis restée moi-même en faisant semblant d'être dans un autre rôle.

Il est classique qu'un enfant demande que l'on devine ce qu'il a dessiné. Mon attitude est la même, que l'enfant me montre ou non son dessin : j'interviens pour lui transmettre de quoi ma pensée est faite, et non pour attendre de lui qu'il approuve mes capacités de magicienne. Tout dépend donc de quoi la séance a été faite. Supposons que l'enfant soit revenu de week-end, envahi par la curiosité de ce qui m'a occupée pendant ce temps d'absence. S'il se lance dans un dessin et se cache pour le faire, s'il me demande d'un coup de deviner ce qu'il a fait, je n'hésiterai pas à répondre : « Ah ! Mais bien sûr ! Un bébé ! C'est toujours pour cela qu'on se cache et ensuite, je vois le résultat ! ». Nous comprenons que ce n'est pas ce que l'enfant attendait de l'aspect manifeste de son questionnement. Il voulait que j'incarne véritablement l'enfant incertain de ce que ses parents font derrière la porte fermée de leur chambre, tentant de deviner la forme prise par la scène primitive.

La réponse et son contenu interprétatif, s'adaptent profondément à la question, alors qu'elles s'en détournent dans les apparences. De la sorte, le cadre et ses limites sont également respectés. Ce n'est que dans un second temps que nous pourrons mettre en rapport cette mise en scène avec la situation transférentielle.

Se rattache également à l'interprétation de l'identification projective, le problème de l'interprétation des éléments appartenant à l'histoire du patient et dont nous retrouvons les séquelles dans le matériel qu'il présente. Est-il préférable de donner la prévalence à l'interprétation prenant en compte l'histoire du patient, ou bien à celle qui prend en compte son organisation intrapsychique ?

L'exemple de l'enfant qui projette dans son analyste un vécu d'abandon peut être interprété dans une double perspective : la première consiste à souligner qu'il nous met dans une position dans laquelle il a le sentiment que nous le mettons nous-mêmes, ou dans laquelle il sent au fond de lui que sa mère interne le met. Cette première perspective ne prend en compte que la réalité interne du patient, qu'elle soit ou non réactualisée dans le transfert. Dans la seconde perspective, référence est faite à la réalité de ce que l'enfant a vécu.

Ainsi, chez une petite patiente dont la mère s'est suicidée et l'a laissée brutalement seule et abandonnée, il est possible de faire référence à cet événement de la manière suivante : « J'ai l'impression que tu veux me faire sentir ce que cela fait quand on perd sa maman d'un coup, comme cela t'est arrivé à toi quand tu étais petite ! ». Les choses sont en général plus complexes que cette partition ne le suggère.

Je pense à une enfant dont la mère s'est effectivement suicidée en se jetant par la fenêtre. Mais cette mère, malade, avait auparavant un comportement fait de brusques sautes d'humeur avec sa fille : tantôt elle était la douceur même et tantôt, de manière imprévisible pour l'enfant, elle hurlait et s'en prenait à elle. Il me semble que le vécu brutal de perte de sa mère qui habitait l'enfant, dans son monde interne, pouvait se rattacher non seulement à cet événement appartenant à la réalité externe – le suicide –, mais également à sa réalité interne : avant que sa mère ne se suicide, l'enfant avait déjà installé en elle une mère sur laquelle elle ne pouvait pas s'appuyer de manière fiable ; une mère susceptible de la lâcher à tout moment, comme elle en a fait la triste expérience. En outre la mère a donné à cette enfant une petite sœur, sans la préparer davantage à ce changement de position qu'elle ne l'avertissait auparavant de ses changements d'humeur. La réalité interne de sa mère fait donc partie du tableau offert à l'enfant par la réalité externe. Dans ce tableau se sont inscrits des événements : la naissance de la petite sœur, la tragédie du suicide maternel ; mais la toile sur laquelle a été dessiné ce tableau, a été de longue date tissée par la nature de la psyché maternelle et le caractère imprévisible de ses réactions. La tâche de l'analyste est complexe, car l'événement traumatique (la mort de la mère) ou les événements qui ont pris une valeur traumatique (la naissance de la petite sœur ainsi que d'autres événements faisant partie de la vie d'une enfant), se sont inscrit sur une psyché fragilisée car ne pouvant s'appuyer sur des introjections maternelles solides. Cette enfant a dû compenser ce manque par un appui sur l'introjection d'une fonction paternelle fiable. Mais cela a engendré un rapprochement avec le père tel qu'il a rendu difficile toute élaboration œdipienne. Je ne souligne ces points dans leurs grandes lignes que pour mettre en évidence l'erreur qui consisterait à penser trouver – et donc à interpréter – un rapport direct entre des éléments présentés dans le matériel de la séance et ce que l'on sait des événements traumatiques appartenant à la réalité externe. Ce serait oublier que ces événements ne s'inscrivent que dans une psyché – certes bouleversée par eux – mais prête à les digérer selon les capacités de transformation symbolique et les défenses qu'elle s'est déjà forgées en elle-même.

Nous retrouvons un problème semblable auprès des enfants sur lesquels pèse le poids des tragédies transgénérationnelles, dont les génocides nous offrent à l'heure actuelle les exemples les plus frappants.

Je pense que, dans ces conditions, il est important que l'enfant sache que, sans ignorer le poids de la réalité externe – laquelle, nous l'avons vu, est aussi constituée par la réalité interne des parents – nous considérons d'abord avec quelle réalité interne il a pu aborder l'impact qu'a eu sur lui cette réalité externe. Retrouvons-nous en lui un bébé qui, séparé de sa mère, a cru disparaître totalement, sinon perdre une partie importante de lui-même ? Retrouvons-nous en lui une mère interne malade, désespérée, prônant un désespoir mélancolique ? Quel sens prendra la perte de cette mère dans la réalité alors ?

Lorsque l'enfant dont il vient d'être question, m'a présenté un matériel de chute – des enfants tombant du toit de la maison et se trouvant dans une position précaire – il aurait été aisé de faire un lien avec le suicide de sa mère. Cependant j'ai préféré souligner dans une pré-interprétation son vécu de surprise, de choc chaque fois que sa mère changeait d'humeur, tout comme chaque fois que j'annonce la fin de la séance, ce qui lui fait retarder autant que possible le moment où nous allons nous quitter. Une interprétation venant dans un second temps souligne plutôt le lien entre l'annonce de la fin de la séance, ou de tout ce qui est nouveau ou surprend, et un vécu de chute : « C'est comme si maman ouvrait ses bras et que tu tombais du toit de la maison ! » et, plus tard : « C'est comme cela quand on est petit, on n'a pas d'escalier pour descendre des bras de sa maman, et on a l'impression que maman nous laisse tomber si elle ne nous regarde plus ! ». Ce n'est que dans un 3ème temps qu'il sera possible de faire un lien avec l'événement réel. D'ailleurs l'occasion commence à s'offrir dans ce que l'enfant fournit à l'intérieur de la séance elle-même.

Un jour d'été, alors qu'il faisait chaud, elle s'aperçut que j'avais laissé la fenêtre ouverte. Elle remarqua cela et considéra que la lumière n'était plus la même. Je lui dis qu'effectivement, les rideaux n'étaient plus tirés et que j'allais les remettre à leur place habituelle. L'enfant rêva alors et eut l'idée d'ajouter un détail manquant sur son dernier dessin. Elle ouvrit son dossier et ne trouva d'abord rien à ajouter. Elle feuilleta alors ses autres dessins, pensant que le détail manquant était ailleurs. Mais elle ne trouva rien à ajouter nulle part. Je retraçai alors la séquence qui s'était offerte à mes yeux : « D'abord tu trouves que la fenêtre est ouverte et que cela change tout dans la pièce.. Et puis tu penses qu'il manque quelque chose à tes dessins, mais tu ne le trouves pas … Moi je me demande : qu'est-ce qui te manque le plus dans la vie ? ». L'enfant me répondit sans hésitation : « Ma maman ! », ce qui me permit de lui interpréter sa perte : « C'est quand tu as regardé par la fenêtre que tu as pensé que ton dessin manquait de quelque chose, mais en fait c'est toi qui manques de ta maman. Quand tu as regardé la fenêtre peut-être que cela t'a rappelé que ta maman était partie par là ! Notre travail ici c'est pour arriver à refermer la fenêtre au fond de toi et que tu puisses dire au revoir à ta maman ! ».

Nous devons toujours naviguer entre des interprétations de transfert et des interprétations se rapportant à la réalité de la perte tragique. Si nous manquons les premières, nous ne prenons pas assez en compte la réalité psychique de l'enfant, pas plus que ses capacités de transformation de la réalité externe dans laquelle il se trouve. Devant le choc produit en nous par les tragédies dont nous sommes les témoins, ne régressons pas au niveau des opérations mentales qui ne fonctionnent que par équivalents symboliques : l'objet externe a son équivalent interne immédiat, et réciproquement. L'épaisseur psychique est réduite au minimum, et l'événement externe est enregistré tel quel dans une psyché dont le fonctionnement est arrêté sur ce point. Aidons nos patients à acquérir un autre type de fonctionnement afin de les sortir de cet enfermement traumatique. Lorsque les patients se sont vécus comme destinés à colmater les failles narcissiques de leurs parents, ils doivent penser au narcissisme de ces derniers avant de penser au leur. Ils doivent servir de parents à leurs parents avant de s'installer dans leur place d'enfant. D'où vient cependant un tel impératif, sinon de leurs parents ? Tout ce que j'évoque ici est, à mon sens, valable pour ce qu'il en est des héritages transgénérationnels : j'ai déjà eu en traitement des enfants « victimes » de la position qu'ils occupaient dans une lignée dans laquelle des grands-parents avaient été exterminés et où l'interprétation par les parents des troubles de l'enfant était immédiate : il souffrait de l'impact sur la famille de ce qui s'était déroulé deux générations avant lui. Il est incontestable que les parents ont souffert d'une faille dans leurs introjections bénéfiques : ils n'ont pu introjecter des objets contenants et compréhensifs puisqu'ils ont dû, au contraire, supporter des pertes sans avoir les moyens d'en faire le deuil.

Nous savons que les enfants de ces parents ont besoin de se construire eux-mêmes des objets – dans la réalité – afin de pouvoir les introjecter. Il est impératif, pour eux, d'avoir d'abord au-dehors des objets bien portants pour, secondairement, les placer au-dedans d'eux-mêmes.

Ces enfants occupent donc une double position : ils doivent être les parents de leurs parents, mais ils sont aussi des enfants qui s'organisent afin de se constituer, comme je viens de le souligner, des objets bien portants dans la réalité, pour être à même de les intérioriser ensuite.

Cette entreprise, fort difficile, et que l'enfant perçoit comme plus importante que tout ce qui pourrait occuper la satisfaction de ses propres besoins, contribue parfois au développement précoce de son moi : il doit être suffisamment puissant pour redonner à ses parents les richesses intérieures – et parfois extérieures – qu'ils ont perdues. L'enfant devient un travailleur acharné, un adulte dont la réussite n'est effectivement pas à contester. Mais le but latent de tout ce développement a échappé à sa conscience et l'adulte se trouve toujours insatisfait.

Dans une situation analytique, un dilemme peut surgir lorsque l'enfant – puis l'adulte – risque de prendre conscience qu'il ne lui est pas possible de transformer la situation externe et qu'il ne peut poursuivre son développement qu'au profit de ses objets internes. L'enfant doit alors faire le « deuil » de ses anciens projets et, avec eux, des parents qu'il voulait « sauver ». Les termes du dilemme sont donc les suivants : soit l'enfant continue de poursuivre sa manière d'être et il conserve l'illusion qu'il fait le bien des personnes qui lui sont chères et que son travail peut les transformer. Soit il perd cette illusion et, avec elle, il perd la place qu'il voulait, ou qu'il croyait pouvoir occuper d'emblée auprès de ses parents. Comme cette place était importante, l'enjeu du travail de la perte l'est également. Cet enfant doit devenir alors un enfant comme tous les autres, c'est-à-dire soumis à sa condition d'enfant, au lieu de sortir de cette condition pour être l'exception renversant l'ordre des lois dans la succession des générations ; il ne peut plus être le parent de son parent.

Ces fantasmes sont hélas plus fréquents qu'on ne le pense, particulièrement dans un monde en état de bouleversement où le déracinement des parents – sinon le génocide des générations précédentes comme je l'évoquais plus haut – développe chez l'enfant le besoin, mais aussi l'illusion, qu'il va accomplir pour eux ce que la réalité de leur situation leur a interdit.

Ce petit tableau vise à inscrire pour l'analyste d'enfant la perspective historique et transgénérationnelle dans le cadre de l'analyse personnelle étant donné que, nous l'avons vu, rien ne peut être accompli par l'être humain sinon dans la prise en compte du cadre de son univers intérieur. Ainsi, nous pouvons nous permettre d'énoncer des lois du développement psychique qui dépassent les particularismes ethniques et culturels.

Le niveau d'interprétation de l'analyste d'enfant se situe d'emblée, à mon sens, au cœur de la dynamique de son théâtre intérieur et non pas sur le plan transgénérationnel. Ce n'est que dans un second temps que l'analyste doit toucher ce plan. Si nous interprétons d'abord l'événement externe comme étant la cause d'un état intérieur, nous ne reconnaissons pas au patient la capacité d'avoir traité cet événement à sa manière et, par là, nous ne reconnaissons pas sa capacité à ne pas être passif face au monde extérieur. Au contraire, si nous avons assez de tact pour ne pas oublier l'événement externe, tout en nous centrant d'abord sur l'événement interne, nous reconnaissons, avant tout, l'existence d'une personne et de sa psyché. Évidemment cela peut ne pas se faire sans résistance de la part du patient qui, dans la partie de sa personnalité la plus attachée aux satisfactions narcissiques élémentaires, ne tient pas à ce qu'un travail se mette en place qui changerait les données de sa situation intérieure alors qu'elle a été si gravement touchée par des événements traumatiques.

Nous pouvons – toutes proportions gardées – comparer cela à la situation d'un pensionné de guerre, victime des événements, à qui on proposerait de supprimer sa pension après un examen de ses capacités : il devrait reconnaître qu'il est capable et de travailler et de ne plus être entretenu par l'état. Quel serait pour lui l'» avantage » d'un tel changement d'attitude ? Il devrait travailler pour avoir le même revenu qu'en ne faisant rien ! Pourtant, ce revenu serait le rappel des capacités de son moi dans le premier cas, alors que dans le second ce serait le rappel de l'incapacité de son moi à travailler. Nous pourrions dire que celui qui accepterait de ne plus toucher l'équivalent psychique de sa pension, accepterait ainsi d'oublier qu'il a été la victime d'un événement injuste et douloureux, et qu'il est capable de travailler après-coup avec les épreuves supplémentaires que lui a réservées la vie. Il serait capable de tourner la page et, en faisant le « deuil » de cet événement, d'accepter de ne pas lui accorder la prévalence dans son organisation psychique.

Tout comme le petit enfant, marqué par certains comportements maternels qui justifient sa douleur et sa révolte, il doit faire appel à d'autres liens maternels qui ont fait sa force dans leurs aspects bénéfiques, afin de ne pas accorder la place centrale au mauvais lien. Le premier rôle de l'analyste est de permettre à l'enfant d'effectuer cette transmutation des valeurs : le plus douloureux n'aura pas été le plus important. Pour cela il doit, également dans le transfert, sans l'ignorer toutefois, ne pas donner la première place à cet événement douloureux. Certains refusent de laisser advenir de bons liens dans le transfert, tant doit occuper la première place le point noir qui a obscurci leur vie et celle de leurs parents avant lui. L'analyste étant perçu comme celui qui va aller à l'encontre d'un tel agrippement au passé, peut être parfois refusé.

Un travail réussi serait celui où, dans le transfert, l'enfant en serait arrivé au point où une différence s'établirait entre la perte de l'objet du transfert et la perte traumatique dont il a été victime dans la réalité – quelle que soit cette perte. Nous voyons alors l'enfant construire d'autres liens grâce au transfert, si bien que les objets internes constitués par ce biais survivent, tandis que les objets réels n'ont pas survécu, entraînant avec eux un sentiment de catastrophe interne.

Le travail effectué avec les investissements narcissiques primaire et secondaire, que j'évoquais plus haut, de la position de victime, permet dans le meilleur des cas, de supporter la perte de l'illusion selon laquelle la situation traumatique ne peut être abandonnée. Le deuil de cette illusion apporte un bénéfice secondaire. La fulgurance du génie qui vit dans un objet dont il s'assure de la transparence, peut travailler à effacer les effets du trauma sur l'objet. La passivité de celui qui affiche son incapacité à changer quoi que ce soit aux effets du trauma sur l'objet, ne peut qu'entrer dans le désir de ce dernier, aux dépens du développement de sa propre identité. Dans les deux cas, il y a une illusion qui maintient un lien régressif entre le moi et l'objet.

Le contenu de l'interprétation est multiple autant que les situations qui se présentent dans la salle de jeu et dans le théâtre interne de l'enfant. Il est important ici de savoir distinguer deux orientations différentes qui suivent les grandes lignes du conflit intrapsychique partageant l'organisation psychique selon deux grands pôles d'attraction : il s'agit du *moi-narcissique* et du *moi-réalité*.

Le *moi-narcissique* ne reconnaît pas le lien à l'objet, dirige tous les investissements de la psyché vers lui-même ; le *moi-réalité*, lui, reconnaît l'existence de l'objet et sait que sa vie en dépend. Le bébé apprend à reconnaître ainsi sa dépendance vis-à-vis de sa mère qui l'aime.

Du point de vue économique, il est important que le *moi-réalité* et l'investissement de l'objet l'emportent sur la puissance latente que représente le *moi-narcissique*. C'est précisément ce point qui va diriger le sens de nos interprétations du côté du *moi-réalité*. Cela ne veut pas dire que l'interprétation ne prend en compte que la réalité externe et l'adaptation à cette dernière, comme l'impliquerait le terme *moi-réalité*. Le *moi-réalité* comprend tous les investissements objectaux, de toute nature, qu'ils soient externes ou internes ; il se prête à l'interprétation de l'ensemble des fantasmes qui rattachent le moi à l'objet, alors que le *moi-narcissique* forme un contrepoids à ces investissements et vise à les supprimer.

Ces remarques aboutissent à la formulation suivante : tout en ayant en tête l'articulation des intérêts du *moi-narcissique* et du *moi-réalité*, tout en saisissant que ce qui est positif pour l'un est négatif pour l'autre, il est important de prendre en compte dans une interprétation d'abord ce qui s'associe aux efforts du *moi-réalité* pour établir des liens, plutôt que de mettre l'accent sur les intentions du *moi-narcissique* à freiner cette évolution.

Un analyste qui soulignerait de manière primordiale la défense contre les liens avant les liens eux-mêmes, ferait le jeu du *moi-narcissique* de son patient, que cela soit ou non en concordance inconsciente avec son propre *moi-narcissique*. Ce point est important car l'avancée des découvertes en psychanalyse nous permet d'approfondir l'étendue des attaques contre les liens – et nous verrons bientôt combien l'étude de l'envie a constitué une avancée majeure parmi ces découvertes. Toujours poussés par la croyance inconsciente dans les vertus magiques de l'interprétation, nous serions tentés de dévoiler au patient l'étendue et l'impact de ce qui se constitue en puissance négative dans sa psyché, adoptant le point du vue du *moi-réalité* selon lequel ce qui attaque le lien à l'objet est bien naturellement de l'ordre du négatif. Nous retrouvons là l'illusion selon laquelle l'interprétation qui dévoile le contenu de l'inconscient permet d'effacer l'impact et la puissance de ce contenu dans la dynamique psychique. Nous avons vu que cette attitude sous-estime la place du travail du préconscient ou du moi (le *moi-réalité*) créateur de liens. L'éclairage soudain de ce qui s'est jusqu'alors maintenu caché ne va pas entraîner un dévoilement mais, au contraire, d'autres masques ou défenses permettant de maintenir l'organisation psychique hors d'un état de choc.

Il faut beaucoup de subtilité pour que dans la pratique, et dans notre clinique quotidienne, ce principe soit maintenu. Tentons de mieux le comprendre à travers des exemples.

Il s'agit d'abord d'un petit garçon qui a changé de nounou et qui n'aime pas la nouvelle. Il prétend par ailleurs qu'il n'a plus besoin de nounou. Cette histoire étant racontée dans le transfert, nous ne perdons pas de vue qu'elle est aussi vécue à ce niveau. Je pense qu'il est préférable de saisir ce matériel au niveau où il se présente : celui où l'objet est la nounou et non pas l'analyste. Par ailleurs, afin de s'approcher du sens profond de cette communication – la haine de l'objet absent – il est bon de faire des petites liaisons (pré-interprétations) : « Tu me dis que tu n'aimes pas ta nouvelle nounou alors que l'ancienne était gentille. Tu l'aimais bien, mais elle est partie ! ». Le premier lien que nous effectuons et qui est incontournable se rapporte à l'absence de l'objet, sans interpréter encore le fait que l'objet absent peut lui-même changer de qualité.

Il est ensuite possible de souligner que le même objet qui était aimé à condition qu'il demeure présent, n'est plus reconnu s'il s'absente : c'est là qu'il s'agit de ne pas mettre l'accent sur la défense narcissique. L'évoquer suffit. Je propose de dire à l'enfant : « Je me demande si ce n'est pas parce que ton ancienne nounou est partie, que tu dis que tu n'en as plus besoin ! Tu ne crois pas que comme ça tu te sens plus fort et qu'elle ne te manque pas ! ? D'ailleurs c'est vrai qu'elle t'a fait grandir ! ».

Par cette intervention – qui a valeur d'interprétation – nous ne soulignons pas brutalement la tendance narcissique primaire à se passer de l'objet qui n'est pas à disposition. Un objet à disposition donne à l'enfant l'illusion que le sort de l'objet dépend de lui et non pas l'inverse. La prise de conscience qu'il n'en est pas ainsi provoque une blessure narcissique telle qu'il ne deviendrait plus possible d'approfondir ce qui l'a suscitée. Il est donc préférable – sans jamais non plus faire de concession au narcissisme primaire – de l'évoquer sans s'appesantir, d'en tempérer les aspects cruels dont la conscience ne peut que s'emparer pour les prendre à son compte. Une formulation comme : « Je me demande si ce n'est pas parce qu'elle est partie que tu te dis que tu n'a plus besoin de ton ancienne nounou,! Tu crois que, comme ça, tu te sens plus fort, et qu'elle ne te manque pas ! ? », introduit l'idée d'être fort, ce qui n'est pas négatif et qui pourrait justifier l'attitude de rejet envers l'objet. Ce discours indique à l'enfant que nous comprenons son désir de rejeter un objet qui se comporte de la sorte, et que ce rejet se met, croit-il, au service de son propre développement. Avec un tel langage nous n'avons rien négligé : le rejet est souligné, même s'il est – apparemment – justifié.

Je propose d'ajouter à l'exposé précédent : « D'ailleurs c'est vrai qu'elle t'a fait grandir ! ». Pourquoi ? Avec le « c'est vrai », je reconnais – toujours apparemment – que l'enfant a grandi. Mais le mot le plus important de cette interprétation est bien le « elle » de « elle t'a fait grandir ! », car avec ce mot nous soulignons la dépendance envers un objet qui a permis à l'enfant d'être ce qu'il est. Il n'y est pas parvenu tout seul.

Nous saisissons la complexité du travail interprétatif dans son contenu car, s'il s'agit de ne pas ignorer les composantes narcissiques négatives, il ne s'agit pas d'avantage de les heurter mais de mettre au contraire l'enfant devant la possibilité de choisir d'effectuer de bons liens. Il aurait été possible d'interpréter cela de manière sauvage et de lui dire : « Est-ce que tu ne me dis pas par là que les gens qui ne sont pas à ta disposition, tu les rejettes et que tu ne comptes que sur toi ? ». Une telle formulation, blessante pour le moi à qui une mauvaise image de soi est renvoyée, suscitera une attaque défensive. Ne pensons pas davantage qu'en soulignant qu'il ne s'agit que d'une partie du moi, nous aurions suscité une moindre blessure par un : « Il y a en toi une partie qui rejette ceux qui ne sont pas à ta disposition ! ». Même en partie, le moi se sentira blessé. Je propose au contraire de laisser entendre à l'enfant que son attitude narcissique est justifiée par celle de l'objet. L'enfant est en droit de se protéger contre la souffrance associée au départ de son objet : c'est parce que la nounou est partie, que l'enfant a réagi comme cela. Par là même, nous tentons, en nous attribuant la nature de ce raisonnement, d'en proposer une analyse. Nous traduisons ainsi pour l'enfant notre désir de le comprendre plutôt que de le juger. Tout en poursuivant l'expression de ce désir de compréhension, nous introduisons une conclusion qui va totalement à l'encontre d'une motivation narcissique : nous proposons à l'enfant de reconnaître comme découlant de son précédent comportement – son désir d'être fort et indépendant – une attitude qui réintroduit le rôle de l'objet.

J'aime, en général, utiliser ce genre de conclusion qui commence par un « c'est vrai ». Le « c'est vrai » est une expression qui associe une proposition avec ce qui l'a précédée. Ceci traduit, pour le patient, que nous nous accordons avec nous-mêmes et que nous trouvons des liens là où il voyait des oppositions : ici, le « c'est vrai » pourrait renvoyer au fait que l'enfant rejette son objet parce qu'il se sent indépendant de lui. Mais la conclusion : « elle t'a fait grandir », souligne que cette indépendance ne peut être gagnée qu'au prix d'une première dépendance.

Par cette formulation nous donnons à l'enfant la possibilité de choisir de faire ce dernier lien.

Lorsqu'il associe ce refus de l'objet à la haine de sa nouvelle nounou, là encore il n'est pas nécessaire de mettre l'accent sur la haine, sans que cette dernière ne trouve sa justification dans le mouvement général d'abandon de l'objet. Nous n'avons pas à l'ignorer ; mais il est différent de dire à l'enfant qu'il éprouve de tels sentiments pour la nouvelle nounou parce qu'il hait l'ancienne qui l'a abandonné, que de lui dire qu'il hait la nouvelle, comme si c'était à cause d'elle qu'il avait perdu l'ancienne. Par cette seconde formulation nous justifions pour l'enfant l'existence de ses sentiments négatifs au prix d'une aide projective : nous faisons tout porter à la nouvelle nounou. Dans l'interprétation du rejet de l'objet, nous avons d'ailleurs procédé de cette même manière en mettant la « faute » au compte de quelqu'un : c'est parce que la nounou est partie que nous sommes autorisés à nous passer d'elle. Ici, c'est parce la nouvelle nounou a « voulu » prendre la place de l'ancienne que l'enfant est autorisé à la haïr : il s'imagine ainsi que, si la nouvelle n'était pas arrivée, l'ancienne serait toujours restée.

Je ne veux pas laisser entendre, par ces commentaires, que pour éviter de mettre l'enfant devant ses sentiments négatifs, nous devons dénier leur existence. Nous avons l'intention de lui faire prendre conscience, à un moment donné, de sa haine contre l'objet qui l'abandonne, et ce dans le transfert. Nous avons aussi l'intention de lui faire prendre conscience, derrière cette haine, de son refus de l'objet. Mais nous tentons d'abord de lui montrer ce qui, pour lui, justifie dans le comportement de l'objet, de telles réactions. L'enfant se trouve alors en présence d'un analyste qui le suit dans ses démarches et dans ses mouvements de révolte. Il traduit la haine que l'enfant peut ressentir vis-à-vis de son objet.

Nous en arrivons à la conclusion selon laquelle les aspects négatifs de la personnalité et les pulsions qui les sous-tendent, sont justifiés par le comportement de l'objet. Tel est le premier point. Le second étant l'introduction des qualités de l'objet qui entraînent un vécu de perte difficile à accepter. Le dernier point – dans cette stratégie de l'interprétation – serait de conclure à l'attachement de l'enfant pour ses objets, et à la difficulté de supporter la souffrance qu'ils lui imposent. L'important est, dans tous les cas, de retrouver ou de trouver le bon lien à l'objet. Le préambule qui passe par les mouvements négatifs n'est là que pour en arriver à ce point.

L'erreur qui consisterait à interpréter les éléments négatifs alors que des éléments positifs, créateurs de liens, sont présents, implique une négligence corrélative à la reconnaissance des éléments dépressifs – c'est-à-dire appartenant à la position dépressive. Or ces éléments sont bien ceux qui permettent d'accepter la perte de l'objet et de considérer qu'il est « bon », bien que libre de s'absenter et de se mettre hors du contrôle du moi infantile. Une telle attitude est celle de l'amour oblatif. L'attachement narcissique à l'objet, fait que cet objet n'est aimé que s'il est mis sous le contrôle du moi infantile.

Le conflit intrapsychique peut faire en sorte que cette attitude combatte la première et ne lui permette pas de donner une direction aux investissements objectaux. Le rôle de l'objet externe, de l'analyste en l'occurrence, est de soutenir le mouvement dépressif de l'enfant, sans adopter toutefois l'attitude arrogante qui serait le propre du *moi-narcissique* sur lequel il voudrait triompher.

La vie quotidienne offre de nombreux exemples allant dans le sens de cette orientation. Pensons au tout petit enfant laissé seul trop longtemps et que la faim tenaille. Il est alors habité par le désir de rester en contact avec une bonne mère interne, celle qui le nourrit et qui l'aime. Mais il est également habité par une mère frustrante, qu'il n'aime pas et qui – de ce fait – ne l'aime pas non plus. Tous les reproches qu'il adresse à cette « mauvaise » mère, toutes les attaques qu'il dirige contre elle, se retournent contre lui.

M.Klein[53] a magistralement traité ce sujet dans sa théorisation de la position schizo-paranoïde. L'attitude de l'objet réel, celle de la mère qui nourrit, peut grandement infléchir la constitution des objets internes de l'enfant : lorsque celui qui souffre, se sent menacé de l'intérieur par un discours visant à dénigrer de plus en plus son objet – celui là même qui est à l'origine de sa souffrance – son angoisse est à la mesure de la perte du contact avec son bon objet interne. Si le travail du deuil consiste à retrouver au fond de soi un bon objet interne alors que l'objet externe a réellement disparu, il est important, avant cela, que l'enfant perçoive qu'il existe un objet externe prêt à soutenir ce qui, dans son moi, est capable de maintenir ce contact. On sait bien qu'un bébé envahi par un vécu de persécution, se trouve à la fin incapable d'accepter le retour du bon objet, ou du bon biberon.

Tel est également le rôle de l'analyste : lorsqu'il perçoit que son petit patient est habité par des désirs envahissants de détruire son objet mais que, en même temps, l'angoisse d'y parvenir traverse ces désirs, il est important qu'il souligne ce dernier point plutôt que le premier.

Nous pouvons évoquer ici une petite fille, très malade, qui harcèle son analyste de questions comme si – dans son fantasme d'intrusion – il ne devait pas rester une parcelle de son objet qui ne soit transparente. Dans ces conditions l'analyste a le choix de souligner les désirs d'intrusion omnipotente – auquel cas elle serait un but en soi au service du contrôle narcissique d'un objet à qui il ne serait pas permis d'être différent de soi –, ou bien de souligner le désir de vérifier l'état de son objet et de s'assurer de la sorte que l'enfant ne l'a pas abîmé.

Dans ce cas, si la pulsion épistémophilique se met au service d'une vérification de l'état de l'objet, c'est parce que l'enfant se sent responsable de ses fantasmes. Il s'engage alors dans l'élaboration d'une position dépressive, quel que soit le niveau de complexité de cette dernière. Si au contraire, dans le premier cas, la pulsion épistémophilique se met au service d'une vérification que rien, dans l'objet, ne demeure en dehors du contrôle du moi, nous pouvons en conclure que l'enfant, loin de s'engager dans un processus de liaison qui le rendrait responsable de ses fantasmes, s'enfonce au contraire dans un état d'omnipotence narcissique.

L'analyste ne fait-il pas appel aux pulsions épistémophiliques de l'enfant lorsqu'il lui propose une interprétation ? S'il met l'accent sur la première motivation, celle qui soutient le souci que l'enfant se fait pour son objet, l'analyste se présente alors à lui comme un objet qui peut concevoir qu'on ait voulu l'intruser et l'attaquer, mais que tous ces mouvements ne sont restés qu'à l'état de fantasmes. L'analyste reconnaît que, dans l'enfant, demeure un moi capable d'aimer. Cette alliance entre un moi capable d'aimer son objet et un objet, lui-même capable de reconnaître cette capacité chez l'enfant, me paraît de la plus haute importance. Il ne s'agit pas davantage de s'engager dans un tel mouvement dans l'unique but d'ignorer le secteur narcissique de la personnalité, pas plus que l'agressivité déclenchée par les blessures qui lui sont imposées. Ne pas ignorer ne veut cependant pas dire proclamer tout haut l'existence de ce secteur. Souligner ainsi que l'enfant cherche à connaître le contenu de son objet seulement pour s'emparer de sa puissance, ignorer ainsi la motivation épistémophilique précédente qui se mobilise sur un fond dépressif, ce serait faire le jeu du narcissisme. Dans ces conditions, ne pas voir, ce serait ne pas vouloir voir et, par conséquent, détruire par une absence de reconnaissance des « bons » aspects du moi. Ainsi l'analyste qui ne souligne que les aspects narcissiques de son patient sous prétexte de ne pas les ignorer et de les faire régresser, se présente comme un objet dont les capacités d'analyse ont été captivées par l'envoûtement narcissique de son patient. La meilleure, sinon la seule arme qui permet de venir à bout de l'emprise narcissique consiste, pour l'analyste, à conserver à l'esprit, chez lui et chez son patient, la réalité d'un lien qui se maintient entre le moi et l'objet, malgré les aléas du comportement de ce dernier et malgré les réactions négatives du moi. Le lien est ce qui résiste à toutes les tentatives de le briser. Il résiste même aux tentatives de l'ignorer.

Si nous conservons à l'esprit ces principes d'interprétation, il me semble qu'au sein des nombreuses situations qui se présentent dans l'analyse, nous saurons trouver le chemin qui permet d'éviter l'écueil de la collusion entre le négativisme de l'analyste et celui de son patient. Cet écueil, nous l'avons compris, ne se distingue pas de celui qui est constitué par la collusion entre leurs *moi-narcissique.*

Y a-t-il une différence à établir dans le champ de l'interprétation, en ce qui concerne le patient, entre le désir d'être compris et le désir de connaître ? Ce dernier vient d'être évoqué à propos des pulsions épistémophiliques. Il me semble qu'en évoquant le désir d'être compris, nous parlons de celui d'être soulagés d'une certaine souffrance.

Bion[54] a traité ce point dans sa théorisation du rapport entre le contenant (l'objet et sa fonction) et le contenu (les éléments du moi projetés dans l'objet) : le moi « en souffrance » d'être soulagé de ce qu'il porte, et qu'il ne peut intégrer parce que douloureux ou non encore digérable, fait appel à l'objet qui remplira ces fonctions pour lui. L'introjection de cet objet permettra ultérieurement au moi de remplir lui-même ces fonctions sans faire appel à un objet externe. En ce qui concerne les pulsions épistémophiliques, l'accent n'est pas mis sur ce besoin primaire du moi, mais sur un fonctionnement que Bion[55] juge indépendant des autres liens : le lien de connaissance. Dans cette perspective, le désir de connaître qui lie le moi à l'objet (dans le double but que je soulignais plus haut) serait indépendant et primaire. Le patient écouterait alors son analyste, non seulement pour être soulagé dans sa souffrance, mais également par besoin de savoir. L'analyste qui donne une interprétation, manifeste également à quel niveau se situe son propre savoir : ce qu'il peut et ce qu'il veut dire ou ne pas dire.

Pour ma part, je pense qu'il existe une plus grande intrication sinon une plus grande liaison entre les pulsions épistémophiliques de l'enfant et sa recherche d'un objet qui le comprenne. Je pense que son appréhension de l'objet s'accompagne d'un besoin de connaître celui qui se présente à lui comme différent de lui, et en même temps bénéfique dans sa différence. Nous sommes dans un monde en trois dimensions, porteur de différences, la pulsion épistémophilique permettant à la fois d'accepter et de réduire ces différences : ce que l'on connaît n'est plus tout à fait étranger à soi-même.

Je n'exposerai pas ici d'autres exemples cliniques, laissant à de futurs travaux le soin d'approfondir les conceptions évoquées dans cet ouvrage.

Je voudrais conclure ce chapitre consacré à l'interprétation en parlant de son style.

Le style de toute interprétation doit être simple et à la portée de l'enfant. Nous pouvons reprendre ses expressions afin de les intégrer dans une formulation interprétative. C'est dans cette perspective que le temps de la pré-interprétation trouve sa place à part entière.

Prenons l'exemple de l'enfant qui parle à son analyste de son petit frère, né juste après lui, et mort peu après sa naissance. Cet enfant aborde ce sujet de manière totalement déplacée car il veut évoquer à ce propos sa propre agressivité inconsciente, dont il peut craindre, dans son fantasme, qu'elle ait été la cause de cette mort. Telle est la reconstruction que nous pouvons effectuer, après-coup, dans notre esprit, de sa scène inconsciente. Comment aborder un tel sujet, alors que l'enfant parle à son analyste des violences que des étrangers perpétuent dans son pays ? L'analyste sait pertinemment que cet enfant a été victime de violence dans sa propre école, et que ce n'était pas le fait de personnes étrangères à son pays. Il le sait également.

Après avoir abordé le sujet en demandant à l'enfant s'il a connu des violences dans son pays – ce qui passe pour une simple demande de renseignement – l'analyste peut lui faire la remarque : « Alors même les gens de ton pays peuvent être violents ! ». L'analyste s'approche ainsi du point principal : la diminution de la projection sur l'étranger – ou sur ce qui n'est pas reconnu comme soi-même – de ce qui appartient à l'enfant. Une succession d'interprétations se trouvent ainsi préparées : « On peut se faire du mal à soi-même si les gens d'un même pays se tapent dessus. Ce serait comme si on faisait du mal aux personnes de sa propre famille ! ». De là on peut avancer l'idée qui paraît banale : « D'ailleurs on n'est pas toujours d'accord, même dans sa famille ; parfois on se bat et on est jaloux ! ». De telles formulations permettent d'avancer implicitement une comparaison entre ce qui se passe dans la famille et ce qui se passe en soi : « Mais tu sais que c'est comme ici : on peut jouer des batailles et cela n'arrive pas pour de vrai. C'est comme dans la tête ». Après quoi – c'est-à-dire, après avoir soulagé son surmoi en signifiant qu'on peut tout imaginer, mais que cela ne passe pas la barre qui sépare la réalité interne de l'externe – il est possible d'avancer : « Dans la tête, on en imagine des choses, c'est pas pour cela que cela arrive ! ». Et si on ajoute : « Sauf pour toi ! », on surprend l'enfant ; cela n'est possible que si on a, toute prête, l'explication qui nous a permis d'avancer un tel propos : « Oui, pour toi c'est arrivé ! Ou plutôt c'est arrivé dans l'autre sens : peut-être que lorsque ton petit frère est mort alors tu t'es dit que tu avais été violent avec lui dans ta tête et que c'est arrivé ! Du coup tu n'oses plus penser que tu peux être violent dans ta tête car tu as peur que cela arrive pour de vrai ! ».

Si nous examinons les propos de l'analyste, nous voyons qu'ils ménagent une zone de déculpabilisation pour l'enfant, avant de lui signifier qu'il pourrait se sentir coupable : même s'il a porté en lui la « violence » dont il parlait précédemment, il n'est pas vrai qu'elle soit passée du dedans au-dehors de lui. Cela n'est qu'une illusion, et l'identification projective qui lui a fait traiter les étrangers de violents, tombe d'elle-même dans ce cas : s'il est assuré qu'il n'y est pour rien dans la mort de son petit frère, il peut donner à ses fantasmes de violence une forme plus symbolique au lieu de la projeter sur des étrangers, dans la réalité. S'il n'a pas, dans la réalité, tué son petit frère, il n'a pas non plus besoin de se mettre dans une position dans laquelle « l'étranger », le petit frère, vient se venger de lui. Si cette violence est fantasmée et non pas agie, si l'enfant s'aperçoit qu'il est possible qu'elle ne soit qu'interne, il ne lui est pas alors nécessaire de la projeter sur l'autre.

Tout se passe dans ce cas comme si l'accent mis sur la différence entre la réalité interne et externe était suffisant pour que l'enfant, rassuré, puisse supporter sa réalité interne. Cela n'est évidemment pas toujours le cas, et la violence qui habite la réalité interne doit être longuement analysée, de crainte qu'elle ne détruise les bonnes relations d'objets internes.

Je veux mettre ici l'accent sur le langage employé : dans sa simplicité, il permet à l'enfant de se reconnaître dans les propos de l'adulte. Nous pouvons aussi noter au passage, qu'avec ce langage l'analyste permet à l'enfant d'appréhender nombre de conceptions latentes sans qu'il ait besoin de les expliciter. Telle est la grande différence entre le discours théorique sur les conceptions véhiculées par une interprétation, et l'interprétation elle-même. Telle est aussi la différence entre la manière que l'analyste a de concevoir les choses dans son for intérieur, la manière qu'il a de se les formuler à lui-même, et le temps technique proprement dit où il traduit pour l'enfant juste ce qu'il faut, au moment où il le faut et dans la juste formulation.

Utiliser le langage de l'enfant, n'est pas le suivre dans la concrétude de sa pensée ni de son expression.

Je prends l'exemple d'un enfant dont l'utilisation de l'assiette renvoie – nous le pensons – à celle de la bouche de l'analyste. Il ne s'agit pas de lui formuler dans une interprétation : « L'assiette, c'est ma bouche », non plus que : « L'assiette, pour toi, c'est ma bouche ». Mais plutôt : « Pour toi, l'assiette c'est comme ma bouche ». Ce « comme » souligne l'existence d'un déplacement symbolique auquel ne renvoie pas la première formulation. Si nous ne prenons pas garde à respecter dans notre expression ce déplacement symbolique, l'enfant peut croire en la réalité d'un objet qui ne serait que le représentant d'un autre objet.

H.Segal[56] a décrit cette absence de représentativité d'un objet par un autre, par le terme d'» équivalent symbolique » : dans l'exemple que j'ai choisi, l'assiette ne représenterait pas la bouche mais serait aussi une bouche. Le travail interprétatif vise précisément à tout autre chose qu'à donner à l'enfant le sentiment que nous pensons par équivalents symboliques puisque, dans ce cas, l'épaisseur fantasmatique serait effacée au profit d'une indifférenciation entre le monde du dedans et le monde du dehors, celui du rêve et celui de la réalité. Reprendre les expressions de l'enfant dans le style de nos interprétations ne veut pas dire que nous acceptons la concrétude de sa pensée mais que nous la conduisons au contraire, vers la symbolisation et donc vers l'abstraction.

Une interprétation dans le transfert veille aussi à respecter ce point. C'est une erreur que d'interpréter l'identification projective – je l'ai déjà souligné – en jouant soi-même le personnage que l'enfant projette en nous.

Il m'est arrivé de dire à une enfant, psychotique, qui projetait en moi ce qui en elle se sentait abandonné, alors qu'elle-même voulait s'identifier à une mère mauvaise et arrogante, celle que je devais incarner pour elle : « Je me sens toute seule et abandonnée quand ma maman me parle comme ça ! ». La prise de conscience de la projection, chez cette enfant, s'en est trouvée affaiblie d'autant, car elle me prenait véritablement pour une enfant abandonnée, et se croyait, de ce fait, véritablement devenue une mère capable, en rejetant son enfant, d'être débarrassée des soucis qu'il lui cause : nous pouvons atténuer une telle conviction en reprenant l'expression du déplacement symbolique que je viens d'évoquer, et en lui disant : « Je pense que tu voudrais me mettre à la place d'une petite fille abandonnée par sa maman », ou : « Je me demande si tu ne voudrais pas me faire sentir ce que c'est que d'être une petite fille abandonnée par sa maman ! ». Ce à quoi il est toujours possible d'ajouter : « Et toi, tu fais comme si tu étais une maman qui dit des méchantes choses à son enfant ! ». Nous retrouvons dans toutes ces formulations un point commun : les identités de l'enfant et de l'analyste sont précisées et reconnues, avant que n'intervienne une interprétation. Quand l'analyste prend la parole, c'est pour dire « je » et renvoyer à son identité d'analyste. De même l'enfant est désignée en tant que telle, avant d'interpréter le rôle qu'elle veut incarner.

Les exemples pourraient se multiplier à l'infini, tant les situations sont nombreuses et particulières. Nous ne faisons ici qu'ébaucher une réflexion sur les erreurs à éviter dans le style d'une interprétation. L'idée centrale est de maintenir la différence entre le monde interne et le monde externe de l'enfant et, pour cela, de maintenir la différence dans nos formulations entre l'objet interne ou l'objet du transfert, et la réalité de la personne de l'analyste.

Un dernier exemple nous donnera la mesure de la subtilité qu'il faut avoir sur de tels sujets. Il s'agit d'un enfant qui est sur le point d'éprouver un sentiment de culpabilité vécu dans le transfert, après qu'il ait attaqué son analyste de manière suffisamment répétitive. Comme l'enfant mettait une fois de plus son analyste à l'épreuve, cette analyste était disposée à lui dire : « Tu veux voir si je peux encore t'aimer après tout cela ? ». Il me semble qu'une telle formulation fait porter à l'analyste, dans la réalité, des sentiments d'amour pour l'enfant et ne maintient pas suffisamment cette distance dont je parle dans le transfert. Il aurait été préférable de dire : « Tu veux voir si je ne suis pas fâchée ! ». On pourrait objecter qu'il y a peu de différence entre les deux formulations. Et pourtant, dans la seconde on signifie à l'enfant qu'il est inquiet de nous avoir fait perdre notre neutralité – et donc notre solidité face à ses attaques, solidité qui prétend maintenir la différence entre le monde interne de l'enfant et celui de l'analyste –, alors que dans la première formulation, on suppose l'existence d'un amour de base qui préexisterait au lien transféro-contre-transférentiel. Les orages émotionnels, dans le second cas, sont censés avoir bouleversé la neutralité bienveillante de l'analyste, alors que dans le premier, ils auraient bouleversé son amour bienveillant. Si l'analyste se met à aimer son patient de cette manière, il a pour première tâche d'analyser la place qu'il occupe dans son contre-transfert.

Je termine ce chapitre sur le temps de l'interprétation par ces pensées qui traduisent l'essentiel de l'état d'esprit de l'analyste dans son travail en séance.

L'analyste n'a pas à agir au sens propre du terme ; il n'a pas à renvoyer à l'enfant ce qu'il lui fait éprouver, mais à analyser son vécu contre-transférentiel pour son propre compte, d'une part, et d'autre part, pour y découvrir la vérité de la communication du patient.

Il me semble que ces éléments sont une base de recherche pour que se multiplient des études à ce sujet.

F. Après l'interprétation

Nous voici arrivés à la conclusion de ce travail sur l'interprétation.

Je veux évoquer quelques idées se rapportant aux réactions du patient après une interprétation, et surtout la réaction de l'analyste consécutive à celle de son patient.

Le tort de l'analyste serait de croire qu'il a raison et que le patient résisterait à reconnaître qu'il a vu juste. Chez ce dernier, une telle attitude témoignerait d'une absence de cette qualité première : la *capacité négative*, définie par Bion[57] comme la capacité à supporter l'incertitude.

Quand un analyste donne une interprétation – même après toutes les précautions préalables que j'ai évoquées plus haut – il doit être apte à supporter que le patient la refuse. Pour autant, il ne doit pas croire que ce refus n'est pas lié à une défense de son patient ; mais il doit examiner progressivement cet aspect avec lui. Il doit, avant tout, chercher en lui-même ce qui a pu motiver le refus de son interprétation, alors que celle-ci aurait pu être attendue par le patient, dans la mesure où elle avait été élaborée pour lui.

D'une manière générale, ne pouvons-nous dire que le patient a toujours raison, si du moins nous adoptons cette manière de nous exprimer ? En effet, si le patient refuse une interprétation, bien qu'elle soit « juste » n'a-t-il pas ses raisons ? Et les avons-nous assez prises en compte ? L'analyste doit faire montre d'une certaine souplesse et signifier au patient qu'il écoute sa manière de réagir, comme un matériel à comprendre pour lui-même, qui remet en question la fermeture de l'interprétation donnée. Cela ne veut pas dire qu'elle soit fausse, mais qu'elle doit être réexaminée pour être complétée par d'autres données.

Prenons l'exemple d'une petite fille qui, lors d'une séance précédant les vacances, se montre très en colère contre son analyste. Cette dernière lui interprète sans hésitation qu'elle est en colère parce que ce sont bientôt les vacances. L'enfant répond immédiatement : « Tu n'as rien compris ! ».

Nous pouvons être convaincus que la colère a été profondément suscitée par l'arrivée des vacances, mais cependant accepter que l'enfant prétende que nous n'avons rien compris. Ce que nous n'avons pas compris, c'est qu'il fallait lui donner le choix d'accepter ou non notre interprétation quant à la raison de sa colère. Il a pu se produire un événement dans la réalité externe de l'enfant qui a cristallisé sa colère dont l'origine est ailleurs. Il aurait fallu, dans ce cas, souligner la cause manifeste de sa colère, et n'arriver que progressivement à une interprétation de transfert.

Lorsqu'un enfant est frustré, en colère, bouleversé parce qu'un événement de la réalité externe l'occupe tout entier, il est mal venu de parler de soi. Parler du transfert est alors vécu par l'enfant comme hors sujet : son analyste ne pense qu'à lui alors que l'enfant est attaché ailleurs. La première étape à franchir pour qu'il se sente compris, est d'interpréter la cause manifeste de sa colère : le patient perçoit que l'analyste est capable de s'oublier pour ne penser qu'à lui. Un tel abord de la situation ne peut qu'entraîner l'approbation de l'enfant, et mieux le disposer à regretter la personne qui sait si bien le comprendre.

Certains enfants cependant n'ont qu'une approbation superficielle de l'interprétation de l'analyste.

Je me souviens d'un enfant présentant une certaine carapace autistique, ayant tendance à répondre par un « oui » venant d'ailleurs à tout ce que je pouvais lui proposer. Ce « oui » n'avait aucun lien avec le contenu de ce que je lui signifiais, et n'était proféré que pour se débarrasser de la personne qui venait le troubler dans un jeu où il ne voulait qu'être seul. A quoi sert, dans un pareil cas, de dire à l'enfant : « Tu me dis toujours oui, pour que je ne te dérange plus ! » ? Ce serait comme parler à un enfant autiste de la nature de sa carapace. Interpréter son existence ne dérange pas le patient autiste puisque tout ce qu'on peut en dire rebondit sur lui. Il est préférable de suivre l'enfant dans son jeu et d'épouser les différents mouvements de ce dernier, de telle sorte que nos interventions n'appellent pas une réponse par « oui » ou par « non », mais une demande de précision – pour les pré-interprétations. Il suffit, dans le cas d'une interprétation, que l'enfant enregistre simplement notre remarque.

Certains réagissent à une interprétation dont ils ont saisi le sens, comme si cela allait les éblouir par une lumière trop intense. Il se peut alors que l'enfant, qui a pris l'habitude d'évacuer ce qui le dérange plutôt que de le transformer, dégrade immédiatement en élément concret – éléments *bêta* – ce qui devait être assimilé au niveau d'un fonctionnement *alpha*.

J'ai déjà évoqué l'enfant qui demandait d'aller aux toilettes pour uriner aussitôt qu'il avait saisi le sens d'une interprétation. A ce niveau, je pense qu'une interprétation de sa réaction lui serait profitable. Elle pourrait prendre la forme suivante : « Quand tu as compris ce que je t'ai dit, cela t'a fait tellement chaud dans la tête que tu as voulu faire partir tout ce brûlant en allant faire pipi. Mais on va essayer de faire en sorte que quand on parle cela ne fasse pas seulement chaud, mais que cela rafraîchisse aussi le trop chaud ».

Ce ne sont que de courts exemples qui reprennent l'étude des réactions aux interprétations, c'est-à-dire l'» après interprétation ». Il ne s'agit pas non plus de poursuivre le patient – adulte ou enfant – en tentant d'analyser pas à pas, comme certains ont tendance à le faire, ses réactions aux interprétations. Une telle constance d'analyse lui donne le sentiment qu'il doit se rendre aux raisons de son analyste lequel conserve l'illusion qu'il est dans le vrai et que le patient, s'il est au fait de ses réactions qui ne sont pas loin d'être traitées de résistances, finira par se rendre et donner raison à son analyste. Une telle attitude, paradoxalement, ne sait pas écouter les réactions du patient aux interprétations : elle ne les prend en compte que pour entraîner l'approbation du patient et non pour trouver la vérité qui se cache derrière un refus.

Les réactions du patient aux interprétations de l'analyste ne peuvent être étudiées avec profit qu'au travers de l'évolution de son matériel. Tel est le véritable point dont l'observation entraîne des conclusions préparant de futures interprétations. Nous voyons souvent un patient faire comme s'il ignorait ou refusait une interprétation, alors qu'il confirme positivement notre intervention à travers le matériel qu'il apporte.

Je conclurai ces réflexions en citant la réaction d'une enfant qui ne tolérait pas que je puisse avoir compris ce qu'elle me présentait. Une certaine dose d'envie sous-tendait ce refus. Mais, un jour, elle n'a pas pu s'empêcher de saisir l'aspect positif de mon interprétation et, comme elle voulait malgré tout la critiquer, elle m'a lancé un « Pourquoi tu ne l'as pas dit plus tôt ? », qui ne laissait aucun doute sur l'exactitude de mon propos.

Concluons en soulignant l'impossibilité de faire un travail analytique dans la rapidité. Nos intuitions peuvent être parfois rapides, sinon fulgurantes, mais la technique nous impose de prendre notre temps avant de les communiquer. De même devons-nous laisser au patient le temps de les assimiler.

Notes :

1 – Freud, S. (1909) : Analyse d'une phobie chez un petit garçon de 5 ans (Le petit Hans), in : *Cinq psychanalyses*, trad. M.Bonaparte et R.M.Loewenstein, Paris, PUF,1954.

2 – Bion, W.R. (1963) : *Éléments de psychanalyse*, trad. Fr.Robert, Paris, PUF, 1979.

3 – *Opus cité.*

4 – *Opus cité.*

5 – *Opus cité.*

6 – Freud, S. (1900) : *L'interprétation des rêves*, trad. I.Meyerson, Paris, PUF, 1967.

7 – Freud, S. (1925) : « Note sur le Bloc magique », trad. J.Laplanche et J.B.Pontalis in : *Résultats, idées, problèmes*, T. 2. Paris, PUF, 1985.

8 – Bion, W.R. (1970) : *L'attention et l'interprétation*, trad. J.Kalmanovitch, Paris Payot, 1974.

9 – Freud, S. (1893) : *Études sur l'hystérie*, trad. A. Berman, Paris, PUF, 1971.

10 – Freud, S. (1896) : L'étiologie de l'Hystérie, in : *Névrose, psychose et perversion* trad. Coll., Paris, PUF, 1974.

11 – Rado, S. (1925) : The economic principle in psycho-analytic technique. *International Journal of Psycho-Analysis*, 6 : 35-44.

12 – Freud, S. (1900) : *L'interprétation des rêves*, trad. I.Meyerson, Paris, PUF, 1967.

13 – Freud, S. (1911) : L'interprétation des rêves en psychanalyse, in : *La technique psychanalytique*, trad. A.Berman, Paris, PUF, 1972.

14 – Freud, S. (1900) : *L'interprétation des rêves*, trad. I.Meyerson, Paris, PUF, 1967.

15 – Freud, S. (1023) : Le moi et le ça, in : *Essais de psychanalyse*, trad. coll., Paris P.B.P. Payot,1981.

16 – Reich, W. (1933) : *L'analyse caractérielle*, Paris, Payot, 1971.

17 – Freud, S. (1911) : L'interprétation des rêves en psychanalyse, in : *La technique psychanalytique*, trad. A.Berman, Paris, PUF, 1972.

18 – Nunberg, H. (1948) : *The Practice and Theory of Psycho-Analysis*, New York : Nervous and Mental Diseases Company, 1948.

19 – Freud, S. (1911) : L'interprétation des rêves en psychanalyse, in : *La technique psychanalytique*, trad. A.Berman, Paris, PUF, 1972.

20 – Kris, E. (1951) : Ego psychology and interpretation in psychoanalytic therapy, in *Psychoanalytic Quarterly*, 20, 15-30

21 – Löwenstein, R.M. (1958) : Remarks on some variations in psycho-analytic technique, in : *International Journal of Psycho-Analysis*, 39, 202-210.

22 – Klein, M. (1961) : *Psychanalyse d'un enfant*, trad. M.Davidovici, Paris, Tchou 1973.

23 – Freud, A. (1965) : *Le normal et le pathologique chez l'enfant*, Paris Gallimard, 1968.

24 – Freud, S. (1918) : « Extrait de l'histoire d'une névrose infantile – L'homme aux loups » in : *Cinq psychanalyses*, trad. M.Bonaparte, et R. Loewenstein, Paris, PUF, 1954.

25 – Rosenfeld, H.A. (1965) : *Les états psychotiques*, trad. Coll. Paris, PUF, 1976.

26 – King, P. et Steiner, R. (1991) : *The Freud-Klein Controversies, 1941-1945*, Londres, Tavistock-Routledge

27 – Bion, W.R. (1963) : *Eléments de psychanalyse*, trad. Fr.Robert, Paris, PUF, 1979.

28 – Athanassiou-Popesco, C. (2002) : *Le Narcissisme : de soi à l'autre*, Lausanne Delachaux et Niestlé, 2002.

29 – Athanassiou-Popesco, C. (2007) : « M.Klein a-t-elle parlé du refoulement ? » in : *Monographies de la Revue française de psychanalyse*, Paris, PUF 2007.

30 – Bion, W.R. (1963) : *Eléments de psychanalyse*, Trad. Fr.Robert, Paris, PUF, 1979.

31 – Klein, M. (1946) : « Notes sur quelques mécanismes schizoïdes » in : *Développements de la psychanalyse*, trad.W.Baranger, Paris, Payot, 1968.

32 – Bion, W.R. (1963) : *Éléments de psychanalyse*, trad. Fr.Robert, Paris, PUF, 1979.

33 – Freud, S. (1915) : Pulsions et destins des pulsions, in : *Métapsychologie*, trad.coll Paris, Gallimard, 1991.

34 – Bion, W.R. (1963) : *Éléments de psychanalyse*, trad. Fr.Robert, Paris, PUF, 1979.

35 – Bion, W.R. (1962) : *Aux sources de l'expérience*, trad. Fr.Robert, Paris, PUF, 1979.

36 – Bion, W.R. (1963) : *Éléments de psychanalyse*, trad. Fr.Robert, Paris, PUF, 1979.

37 – Bion, W.R. (1965) : *Transformations*, Heinemann, 1965, trad. Fr.Robert, Paris PUF 1982.

38 – Bion, W.R. (1963) : *Éléments de psychanalyse*, trad. Fr.Robert, Paris, PUF, 1979.

39 – *Opus cité.*

40 – *Opus cité.*

41 – Bion, W.R. (1970) : *L'attention et l'interprétation*, trad. J.Kalmanovitch, Paris Payot,1974.

42 – Bion, W.R. (1962) : *Aux sources de l'expérience*, trad. Fr.Robert, Paris, PUF, 1979.

43 – *Opus cité.*

44 – Bion, W.R. (1970) : *L'attention et l'interprétation*, trad. J.Kalmanovitch, Paris Payot, 1974.

45 – *Opus cité.*

46 – Reich, W. (1933) : *L'analyse caractérielle*, Paris, Payot, 1971.

47 – Freud, A. (1965) : *Le normal et le pathologique chez l'enfant*, Trad. Fr., Gallimard Paris, 1968.

48 – Klein, M. (1961) : *Psychanalyse d'un enfant*, trad. M.Davidovici, Paris Tchou, 1973.

49 – Klein, M. (1955) : « The Psycho-Analytic Play Technique : Its History and Significance », *New Directions in Psychoanalysis*, Londres, Tavistock, *La psychiatrie de l'enfant*, 1, 1981, vol. XXIV.

50 – Bion, W.R. (1962) : *Aux sources de l'expérience*, trad. Fr.Robert, Paris, PUF,1979.

51 – Bion,W.R. (1970) : *L'attention et l'interprétation*, trad. J.Kalmanovitch, Paris Payot,1974.

52 – Winnicott, D.W. (1971) : *La consultation thérapeutique et l'enfant*, trad. Cl.Monod Paris, Gallimard,1971.

53 – Klein, M. (1946) : « Notes sur quelques mécanismes schizoïdes » in : *Développements de la psychanalyse*, trad. W.Baranger, Paris, Payot, 1968.

54 – Bion, W.R. (1962) : *Aux sources de l'expérience*, trad. Fr.Robert, Paris, PUF,1979.

55 – *Opus cité.*

56 – Segal, H. (1957) : « Notes sur la formation des symboles », trad. J.Vincent-Chambrier et Cl.Vincent, in *Délire et créativité*, Paris, Edition des Femmes, 1987.

57 – Bion, W.R. (1970) : *L'attention et l'interprétation*, trad. J.Kalmanovitch, Paris Payot, 1974.

QUATRIEME PARTIE

REFLECTIONS SUR QUELQUES POINTS TECHNIQUES

Les deux chapitres qui vont suivre sont là en guise de conclusion. Nous allons d'abord traiter, dans le chapitre **A**, de quelques points techniques en rapport avec la reconnaissance de certains éléments théoriques. Cette étude ne prétend aucunement avoir un caractère complet puisqu'il s'agit plutôt, ici, d'éléments qui vont être associés les uns aux autres pour rendre compte de mon expérience dans certains cas présentant des problèmes spécifiques : la différence à établir entre position dépressive et Complexe d'Œdipe ; les problématiques narcissiques ; l'enfant maniaque à différencier de l'enfant hyperactif et l'enfant obsessionnel.

Dans le chapitre **B**, j'insisterai particulièrement sur la prise en charge d'enfants tout petits, comme j'ai eu l'occasion de le faire en crèche. Je voudrai montrer à partir de mon expérience, la pertinence du traitement de ces petits, qui sont presque encore des bébés Ils profitent vite et durablement des soins qui leur sont prodigués en ce début de leur existence.

A. Á propos de certains points théoriques

A.1. La position dépressive et le complexe d'Œdipe

Je souligne d'abord deux points importants qui doivent être distingués dans tout traitement, de façon à ce que les interventions de l'analyste ne se fourvoient pas. Il s'agit tout d'abord de la distinction entre ce qui relève de la position dépressive – telle qu'elle a été décrite par M.Klein[1] – ainsi que du Complexe d'Œdipe, dans ses formes primitives ou plus élaborées, et ce qui ne relève pas de ces points et qui pourtant se présente comme s'y rapportant.

Il n'est pas facile d'aborder ce sujet car de nombreux éléments entrent en jeu dans la composition de la position dépressive d'une part et du Complexe d'Œdipe (S.Freud[2] et M.Klein[3]), d'autre part.

Lorsqu'un enfant est déprimé, cela ne veut pas dire du tout qu'il est en train de travailler une position dépressive. La dépression de l'enfant peut être due à la reconnaissance de la perte de son objet, dans le transfert ou dans sa vie externe. On ne sait pas toujours comment il va élaborer la perte qu'il ressent.

Lorsque ce vécu s'inscrit au sein d'une Position dépressive, diverses données sont présentes : tout d'abord l'enfant fait un lien entre l'état de son objet interne et celui de son objet externe. Cela veut dire qu'il prend conscience que la présence en lui de son objet interne ne lui permettra jamais de dénier la perte de son objet externe. En même temps, il continue d'aimer l'objet qui lui fait défaut, au lieu de le haïr. Il a même conscience de l'avoir haï à cause de son absence et il a le sentiment de l'avoir endommagé sous l'effet de sa haine. Aussi, à présent, se sent-il coupable parce qu'il se vit responsable de ses actions réelles ou fantasmées. Il ne perçoit qu'une seule manière d'avancer ou de sortir d'un sentiment de culpabilité persécutrice : la réparation de l'objet.

Pour entrer dans une Position dépressive, il faut que tous ces éléments soient réunis.

Si nous les examinons, nous constatons qu'ils sont tous associés à des processus de liaison.

Les qualités, d'abord conçues comme appartenant à des objets différents, le sont à présent comme appartenant à un seul objet : c'est le même objet qui a une forme externe ou interne, qui est vécu comme « bon » ou « mauvais ». En continuant d'aimer l'objet qu'il perd, l'enfant effectue un lien entre des vécus différents, engendrés par un seul et même objet. La blessure narcissique provoquée par la perte de cet objet, entraîne le désir de réparer la blessure. Elle n'entraîne pas une identification narcissique permettant de faire l'impasse sur l'élaboration de la séparation. Au contraire, l'enfant accepte la séparation et l'élabore en intériorisant un objet dont il sait qu'il ne sera jamais qu'une représentation de l'objet réel. Il n'en sera pas l'équivalent interne mais, par un processus de liaison, il conservera en lui une forme de cet objet – sa représentation – qui renverra à l'objet réel mais ne sera jamais identique à lui.

Le lien avec l'objet réel porte en lui la perception de son absence, mais ce vécu reste supportable. L'absence est acceptée. Cependant la mémoire de ce qui s'est déroulé lorsque l'absence n'a pas été acceptée ainsi que le sort imposé à l'objet haï, sont maintenus au-dedans de soi. Le lien conservé avec le passé, proche ou lointain, entraîne la responsabilité du sujet pour le mal qu'il a fait subir à l'objet haï.

Le processus de réparation de l'objet appartient au registre des liens car tout au long des tentatives pour réparer, des comparaisons s'effectuent entre la réalité de la réparation et celle exigée par l'état primitif d'un objet non endommagé. La qualité du surmoi associée à la

Position dépressive est aussi engendrée par des processus de liaison entre – non pas seulement les aspects « bons » et « mauvais » de l'objet, comme l'a souligné M.Klein[4] – mais également entre le niveau de réparation exigé et les capacités du moi.

L'approbation du surmoi est fonction de ce lien là et ne revêt pas comme autrefois – au sein d'une position schizo-paranoïde – des exigences persécutrices.

L'exemple de l'enfant qui reçoit l'approbation et la récompense de son maître parce qu'il a progressé, s'oppose à celui de l'enfant qu'un maître tyrannique ne récompenserait que s'il réussissait une épreuve sans faute, sans tenir compte du niveau duquel l'enfant est parti. Le surmoi sadique, d'ailleurs, peut être comparé à un maître qui ne récompenserait qu'un travail parfait mais qui, en même temps, ne serait jamais satisfait et ne trouverait donc jamais que le travail de l'enfant est parfait.

Pour comprendre que l'enfant s'engage dans l'élaboration d'une Position dépressive, il faut que l'analyste saisisse que l'ensemble de ces éléments est présent. La qualité de la tristesse de l'enfant est différente de la précédente, car elle est chargée d'amour et de désir de travailler. Le petit patient vise à ce que l'analyste reconnaisse et approuve son travail. Ce dernier ne doit pas manquer de lui souligner ce courant positif, sinon il percevrait son analyste comme refusant de reconnaître son désir de réparation, et se sentirait comme en présence d'un objet qui ne pardonnerait jamais le mal qui lui aurait été fait.

L'analyste doit signifier à l'enfant qu'il a compris l'effort qu'il fait pour accepter de laisser ses objets « vivre leur vie » sans les déranger. Il a compris que l'enfant s'engage dans une voie nouvelle qui accepte la finitude de toute chose ; une voie dans laquelle il accepte d'aimer ce qu'il perd et ce qu'il ne possède pas.

Cela ne veut pas dire que des régressions ne soient pas possibles. Mais elles ne peuvent pas effacer ce qui a été atteint une fois. La balance – soulignée par Bion[5] – entre les positions schizo-paranoïde et dépressive, met toujours en perspective l'omnipotence schizo-paranoïde et sa haine de l'objet absent au regard de la Position dépressive. Avec cette dernière, l'enfant appréhende la réalité de la séparation des êtres et des choses qui sont créés pour être liés entre eux, et non pas intriqués dans une emprise omnipotente au service du seul narcissisme.

Le travail avec la position dépressive passe donc par la reconnaissance de l'indépendance de l'objet par rapport à soi-même. L'enfant apprend douloureusement que sa mère n'est pas son prolongement car elle a choisi de se lier avec un autre. C'est son absence régulière qui en constitue la preuve pour lui. Tel est le point de départ d'une curiosité sur la raison de cette absence ; l'existence d'une scène primitive, celle d'un autre objet avec lequel elle entretient des liens, se profilent à l'horizon.

L'élaboration de la position dépressive va de pair, nous le voyons, avec la reconnaissance de l'existence d'un couple parental. La découverte de la différence des sexes – qui ne s'inscrit que dans la reconnaissance de toute différence et de toute séparation entre le moi et l'objet – place l'enfant en position tierce par rapport à ce couple : il se vit exclu d'un lien qui est d'une autre nature que celui qu'il connaît et qu'il vit avec son premier objet. L'acceptation de la perte de ce premier objet est travaillée avec lui et permet alors à l'enfant de commencer à accepter l'existence de l'inconnu.

C'est pourquoi le travail de la position dépressive débouche sur l'intrigue œdipienne : l'enfant se demande qui est cet autre qui s'empare de son objet premier, sa mère. Ne pourrait-il pas prendre sa place afin de supprimer la douleur liée à l'absence de ce premier objet ? Si l'enfant n'a pas commencé à apprendre comment supporter cette absence, les bases de la triangulation œdipienne sont viciées. Une identification projective, narcissique, à l'objet, prend sa place, supprime le triangle œdipien et le réduit à la situation duelle du départ.

Si l'enfant a appris à supporter la souffrance de la séparation et la perte de son objet, il commencera à s'appuyer sur cette expérience intérieure pour accepter aussi de n'être qu'un tiers, externe à une scène qui se déroule sans lui.

Le complexe d'Œdipe pourra commencer alors à prendre forme. Ce complexe est une organisation qui, lorsqu'elle s'établit avec des objets entiers et non pas partiels, suppose un développement du moi et des identifications de ce dernier suffisamment élaborées. L'enfant a installé au-dedans de lui des liens avec ses deux parents. Il est capable de les aimer et de les haïr l'un et l'autre. Le conflit œdipien – dont nous voyons qu'il ne s'inscrit que sur le travail de la position dépressive – suppose que l'enfant fasse un lien entre l'objet de son amour et celui de sa haine. La mère qu'il aime est aussi la mère rivale (dans un complexe d'Œdipe négatif). Il en est de même pour le père, l'Œdipe positif n'existant pas sans son double négatif. Nous saisissons ici à quel point le travail sur le lien, premier dans la vie, sous-tend l'émergence du conflit œdipien, lequel débouche encore sur le fruit du travail de la position dépressive : l'objet aimé doit être abandonné dans l'amour et non pas dans la haine.

C'est par amour pour son père que le petit garçon va consentir intérieurement à ne pas le supprimer et à lui laisser l'autre objet de son amour : sa mère. Il en est de même pour la fille : c'est par amour pour sa mère qu'elle va lui laisser le père qu'elle aime, au lieu de poursuivre sa rivale afin d'en triompher.

Il n'est pas possible ici d'entrer dans le détail du travail effectué au sein du complexe d'Œdipe, et je ne le mentionne que dans le but de souligner à quel point il est important de commencer par envisager le travail avec la position dépressive, tout comme on ne commence à construire un édifice qu'à partir de ses fondations.

Je dois pourtant mentionner l'importance de la reconnaissance de l'émergence de la scène primitive et de la rivalité œdipienne, là où précisément des analystes s'y attendraient le moins, tant l'enfant semble pris dans des problématiques plus primitives.

Je me souviens d'un certain nombre de cas de supervision dans lesquels l'analyste était aux prises avec des problèmes de séparation, travaillant à la diminution de l'importance de l'identification projective. Jamais, dans ce mouvement duel, l'analyste n'aurait imaginé que l'enfant présentait dans son matériel les éléments d'une rivalité œdipienne. Il était cependant très important de saisir le sens de ce qui se jouait là pour l'enfant, sinon le petit patient pouvait penser que l'analyste souhaitait le maintenir dans une relation infantile au sein. Lui signifier que nous avons bien vu qu'il conçoit l'existence d'un père, par exemple, qu'il hait et qu'il veut tuer afin de mettre fin à celui qui perturbe la relation duelle, c'est reconnaître que l'enfant est capable de quitter sa mère pour « s'occuper » de son père, même si l'intention est de le supprimer. La rivalité s'inscrit dans une organisation triangulaire où la sexualité des parents prend sa place et où celle de l'enfant est présente : l'objet de son désir est sexuel et la zone érogène concernée n'est plus orale, ni anale, mais génitale.

L'interprétation des ébauches œdipiennes, lorsqu'elles se présentent, ne signifie pas que nous en ayons terminé avec ce qui précède et qui se trouve au premier plan du matériel.

Cela donne quelquefois des interventions comme : « J'ai l'impression que tu voudrais prendre la place de papa quand tu penses que maman est partie avec lui. Mais papa ne veut pas la laisser, sa place ! Alors qu'est-ce que tu fais ? ». Une telle intervention est différente de ce qui était auparavant au premier plan : « Quand tu vois maman s'en aller, alors j'ai l'impression que tu veux par tous les moyens rentrer à l'intérieur d'elle pour ne pas la laisser partir. Même tu penses qu'ainsi tu es devenu comme maman ».

Cette interprétation porte sur l'identification projective. Elle pourrait également porter sur une incorporation de l'objet entraînant son contrôle omnipotent. L'enjeu, dans les deux cas, étant de ne pas perdre l'unique objet de l'investissement. Mais lorsque la scène primitive pointe à l'horizon et que l'enfant se trouve confronté à la fureur d'une rivalité œdipienne, il est important de mentionner dans notre interprétation l'existence de ce tiers rival.

A.2. Le narcissisme

De la même façon que je soulignais, plus haut, l'importance de ne pas passer à côté des liens d'amour et de l'ébauche de la position dépressive face aux mécanismes de défense schizo-paranoïdes faits de haine et de refus des liens avec les personnes qui nous font vivre l'absence et la frustration, de même ici, je soulignerai l'importance de la reconnaissance de ces mêmes liens face à l'expression multiple des narcissismes primaire et secondaire.

Nous entendons par narcissisme secondaire les processus par lesquels le moi annule la perception qu'il a d'être éloigné de son objet, supprimant l'espace qui le sépare de lui. Il obtient ce résultat, soit en se collant à son objet (identification adhésive), soit en pénétrant à l'intérieur de lui (identification projective), soit encore, en l'incorporant de manière omnipotente. Le moi se crée ainsi l'illusion de maintenir un contrôle sur un objet réduit de la sorte à n'être qu'un prolongement de lui-même.

Dans le narcissisme primaire, de tels mécanismes prenant en compte l'existence de l'espace entre le moi et l'objet, n'ont pas cours. Le narcissisme primaire ignore l'espace.

Pour le *moi-narcissique*, qui est le noyau narcissique primaire de la personnalité, tout tourne autour du moi, et cette conception n'est pas remise en cause par l'expérience de la réalité. Le *moi-narcissique* ne s'y adapte pas, même lorsqu'il vise à l'annuler. Il agit en silence, comme la pulsion de mort qui est son premier agent. Il n'attaque pas l'objet puisqu'il n'en reconnaît pas l'existence, mais il en sape les bases.

La reconnaissance d'un tel processus est difficile à saisir, et nous pourrions la comparer aux trous noirs qui peuplent l'espace interplanétaire : aucun objet ne résiste au passage près d'un trou noir ; il est absorbé par lui sans avoir eu à s'en défendre. Tel est le noyau narcissique primaire : on ne s'oppose pas à lui ; on ne peut que reconnaître son existence à travers son aire d'influence. C'est sous l'influence de ce *moi-narcissique* que le *moi-réalité* laisse place à l'investissement narcissique secondaire de ses objets. L'évolution des liens aux objets allant dans le sens de la position dépressive, est autant de gagné sur l'influence du *moi-narcissique*. Pas à pas l'empire du *moi-réalité* s'agrandit à condition de ménager, respecter et ne pas combattre de front le narcissisme primaire : ce serait combattre un ennemi invisible.

Ces remarques aboutissent directement à des indications techniques. D'une manière générale je dirai que, de la même façon que le narcissisme primaire ne s'interprète pas, car il est à l'antipode des relations d'objet, de même le narcissisme secondaire ne s'interprète que dans la mise en regard des relations d'objet. Je m'explique : l'interprétation des relations d'objet narcissiques en soi est un piège dans lequel il est aisé de tomber, mais dont il est difficile de sortir. Le patient et l'analyste avec lui, se sentent entraînés sur la pente d'une illusion : celle qui méconnaît l'existence de l'objet. Dans cette perspective, le patient préfère que nous parlions d'une partie de lui qui prend la place d'un père, ou d'un enfant rival, plutôt que d'évoquer le père ou le rival en tant que tels : les conflits intra psychiques sont même infiltrés par cette manière de prendre les choses.

Je me souviens d'une patiente qui préférait parler du conflit entre une « bonne » et une « mauvaise » partie d'elle – une partie qui aime et une qui hait son objet – plutôt que du conflit entre elle et son petit frère rival, ou du conflit qui l'opposait à son père.

Dans ces conditions, nous devons toujours penser à la différence à établir entre notre manière de comprendre les choses et celle de les interpréter. Nous ne pourrons jamais saisir, comme en musique, les différentes harmoniques d'une situation psychique, dans une même phrase musicale qui les envelopperait toutes, et mettrait en avant les relations d'objet pour maintenir à l'arrière plan les identifications narcissiques. La multiplicité des situations est telle que j'ai renoncé, dans le cadre de ces remarques générales, à donner des exemples précis dont le détail déborderait largement ce chapitre.

Reprenons simplement l'exemple de l'enfant qui refuse de sortir de la pièce et qui s'empare du fauteuil de l'analyste, s'engageant dans une identification narcissique avec lui et prétendant ainsi que ce n'est pas lui, mais l'analyste qui est mis à la porte. J'ai déjà souligné combien il est important pour l'enfant que chacun retrouve sa place avant que le sens de cet *acting* ne lui soit proposé. L'interprétation de l'identification projective serait : « En prenant ma place dans mon fauteuil, tu as imaginé que tu te mettais dans ma peau et que tu devenais moi. De cette manière tu as pensé qu'il était possible de ne pas sentir que nous nous quittons toujours à la fin de la séance, et que nous sommes séparés jusqu'à la prochaine fois ». Il est possible d'en rester là, à condition que l'enfant ait d'abord consenti à laisser sa place à l'objet, et son fauteuil à l'analyste. La distance rétablie entre le moi et l'objet, a réinstallé ce dernier à sa propre place. Si l'analyste avait parlé avant que l'enfant ne descende de son siège, celui-ci aurait compris l'interprétation, quelle qu'elle soit, non comme une tentative d'appréhender son fantasme, mais plutôt comme celle de lui faire abandonner sa place. L'interprétation aurait alors eu valeur d'*acting*. Si cet exemple me vient à l'esprit, c'est parce qu'il met en avant le rôle de l'objet et sa place en regard de tout ce qui concerne l'identification narcissique. Il ne sert à rien de parler des identifications narcissiques si nous oublions que l'enfant est capable de ne pas être totalement inclus en elles : il demeure en lui un secteur de son moi capable d'entendre un autre chant que celui des sirènes narcissiques.

J'ajouterai une remarque importante : parler au patient de son narcissisme, nourrit ce dernier.

Je me souviens d'une patiente qui avait bien représenté cela dans un rêve : un enfant – lequel figurait la partie d'elle capable d'entrer en contact avec moi – se tenait toujours dans l'ombre d'un autre enfant, plus arrogant et plus débrouillard ; celui-ci s'arrangeait pour se placer devant le premier, pour se mettre en lumière, de telle sorte qu'au lieu que je m'adresse au premier, je ne m'adresse qu'au second. Ainsi mon regard et mes paroles étant vécues comme des éléments nourrissants, l'enfant capable de m'aimer s'affaiblissait, tandis que celui qui ne pensait qu'à briller se développait aux dépens du premier.

Ce rêve montre de manière particulièrement claire les dangers de l'interprétation du narcissisme. Il faut l'avoir en tête, le déceler au mieux. Mais ensuite, dans nos interventions, il s'agit, de maintenir le lien avec celui qui veut entrer en contact avec nous. Il ne faut pas faire le jeu de celui qui fait le plus de bruit et qui détourne notre attention de l'essentiel qui se déroule devant nous, sans que nous y prenions garde. L'essentiel est le courant qui, dans le moi, commence à nous aimer et à nous accepter tels que nous sommes : comme un parent qui est loin d'être un idéal narcissique, lequel exclut la réalité de l'absence, de la finitude et de la mort.

A.3. L'enfant maniaque et l'enfant hyperactif

J'ai déjà traité[6 et 7], par ailleurs, le problème de l'enfant maniaque ainsi que celui de la différence entre l'enfant maniaque et l'enfant hyperactif. Je rappelle, ici, ces points car il me semble qu'ils font partie des grandes règles de la technique.

Si nous manquons à reconnaître les aspects maniaques d'un enfant, nous risquons de nous embarquer pour longtemps dans un enfermement sous le contrôle de ses défenses. Cela ne veut pas dire que cette reconnaissance nous évitera la lourde épreuve que constitue la prise en charge d'un enfant maniaque. Mais reconnaître le plus tôt possible que nous avons affaire à la dureté de la défense maniaque nous permet de maintenir au mieux notre position d'objet.

Comment reconnaître les éléments d'une défense maniaque ? Par notre vécu contre-transférentiel.

L'enfant maniaque provoque en nous une excitation telle que nous courons après la signification de ce qu'il nous dit ou de ce qu'il nous montre, dans le but illusoire de découvrir dans cette signification la clef qui mettra un terme à cette excitation. L'enfant sait très bien sentir la nature de notre réaction ; il perçoit fort bien si nous conservons ou non notre calme intérieur. Il est donc important d'être au fait de ce qui se passe pour lui et de ce qu'il vise à provoquer en nous. Cette connaissance nous aide à résister à l'irrationnel et à la flambée intérieure qui s'empare de nous.

Je me suis déjà expliquée sur ce que j'entends par défense maniaque, trouvant dans cette conception nouvelle de quoi rendre compte du comportement de l'enfant.

Pour Mélanie Klein[8], l'enfant lutte, grâce à la défense maniaque, contre la dépression qui risque de s'emparer de lui lorsqu'il prend conscience de la séparation qui s'instaure entre lui et son objet : la défense maniaque serait donc une défense contre la dépression.

L'état actuel de nos connaissances nous a conduits à découvrir que la défense maniaque s'inscrit plutôt comme une défense contre une dépression primaire, et non plus – ainsi que le concevait M. Klein – contre une dépression secondaire.

Quelle est la nature de la différence entre ces dépressions ?

Dans la dépression secondaire, le fond du sentiment dépressif est provoqué par la culpabilité d'avoir abîmé l'objet aimé, de l'avoir perdu pour cette raison et de ne pouvoir le réparer. C'est donc dans le maintien de son rapport à l'objet que le moi tombe dans une dépression secondaire.

Il en est tout autrement pour la dépression primaire. Celle-ci met en cause le sentiment même d'identité du moi ; celui-ci sent qu'il se perd lui-même en perdant son objet. Dans l'atteinte du noyau narcissique primaire et dans la faillite de ses défenses, le *moi-narcissique* provoque un sentiment de perte d'identité. Tout se passerait comme si la totalité du sentiment d'identité du moi était dans l'objet, et que la perte absolue de ce dernier entraînait la perte totale de soi. Le moi se sent tomber dans le « trou noir » que j'évoquais plus haut.

C'est pour lutter contre ce vécu que la défense maniaque est mise en place. Elle s'apparente dans sa dureté à celle d'une coquille autistique. L'organisation autistique d'ailleurs, lorsqu'elle évolue dans le sens d'une ouverture vers les relations d'objet, peut donner naissance à une défense maniaque, et la carapace autistique (F.Tustin[9]) peut se transformer en carapace maniaque.

Quelle différence y a-t-il entre ces deux carapaces ? Alors que la carapace autistique bloque l'accès à toute relation d'objet pour ne laisser place qu'à un monde auto-sensuel, la carapace maniaque, elle, maintient le contact avec un objet dans un espace qui s'ouvre en trois dimensions.

Á quel prix, et selon quelles modalités cet espace s'ouvre-t-il ? Le contact avec l'enfant maniaque nous fait vivre une expérience presque insupportable. Il s'agit pourtant de la supporter stoïquement pour amener le patient à reconnaître la fiabilité de l'objet. J'ai émis[10] des hypothèses sur la nature des mécanismes en jeu dans la défense maniaque et ma pratique n'a fait que les confirmer. Je pense que l'enfant maniaque projette dans l'analyste (c'est-à-dire celui qui se présente comme un objet mais que l'enfant ne reconnaît pas encore comme tel) une partie de son moi, celle qui précisément deviendra capable de nouer des relations d'objet. De son côté, le petit patient joue à être l'objet inaccessible au moi. Ce mécanisme est assez difficile à décrire car il ne s'agit pas d'une identification projective « classique », c'est-à-dire installée dans un monde en trois dimensions et dans laquelle l'objet porte des parties du moi du patient, tandis que celui-ci revêt l'identité de l'objet, comme s'il entrait dans sa peau. Ici, l'espace en trois dimensions n'est pas constitué, et l'ouverture de l'espace fait vivre à l'enfant l'expérience d'une faille qu'il lui faut combler afin de ne pas tomber dans le « trou noir » de la dépression primaire. Ainsi le mécanisme de la défense maniaque n'a que l'aspect de la projection et relève plutôt de l'évacuation, c'est-à-dire du rejet total de ce que refuse le sujet. Au sortir de sa coquille autistique, le moi qui se sent bombardé par un tourbillon de stimuli vise à rétablir le calme en se collant à la surface de l'objet. Dans la situation transférentielle, c'est l'analyste qui porte ce moi tourbillonnaire et c'est l'enfant qui porte le « masque » de l'objet, c'est-à-dire la surface, le leurre, après lequel l'analyste est invité à courir.

Tant que l'analyste court après son patient – par la promptitude de sa pensée qui engendre celle de ses propos, la rapidité de ses réactions qui précèdent même, parfois, celles de son patient – l'enfant maniaque se confirme dans l'idée selon laquelle il n'existe pas de point fixe dans l'univers, hormis sa coquille autistique. L'analyste échoue dans l'épreuve de la stabilité qui lui est infligée au milieu des bombardements. S'il parvient à se contenir, il commence dès lors à contenir aussi l'excitation de l'enfant et à se différencier de lui : il instaure un monde en trois dimensions, lequel débute par la contention de l'excitation de l'enfant. Le monde en trois dimensions, ici, n'est pas un espace vide entre le moi et l'objet ; c'est un creux qui se forme dans lequel le moi de l'enfant peut tomber pour se sentir ultérieurement en sécurité.

Pendant ce temps, l'enfant qui continue d'imiter l'objet en surface (ce qui peut nous apprendre beaucoup sur la nature du masque et sur l'origine de la tragédie antique) commence à percevoir qu'un moi se constitue en face de lui qui n'est plus habité par la fulgurance d'un désir de se coller à lui, mais qui peut, au contraire, se différencier et demeurer un temps seul, en face de lui. Seul en compagnie de quelqu'un, dirait Winnicott, dans un contact plus évolué. Mais ici la solitude en question est celle du moi qui commence à se lover dans le creux de l'objet. Le jeu de l'enfant n'a plus alors besoin de se centrer sur le leurre, et le patient peut progressivement récupérer un moi capable de se lier à l'objet. L'analyste n'a plus devant lui la folie maniaque d'un masque vide et tourbillonnant, mais l'épaisseur d'un moi qui se dirige vers lui. Tout s'est transformé dans son contre-transfert et il peut commencer à dialoguer avec lui-même avant de le faire avec l'enfant.

Ce présupposé théorique nous permet de comprendre la question technique qui se pose à l'analyste : toutes ses réactions ne paraissent à l'enfant maniaque, que provoquée par lui.

Comment faire pour entrer en contact avec ce petit patient là ? La réponse semble paradoxale : pour qu'un contact s'établisse ultérieurement avec lui il est important que l'analyste commence par se taire ; lorsqu'il prendra la parole, ce ne sera pas dans l'immédiateté du sens des propos de l'enfant. Non seulement l'analyste ne doit pas réagir rapidement, mais il ne doit pas non plus réagir au sens où l'enfant l'a programmé d'avance, comme étant celui qui apparaît dans son jeu comme sur son masque. Un analyste qui écoute, attentif – et non pas réactif – silencieux, et communiquant succinctement sa pensée, souvent en fin de séance, se pose progressivement comme un objet fiable. Il est important pour des enfants dont la défense maniaque s'est inscrite sur une structure psychotique, que l'analyste adopte cette attitude dès le début ; en effet, l'enfant croit difficilement que l'analyste puisse devenir capable de penser après qu'il ait été dégradé par son triomphe maniaque. Tout se passerait alors comme si la défense prenait le dessus pour prouver au moi de l'enfant qu'il n'existe pas d'objet capable de lui permettre de vivre dans un autre monde que le monde autistique dans lequel il ne peut cependant, plus entrer. Nous sommes alors bien près de nous trouver enfermés dans une impasse thérapeutique.

L'attitude que je préconise est d'autant plus difficile à tenir que l'enfant ne cesse de provoquer l'analyste qui, souvent sans s'en rendre compte, réagit comme s'il avait affaire à un enfant névrosé : il lui pose des questions pour s'informer de la nature de son matériel, dans une attitude visant à préparer son interprétation, comme je l'évoquais plus haut.

Mais l'enfant n'entend pas cela de la même façon et ne saisit les questions de l'analyste que comme une confirmation de l'incapacité de ce dernier à se tenir dans une position d'objet. Il en est réduit à n'être que le jouet de l'enfant.

Un des leitmotivs des enfants maniaques est d'ailleurs : « Tu ne sais rien », avec son pendant « Je sais », lorsque nous proposons notre conception de ce qu'il a exprimé ou montré. L'enfant maniaque ne supporte pas la rencontre avec un objet capable de combler le vide associé au manque d'un savoir, parce qu'il ne supporte pas l'existence d'un objet séparé de lui. L'unique façon de tenir cette position, passe par les épreuves que j'évoque et par l'attitude que je suggère d'adopter.

La défense maniaque décrite par M.Klein[11] se situe à un niveau de relations d'objets déjà installées, et les défenses utilisées par l'enfant sont différentes puisqu'elles appartiennent à un monde en trois dimensions dans lequel projection et clivage sont possibles. M.Klein cependant parle de la dureté de la défense maniaque lorsqu'elle évoque, non seulement le déni des qualités de l'objet, mais également celui de la réalité psychique elle-même et le triomphe sur un objet réduit à n'être qu'une chose sans valeur. M.Klein a donc commencé à aborder la profondeur du mal maniaque, mais sans pouvoir encore lui donner sa pleine mesure étant donné le peu d'avancée, à ce moment de ses recherches, des travaux sur l'autisme, pas plus que sur la constitution de l'espace psychique en deux puis en trois dimensions, avec pour conséquence la distinction entre les dépressions primaire et secondaire.

L'enfant hyperactif est tout autre. S'il ne cesse de s'activer, de passer d'une activité à l'autre, s'il coupe le cours de nos idées, comme des siennes parce qu'il ne peut jamais se poser quelque part, il nous laisse cependant totalement calme au fond de nous-mêmes. Il est le seul à bouger et nous ne cherchons jamais à le rattraper dans une fuite éperdue comme nous le tentons avec l'enfant maniaque. C'est donc avant tout l'examen de notre contre-transfert qui nous permettra d'emblée, de savoir si nous sommes en présence d'un enfant maniaque ou hyperactif. Avec ce dernier, la relation d'objet s'est déjà installée dans le moi et nous ne sommes pas en présence d'une faille atteignant l'organisation générale du moi. L'hyperactivité est certes causée par la difficulté à se poser ou à se reposer sur un objet fiable, et l'enfant se vit comme sur un fil, ne tenant en équilibre qu'à condition de bouger sans cesse, à la manière dont les bébés agitent un bras ou une jambe lorsqu'ils sentent le vide menacer cette partie de leur corps. S'agiter sert à ne pas tomber, comme si l'identité du moi ne durait qu'autant que dure aussi le mouvement du corps ; l'arrêt de ce mouvement signifierait l'arrêt d'une survie auto-entretenue.

L'enjeu de l'hyperactivité paraît donc aussi primitif que celui de la défense maniaque, et cependant il n'en est rien puisque le lien à l'objet est repéré très aisément dans le transfert grâce à notre réaction contre-transférentielle, et grâce à la manière dont l'enfant peut recevoir les interprétations que nous lui donnons. Il les intègre, les écoute, s'en sert pour effectuer des associations qui provoquent en nous le sentiment que nous existons pour lui et qu'il ne demande qu'à être calmé. L'analyste de l'enfant hyperactif est là en somme pour mettre un baume sur sa blessure et pour lui donner les moyens de combler la faille qui n'a atteint qu'une partie de son moi. Nous sommes loin ici de la lutte et de l'épreuve qui touchent l'analyste de l'enfant maniaque.

La technique à employer avec l'enfant hyperactif est donc « simple » : il s'agit de lui permettre d'intérioriser un objet qui pense et dont la pensée joue le rôle d'un pont qui lui manquerait lorsque l'objet vient à s'absenter, et que l'enfant ne peut le rejoindre. Il se maintient alors seul grâce à son agitation au dessus du vide. L'enfant hyperactif s'accroche à notre pensée comme celui qui tombe s'accrocherait à la branche ou à la main que nous lui tendons. Il n'est pas question de demeurer silencieux avec lui comme si nous n'étions pas touchés – ainsi qu'avec l'enfant maniaque – par ses provocations ; l'enfant hyperactif ne nous provoque pas. Nous devons plutôt lui faire part de la compréhension que nous avons de ce qui se passe en lui. Il ne s'agit pas cependant de devenir nous-mêmes hyperactifs dans nos interventions sous prétexte de ne pas le lâcher. Il faut lui donner le sentiment que lorsque nous nous taisons, nous pensons à lui, et que lorsque nous prenons la parole nous ne faisons que prolonger le contact que nous avions déjà établi avec lui au-dedans de nous. L'enfant qui se sent tomber introjecte ainsi progressivement un objet qui, lui, ne tombe pas.

A.4. L'enfant obsessionnel

La mise à l'épreuve de l'objet dans son existence même, qui est en jeu dans la défense maniaque, ne l'est pas dans la défense obsessionnelle. Ici l'enfant reconnaît l'existence de l'objet ainsi que celle du lien qui le rattache à lui. Mais ce lien a perdu de sa valeur et de sa vitalité puisqu'il est intégralement contrôlé par le patient. Alors que chez l'autiste les liens sont démantelés, une extrémité du lien se trouvant déconnectée de son autre extrémité, chez l'obsessionnel la vie du lien est paralysée par une rigidité qui interdit toute communication entre ces deux extrémités : le lien ne sert plus à rien.

Au même titre que la défense maniaque, la défense obsessionnelle est une voie de sortie de l'autisme, puisque l'enjeu en est l'établissement du rapport à l'objet. Si le maniaque ne permet pas encore à l'objet d'exister en tant que tel, et s'il ne permet pas non plus, par conséquent, qu'un rapport existe entre le moi et cet objet, l'obsessionnel lui, permet à ce rapport d'exister mais en le vidant de sa vitalité. Ce rapport devient virtuel ; il est comme une coquille vide sur laquelle se dessinerait le lien ; mais celui-ci ne fonctionne pas.

La réaction contre-transférentielle ne trompe pas. L'analyste qui fixe son attention sur le matériel présenté par l'obsessionnel, ne tarde pas à sentir que son propre fonctionnement psychique a subi le même sort que celui que son patient réserve aux liens qui se tissent entre le moi et l'objet, aussi bien qu'entre les objets : sa pensée – assimilée à la création de liens nouveaux – ne bouge plus. Elle est paralysée et l'analyste devient incapable de penser. Non seulement nous pouvons dire que le lien entre le moi et l'objet est figé par l'emprise obsessionnelle, mais qu'il en est de même des liens que l'objet tisse dans son monde interne. L'objet n'a plus de valeur – ou, selon le point de vue du patient qui est terrorisé par l'existence du lien – il est devenu inoffensif. N'est-ce pas ainsi que sont traités les ennemis dont la force paraît dépasser la nôtre ? Les animaux nous offrent l'exemple de cet état de fait : un petit mammifère, chassé par un rapace, s'immobilise. Il espère qu'en figeant ses mouvements et en adoptant de surcroît les couleurs du milieu ambiant (abolissant de la sorte les effets de contrastes qui sont des effets de liaisons potentielles), il immobilisera de la même façon les capacités de perception du prédateur.

Sous l'effet de la terreur, les autistes tentent d'adopter une semblable technique de dissimulation et cherchent à se fondre dans le décor, ne laissant à leur moi que l'épaisseur d'une pellicule transparente.

Lorsque ces mécanismes commencent de s'incarner dans un corps, de se « corporaliser », ils trouvent, comme lieu d'inscription privilégié des défenses obsessionnelles, la zone anale et sa problématique de contrôle des objets par la paralysie de leurs mouvements. Mais avant que l'obsession ne se réduise au contrôle anal des objets, elle est un contrôle général des liens. Tout se passerait comme si, dans le but de construire une défense, le moi étudiait la nature profonde du danger qui le menace.

L'obsessionnel s'arrange pour que les points de liaison ne se rencontrent pas, ce qui suppose un idéal de parallélisme parfait : tous les éléments doivent être maintenus à égale distance les uns des autres. La faute majeure sous un tel régime de vie, est de dévier de sa trajectoire et de risquer de la sorte une rencontre avec l'autre.

Un bébé, dans son berceau, qui se tient les bras collés le long du corps et qui ne croise pas ses mains, est un exemple inquiétant de cette manière d'être. Cet aspect figé qui ne s'autorise aucune initiative vers un croisement subit avec l'autre, n'est pas sans nous évoquer la rigidité des postures militaires, ou des membres des administrations toute puissantes lorsqu'ils doivent comparaître devant leurs supérieurs, le petit doigt contre la couture du pantalon. Le message transmis est celui de la soumission au contrôle obsessionnel effectué par l'autorité toute puissante qui décide des mouvements de ceux qui sont sous ses ordres. Il est bien connu que la pire faute que puisse commettre un subalterne sous un tel régime, est d'avoir pris une initiative. Ce serait l'équivalent du croisement des mains, évoqué chez le petit bébé. Avec les croisements, la liberté des liens échappe au contrôle de l'instance qui ne les reconnaît pas. Il y a donc dans la nature du lien, comme en témoigne celui qui prend place dans la scène primitive – la création d'un croisement de différences. Il suppose que soient acceptées ces mêmes différences, qu'elles se recherchent au profit de la création d'un élément nouveau qui en serait le fruit. L'obsessionnel efface les différences et les réduit à l'identique. Il est important de faire un rapport entre ce que cherche l'obsessionnel et ce qu'il détruit : en cherchant l'identique, il cherche l'adhésif et, pour cela il détruit la construction d'un espace en trois dimensions. Le rapport adhésif se caractérise, en effet, par l'identité absolue des éléments concernés : rien ne ressemble plus à une surface qu'une autre surface. Cet idéal mimétique trouve son expression dans la langue courante lorsque nous disons que « ça colle », voulant dire que cela fonctionne parfaitement bien.

L'espace en trois dimensions qui introduit un écart entre les deux surfaces identiques ou entre les deux positions parallèles, introduit par là même le jeu de tous les possibles. C'est le grain de sable dans le rituel obsessionnel : rien n'est plus contrôlé du jeu qui s'instaure entre des plans qui se croisent, des lignes qui s'entremêlent, des éléments nouveaux, des créations qui naissent de l'inconnu de ces rencontres, de ces liens. Quand l'espace psychique s'ouvre sur l'appréhension d'une séparation entre le moi et l'objet, la création nouvelle voyage en son milieu.

Je propose certains points techniques se rapportant à ce qui sous-tend la problématique obsessionnelle. Pas plus qu'avec la dureté des défenses maniaques, il n'est possible d'aborder de front la rigidité des mécanismes obsessionnels. Mais, à la différence de la technique que je préconise d'employer avec l'enfant maniaque, je pense qu'il est nécessaire d'être un peu plus actif avec l'obsessionnel.

Je me souviens d'un enfant – et ne ressemble-t-il pas à beaucoup d'autres dans ce cas ? – qui voulait que sa thérapeute assiste, pendant des heures, au remplissage des feuilles qu'elle lui donnait, par de grands traits colorés, tous parfaitement parallèles les uns avec les autres, la direction des lignes changeant progressivement, selon un ordre fort précis. Il me semble que cet enfant représentait ainsi, non seulement la manière dont il traitait ses objets internes et le rapport que son moi entretenait avec eux, mais également le fonctionnement psychique de son analyste qu'il contrôlait de la sorte.

Un jour, cette dernière a pris l'initiative de placer un petit objet à l'extrémité des lignes parallèles qui s'arrêtaient au ras de la feuille. L'enfant a perçu cette initiative comme un élément non contrôlé par lui, comme un aspect vivant de l'analyste, lui échappant, sans être cependant dangereux dans la mesure où l'analyste a supporté longtemps que rien ne change dans la situation établie entre eux deux. Tout ce serait passé comme si, de dessous la cendre, une petite braise commençait à rougeoyer faiblement. Elle ne présentait pas un caractère dangereux car la cendre était assurée d'être la plus importante, et en mesure de recouvrir la braise au moment où celle-ci se développerait de manière inquiétante.

L'avenir de cette situation s'est avéré positif, du point de vue de l'établissement des liens dans la différence. L'enfant a accepté progressivement les initiatives de son analyste et les lignes parallèles ont commencé de laisser place à des lignes qui se sont rapprochées, puis qui se sont croisées. Avec le dosage quasi homéopathique des interventions de l'analyste l'enfant a commencé à moins redouter les manifestations de sa vie.

La technique avec l'enfant obsessionnel consiste à intervenir de manière mesurée afin qu'il se rende compte que nos mouvements ne sont pas dangereux. Celle employée avec l'enfant maniaque consiste à ne pas intervenir – sinon rarement – afin qu'il se rende compte que ce que contient notre silence n'est pas dangereux. Avec l'enfant obsessionnel, ce sont nos propos qui témoignent de notre indépendance de pensée. Avec l'enfant maniaque, c'est notre silence qui affirme que nous existons indépendamment de lui.

B. Le travail avec les tout petits enfants

Je veux évoquer ici un type de travail que j'estime insuffisamment développé jusqu'à présent, alors qu'il est au plus haut point profitable pour la prévention et le soin dans le domaine de la petite enfance. Il s'agit de la prise en charge d'enfants tout petits, des bébés même, comme j'ai eu l'occasion de le faire dans deux crèches parisiennes.

Dans ces crèches, la direction était suffisamment ouverte sur la reconnaissance de la vie psychique des petits accueillis dès l'âge de trois mois jusqu'à trois ans. Reconnaître que de jeunes enfants pris en charge toute une journée ont une vie psychique, ne va pas de soi. Ceci pour diverses raisons. Tout d'abord les auxiliaires qui s'occupent des tout petits ont un certain nombre de tâches à effectuer dans un cadre temporel donné. L'attention de ces personnes est d'abord dirigée vers l'accomplissement de ces tâches, car il leur est demandé de les avoir terminées à temps. Il en est ainsi pour tout ce qui fonctionne à l'intérieur d'une institution : le souci de son fonctionnement l'emporte sur celui des personnes dont elle s'occupe. Ceci est particulièrement troublant lorsqu'il s'agit de tout petits enfants, des bébés.

L'autre raison de la non reconnaissance de la vie psychique se trouve être le décalage important qui existe entre l'intensité des émotions qui habitent un tout petit enfant, et les moyens qui sont à la disposition du personnel pour y faire face. Si l'auxiliaire pouvait se laisser aller à s'identifier à la souffrance du bébé qui pleure, comment ferait-elle pour la supporter, puis l'élaborer ? D'abord elle n'a pas la formation qui lui permettrait de s'engager dans cette voie, ensuite – si ses qualités humaines et son intuition lui permettaient malgré tout de contenir ces émotions – comment ferait-elle avec celles des dix autres bébés qui réclament d'être entendus, eux aussi ?

Les conditions de vie en crèche sont une épreuve pour le personnel : et pour qu'une telle institution ne se déshumanise pas, il est nécessaire d'avoir recours à une solution unique, mais qui présente trois entrées :

- tout d'abord, le personnel doit être assez nombreux pour que des liens se tissent entre l'enfant et l'adulte ;
- ensuite, la régularité des horaires pour le personnel doit permettre que ces liens se tissent sans souffrir de morcellement car, à cet âge de la vie, ceci a de graves conséquences sur la construction de la permanence du moi ;
- enfin le personnel ne doit pas craindre de recevoir les émotions du tout petit en détresse, même s'il n'y consacre qu'un temps limité ;

Le petit enfant sait très bien reconnaître l'ouverture émotionnelle de ceux qui s'occupent de lui. S'il perçoit que l'auxiliaire l'a porté psychiquement avec authenticité, il se sentira nourri pour un moment par cette présence qui ne le confond avec aucun autre de ses compagnons. Si l'auxiliaire ne cherche pas à l'adapter de force au cadre imposé, mais comprend à quel point cette situation est douloureuse pour lui – lorsqu'elle l'est – alors le petit enfant acceptera peut-être de s'adapter à ce qui lui est demandé. Sinon il risquera de s'enfermer dans une spirale infernale, le malaise de l'un provoquant celui de l'autre, jusqu'à ce que rien ne puisse plus être toléré de part et d'autre.

Non loin du centre dans lequel je travaillais, je suis arrivée, un jour, dans une crèche pour y observer les tout petits. J'avais du temps libre, et les directions des deux établissements me permettaient cette activité. J'étais payée par le centre.

C'est à cette occasion que j'ai observé un bébé malade. Il avait cinq mois environ et il passait sa journée allongé sur le dos, les coudes collés contre son corps, les yeux « branchés » d'un seul côté sur un point fixe et lumineux au plafond. Ses petits doigts s'agitaient et il tentait de soulever ses jambes comme s'il voulait attraper cette lumière, le corps tendu vers elle. Il était le second né de jumeaux, sa sœur se portant fort bien.

Au fur et à mesure que j'observais ce bébé, au milieu des autres enfants de la section et des auxiliaires qui allaient et venaient, un lien a dû se nouer entre nous dont je ne saurais pas donner à présent les signes témoignant de son existence ; mais au bout de quelques semaines, les auxiliaires me voyant m'intéresser à lui m'ont dit : « Puisque vous l'observez ainsi, pourquoi ne le soignez-vous pas ?! ».

J'en ai parlé à la directrice, puis j'ai pris rendez-vous avec les parents. Je ne décrirai pas l'entretien que j'ai eu avec eux ; qu'il me suffise de dire que j'ai obtenu leur accord pour voir leur petit garçon, trois fois par semaine.

Les analystes qui sont disposés à voir des tout petits dans ces conditions, doivent présenter leur travail comme des « séances de jeu » - ce que sont effectivement les séances de thérapie avec ces tout petits. Il est difficile de présenter au personnel de la crèche ainsi qu'aux parents d'un si petit bébé, notre travail avec lui comme des séances d'analyse, ou de psychothérapie. La réaction des néophytes est banale : « vous n'allez pas déjà le psychiatriser ! ». Cette réaction me paraît saine car elle témoigne de la nécessité de ne pas « pousser la nature » ou, pour le dire autrement, de respecter la barrière du refoulement chez un tout petit enfant dont l'organisation psychique est en train de se constituer. Mais cette réaction méconnaît en même temps la nature de l'intervention proposée. C'est pourquoi la présentation que nous en faisons doit être banale et s'appeler » séances de jeu ». Cependant, à la différence de ce qui se passe en général avec quiconque, ce « jeu » est un jeu qui prend sens, ou dont le sens est cherché par l'analyste qui prend en charge le bébé.

Ces séances sont très profitables à l'analyste qui les pratique, car elles lui apprennent à supporter de ne pas saisir le sens de ce qui se déroule entre l'enfant et lui, alors qu'il continue de le « comprendre », c'est-à-dire de le contenir. Ce sont des séances qui sont très fatigantes, tant la saisie d'un sens soulage notre tension psychique. L'analyste, dans la mesure où, grâce à sa *capacité négative* (Bion[12]), il accepte de supporter l'inconnu de ce qui se joue devant lui, s'aperçoit que le bébé – lui – n'a aucun doute : cet analyste le comprend.

Il est très touchant de voir comment un tout petit enfant s'adapte immédiatement à notre manière d'appréhender sa vie psychique, et le traduit par le jeu spontané qu'il effectue devant nous et pour nous. Ce jeu nous est adressé, car le bébé attend que nous lui répondions par un jeu semblable.

Il est important que nous nous adressions au tout petit comme s'il parlait déjà, alors qu'il n'utilise pas encore le langage. Il entend bien que nous nous adressons à lui, dans la réalité, mais aussi à lui tel que nous lui parlons « au-dedans de nous », et tel qu'il saura nous entendre sous peu. Ainsi, nous devançons le temps de sa parole et nous le projetons devant nous. A la différence de ce qui se passe dans des thérapies avec des enfants plus âgés, nos propos sont alors accompagnés de nos réponses agies, ou mêmes de nos initiatives également agies. Nous devons seulement agir dans le but de communiquer notre pensée au tout petit, et non pas dans celui de substituer notre pensée à la sienne.

J'ai le souvenir de l'intérêt très intense porté par le petit garçon que j'ai évoqué plus haut, pour le jeu des personnages que je campais devant lui. Lorsqu'il tentait de maintenir, par exemple, un objet dans sa main et que cet objet tombait inlassablement, je prenais un petit personnage, représentant le bébé, et je le faisais tomber des épaules de la poupée-maman en accompagnant mon geste d'un : « Mais je ne comprends pas ! Qu'est-ce qu'elle a maman à me laisser tomber comme ça ! Je ne peux pas la rattraper ! Comment m'accrocher à elle ? ». Et je faisais monter, à nouveau, le personnage représentant le bébé, sur la tête, près des yeux, du nez… de la poupée-maman. C'est une expérience très émouvante de voir l'enfant nous « répondre » ; ce petit garçon prenait le bébé et le faisait s'accrocher du mieux qu'il le pouvait au creux du bras de la maman. Un peu plus tard, je lui ai signifié que la maman pouvait lui donner la main, et maintenir un fil d'attention, passant par son regard, vers son bébé.

Cet enfant, le premier que j'ai suivi ainsi, a été guéri au bout d'un an et demi de traitement à raison de trois séances par semaine. Il a rejoint l'école maternelle avec sa sœur jumelle et a vécu sa vie comme tous les autres enfants de son âge.

Un bébé, un petit enfant, ont toujours quelque chose à nous dire et, dans cette mesure, notre écoute de ce qu'ils veulent exprimer entre en résonance avec ce qu'ils attendent. Nous ne forçons pas le sens des choses chez le tout petit, nous ne faisons que le recevoir et lui communiquer que nous l'avons entendu. L'enfant n'attend parfois que cela pour se sentir compris.

Il est important, certes, de pouvoir faire un travail avec les parents, parallèlement à celui que nous entreprenons avec l'enfant. Cela est rarement possible lorsque nous travaillons en crèche ou dans une institution, les parents n'étant pas toujours disponibles. Par ailleurs, il est préférable de ne pas attendre que l'enfant ait quitté la crèche et soit orienté, à l'âge de trois ans, dans un centre pour une cure ambulatoire à un moment où ses symptômes se seront développés de telle sorte qu'il sera passé de l'état de « bébé à problèmes », à l'état d'» enfant malade ».

L'exemple du premier petit garçon que j'ai traité s'est répété : la rapidité des progrès faits par les tout petits permet d'installer en eux, la plupart du temps, les bases de relations d'objets stables. J'ai considéré, par conséquent, qu'il était important de commencer le traitement des enfants le plus tôt possible. Si le travail avec les parents ne peut se mettre en place, je me contente d'obtenir leur accord pour soigner leur enfant, ne les voyant que lorsqu'il leur est possible de venir me rencontrer.

Certains analystes m'objecteront qu'aucun résultat ne peut être obtenu dans le traitement d'un petit enfant si nous ne travaillons pas la relation qu'il entretient avec ses parents, sa mère en particulier, et réciproquement. Mon expérience avec le traitement des tout petits en crèche, les supervisions d'un certain nombre de cas d'enfants de moins de 18 mois, ou même de 12 mois traités individuellement, en crèche ou en pouponnière, m'a appris qu'il était possible et profitable d'installer des prises en charge individuelles, de plusieurs séances par semaine, ayant la rigueur du cadre que j'ai exposé tout au long de cet ouvrage. Ces traitements nous apprennent que les petits ont une psyché bien à eux et qu'elle n'est pas comme une éponge, traversée par la psyché maternelle, voire familiale.

Pourtant, combien d'enfants ne voyons-nous pas dans le cadre des cures menées en privé ou dans des centres, emprisonnés dans les fils d'une psyché maternelle, sinon familiale, qui leur attribue telle ou telle place, dont ils ont du mal à sortir ?

Nous avons vu dans cet ouvrage l'importance de recevoir les parents afin d'éviter que la cure de l'enfant ne le fasse sortir de la place qui lui était assignée avant que les parents ne soient encore prêts à l'en libérer. Tel est le grand point d'achoppement des traitements d'enfant.

L'expérience du traitement des tout petits en crèche, ou dans une institution qui les sépare pour la journée ou pour la semaine, de leurs parents, nous apprend que le petit peut bénéficier d'une aire de développement psychique dans laquelle l'influence (parfois pathologique) de la psyché parentale, n'entre pas. Traiter l'enfant dans ces conditions, présente l'avantage de lui permettre de se construire un théâtre intérieur au centre duquel se trouve un moi capable d'échapper à l'aspect nocif de cette influence. Le contact avec le parent, dans la réalité, s'en trouve modifié d'autant. Ce qui aurait pu nous paraître alors comme un handicap – le fait de ne pas avoir le loisir de travailler avec les parents, ou de recevoir en thérapie conjointe, la mère et son bébé – tourne à l'avantage du bébé. Il aura internalisé, pendant un an ou deux, des figures et des processus qui lui permettront d'éviter les plus grandes catastrophes intérieures.

Lorsque les parents n'ont pas l'influence pathologique que j'évoque ici, le tableau est moins noir au-dehors ; mais il ne faut pas penser pour autant que les enjeux soient moins serrés ! Telle mère, qui semble jouir d'un bon équilibre et qui se montre heureuse, va s'accrocher de façon subtile à tel de ses enfants pour des raisons profondes et inconscientes, et ne supportera pas qu'il lui soit permis de sortir de la sphère narcissique dans laquelle elle l'a enfermé. C'est lorsque l'enfant est tout petit qu'il est le plus sensible aux messages inconscients de sa mère. C'est aussi précisément à ce moment qu'il peut gagner en indépendance et séparer son identité de celle de sa mère, à la condition qu'un cadre spécifique lui soit offert dans ce but.

En somme, lorsque nous prenons soin d'un petit enfant suffisamment tôt, nous pouvons l'aider à ne pas être le « bouche-trou » narcissique de sa mère, même si cette dernière ne lui confère d'existence qu'à cette condition.

Le petit enfant aura appris qu'il existe une autre façon d'être au monde, et c'est sur ce mode là qu'il s'appuiera pour être proche de celle qui lui a donné le jour.

Notes :

1 – M. Klein (1934) : « Contribution à la psychogénèse des états maniaco-dépressifs », in *Essais de psychanalyse*, trad.fr. M.Derrida, Paris, Payot, 1984.

2 – Freud, S. (1923) : « Le moi et le ça » in : Métapsychologie, trad. J.Laplanche et J.B.Pontalis, Paris, Gallimard,1968.

3 – Klein, M. (1945) : « Le complexe d'Œdipe éclairé par les angoisses précoces », in *Essais de psychanalyse*, trad.fr. M.Derrida, Paris, Payot, 1984.

4 – Klein, M. (1946) : « Notes sur quelques mécanismes schizoïdes » in : *Développements de la psychanalyse*, trad. W.Baranger, Paris, Payot, 1968.

5 – Bion, W.R. (1965) : *Transformations*, Heinemann, trad.fr. F.Robert, Paris, PUF 1982.

6 – Athanassiou, C. (1996) : *La défense maniaque*, Paris, PUF, 1996.

7 – Athanassiou-Popesco, C.(2008) : Psychanalyse de l'enfant instable, in : *L'enfant hyperactif*, Montreuil, Ed. du Papyrus, 2008.

8 – Klein, M. (1934) : « Contribution à la psychogénèse des états maniaco-dépressifs », in *Essais de psychanalyse*, trad.fr. M.Derrida, Paris, Payot, 1984.

9 – Tustin, F. (1972) : Autisme et psychose de l'enfant, Paris, Ed. du Seuil, 1977.

10 – Athanassiou, C. (1996) : *La défense maniaque*, Paris, PUF, 1996.

11 – Klein, M. (1934) : « Contribution à la psychogénèse des états maniaco-dépressifs » in *Essais de psychanalyse*, trad.fr. M.Derrida, Paris, Payot, 1984.

12 – Bion, W.R. (1970) : *L'attention et l'interprétation*, trad. J.Kalmanovitch, Paris Payot 1974.

En guise de conclusion

Je suis consciente que cet ouvrage soulève davantage de questions qu'il n'apporte de réponses dans un domaine qui exige d'être continuellement développé et enrichi par la recherche et la pratique de la psychanalyse de l'enfant.

Heureusement que de nos jours cette pratique n'est plus mise en doute dans la profession car elle a montré, d'une part son utilité dans le soin des enfants malades ainsi que, d'autre part, ce qu'elle peut apporter pour le développement de la recherche dans le champ de la psychanalyse.

Pour ma part, je ne manquerai pas de poursuivre ce travail sur la technique, dont ce livre constitue simplement un commencement. J'ai tenté de montrer dans cet ouvrage que nous ne pouvons penser la technique sans faire appel à la théorie. La technique – telle est la leçon de ce travail – n'est pas une mécanique sans pensée ; d'aucuns ont trop voulu qu'elle passe pour telle, évitant ainsi le difficile et nécessaire travail de réflexion à son sujet. Or, lui seul permet de faire progresser la psychanalyse.

En effet, les réflexions purement théoriques risquent de nous emporter loin de la réalité humaine qui se tient à la base de la psychanalyse. L'abstraction théorique a, certes, son importance, mais elle ne doit jamais se couper de ses racines constituées par l'émotion et par le rapport entre le moi et ses objets. Si l'abstraction théorique se sépare de ces bases et les oublie trop longtemps, elle ne fait plus partie du développement de la pensée mais, au contraire des défenses contre l'élaboration de toute pensée. Le lien de connaissance – Bion en a fait le centre de sa réflexion – est un lien au même titre que les liens d'amour et de haine.

Par ailleurs, un travail purement clinique nous permet d'» engranger » bien des données utiles, qui vont permettre l'élaboration théorique.

Mais les points techniques sont spécifiques et font charnière avec l'élaboration théorique.

La clinique est un fait que la théorie va lier à un ensemble d'autres faits et ce sont ces liens de pensées qui vont nous permettre, en prenant appui sur ce qui a déjà été pensé, de nous ouvrir vers l'inconnu.

Reste à élaborer de nouvelles théories, qui vont remanier les anciennes afin de comprendre ce fait nouveau.

Or, la technique occupe une place spécifique : elle est une pensée après-coup sur ce qui a permis de parvenir à l'émergence de tel ou tel fait.

C'est par ce même raisonnement que Freud est parvenu à changer sa technique et à passer de l'induction hypnotique à la cure type.

Reste à poursuivre ce travail avec rigueur et souplesse. Ce livre, je l'espère, en porte témoignage.

La spécificité de la technique en psychanalyse d'enfant nous a permis de souligner la grande complexité qu'elle revêt par rapport à l'analyse d'adulte. En effet, l'enfant ne dépend pas que de lui-même. Il est soumis physiquement et psychiquement, aux parents qui l'ont mis au monde, ou à ceux qui l'élèvent (ceci en pensant aux enfants adoptés, placés en familles d'accueil ou en institutions) et au milieu dans lequel il vit.

La technique analytique doit s'adapter au mieux avec ces conditions et doit lui permettre de gagner une indépendance de pensée. Cette indépendance ne s'acquiert pas dans l'opposition, mais dans la compréhension, et la technique analytique y contribue en maintenant – ce qui a été le maître mot de ce livre – le sens des limites : limite des identités entre l'enfant et ses parents, entre les mondes interne et externe, entre les différentes parties de son propre monde interne.

La technique est au service de la construction de ces limites, et c'est en ce sens qu'elle est l'outil qui permettra d'accéder à l'acceptation de la finitude des choses et des personnes.

J'espère que ce livre aura permis de comprendre que seule une réflexion entreprise dans cette perspective, peut être mise au service de la liberté de penser.

Index des noms cités

Index des concepts

Table des matières

L'HARMATTAN ITALIA
Via Degli Artisti 15; 10124 Torino
harmattan.italia@gmail.com

L'HARMATTAN HONGRIE
Könyvesbolt ; Kossuth L. u. 14-16
1053 Budapest

L'HARMATTAN KINSHASA
185, avenue Nyangwe
Commune de Lingwala
Kinshasa, R.D. Congo
(00243) 998697603 ou (00243) 999229662

L'HARMATTAN CONGO
67, av. E. P. Lumumba
Bât. – Congo Pharmacie (Bib. Nat.)
BP2874 Brazzaville
harmattan.congo@yahoo.fr

L'HARMATTAN GUINÉE
Almamya Rue KA 028, en face
du restaurant Le Cèdre
OKB agency BP 3470 Conakry
(00224) 657 20 85 08 / 664 28 91 96
harmattanguinee@yahoo.fr

L'HARMATTAN MALI
Rue 73, Porte 536, Niamakoro,
Cité Unicef, Bamako
Tél. 00 (223) 20205724 / +(223) 76378082
poudiougopaul@yahoo.fr
pp.harmattan@gmail.com

L'HARMATTAN CAMEROUN
TSINGA/FECAFOOT
BP 11486 Yaoundé
699198028/675441949
harmattancam@yahoo.com

L'HARMATTAN CÔTE D'IVOIRE
Résidence Karl / cité des arts
Abidjan-Cocody 03 BP 1588 Abidjan 03
(00225) 05 77 87 31
etien_nda@yahoo.fr

L'HARMATTAN BURKINA
Penou Achille Some
Ouagadougou
(+226) 70 26 88 27

L'HARMATTAN SÉNÉGAL
10 VDN en face Mermoz, après le pont de Fann
BP 45034 Dakar Fann
33 825 98 58 / 33 860 9858
senharmattan@gmail.com / senlibraire@gmail.com
www.harmattansenegal.com